北京市规划和自然资源委员会 编

北京规划和自然资源年鉴

BEIJING GUIHUA HE ZIRANZIYUAN NIANJIAN

2021

中国文史出版社
CHINA CULTURAL AND HISTORICAL PRESS

图书在版编目（CIP）数据

北京规划和自然资源年鉴. 2021/北京市规划和自然资源委员会编. --北京:中国文史出版社,2021.11

ISBN 978-7-5205-3229-7

Ⅰ. ①北… Ⅱ. ①北… Ⅲ. ①城市规划－北京－2021－年鉴②自然资源－资源管理－北京－2021－年鉴 Ⅳ. ①TU984.21-54②F124.5-54

中国版本图书馆CIP数据核字（2021）第196879号

责任编辑： 卜伟欣

出版发行： 中国文史出版社
网　　址： www.chinawenshi.net
社　　址： 北京市海淀区西八里庄69号院　邮编：100142
电　　话： 010-81136606　81136602　81136603（发行部）
传　　真： 010-81136655
印　　装： 廊坊市伍福印刷有限公司
经　　销： 全国新华书店
开　　本： 16开
印　　张： 23.25
字　　数： 385千字
版　　次： 2021年11月北京第1版
印　　次： 2021年11月第1次印刷
定　　价： 340.00元

北京市行政区域界线基础地理底图（全市）

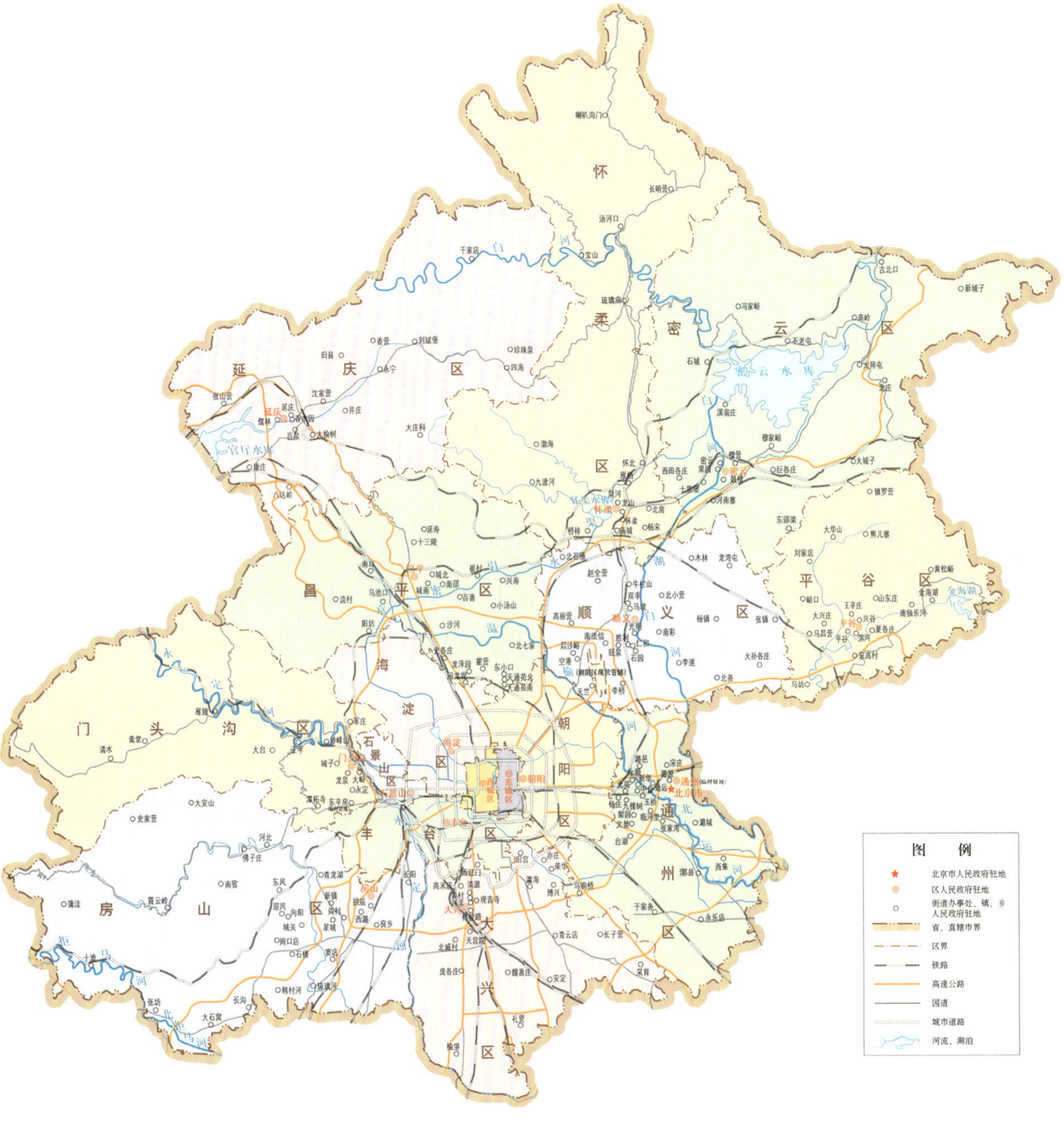

审图号：京S（2021）023号

北京市规划和自然资源委员会

北京市民政局

数说北京·规划和自然资源

土地资源

耕地 93547.90 公顷

园地 126274.55 公顷

林地 967628.62 公顷

草地 14460.44 公顷

湿地 3107.98 公顷

城镇村及工矿用地 313643.87 公顷

交通运输用地 49281.38 公顷

水域及水利设施用地 61704.00 公顷

（标准时点：2019 年 12 月 31 日）

土地供应

计划供应建设用地3710公顷

实际供应建设用地3751公顷

住宅用地供应

商品住宅用地入库613公顷

保障性安居工程用地283公顷

公租房用地80公顷

集体土地租赁住房用地54公顷

耕地保护

耕地保有量166万亩

永久基本农田150万亩

矿产资源管理

有效采矿权119个

探明有资源储量并编入储量表的矿种67种

1月23日，副市长隋振江到市规划自然资源委检查指导工作（宣教中心提供）

1月7日，市规划自然资源委主任张维到门头沟区不动产登记大厅调研优化营商环境工作（宣教中心提供）

5月29日，市规划自然资源委海淀分局召开京张铁路遗址公园贯通概念方案国际征集应征设计方案评审会（海淀分局提供）

8月4日，市规划自然资源委召开第三轮街区指引和控规工作调度会（详细规划处提供）

8月6日，市规划自然资源委到雄安新区交流学习规划设计工作（市规划院提供）

9月3日，市测绘院技术人员开展北京冬奥会高山滑雪中心项目地理信息测绘（市测绘院提供）

11月4日，市规划自然资源委到回天地区倾听民声解决难题，提出闲置空间改造模式（规划实施二处提供）

11月23日，市规划自然资源委到北京商务中心区调研500千伏外电源线路关键节点线路整合、路径优化与节约用地等情况（市政设施规划管理处提供）

12月2日，市规划自然资源委组织开展《北京市标准地名图集》《北京市标准地名录》及专题挂图编纂工作汇报（地名与地理信息管理处提供）

12月21日，市规划自然资源委到昌平区调研考察蛋白质药物国家工程研究中心项目进展（市土地利用事务中心提供）

12月23日，首规委办召开专题会，研究核心区“降低人口、建筑、旅游、商业密度”工作（首规委办首都功能核心区规划处提供）

12月，京沈客运专线（北京—承德段）密云站竣工。图为密云站外景（密云分局提供）

4月22日，市地勘院技术人员开展突发地质灾害监测设备汛前排查和维护（市地勘院提供）

7月16日，市规划自然资源委到延庆区及冬奥、冬残奥延庆赛区检查指导地质灾害防治工作（地质勘查管理处提供）

7月17日，市城乡办在朝阳区王四营乡孛罗营村拆迁腾退现场调研拆迁腾退情况（市城乡办提供）

5月14日，市规划自然资源委到门头沟区妙峰山镇水峪嘴村了解防灾规划，指导防洪工作（门头沟分局提供）

8月13日，市规划自然资源委到房山区河北镇政府西侧崩塌隐患点检查指导“8·12”强降雨后地质灾害防治工作（房山分局提供）

10月22日，大兴国际机场临空经济区清洁能源勘查评价项目中深层换热孔开工仪式举行（市地勘院提供）

11月26日，市规划自然资源委到房山区检查指导废弃矿山生态修复治理项目验收工作（国土空间生态修复处提供）

12月22日，自然资源部权益司来京开展国有建设用地作价出资（入股）调研（自然资源所有者权益处提供）

4月22日，市规划自然资源委到昌平区调研不动产登记专项整改和三调复工复产情况（昌平分局提供）

5月6日，市规划自然资源委召开北京市2020年治违工作专题会（专项治理协调处提供）

5月13日，市规划自然资源委到自然资源督察北京局座谈交流（规划与自然资源督察处提供）

6月4日，市规划自然资源委到昌平区调研规划自然资源领域专项整改工作（执法总队提供）

6月11日，市规划自然资源委在平谷区召开规划和自然资源实地督察会（规划与自然资源督察处提供）

7月29日，市规划自然资源领域专项治理第一察访组到延庆区开展察访工作（延庆分局提供）

2月14日，密云区不动产登记事务中心为生产二类防护服的雅派朗迪公司开通绿色通道，20分钟内办理完成不动产抵押登记并核发不动产登记证明（市不动产登记事务中心提供）

2月25日，门头沟区龙泉镇琉璃渠便利店项目取得集体不动产权证书，这是北京市首个通过简易低风险项目审批服务政策完成的集体建设用地审批项目（门头沟分局提供）

2月26日，生产防疫物资的联合益康（北京）生物科技有限公司为延庆区不动产登记事务中心送来锦旗，感谢他们45分钟内办理完成不动产抵押登记并发放不动产登记证明（市不动产登记事务中心提供）

6月15日，市规划自然资源委到通州区不动产登记事务中心检查指导疫情防控工作（市不动产登记事务中心提供）

7月30日，市规划自然资源委到中国海洋石油总公司调研不动产登记历史遗留问题（市不动产登记事务中心提供）

10月28日，市规划自然资源委到大兴区不动产登记事务中心检查指导工作（大兴分局提供）

1月11日，市规划自然资源委主任张维做客北京广播电视台“市民对话一把手”系列访谈节目，介绍北京市工程建设项目审批制度改革创新举措（宣教中心提供）

6月30日，市规划自然资源委纪念中国共产党成立99周年大会召开（宣教中心提供）

9月11日，市规划自然资源委代表队参加北京市第二届第九套广播体操展示大赛（机关党委提供）

9月28日，市规划自然资源委"庆祝中华人民共和国成立71周年器乐展示大赛暨展演活动"举办（机关党委提供）

10月14日，市规划自然资源委组织开展“乘坐开往春天的列车 体验北京智慧轨道交通”主题活动（轨道交通规划管理处提供）

10月15日，市规划自然资源委“习近平新时代中国特色社会主义思想首都规划建设学习实践班动员部署会”举行（宣教中心提供）

11月5日，市规划自然资源委门头沟分局学习实践活动站组织开展首次党日活动（宣教中心提供）

11月15日，市规划展览馆在展区二层“少年营城”主题教育空间举办“哲匠之门”主题体验活动，引导孩子们利用榫卯原理搭建门楼基础框架（市规划展览馆提供）

11月16日，市规划自然资源委系统“以案为鉴、以案促改”警示教育大会召开（宣教中心提供）

11月20日，市规划自然资源委工作人员参观“以案为鉴、以案促改”警示教育展览（宣教中心提供）

6月15日，市规划自然资源委到通州区不动产登记大厅检查疫情防控工作，慰问防控一线工作人员（通州分局提供）

4月27日，市规划自然资源委到怀柔分局走访慰问下沉社区一线参与疫情防控的干部，检查指导怀柔区不动产登记事务中心疫情防控工作。图为在不动产登记大厅检查（怀柔分局提供）

2月28日–3月13日，市规划自然资源委首批党员干部下沉通州区宋庄镇管头村参加社区（村）疫情防控。图为下沉人员在开展防疫检查（宣教中心提供）

2月28日，市规划自然资源委西城分局部分党员干部在陶然亭街道壹瓶社区参加疫情防控。图为防控人员为返工人员作信息登记（西城分局提供）

3月10日，市规划自然资源委通州分局部分党员干部加入通州区新冠肺炎疫情境外人员返京防控工作专班（通州分局提供）

9月，市规划自然资源委规划实施二处党支部获北京市抗击新冠肺炎疫情先进集体（规划实施二处提供）

首都功能核心区控制性详细规划（街区层面）

图 001 "一核两翼"空间格局示意图

首都功能核心区控制性详细规划（街区层面）（2018年—2035年）"一核两翼"空间格局示意图

首都功能核心区控制性详细规划（街区层面）

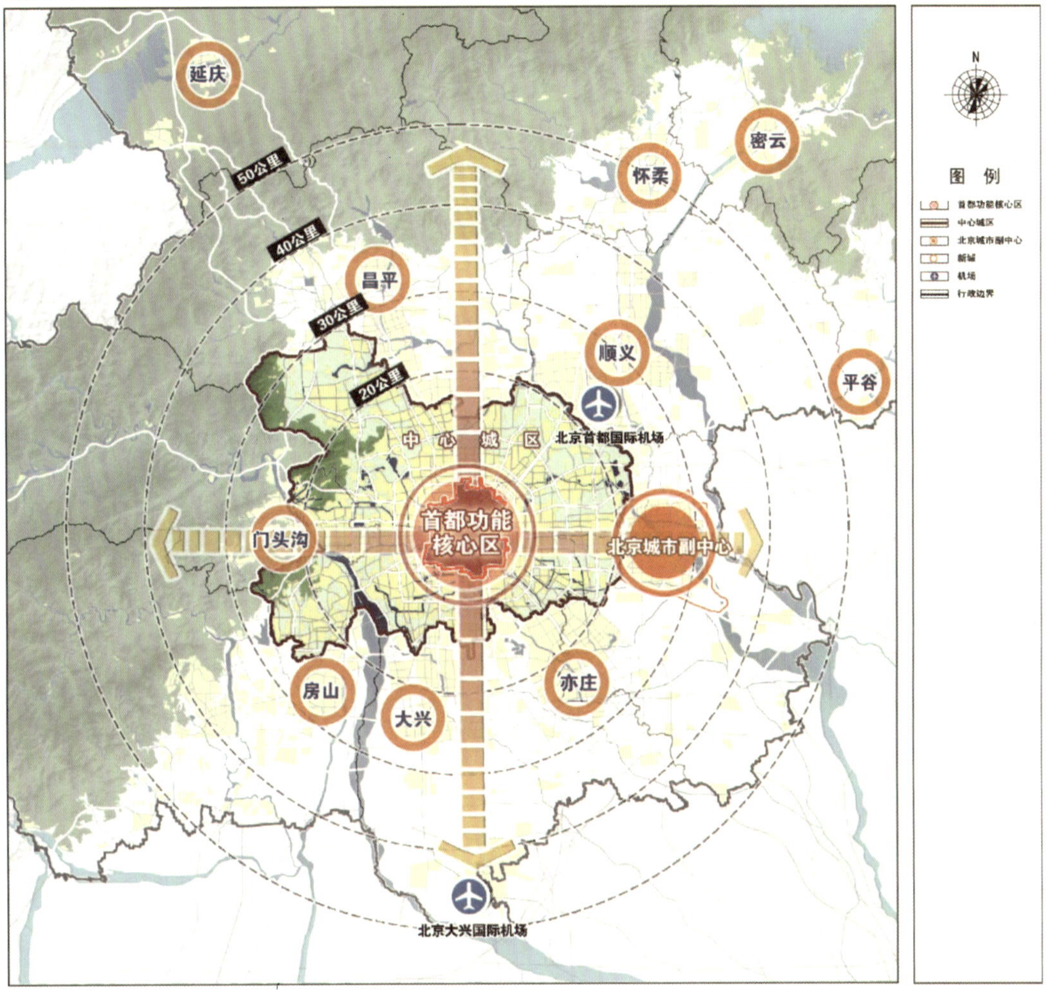

图 002 首都功能核心区位置与区位分析图

首都功能核心区控制性详细规划（街区层面）（2018年—2035年）首都功能核心区位置与区位分析图

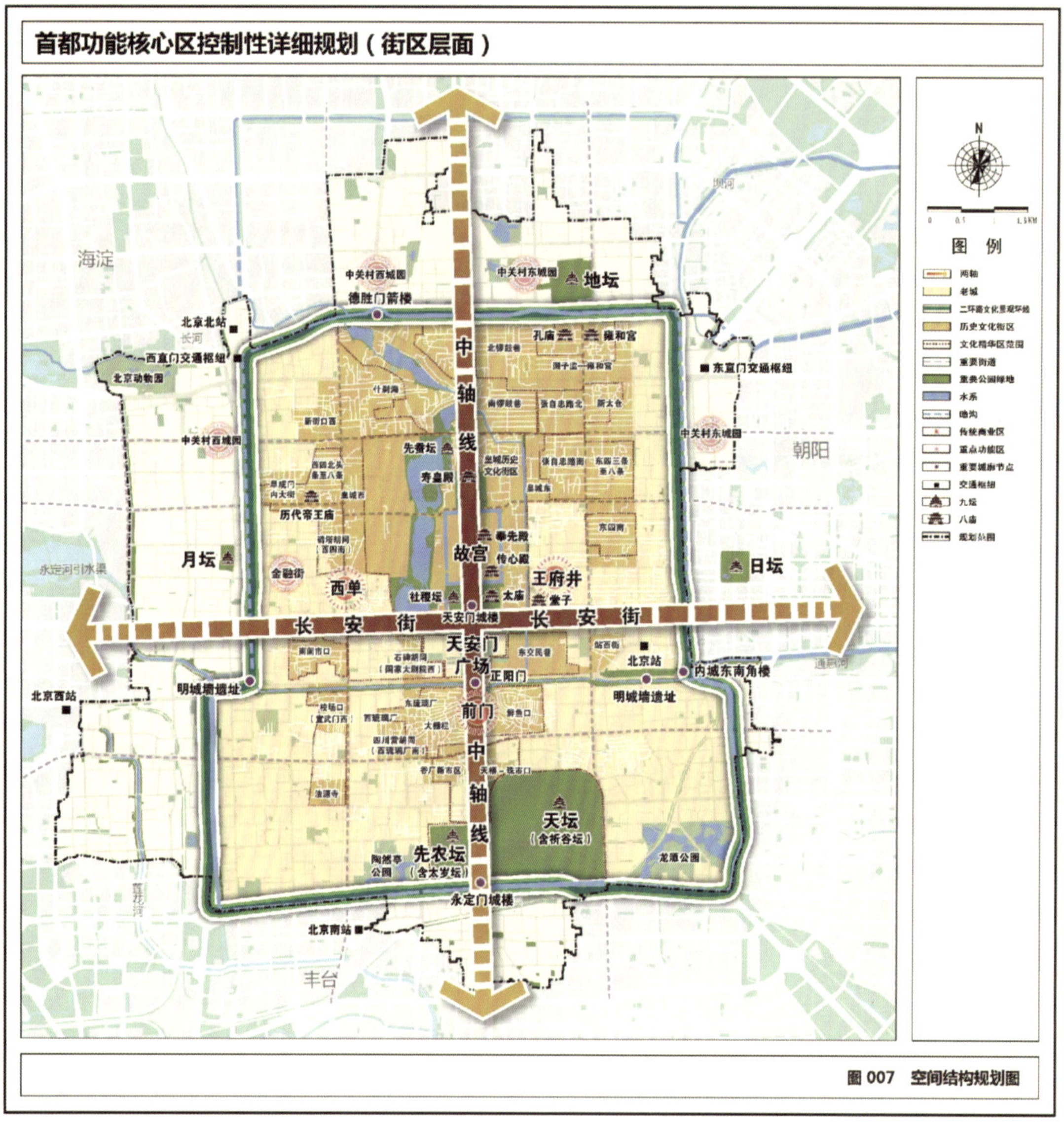

首都功能核心区控制性详细规划（街区层面）（2018年—2035年）空间结构规划图

首都功能核心区控制性详细规划（街区层面）

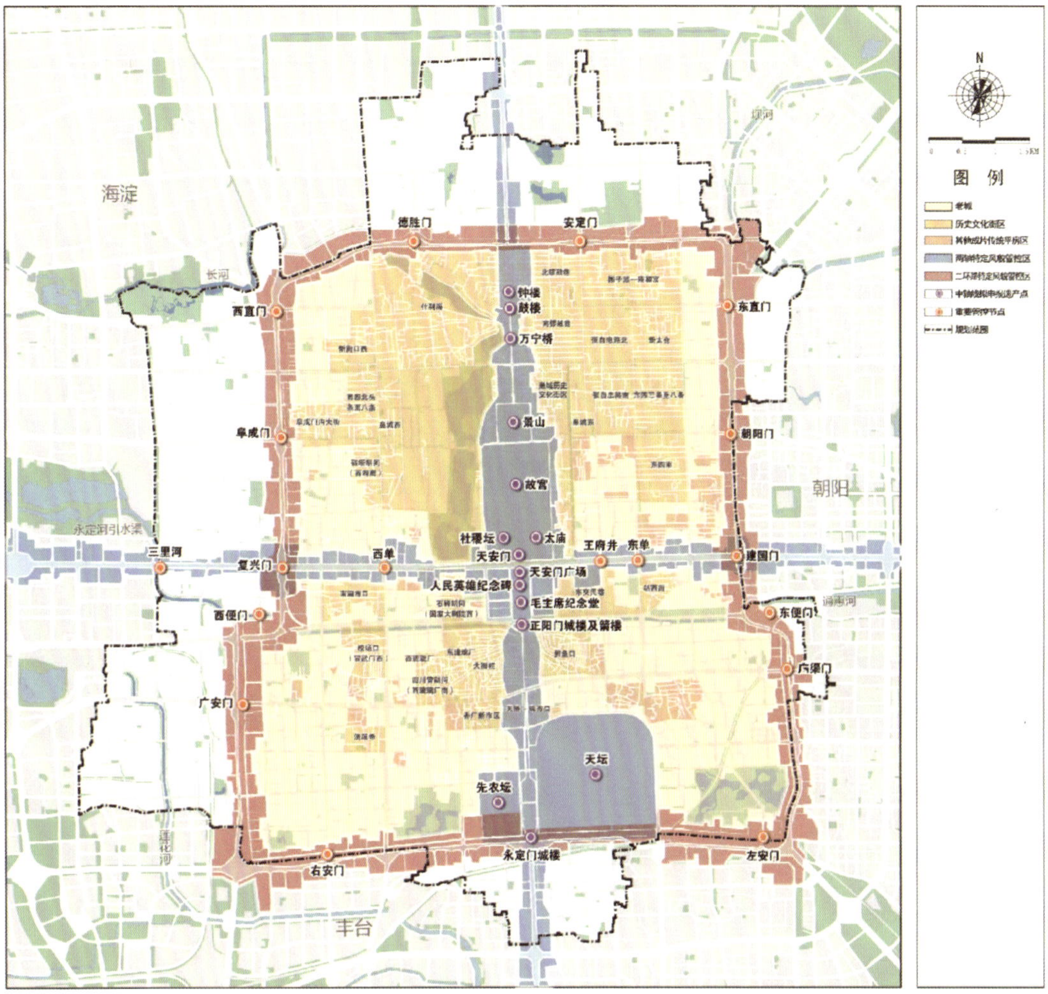

图 008 两轴及二环空间管控规划图

首都功能核心区控制性详细规划（街区层面）（2018年—2035年）两轴及二环空间管控规划图

首都功能核心区控制性详细规划（街区层面）

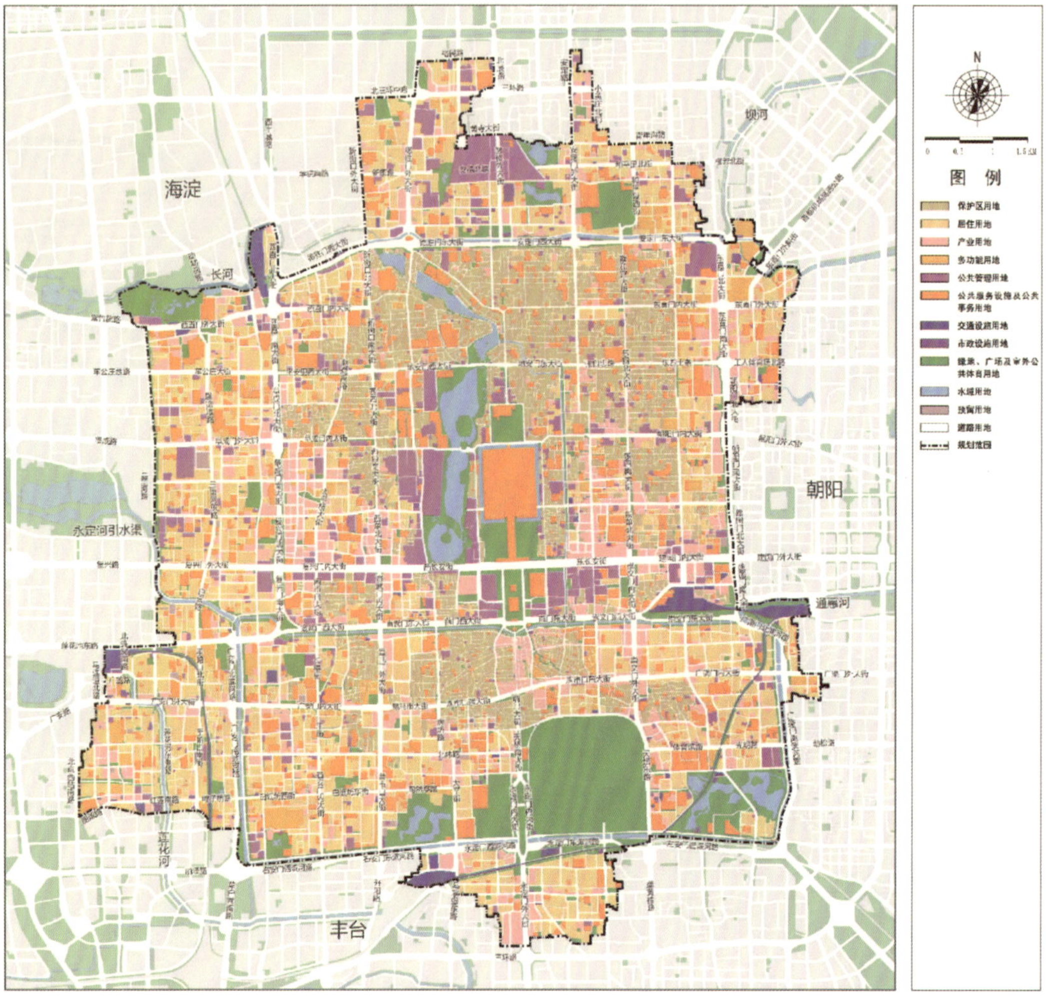

图 011　用地功能规划图

首都功能核心区控制性详细规划（街区层面）（2018年—2035年）用地功能规划图

首都功能核心区控制性详细规划（街区层面）

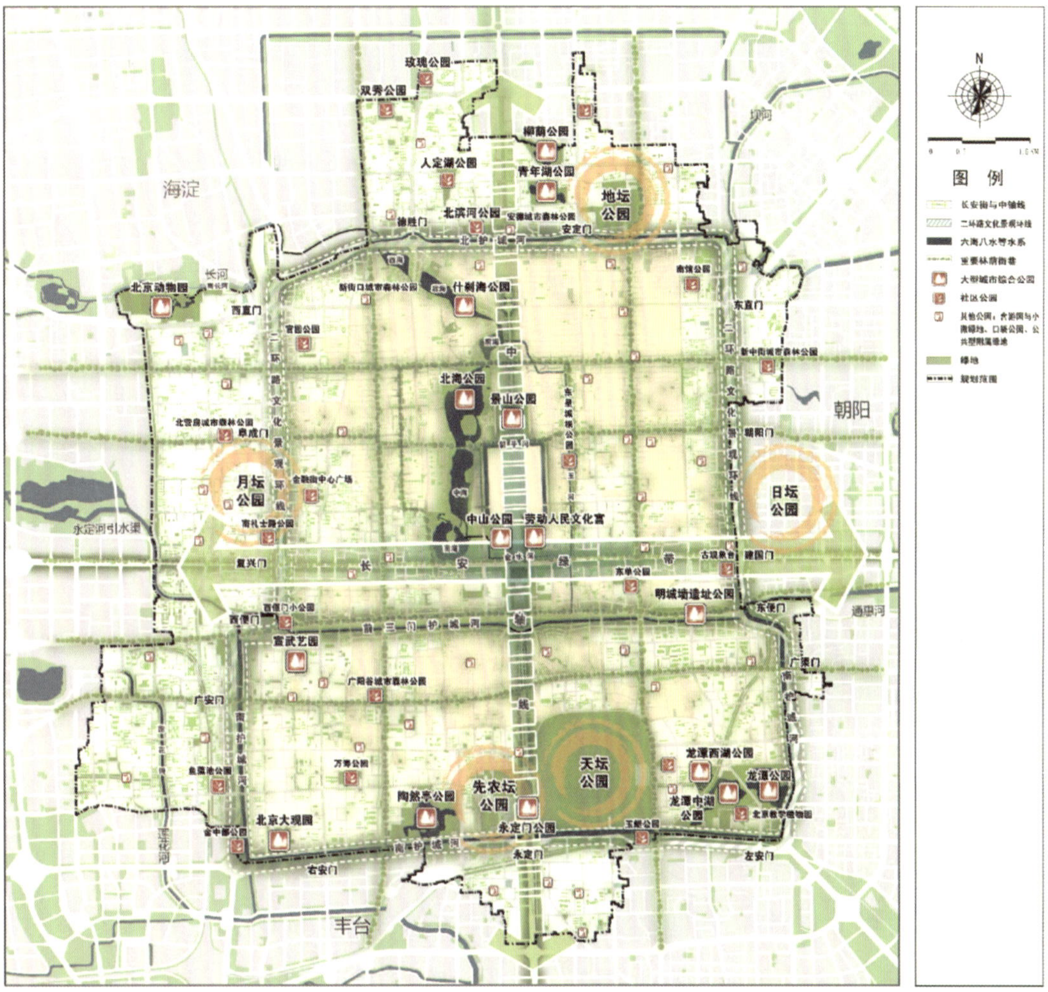

图 019　蓝绿空间结构规划图

首都功能核心区控制性详细规划（街区层面）（2018年—2035年）蓝绿空间结构规划图

编辑说明

一、《北京规划和自然资源年鉴》由北京市规划和自然资源委员会主编，是综合记述北京市规划和自然资源系统主要工作的年度资料性文献。创刊于2007年，每年公开出版1卷，本年鉴为第15卷。创刊名为《北京市国土资源年鉴》，2018年更名为《北京规划和国土资源年鉴》，2019年更名为《北京规划和自然资源年鉴》。

二、本年鉴以马克思列宁主义、毛泽东思想、邓小平理论、“三个代表”重要思想、科学发展观、习近平新时代中国特色社会主义思想为指导，遵循实事求是原则，全面、系统、客观地记述实际情况。

三、《北京规划和自然资源年鉴（2021）》由特载、专文、大事记、国土空间规划、国土空间监管、自然资源管理、地质矿产资源管理、专项业务管理、综合政务、区域规划和自然资源管理、机构与奖励、学术社团、统计资料、附录14个类目构成，全面记录2020年1月1日至12月31日期间北京市行政区域内规划和自然资源管理情况（部分内容根据实际情况，时限略向前后延伸）。凡2020年事项，均直书月、日，不再写年份。“年内”指2020年。

四、本年鉴资料来源于北京市规划和自然资源委员会各处室、各分局、各委属单位，北京经济技术开发区开发建设局，相关学会、协会。

五、本年鉴遵从《国际单位制及其应用》规定，主要使用国家法定计量单位，计量单位一般用中文符号表示。参照《国家技术监督局、国家土地管理局、农业部关于改革全国土地面积计量单位的通知》（技监局量发〔1990〕660号），本年鉴中农田、耕地、林地、草地、建设用地面积也采用公顷计量。建筑面积也采用万平方米计量。

六、本年鉴中提及的党政机关，北京市规划和自然资源委员会各委属单位，均使用规范化简称；相关学会、协会参照使用各学会、协会简称。涉及机构设立、变更等标志性事件的，使用全称。“党中央”指“中共中央”。

《北京规划和自然资源年鉴》

编　委　会

《北京规划和自然资源年鉴》

编　辑　部

目　录

规划实施监督

国土空间监管

自然资源管理

专项业务管理

综合政务

区域规划和自然资源管理

朝阳区

丰台区

机构与奖励

北京市规划和自然资源委员会职责与机构

分局机构设置

学术社团

统计资料

附　录

索引

Contents

2021 特载

中共中央 国务院
关于对《首都功能核心区控制性详细规划（街区层面）（2018年—2035年）》的批复

中共北京市委、北京市人民政府：

你们《关于报请审批〈首都功能核心区控制性详细规划（街区层面）（2018年—2035年）〉的请示》收悉。现批复如下：

一、同意《首都功能核心区控制性详细规划（街区层面）（2018年—2035年）》（以下简称《核心区控规》）。《核心区控规》以习近平新时代中国特色社会主义思想为指导，深入贯彻习近平总书记对北京重要讲话精神，牢牢把握核心区战略定位，突出政治中心、突出人民群众，注重中央政务功能保障、注重疏解减量提质、注重老城整体保护、注重街区保护更新、注重民生改善、注重城市安全，符合党中央、国务院批复的《北京城市总体规划（2016年—2035年）》，对首都规划建设具有重要意义。

二、核心区是全国政治中心、文化中心和国际交往中心的核心承载区，是历史文化名城保护的重点地区，是展示国家首都形象的重要窗口地区。要深刻把握"都"与"城"、保护与利用、减量与提质的关系，把服务保障中央政务和治理"大城市病"结合起来，推动政务功能与城市功能有机融合，老城整体保护与有机更新相互促进，建设政务环境优良、文化魅力彰显、人居环境一流的首善之区。

三、突出政治中心的服务保障。结合非首都功能疏解，统筹好北京市搬迁腾退办公用房的承接利用，优化中央党政机关办公布局，稳步推进核心区功能重组，以更大范围空间布局支撑中央政务活动。从疏解腾退、功能置换、文物保护、服务保障、环境提升等方面制定规划管控与实施措施，抓好中南海及周边、天安门—长安街等重点地区综合整治。加强环境保障，推进精细化治理，提升城市品质，营造安全、整洁、有序的政务环境。加强城市服务保障，完善政务交通出行保障机制，构建安全可靠的市政基础设施体系。金融街等现有功能区和王府井、西单等传统商业区，要在符合北京城市总体规划定位的前提下优化提质，成为展示新时代首都改革开放成果的窗口。

四、强化“两轴、一城、一环”的城市空间结构。塑造平缓开阔、壮美有序、古今交融、庄重大气的城市形象。长安街以国家行政、文化、国际交往功能为主，体现庄严、沉稳、厚重、大气的形象气质。中轴线以文化功能为主，是体现大国首都文化自信的代表地区。推动老城整体保护与复兴，使之成为体现中华优秀传统文化的代表地区。沿二环路建设展示历史人文景观和现代化首都风貌的公园环。加强空间秩序管控与特色风貌塑造，保护好传统文化基因，通过对公共空间和建筑形态的精细引导，形成承载传统风貌基调的眺望景观、城市色彩与第五立面，展现千年古都菁华、东方人居画卷。

五、坚定有序疏解非首都功能。坚持有序推进、久久为功，疏解整治与优化提升并举，治理“大城市病”。发挥北京市和中央行政及企事业单位的带头作用，有序推动部分行政性及事业性服务机构，产业及教育科研、医疗、商业、交通集散、旅游等功能的疏解。完善支持疏解腾退空间资源统筹利用的政策，疏解腾退空间要优先保障中央政务功能，完善城市服务功能。深化拓展疏解整治促提升专项行动，综合运用行政、市场、法治等手段，进一步巩固成果，完善长效机制。实施人口、建设规模双控，降低人口、建筑、商业和旅游密度，让核心区“静”下来。充分发挥“两翼”的承接作用，共同做好疏解和承接工作，北京中心城区外其他地区可梯次承接部分适宜功能。

六、加强老城整体保护。北京老城是中华文明源远流长的伟大见证，具有无与伦比的历史、文化和社会价值，是北京建设世界文化名城、全国文化中心最重要的载体和根基。严格落实老城不能再拆的要求，坚持“保”字当头，精心保护好这张中华文明的金名片。加强老城空间格局保护，保护好两轴与四重城廓、棋盘路网与六海八水的空间格局，彰显独一无二的壮美空间秩序。以高水平的城市设计强化老城历史格局与传统风貌，形成传承蕴含深厚历史文化内涵、庄重典雅的空间意象。扩大历史文化街区保护范围，保护好胡同、四合院、名人故居、老字号，保留历史肌理。以中轴线申遗保护为抓手，带动重点文物、历史建筑腾退，强化文物保护及周边环境整治。涉及的中央党政机关及部队驻京单位要带头支持，统筹做好文物保护、腾退开放和综合利用，做到不求所有、但求所保，向社会开放。

七、注重街区保护更新。落实首都城市战略定位和减量提质要求，保护历史文化底蕴，充分满足人民美好生活需要，让历史文化和现代生活融为一体。根据街区功能定位和风貌特征，分类施策，按照历史保护、保留提升、更新改造三种方式，有序推进高质量街区保护更新。明确建筑使用功能、更新周期和利用方式，推动保护更新实施。加强生态修复和城市修补，注重留白增绿，塑造宜人的街区公共空间。划定公共事务用地，加强公益性设施统筹利用，推动公共服务功能与经营性功能混合，方便群众生活。深化街道管理体制改革，发挥街道在城市治理中的基础作用。推行责任规划师制度，用好街巷长、“小巷管家”等力量，发挥第三方社会组织作用，培育街区自我发展、自我更新能力。

八、突出改善民生工作。深化党建引领“街道吹哨、部门报到”改革和“接诉即办”工作，积极回应人民群众关切的就业、教育、医疗、养老、住房、交通、环境等问题，办好群众家门口的事，切实增强人民群众的获得感、幸福感、安全感。常抓不懈开展背街小巷环境精细化整治提升，分类推进老旧小区综合整治，重点抓好物业管理、加装电梯、居家养老、便民设施等工作，探索更新改造新模式，引入社会资本参与。妥善解决央产老旧小区、失管小区等问题。有序推进平房区申请式改善、推广“共生院”模式，切实改善人居环境，让老胡同的居民过上现代生活。加强停车治理，优化交通微循环，打通胡同“毛细血管”。实施好《北京市生活垃圾管理条例》和《北京市物业管理条例》，建设和谐宜居的美丽家园。

九、加强公共卫生体系建设。始终把人民生命安全和身体健康作为城市发展的基础目标，构建强大的公共卫生体系，健全预警响应机制，全面提升防控和救治能力，提高应对突发重大公共卫生事件的能力和水平。坚持预防为主、防治结合，做优做强区级疾病预防控制中心，加强社区卫生服务中心建设，筑牢基层公共卫生“网底”。强化街道公共卫生职责，发挥社区公共卫生委员会作用。深入开展爱国卫生运动，改善公共卫生环境，引导市民形成良好习惯，助力健康北京建设。建设韧性城市，为应对突发公共卫生事件预留空间，加强城市通风廊道建设。建设应急救灾物资储备库，完善大型公共设施平疫转换预案。全面提升老旧小区健康安全标准。

十、维护核心区安全。落实总体国家安全观，增强政治意识，坚持底线思维，做到平战结合，筑起坚固的国家安全屏障。针对防空袭、防灾害、防事故、防恐怖破坏等需要，在核心区规划建设过程中，高度重视重要目标的综合防护能力建设。严格控制建筑高度，加强安全管理和保障，建立统一指挥、统一管理、统一协调的安全保障体系，确保中央党政机关和中央政务活动绝对安全。

十一、坚决维护规划的严肃性和权威性。《核心区控规》是核心区规划、建设、管理的基本依据，由首都规划建设委员会负责组织实施，任何部门和个人不得随意修改、违规变更，新建改建项目要严格按规划执行。首都规划建设委员会要发挥把好关、管重点、强监督的职能作用，加强规划实施的统筹协调，进一步健全议事、协调、督导常态化机制。北京市委和市政府要扛起守护好规划的职责，敢于坚持原则、唱黑脸，确保一张蓝图绘到底。驻北京市的党政军单位要带头遵守规划，支持北京市工作。各有关方面要齐心协力，把核心区规划好、建设好、管理好。

《核心区控规》执行中遇有重大事项，要及时向党中央、国务院请示报告。

中共中央

国务院

2020年8月21日

立足新阶段 构建新格局 推动首都规划自然资源事业再上新台阶

——在北京市规划和自然资源委员会2021年度工作会上的讲话

北京市规划和自然资源委员会党组书记、主任 张维

（2021年2月7日）

同志们：

这次会议的主要任务是，总结2020年和“十三五”时期首都规划自然资源工作，做好“十四五”时期和2021年工作安排。

一、深入学习贯彻习近平总书记关于北京工作和规划自然资源工作的重要讲话精神

习近平总书记对首都工作高度重视，十八大以来9次视察北京、14次发表重要讲话，围绕“建设一个什么样的首都，怎样建设首都”这个重大时代课题，亲自谋划、亲自部署、亲自推动一系列重大改革和战略安排。我们专门梳理了十八大以来习近平总书记对北京、对规划自然资源工作的历次重要讲话，并印发全委系统学习贯彻，形成了良好的学习氛围。借此机会，我们再集中学习一次，抓好落实。

关于城市规划，习近平总书记强调，规划是龙头，在城市发展中起着重要引领作用，考察一个城市首先看规划，规划科学是最大的效益，规划失误是最大的浪费，规划折腾是最大的忌讳，规划上不作为是最大的失职。这四句话是做好规划工作的根本遵循。大家一定要把每句话吃透，特别要抓住最后一句，主动作为，全面落实好规划。

什么是好的规划？习近平总书记在2017年视察北京时指出，城市规划建设做得好不好，最终要用人民群众满意度来衡量。习近平总书记反复强调，城市是人民的城市，人民城市为人民。无论是城市规划还是城市建设，无论是新城区建设还是老城区改造，都要坚持以人民为中心，聚焦人民群众的需求，合理安排生产、生活、生态空间，走内涵式、集约型、绿色化的高质量发展路子，努力创造宜业、宜居、宜乐、宜游的良好环境，让人民有更多获得感，为人民创

造更加幸福的美好生活。规划是城市战略发展意图的空间载体，需要综合、全面的考虑问题，政治、经济、文化、社会、生态，“五位一体”都要考虑，说到底，最终还是要人民来检验。

首都规划工作该怎么看、怎么做？习近平总书记要求，要深刻认识首都规划的特殊重要性，切实把按规划办事作为检验“四个意识”“四个自信”“两个维护”的重要试金石。习近平总书记在听取北京规划自然资源领域问题整改工作汇报时指出，北京的城市总体规划实质上是首都城市规划，不仅关系到北京的城市发展，更关系到党和国家工作大局。实施好新版城市总体规划，突出政治中心、突出人民群众是最重要的两条要求。在审议核心区控规时，习近平总书记强调，深刻领会核心区控规的特殊重要性，充分认识到核心区控规关系党和国家工作大局，关系北京城市发展和人民群众切身利益，进一步提高政治站位，努力建设政务环境优良、文化魅力彰显和人居环境一流的首都功能核心区。从总规到城市副中心控规，再到核心区控规，首都规划的“四梁八柱”是习近平总书记亲自审定、亲自谋划的，这在全国是独此一家，大家一定要认清楚其中的分量。

习近平总书记对首都城市规划建设的方方面面都作出了重要指示，给我们指明了方向。譬如，关于城市治理。习近平总书记强调，建设和管理好首都，是国家治理体系和治理能力现代化的重要内容。城市管理应该像绣花一样精细，北京要探索构建超大城市治理体系，要靠精治，要靠共治，要靠法治。关于历史文化保护。习近平总书记强调，北京是世界著名古都，丰富的历史文化遗产是一张金名片，传承保护好这份宝贵的历史文化遗产是首都的职责，要本着对历史负责、对人民负责的精神，传承历史文脉，处理好城市发展和历史文化遗产保护利用的关系，切实做到在保护中发展、在发展中保护。关于生态文明建设。习近平总书记强调，绿水青山就是金山银山，保护环境就是保护生产力，改善环境就是发展生产力。要把生态环境保护放在更加突出位置，像保护眼睛一样保护生态环境，像对待生命一样对待生态环境。关于耕地保护。习近平总书记强调，中国人的饭碗任何时候都要牢牢端在自己手上。保障粮食安全，关键在于落实“藏粮于地、藏粮于技”战略，要害是种子和耕地。这些工作，无论是首都治理，还是耕地保护，我们都责无旁贷。

最后，我再强调一下规划自然资源领域自身建设问题。2019年6月以来，市委书记蔡奇亲自制定系列整改方案，习近平总书记也先后多次作出重要指示。习近平总书记强调，北京规划和自然资源领域的问题许多是沉疴旧疾，错综复杂，要敢于迎难而上，敢于动真碰硬，敢于猛药去疴。要坚决维护规划的严肃性和权威性。规划一经批准就具有法定效力，任何部门和个人不得随意修改、违规变更。要敢于坚持原则，敢于唱黑脸，自觉抵制各种诱惑，扛起守护好规划的责任。这些话我们每个人都要铭记于心，真正把自己摆进去，把职责摆进去。全委各级党组织、全体党员干部都必须站在“看北京首先要从政治上看”“首都规划自然资源工作首先是政治工作”的认识高度，把学习贯彻习近平总书记重要讲话和批示指示精神作为首要政治任务，深刻领会，抓好落实。

二、2020年工作总结

2020年，面对新冠肺炎疫情的冲击和错综复杂的国内外形势，我们在党中央、国务院和市委、市政府的坚强领导下，以强党建、守底线、创精品、为人民为工作主线，团结一心，迎难而上，各项工作取得了新进展、新突破、新成效。

（一）以党的政治建设为统领，推动全面从严治党向纵深发展

一是层层压实党建主体责任。委主要领导在全委系统和顺义区两次宣讲，全委举办处级以上领导干部专题培训班，深入学习贯彻党的十九届五中全会精神。42个基层党组织完成增补改选，组织体系进一步健全完善。积极开展纪念中国共产党成立99周年、“争做最美规划自然资源人”主题宣讲、文明创建等活动，基层组织建设有新进步。举办“习近平新时代中国特色社会主义思想首都规划建设学习实践班”，推动党建与业务工作深度融合。

二是坚决扛起疫情防控政治责任。积极应对疫情危机和挑战，坚持人民至上，做好业务担当，开展防疫设施专项规划编制，研究应急医疗救治设施资源储备预留，加大防疫项目审批力度，快速核发相关许可。以疫情为鉴，及时向市主要领导专报城市规划建设和管理运行中的问题和风险点。构筑群防群治严密防线，加强内部严管严控，做好经费物资保障，累计7000多人次下沉社区（村）疫情防控。

三是健全机构运转体制机制。做实做强首规委办，研究形成充实职能、优化设置、完善运行的工作方案。完善市区两级职责分工，向分局下放第一批职权。梳理部门职责边界，对权力清单、政务服务事项目录进行动态调整，内部分工体系、运行机制更加优化高效。落实督察工作机构编制，设立总督察办。深化事业单位机构改革，完成财务支付核算中心组建。

四是打造过硬干部队伍。严格执行“四不”“四个坚决抵制”。选优配强各级领导班子，以“五干”标准健全完善干部考核评价机制。大力加强干部轮岗交流。推动公务员职务与职级并行。广泛开展先进典型评荐工作，激励干部担当作为。

五是强化监督执纪问责。和驻委纪检组一起，抓实政治生态分析研判，严肃查处违纪违法问题。启动第四轮系统巡察，对9个分局、3个委属单位开展巡察。持续推进规划自然资源领域专项巡视反馈问题整改，围绕权力运行关键点研提预防措施52条。

（二）落实首都城市战略定位，全面推进城市总体规划实施

2020年是《北京城市总体规划（2016年—2035年）》确定的近期目标年，整体来看，总规实施102项重点任务进展顺利。其中，54项任务按既定时间节点完成，48项需长期持续推进的任务均按照目标形成阶段性成果。

一是首都功能核心区控规获党中央、国务院批复。首都功能核心区控规编制、报审工作历时3年，首创“规划微展厅”公示，凝聚各方共识，得到习近平总书记肯定，8月21日获批复。精心做好首都功能核心区控规实施，印发《首都功能核心区控制性详细规划三年行动计划（2020年—2022年）》，实现“挂图作战”，74项任务取得阶段性进展。

二是加强“四个中心”功能建设。组织编制“十四五”时期政治中心服务保障专项规划，三山五园地区整体保护规划上报首规委，开展长安街及其延长线重要节点公共空间城市设计，继续加强重要地区高度管控，确保政治中心绝对安全。《北京历史文化名城保护条例》完成修订，2021年1月27日经市人民代表大会全票通过。研究制定重点文物腾退利用实施意见和街区保护更新实施意见、历史文化街区和历史建筑保护管理办法，开展南中轴地区规划编制，推动特定风貌管控区在途项目实施。印发实施《北京推进国际交往中心功能建设专项规划》，加快推进雁栖湖国际会都、新国展二三期、冬奥场馆及基础设施等重点地区、重点工程规划建设。完成《北京科技创新中心建设规划初步纲要》《北京科技创新中心建设专项规划》技术编制，促进“三城一区”主平台建设。

三是高标准规划建设城市副中心。规划编制体系和成果体系不断完善，编制完成12个组团控规深化方案和拓展区规划，以及张家湾古镇、设计小镇等重点地区规划综合实施方案，完成大运河沿线景观风貌设计方案征集。城市绿心正式开园，环球主题公园一期建设基本完工，行政办公区二期全面开工，率先出台指导高质量规划建设管理的意见，完成规建管智慧平台一期建设。

四是推动区域协同发展。建设轨道上的京津冀，编制市(域)郊铁路线网规划，初步建立近期建设项目库，推进京唐城际铁路、轨道交通平谷线等项目建设。推进丰台站及周边基础设施建设和站城一体化实施，丽泽金融商务区综合实施方案形成阶段性成果，做好房山区青龙湖镇重大文旅项目规划选址，提升南部地区综合承载力。批复大兴临空经济区（北京部分）控规，助其成为京津冀协同发展新高地。推动非首都功能疏解，做好北京儿童医院新院区、首都医科大学分校等项目规划选址。总结推广王四营乡试点经验，推进绿隔地区城市化建设，探索城乡融合发展新路径。

五是实施全域、全要素空间管控。完成生态保护红线、永久基本农田、城镇开发边界三条控制线评估调整。发布实施城乡建设用地减量实施计划，推动集体建设用地减量提质。出台战略留白用地管理办法，完成132平方千米战略留白用地落图落位。开展200万亩（13.33万公顷）耕地保护空间调整优化，推进土地整治项目新增耕地验收核查，研究起草《北京市耕地保护激励补偿办法》，不断完善具有区域特色的耕地保护政策体系。

（三）着力抓好规划自然资源领域问题整改，切实扎紧扎好制度的“笼子”

认真贯彻落实习近平总书记“8·27”重要讲话精神，坚持“落总规、堵漏洞、清底账、抓作风”总体思路，在关键环节、关键改革、关键制度上发力，推进规划自然资源领域系统性重塑、整体性重构。确定109项治理改革事项，完成率达98%。围绕控规管理、行政审批、土地利用、干部队伍、监督执纪等关键事项，出台60余项政策文件。

一是全市“一盘棋”推进规划自然资源领域专项治理。作为市专班牵头单位，有序有力推动全市各区、市级相关部门近1200项整改任务落实，截至年底，整体完成率达95%以上。同时，围绕整改成效，牵头完成实地察访，组织专家团队开展第三方评估。

二是认真履行好首规委办职责。组织召开首规委第39次、40次全体会议，第2次主任办公会议，按程序做好重要规划、重大项目设计方案向党中央请示报告工作。强化对规划落实党中央要求情况的督促检查，加强对重大规划、重要功能区规划、重大项目的全过程把关。强化对中央党政军在京单位的规划服务和统筹协调，启动联席会议机制，研究建立中央党政军单位年度重点项目计划机制，搭建军地一站式对接平台，筹建军地工作专班，协调解决多项重大问题。

三是基本形成分级分责不分散的国土空间规划管控体系。印发实施《关于建立国土空间规划体系并监督实施的实施意见》，确立全市“三级三类四体系”总体框架。基本完成控规改革的框架体系构建，市政府批复《关于落实北京城市总体规划深化控制性详细规划管理工作的若干意见》，坚持按需编制、滚动覆盖的原则，有序推进新版街区控规编制工作。加强镇、村规划建设引导，促进城乡一体化发展，完成全市35%的乡镇国土空间规划编制工作，2915个美丽乡村村庄规划全部实现应编尽编。

四是健全规划引领项目生成的规划实施机制。印发《稳增长促发展加强规划编制与实施的管理意见》，基本建立“审”“批”分离的审批服务制度，制定规划综合实施方案编制办法，通过“多规合一”平台推进试点工作。探索建立市、区两级重点项目联动机制，对2000余个在途项目密切跟踪、督查督办、做好服务，试行规划实施专员制，建立“一平台、双通道、四分析”大数据管控体系，各分局细化措施、创新模式，助力重点项目落地。

五是推进优化营商环境3.0版本实施。制定《关于持续优化营商环境加快推进重大项目建设的指导意见》，加快推进“清单制+告知承诺制”审批改革试点，推行简易低风险项目规划许可施工许可合并办理，在住房城乡建设部2019年评估中，北京市低风险项目排名全国第一。推广“互联网+不动产登记”线上服务，极大便利了企业、群众。解决88个项目、5.1万余户业主的不动产登记难题，《北京市不动产登记条例》立法调研取得实质进展。

2020年，全市规划审批受理4976件，核发4999件。全市规划许可建设规模6622万平方米，线性规模207万延米。验收合格规模3635.6万平方米，管线备案长度14.74万延米，有序推进历史项目代征道路用地移交。

六是加强自然资源管理制度改革。

首次承接国务院授权和委托占用基本农田的集体土地征收工作。完善土地资源配置机制，健全土地市场供应体系，制定差别化的土地供应政策和定价机制，制定批而未供处置配套政策，强化供后监管，超额完成自然资源部下达年度闲置土地处置率不低于15%的任务。制定《北京市自然资源资产产权制度改革方案》，建立健全资产情况报告制度。

（四）人民至上，推进城市治理体系和治理能力现代化

一是履行好市委城市工作办职责。组织召开市委城工委全体会议和主任办公会议，研究市郊铁路网规划、市政基础设施专项规划、城市更新政策体系等重大议题。围绕轨道交通引领城市发展、超大城市灾害风险防控、责任规划师制度等，组织报送《城市工作专报》，支撑领导决策。协调推进街乡管理体制改革、街区更新、物业管理和垃圾分类等全市基层治理的重点任务。

二是推动“接诉即办”向“未诉先办”转变。狠抓“接诉即办”问题整改，优化处置流程，完善可追溯的责任追究和倒查机制。承办全市“12345”群众诉求1396件，研究甄别行业问题5.6万件，综合响应率100%、解决率92%、满意率94%，在月度考核中自办件成绩有8个月满分。行政复议和行政诉讼案件同比减少30%。完成33项市政府工作报告重点工作、8项重要民生实事、84项绩效任务。

三是推进城市有机更新。系统梳理存量空间资源，确定重点更新街区，同步组织编制全市街区更新专项规划。推动责任规划师制度下沉街乡，全市签约301个责任规划师团队，覆盖318个街道、乡镇和片区，有力促进城市有机更新落地、落细，形成望京小街、京张铁路遗址公园等城市更新改造优秀案例。组织策划《我是规划师》节目。

四是加强城市设计管理。制定出台《北京市城市设计管理办法（试行）》，试行推广5个城市设计专项导则，开展“小空间大生活——百姓身边微空间改造行动计划”。提升规划建筑设计与管理品质，稳步推进首都公共空间艺术品建设管理，开展“共筑京彩—大师做小品”专项行动，启动第一批项目方案征集，加快推动温榆河公园试点。

五是完善交通市政基础设施。坚持轨道交通引领城市发展，建立轨道交通线网规划及一体化专班联席会议制度，统筹推动轨道交通线网规划及第三期建设规划，形成一体化储备项目库。积极推进公交场站、慢行系统、停车等专项规划。高质量完成市政专项规划编制，推进市级市政重点工程储备库建设，实现动态管理和更新。

六是保障建设用地供应。编制并实施年度建设用地供应计划，支撑“六稳”“六保”工作，全年供应建设用地3751公顷。稳步推进集体土地建设租赁住房，出台《关于进一步加强集体土地租赁住房规划实施工作的意见（试行）》。推动高精尖产业用地政策实施，制定存量国有建设用地盘活利用指导意见，完善建设用地使用权转让、出租、抵押二级市场，探索用地全生命周期管理路径。

（五）摸清家底，夯实自然资源管理的基础

一是圆满完成国土“三调”工作。按期上报全市三调统一时点更新成果，查清全市国土“家底”。组织开展2019年度土地变更调查、2020年度地理国情监测工作。

二是推进国土空间生态修复。组织编制全市国土空间生态修复规划和矿产资源总体规划。推进矿产资源管理改革，完善矿业权管理，明确全市固体矿产、矿泉水和地热资源的审批原则。稳步推进矿山生态修复治理，完成矿山生态修复治理项目13个，治理面积280公顷。

三是抓好地质灾害防治。完成全市2019年度地质勘查成果上报，修订《北京市地面沉降防控工作方案》，运用北京地质资源环境承载力监测预警平台，为城市规划建设及安全运行提供基础支撑。汛期启动应急值守，及时响应，全市发生突发地质灾害16起，均为道路崩塌，未造成人员伤亡。

四是扎实开展基础测绘及地名与地理信息工作。稳步实施年度基础测绘，并在城市副中心和怀柔科学城开展新型基础测绘试点。编制“十四五”时期基础测绘发展规划，有序推动《北京市测绘条例》修订。建立北京2000城市坐标系，推进京津冀三地基准的一体化。基本完成《北京市标准地名图集》《北京市标准地名录》编写。

五是提升信息化和标准化服务水平。夯实“一库三图”数据基础，全市国土空间规划一张图纳入平台上线运行。制定数据管理办法，发布全委数据目录，实现OA系统与项目审批办事服务平台的合并整合。制定《北京市规划和自然资源标准体系》，强化标准统筹和引领。

六是严格督察和执法。坚决治理违法用地违法建设，出台《北京市禁止违法建设若干规定》《规划引领拆违腾地有关问题的指导意见》，拆既有和控新生成效显著。违建别墅问题、农村乱占耕地建房等专项整治行动有序推进，密云区实现“基本无违法建设区”创建。规划自然资源领域2020年扫黑除恶专项斗争不断深入。强化规划管理和执法全过程监督，印发《依法行政督查督导工作办法》，扎实开展执法监督。建立自然资源和国土空间规划督察制度，全面梳理并督促整改历年国家督察指出的问题，开展10余项自主督察。

此外，各项保障性工作扎实有力，开展防疫资金、部门预算执行等专项审查审计调查，疫情防控严管严控和经费物资服务保障取得实际成效。精心抓好群团、统战、老干部等工作，各类文体活动接地气、暖人心、聚力量。

同志们，2020年规划和自然资源工作任务十分艰巨繁重，各项成绩来之不易，这是以习近平同志为核心的党中央坚强领导的结果，是市委、市政府带领指导的结果，是各相关部门和各区大力支持的结果，是全委全系统干部职工迎难而上、奋力拼搏的结果！在此，我代表委党组和领导班子向大家表示衷心的感谢！

三、“十三五”时期回顾和“十四五”时期思路

（一）“十三五”时期取得的成效

过去五年是非常重要、非常特殊的

五年，也是北京发展史上具有标志性意义的五年，首都高质量发展步入快车道，首都治理体系和治理能力现代化取得重要进展。这时期，我们坚决贯彻党中央指示精神，坚决落实市委、市政府工作部署，市委书记蔡奇多次亲临市规划自然资源委指导工作，市长陈吉宁、副市长隋振江亲自推动各项工作，我们克服“三期叠加”带来的各种挑战，首都规划和自然资源管理水平迈上了新台阶。

一是落实总规关键期，总规实施第一阶段实现预期目标。从工作推进情况来看，全委系统压实责任、压力传导、压茬推进了一系列急难险重的任务。城市总体规划、城市副中心控规、首都功能核心区控规先后获党中央、国务院批复，首都国土空间规划体系“四梁八柱”基本建立，围绕落实总规确立了从规划编制、实施到监督、运行保障的闭环体系。强化“两线三区”全域管控，加强全市空间管控目标任务分解，同步编制实施分区规划，充分衔接各类专项规划，有序推进新版街区控规、乡镇域国土空间规划、村庄规划编制，编制覆盖率分别达到65%、35%、100%。构建城市设计编制、管理体系，制定各类城市设计导则。基本搭建起“一库三图”大数据体系，形成全域全类型管控的国土空间规划信息平台。连续3年开展城市体检，经验模式被作为示范向全国推广。总体上，首都规划体系得到历史性深化和完善，科学性、系统性、权威性得到全面提升。

从总规实施效果来看，规模管控方面，2018年以来，城乡建设用地净减量近100平方千米，减量发展和高质量发展并肩迈出实质性步伐。土地供应方面，“十三五”期间，全市完成建设用地供应15278公顷，其中住宅用地5169公顷，集体租赁住房用地供应545公顷。生态保护方面，“十三五”期间，全市共治理废弃矿山项目173个，治理面积约3188公顷，未治理的废弃矿区面积从2012年约11500公顷减少至2020年约1400公顷。拆违腾地方面，“十三五”期间，全市拆除违法建设约21600万平方米。其中，2018年实施“场清地净”标准以来，拆除违法建设约13700万平方米、腾退土地约1.67万公顷，存量违法建设大幅度消减。石景山区、门头沟区、密云区相继实现“基本无违法建设区”创建目标，全市基本实现粗放型拆违向规划引领精细化治违的变化。

二是体制改革攻坚期，首都城市治理体系和治理能力现代化水平不断提升。加强立法，《北京市城乡规划条例》的顺利修订，为我们做好新时期的城乡规划工作提供了坚实的法制保障。持续优化营商环境，对工程建设项目审批制度进行全面改革，北京市在全国营商环境评价中保持第一，在全国率先推行社会投资低风险项目全流程简易办理，世行评价办理建筑许可指标单项排名提升最大，建筑质量控制指数获得满分。创新城市规划建设管理体制改革，专项小组累计出台改革文件315件，为首都经济社会发展注入强劲动力。深化土地供给侧结构性改革，完善以规划实施为目标导向的土地供应和地价政策体系。推进自然资源资产产权制度改革，统筹推动农村集体经营性建设用地入市、土地征收制度、宅基地制度三项改革试点，完成首宗集体经营性建设用地入市交易。

三是机构整合期，规划自然资源系统一体化运行更加规范、高效。按照国家机构改革要求，完成机构改革，推动“多规合一”。切实加强党的全面领导，做实做强首规委办，新增市委城市工作办职能。设立总督办，构建三级规划国土执法体系。规划、国土、地勘、不动产登记、城乡办五支队伍汇聚，各区分局垂直管理，全委系统形成合力，依法行政、高效服务。特别是2019年以来，狠抓规划自然资源领域问题整改，重塑规划自然资源领域政治生态和体制机制，全委系统运行更加平滑、高效，队伍精神面貌更加奋发有为。

在看到成绩的同时，我们也应清醒地认识到，城市管理不够精细，减量发展下的城市更新任务繁重，城乡区域间发展不平衡不充分问题依然存在，民生保障、公共安全等领域还有不少短板。对标中央、市委对首都规划自然资源系统的亲切关怀和严格要求，我们的工作还有差距。对于这些问题，我们一定要直面挑战、克服困难、坚定信念、有力解决。

（二）“十四五”时期工作思路

全系统将深入贯彻党的十九届五中全会精神和市委、市政府工作部署，坚持以首都发展为统领，切实履行首都职责，按照“六个更加突出”要求，谋划好首都规划自然资源工作，一手抓促进城市高质量发展，一手抓巩固深化规划自然资源领域问题整改，推动首都城市规划和自然资源工作再上新台阶。

总的要求是“五个始终坚持”，即：始终坚持党的全面领导、始终坚持首都意识、始终坚持以人民为中心、始终坚持全面深化改革、始终坚持贯彻新发展理念。这是总结长期以来，特别是党的十八大以来的实践经验基础上，形成的规律性认识，是在新发展阶段必须牢牢把握的基本要求。这里，结合工作具体强调几点：

一是准确把握新阶段的新机遇新挑战，继续深入实施城市总体规划。首都城市发展既面临城镇化发展滞缓、人口老龄化加剧等不利形势，又存在经济产业转型和减量提质实施难度加大等结构性问题。要准确把握首都城市发展的阶段性和趋势性，抓住首都进入新发展阶段的重大战略机遇，探索城市更新、乡村振兴、区域协调发展等城市发展的新路径。

要紧扣“四个中心”功能建设，完善城市总体规划深化实施的工作体系，为“十四五”时期经济社会发展提供高质量的空间布局和支撑保障。总规实施第一阶段的主要任务是在首都发展、首都规划、首都治理的战略框架下，立了标杆、定了方向；总规实施第二阶段的重点就是立规矩、立标准、定方案、定路径，所有处室、部门都要向前一步走，着力实现“七个转变”，即：一是从非首都功能疏解向进一步凸显首都功能转变，特别是落实政治中心功能；二是从偏重城市规模的总量控制向注重城市品质的提质增效转变；三是从推进圈层差异化发展向梯度疏解和整体优化转变；四是从生态资源保护向自然资源资产管理转变；五是从被动防御突发风险向全面增强城市韧性转变；六是从查漏补缺、应激治理向系统诊断、长效治理转变；七是从京津冀重点区域协调联动向以首都为核心的世界级城市群转变。

二是树立系统观念，提高规划自然资源工作的战略性、引领性、科学性。坚持"前瞻性思考、全局性谋划、战略性布局、整体性推进"，更好地发挥规划的战略引领和全局统筹的作用。要跳出传统空间规划的专业制约，更加注重规划的政治、经济和社会属性，大胆思考如何在减量发展的背景下，实现空间资源的优化配置和社会、经济、生态、安全等多维目标的统筹。要跳出北京行政圈，落实京津冀协同发展战略要求，深入研究以首都为核心的城镇群体系，从空间轴、时间轴上形成系统的认识、系统的观念。

三是强化底线思维，确保首都城市运行安全。北京属于高负荷、紧平衡运行的超大型城市，首都安全是城市发展的前提。要把生态安全、耕地安全放在更加突出的位置，严格"两线三区"空间管制，严守"三条控制线"，坚决守好耕地保护的基本底线。要加强城市抗风险的体系构思，提高城市抗风险的能力，聚焦民生短板，加强健康城市、韧性城市、智慧城市建设，全面增强城市的整体性、系统性、生长性，提高城市的承载力、宜居性、包容度。

四是深化领域整改，为构建首都规划自然资源事业新格局提供坚实保障。要深入抓基层党建、抓干部队伍、抓纪律监督，进一步巩固深化规划自然资源领域问题整改，基于"一个底板""一张蓝图"，加强职能整合、政策衔接，推动思想融合、队伍融合、政策融合、标准融合、数据融合，不断提高全委系统把握新发展阶段、贯彻新发展理念、构建新发展格局的政治能力、战略眼光、专业水平，以一支高素质的规划自然资源系统干部队伍推动首都高质量发展。

四、2021 年工作要点

2021 年的工作主线是：抓党建，打造政治机关；干事业，推动高质量发展。围绕重点工作，探索创新工作路径，长远目标和阶段性成效并重，促进首都城市规划自然资源事业更上一层楼，以优异成绩庆祝建党 100 周年。

（一）坚持不懈加强政治机关建设

一是旗帜鲜明讲政治。强化首都意识，不断增强政治判断力、政治领悟力、政治执行力。自觉把"国之大者"放在心上、抓在手上，坚持在大局下思考、在大局下行动，不折不扣贯彻好党中央和市委各项决策部署。按照中央和市委要求，巩固深化规划自然资源领域问题整改，更好地发挥首规委办职能作用，更好地服务保障首规委议事决策。

二是不断强化理论武装。按照党中央和市委部署要求，建立健全学习教育、调查研究、检视问题、整改落实的长效机制，巩固深化"不忘初心、牢记使命"主题教育成果。高质量办好"习近平新时代中国特色社会主义思想"首都规划建设学习实践班，用好"学习实践基地"，深入学习党的创新理论，不断提升规划建设管理水平。紧紧围绕庆祝中国共产党成立100周年，以“共庆百年华诞、共创历史伟业”为主题，组织举办系列纪念活动，不断强化理想信念和忠诚教育。

三是党建与业务工作要深度融合。没有脱离政治的业务，也没有脱离业务的政治，政治和业务的关系在我们系统十分重要，要下功夫弄明白。重点完善党建与业务融合发展机制，注重提升基层支部的政治功能，夯实政治机关建设的思想基础和组织基础。

（二）推进总体规划实施第二阶段重点任务

落实首都城市战略定位，编制完成《北京市国土空间近期规划暨北京城市总体规划实施工作方案(2021年—2025年)》并推动实施。以保障“四个中心”功能建设、推动城市高质量发展、加强生态文明建设为重点，建立三类重点实施引导空间。开展总体规划实施首次五年评估。

一是聚焦首都功能空间，保障“四个中心”功能建设。全力做好中央政务功能保障，制定长安街及其延长线空间管控实施意见，制定长安街沿线非行政办公空间置换腾退方案，推动重点地区环境整治。实施《北京历史文化名城保护条例》，编制完成中轴线申遗相关规划、皇城城廓沿线城市设计。制定北京国际交往中心功能实施指引，扎实推进雁栖湖国际会都扩容提升，规划建设国际组织集聚区。制定国际科技创新中心功能实施指引，统筹推动中关村科学城“一区多园”协同发展，推进怀柔科学城控规报批，盘活未来科学城东区存量空间资源，围绕重点项目、重大工程做好规划服务保障，推动北京在全国率先建成国际科技创新中心。

全面推进核心区控规实施。贯彻“两个突出”“六个注重”，落实好核心区控规三年行动计划，2021年有94个项目要取得阶段性进展。分类分步编制核心区街区保护更新综合实施方案，抓好平房区院落申请式改善和简易楼腾退改造，推动平安大街、鼓楼大街、观音寺等重点片区更新改造，加快推进核心区在途项目研究办理。开展核心区综合体检评估机制研究，建立评估体系，完成首次体检。推进核心区智慧规划和治理协调平台建设。

二是深耕城市发展空间，推动城市高质量发展。坚持规划引领，深化“多规合一”，提升规划、建筑设计与管理品质。分类编制街区控规，建设主导街区控规管控面积覆盖率要达到85%；乡镇国土空间规划编制要覆盖乡镇总数70%。

精细化推进城市存量更新。实施城市更新专项行动，编制《北京城市更新专项规划（2020年—2035年）》。引导中心城区存量资源优化提升，推进新首钢高端产业综合服务区建设发展、北京焦化厂工业旧址园保护利用。出台城市更新实施意见，创新存量空间资源提质增效政策机制，制定城镇低效用地再开发指导意见，有效发挥政府、市场、公众等多元主体作用。

高水平推进城市副中心建设。加快行政办公区二期、综合交通枢纽、通州堰等重点项目规划建设。制定运河商务区活力空间体系与重要节点实施导则、六环公园及周边用地总体规划方案。抓好张家湾设计小镇、台湖演艺小镇、宋庄艺术创意小镇建设。持续推动老城双修和家园中心规划建设，建立健全公共服务体系。研究深度一级开发实施机制。加强规建管三维智慧管理平台、建筑信息模型（BIM）平台的建设及应用。

统筹区域、城乡协调发展。高标准推进“两区”建设，推动自贸区各片区组团建设。抓好丽泽金融商务区、大兴生物医药基地、房山北京高端装备制造基地等重点功能区建设，推进大兴机场二期及配套设施建设，提升南部地区发展水平。做强新城核心产业功能、做优公共服务和环境品质，推进产城融合、职住平衡。编制“十四五”时期绿隔地区发展建设规划，制定第二道绿化隔离地区规划，探索激励措施，提升绿隔建设政策保障水平。做好乡村规划执行效果评估工作，研究农村新产业新业态用地需求与空间布局，推动城乡融合。

三是严管生态治理空间，落实生态文明建设。统筹全域全要素自然资源管理，坚持“山水林田湖草”系统治理，搭建全市生态要素空间资源数据库，建立非建设空间项目规划统筹和实施管理工作平台。加强耕地保护，制定耕地保护激励补偿机制。严格落实城乡建设用地减量，全年实现减量10平方千米左右，出台建筑规模管控指导意见。

编制完成《北京市国土空间生态修复规划》《北京市矿山环境恢复治理“十四五”规划》和《北京市矿产资源总体规划（2021年—2025年）》。合理安排、有序推进地热矿业权审批。推进部市联建的浅层地热能国家重点实验室建设。稳步组织固体矿产和矿泉水开采企业关停退出。推进25个矿山生态修复治理项目。完成“十四五”时期地质勘查及地质灾害防治规划编制并稳步实施。开展第一次全国自然灾害综合风险普查。优化北京地质资源环境承载力监测预警平台，做好汛期地质灾害应急值守，在试点基础上开展地质灾害区域评估推广工作。

（三）做好国土空间资源供给侧结构性改革

一是制定优化营商环境4.0版改革政策。建立健全政务服务事项标准化体系和准入准出制度，大力推进一网通办。持续推动办理建筑许可营商环境改革，以及工程建设项目审批制度改革，抓好低风险改革举措落实。全面实施勘察招投标工作由线下向全过程电子化的转变。

二是积极稳妥调控土地市场。编制实施2021年度建设用地供应计划。推进存量住宅用地和储备土地信息公开。坚持“房住不炒”定位，有序均衡供应住宅用地，扩大保障性租赁住房供给，深入推进集体土地租赁住房试点，开展五年住宅用地供应评估。鼓励存量低效商办项目改造。推进乡村振兴“点状供地”改革，提高资源配置效率。

三是服务保障重点项目建设。落实“五新”政策，助力“两区”建设，加大规划用地保障力度，加快重大项目推进，切实发挥好对稳投资的关键支撑作用。进一步完善市区两级对接联动机制，利用市区重点项目数据平台，加强项目统筹调度和问题研判，及时打好政策补丁，指导项目落地，引导和服务各区发展。

（四）围绕“七有”“五性”提升城市发展品质

一是不断深化“接诉即办”工作机制。完善市民诉求依法派单和行业考评制度，聚焦行业问题，推动“接诉即办”向更高维度、更深层次发展。落实“五个一”化解工作责任，抓好重复访积案治理工作。落实“三到位一处理”要求，提升信访诉求事项办理效能。

二是推动健康宜居城市建设。推进适老设施建设，编制面向儿童友好的城市规划纲要，完成商业流通系统整合提升规划，制定健康街道（街区）评价体系。制定老城城市公共空间整治设计导则。实施新一轮回天地区行动计划。完善责任规划师工作机制，开展建筑师负责制试点并逐步推广。继续开展“共筑京彩——大师做小品”专项行动。建立全市统一的公共艺术品数据系统，做好大型城市雕塑建设管理工作。

三是强化韧性城市建设。开展首都城市系统风险与危机应对调研，完成防疫设施专项规划编制。推进京雄高速建设，加快京滨城际、京唐城际、京港台高铁（丰雄商段）、城际铁路联络线等轨道交通建设。完成轨道交通线网远景规划及三期建设规划，实施市郊铁路建设行动计划。促进大枢纽站城融合和小站点一体化实施，推进全市第一批轨道微中心建设。推进南部地区综合交通体系规划研究，开展物流交通、应急防灾交通、综合交通枢纽等专项规划，开展交通规划仿真模型等前期研究，启动城市道路规划、公路规划实施评估。开展“十四五”各项市政基础设施专项规划编制，做好建设项目规划储备和策划生成，完成地下管线基础信息综合管理系统升级及数据动态更新，持续推进核心区内涝防治、架空线入地、雨污合流改造、地下管线消隐等工作。

四是加快智慧城市建设。构建全委数据逻辑框架和应用体系，形成数据清单和使用说明，打造应用场景。建立全委大数据生产、应用和用信息化推进工作的考评体系。启动城市空间大数据一张底图和底板建设。完善全市建设项目审批系统，推进BIM和CIM在建设项目全生命周期中的应用。提升测绘及地名与地理信息管理水平，全面推进新型基础测绘试点，不断创新基础测绘的产品体系、生产体系、服务体系和管理体系，深入开展“多测合一”改革，持续完善“天地图·北京”系统功能，利用技术手段加强互联网地理信息安全监测。发布实施《北京市“十四五”时期规划和自然资源标准化工作规划》《北京市规划和自然资源标准体系》。

五是加强相关立法。完成《北京历史文化名城保护条例》和《北京市无障碍设施建设和管理条例》修订。完成《北京市不动产登记条例》《建设征地补偿安置办法》《北京市地名管理办法》立项工作。起草《北京市测绘条例（修订草案）》。开展《北京市基本农田保护条例》修订调研和《北京市地下空间管理条例》立法调研。

（五）全面改革和优化自然资源资产

管理机制

一是深化自然资源产权制度改革。逐步建立健全本市自然资源资产管理制度，试点开展自然资源资产清查。建立健全全民所有自然资源资产情况报告制度，开展自然资源资产核算及价值评估研究。做好国有建设用地变更用途和全民所有土地资源作价出资（入股）政策研究。

二是探索构建自然资源调查监测体系。完成三调后续工作任务，加强成果共享应用。完成2020年度土地变更调查，启动2021年度国土变更调查。持续推进常态化地理国情监测，特别是强化耕地动态监测，完成本年度地理国情监测任务。研究制定北京市自然资源调查监测体系构建方案。

三是完善自然资源确权登记机制。研究不动产全流程地籍调查工作机制，推动房地一体的宅基地、集体建设用地确权登记工作，启动本年度重点区域自然资源确权登记工作。启动制定土地承包经营权登记工作规范。加大信息技术在不动产登记领域应用，加快推动历史遗留房地产开发项目登记处理，着力解决群众“办证难”问题。

四是强化自然资源督察。逐步健全自主督察制度体系，研究出台自主督察实施细则，有序开展总规实施等专项自主督察。全力配合国家自然资源督察机构对北京市开展的年度例行督察、专项督察。部署并紧盯国家自然资源督察发现问题的整改工作，确保按时、保质完成整改任务，力争实现历年国家督察发现的限期整改类问题全部消除违法状态。

五是坚定做好专项执法工作。全面实施禁止违法建设规定，全年计划拆除违法建设2500万平方米，腾退土地3000公顷，继续开展“基本无违法建设区”创建。继续抓好违建别墅问题清查整治后续工作。深入推进农村乱占耕地建房专项整治行动。持续保持扫黑除恶专项斗争高压态势。

（六）加强新时代的队伍建设和纪律监督

一是加强基层组织和干部队伍建设。认真落实民主集中制、重大事项请示报告、意识形态工作责任制等重要制度。坚持和完善“四评双汇报”机制，深化党建引领推动基层治理。选优配强各级班子力量和纪检监察力量。按照全市统一安排，完成委系统事业单位机构改革工作。进一步加大委系统与市区两级机关、街乡镇和国有企事业单位之间干部双向交流。健全完善干部考核评价机制，强化考核结果运用。继续做好群团、统战、老干部等工作，开展好送温暖、送文化、送健康活动。

二是加强监督执纪问责。紧紧围绕纪检部门监督专责，进一步健全机制、细化内容、拓展形式、提升质效。持续推进系统巡察，实现三年全覆盖的目标。

最后，感谢大家这一年的辛勤付出，使我们收获了满满的成绩，新的一年，让我们一起以更加奋发有为的状态，推动首都新发展，确保“十四五”开好局、起好步，以优异成绩庆祝中国共产党成立100周年。

2021

专文

关于《北京城市总体规划（2016年—2035年）》实施情况的报告

2020年是北京城市总体规划确定的近期目标年，在市委的坚强领导下，在市人大常委会及广大人大代表的监督指导和支持下，市规划自然资源委认真研究《市十五届人大常委会第十七次会议对市人民政府“关于实施〈北京城市总体规划（2016年—2035年）〉工作情况与研究处理专项工作报告审议意见情况的报告”和“关于2018年度北京城市体检工作情况的报告”的审议意见》提出的问题和建议，切实落实审议意见，全面吸纳代表意见建议。受市政府委托，现将《北京城市总体规划（2016年—2035年）》（以下简称“城市总体规划”）实施情况及落实专项工作报告审议意见情况报告如下：

一、城市总体规划实施第一阶段工作情况

（一）全面组织实施城市总体规划

城市总体规划获党中央、国务院批复以来，将精心组织实施城市总体规划作为全市三件大事之一，以钉钉子精神抓好规划组织实施。加强事前统筹部署，制定城市总体规划实施工作方案，从规划编制、重点功能区重大项目、专项工作、政策机制4个方面明确102项重点任务清单，落实到各区、各部门和有关单位。注重事中督察问责，在市级层面形成覆盖督察、考核、问责等方面的城市总体规划实施监督问责体系。创新事后体检评估，建立“一年一体检、五年一评估”常态化机制，持续三年开展城市体检工作，对城市总体规划的实施情况进行实时监测、定期评估、动态调整，确保城市总体规划确定的各项目标指标得到有序落实。北京城市体检的经验模式得到自然资源部、住房城乡建设部的充分肯定并作为示范向全国推广。

（二）探索建立国土空间规划体系，刚性传导和逐层落实城市总体规划目标任务

切实发挥规划统筹引领作用，构建分级分责不分散的国土空间规划管控体系。制定印发《关于建立国土空间规划体系并监督实施的实施意见》，正式确立本市“三级三类四体系”的国土空间规划总体框架，即市、区、乡镇三级，总体规划、详细规划、相关专项规划三类，并统筹规划编制、规划实施、规划监督、运行保障四个子体系，形成闭环

管理工作流程，为持续推动城市总体规划实施确定制度框架。

构建空间秩序，推进“一核两翼”规划建设。以首善标准做好《首都功能核心区控制性详细规划（街区层面）（2018年—2035年）》编制和报审工作，8月21日获党中央、国务院批复；制定发布《首都功能核心区控制性详细规划三年行动计划（2020年—2022年》，围绕中央政务功能布局优化、城市环境提升、重点文物腾退等重点内容明确80项规划实施重点任务。高水平编制《北京城市副中心控制性详细规划（街区层面）（2016年—2035年）》，2018年12月27日获党中央、国务院批复；制定城市副中心控规实施工作方案，确定100项具体任务，建立“1+12+N”规划编制体系，目前12个组团深化方案已编制完成，N个规划设计导则正式试运行；同步编制副中心拓展区规划、9个乡镇国土空间规划和300余个村庄规划。

承上启下、条块结合，有序推进各级各类规划实施。13个区分区规划（国土空间规划）及亦庄新城规划获市政府批复实施，进一步刚性传导城市总体规划确定的目标、指标和任务，夯实城市总体规划一张蓝图绘到底的重要国土空间规划基础。加快街区控规和规划综合实施方案工作探索，制定集中建设区控制性详细规划编制工作方案。有序推进“三城一区”、新首钢地区、雁栖湖国际会都等20余项重点功能区规划和教育、医疗卫生、物流、体育等市级专项规划编制工作。构建城市设计编制、管理体系，制定街道更新治理、城市色彩、滨水空间等城市设计导则。推动国土空间规划“一张图”建设并研究制定相关维护机制和管控办法，将以分区规划数据库为本底逐步搭建全市全域全要素管控的国土空间规划“一张图”。

加强镇、村规划指导，促进城乡融合发展。印发《关于开展乡镇国土空间规划编制工作的指导意见》《北京市乡镇国土空间规划编制导则（试行）》，立足区域特点，明确乡镇国土空间规划编制的技术要点、工作要求，有序推进各乡镇国土空间规划的编制工作。相继出台《北京市村庄布局规划》《北京市区级乡村规划编制指导意见》《北京市村庄规划导则（修订版）》等系列文件，指导建立“北京市村庄布局规划—区级乡村规划—乡镇国土空间规划—村庄规划”的“四级”村庄规划体系。开展“三师”下乡活动，征集规划师、建筑师、设计师超过1200人，目前已参与编制完成2912个村庄规划。

（三）加强法规文件完善和政策机制创新，为城市总体规划实施提供保障

加强法制建设，推动实施《北京市机动车停车条例》《北京市城乡规划条例》《北京市物业管理条例》《北京市生活垃圾管理条例》等地方法规。

持续落实城乡建设用地减量，逐步建立减量发展实施倒逼机制，制定《北京市城乡建设用地供应减量挂钩工作实施意见》《关于加快科技创新构建高精尖经济结构用地政策的意见》《北京市土地资源整理暂行办法》等一系列政策办法，为减量提质发展提供制度保障。划管结合、破立并重，着力加强非建设空

间管控，印发《北京市战略留白用地管理办法》，对战略留白用地实行总量控制和动态优化，提升城市发展韧性和弹性；实施“两线三区”全域管控，印发《北京市生态控制线和城市开发边界管理办法》；制定《北京市区级国土空间规划分区用途管制规则（试行）》，明确11类规划分区差异化的主导用途和管控要求。

持续深化营商环境改革。出台《北京市优化营商环境条例》，发布优化营商环境3.0版改革政策，大力推进方便办、加快办、省钱办，深入推进建设项目审批服务改革，切实提高审批服务效率，企业和群众获得感明显增强，中国连续两年入列全球优化营商环境改善幅度最大的十大经济体。

二、认真落实市人大常委会对2019年专项工作报告的审议意见

认真研究市人大常委会对2019年专项工作报告的审议意见中提出的问题和建议，全面吸纳代表意见建议，持续推动2020年城市总体规划实施。

（一）全面加强“四个中心”功能建设，服务保障首都功能的空间得到优化提升

编制“四个中心”专项规划，全力做好“四个服务”保障。始终把政治中心的服务保障摆在首位，做实做强首规委办，健全首都规划向党中央负责的体制机制；优化中央政务功能布局，持续开展中南海及周边地区、天安门—长安街等重点地区综合整治，严格控制建筑高度和建设规模，强化安全管控。精心保护好历史文化金名片，加快完善历史文化名城保护政策措施，推动修订《北京历史文化名城保护条例》，研究制定历史文化街区和历史建筑保护管理办法；推进北京老城整体保护规划编制，持续开展历史文化街区划定和历史建筑确定工作，启动第一批历史建筑测绘和建档，第二批历史建筑315栋（座）已公布，第三批历史建筑329栋（座）已完成公示。加强国际交往中心功能建设，编制完成国际交往中心专项规划、雁栖湖国际会都控规优化及会都设施扩容方案、第四使馆区控规及城市设计，加快推进国家会议中心二期项目服务设施，新国展二、三期规划建设。深入推进科技创新中心功能建设，编制科技创新中心建设专项规划、怀柔科学城控制性详细规划，推动“三城一区”等重点地区加快发展。

（二）持续推动减量发展，积极探索存量更新路径

建立城乡建设用地供减挂钩机制，结合疏解整治促提升专项行动，以集中建设区外的低效集体产业用地为重点，以拆除违法建设为主要抓手，持续推动城市减量发展。探索减量发展背景下的绿化隔离地区建设模式与路径，全面优化一绿地区规划实施单元的规划综合实施方案，通过算历史账、规划账、时间账和效果账，实现减量、提质、大尺度增绿。组织推动王四营乡减量发展试点“22个政策包”任务，探索实现低成本、可持续、高质量的新路径。总结推广王四营乡试点经验，推进“一绿”地区建设，探索“二绿”地区规划建设新路径。

在减量的同时，严控用地新增，将土地利用的重点转向挖潜存量，明确在

土地年度供应计划中存量建设用地规模的比例。加快研究存量更新相关政策，研究制定存量国有建设用地盘活利用的指导意见；起草完善建设用地使用权转让、出租、抵押二级市场的实施意见；起草《老旧小区更新实施细则》等4个实施细则。

（三）“一核一主一副、两轴多点一区”空间结构进一步优化，功能疏解和承接取得积极进展

高质量实施首都功能核心区控规，强化城市空间结构，坚定有序疏解非首都功能，加强老城整体保护，有序提升王府井、西单、前门等重点地区的业态和城市环境，加大老旧小区综合整治力度，补齐公共服务设施短板，推动政务功能与城市功能有机融合，老城整体保护与有机更新相互促进。持续推动中心城区非首都功能疏解，积极推动疏解空间再利用，补充完善公共服务设施、小微绿地等；持续落实新首钢地区三年行动计划，深入推进丽泽金融商务区等重点功能区规划建设，产业结构在疏解中实现更高水平发展。

加快推进城市副中心规划建设，发挥对疏解非首都功能的示范带动作用。推动行政办公区规划建设工作，保障第一批市级机关、事业单位顺利搬迁入驻。大力推动副中心重点功能区和重点项目建设，完成城市绿心规划设计，图书馆、剧院、博物馆三大公共建筑已开工建设，城市绿心森林公园顺利开园。城市副中心站综合交通枢纽地下工程、六环路入地工程开工建设。编制文化旅游区、张家湾古镇和设计小镇、台湖演艺小镇等重点地区规划方案，推动路县故城遗址保护展示工程规划建设。加强规划实施政策机制创新，研究制定城市副中心高质量规划建设管理的意见，完成城市副中心规建管三维智慧信息平台一期建设。

多点地区积极推动中心城区功能承接，推进优质教育、医疗卫生资源承接，不断提升新城综合服务能力和承载能力。生态涵养区积极开展矿山生态修复、生态清洁小流域建设、风沙治理造林工作，市级财政加大对生态涵养区的转移支付，绿色发展取得新成效。

（四）依法依规高效做好自然资源管理，持续扩大高品质绿色生态空间

有序推进第三次全国国土调查，完成统一时点更新调查。以城市总体规划为统领，以三调成果为基础，在完成资源环境承载能力和国土空间开发适宜性评价，并做好与“三线一单”（生态保护红线、环境质量底线、资源利用上线和生态环境准入清单）工作成果衔接的基础上，统筹推进和基本完成三条控制线（生态保护红线、永久基本农田、城镇开发边界）评估调整工作，并将自然保护地优化整合预案整体纳入生态保护红线评估调整成果。依法履行自然资源资产所有者和管理者职责，制定印发《北京市自然资源资产产权制度改革方案》。夯实基础摸清自然资源资产家底，建立健全本市全民所有自然资源资产情况报告制度。

坚决制止耕地“非农化”行为，严格违法占用耕地执法，落实最严格的耕地保护制度。持续推进实施新一轮百万

亩造林绿化工程，森林覆盖率稳步提升。持续加强大尺度绿化建设，组织编制温榆河公园控制性详细规划，打造北京城市最大的“绿肺”，“一屏、三环、五河、九楔”市域绿色空间结构进一步强化，山水林田湖草生态空间系统治理取得积极成效。

（五）以治理“大城市病”为重点，围绕“七有”“五性”加强民生保障

落实《首都教育现代化2035》及五年实施方案，深化基础教育改革，完成第三期学前教育行动计划，提升普惠性幼儿园覆盖率。深入推进健康北京建设，出台实施加强首都公共卫生应急管理体系建设的若干意见和三年行动计划，不断提高传染病和突发公共卫生事件处置能力，健全覆盖全人群、全生命周期的健康服务体系。加快建设居家社区机构相协调、医养康养相结合的养老服务体系。利用疏解腾退空间、城市公园、绿地等场所，因地制宜建设更多体育场地设施。深化应急管理体制改革，全面提升应急指挥救援能力、应急队伍专业化能力和灾害防治能力，提高城市韧性。努力提升人民群众获得感、幸福感、安全感。

加强交通市政基础设施的支撑作用，立足于轨道交通引导城市发展，由市领导牵头建立轨道交通线网规划及一体化专班联席会议制度，统筹推动线网规划和一体化工作，搭建市区两级协作的轨道交通一体化工作平台。高质量编制市政专项规划，积极推进本市公交场站、慢行系统、停车、城市南部交通体系等专项规划编制。加快推进重点功能区和控规试点单元的市政专项编制和审查工作，不断完善水系和滨水空间规划设计管控机制，进一步提升市政场站设施建设品质。

提升城市精细化治理水平。实施公共空间改造提升三年行动计划，开展“小空间大生活——百姓身边微空间改造行动计划”。落实无障碍专项行动计划，发布北京市无障碍城市设计导则，并抓好导则的落地实施。推动责任规划师制度下沉街乡，直接服务民生，近90%的街乡镇已签约责任规划师。优化“接诉即办”处置流程，完善可追溯的责任追究和倒查机制，全程留痕。建立“热线+网格”为民服务模式，推动主动治理、未诉先办。

（六）深入推进京津冀协同发展，推动协同发展重大项目、重点领域任务落实

积极持续推动协同发展重点领域任务、重大项目落实、落地。完成通州区与廊坊北三县协同发展规划，拟定双方规划建设统筹协调机制实施工作方案，建立与廊坊市日常工作对接机制，实行京冀交界地区统一规划、统一政策、统一标准、统一管控。推进大兴机场临空经济区规划建设，编制大兴机场临空经济区（北京部分）控制性详细规划（街区层面），为综合保税区封关运营奠定基础。

构建与国铁集团常态化沟通机制，推动京沈客专、京雄商高铁等重大工程规划建设。启动轨道交通大兴机场线北延工程，推动轨道交通平谷线等建设。推动京雄高速公路（北京段）、北京大兴国际机场北线东西延项目用地预审，成

为全市作为国务院委托用地审批试点省份批准的首批承接事项。全方位支持雄安新区建设，加快推动区域直连直通交通基础设施建设。

三、城市总体规划实施需要关注的问题

城市总体规划实施第一阶段即将收官，全市各区、各部门完成了第一阶段任务，取得了较好进展，为后续规划实施奠定了良好基础。但对照城市总体规划确定目标，在规模管控、存量挖潜、空间结构优化等方面还存在一系列长期、复杂、艰巨的挑战和问题。

一是建设规模管控难度加大，空间结构优化重组任务艰巨。中心城区用地减量任务在全市占比较大，净减量压力相对较重，同时需要重点统筹绿隔地区的减量和实施。中心城区以外地区空间优化的实施难度相对较大，虽然用地净减量压力相对小，但规划实施率相对较低、用地更为分散，需统筹谋划好规划实施时序，持续推动城市空间结构优化。建筑规模管控难点在于把控好实施节奏，加强时间、空间双统筹。需要在总量管控基础上，考虑不同圈层的管控要求和实施节奏，从有效支撑经济可持续发展和解决群众关切、改善民生需求的角度，探索在市区两级建立弹性管控机制，采用“以时间换空间”方式，加强流量指标在空间上的精准投放。

二是规划实施进入控增量、优存量阶段，需要加强存量实施的空间统筹与综合配套改革。对于历史文化街区平房腾退和修缮、老旧小区改造、老工业厂区和老旧楼宇更新等类型更新，由于所在区位和问题重点不同，需要有针对性地探索分区域、分类型的差异化政策，打通推动存量功能转换提升在制度政策、标准规范、审批流程上的瓶颈堵点，加强存量更新利用和利益分配机制的整体性制度重构。

三是山水林田湖草生态空间的治理体系和治理能力亟待加强。目前各类水、林、田等生态空间的管理边界不够清晰，存在交叉管理、多头管理等问题，需要加强统筹和整体管控。严守耕地、基本农田的工作任务与林地、园地建设之间的关系还需进一步理顺，坚决制止各类耕地“非农化”行为。新一轮百万亩造林绿化任务艰巨，需要重点加大对市域规划绿色空间中的集体产业用地的腾退力度，对生态功能较低的自主造林地块提升质量效益。

四是按照城市总体规划确定的城市空间结构，疏解承接的关系还需进一步强化。首都功能核心区应持续推动政务环境保障、老城整体保护和人居环境改善。中心城区作为“四个中心”的集中承载地，应继续有序疏解非首都功能，避免疏解过程中人口和功能不匹配、不同步的现象，需要进一步研究统筹利用好疏解腾退空间，优化提升首都功能。多点地区需要重点关注公共服务设施的人均水平，外围新城吸引力和综合承载能力还需要进一步提升。

五是职住平衡面临的压力还将持续，城乡居住结构需持续优化。全市平均通勤距离和平均通勤时间持续增加，轨道交通和用地、人口、就业岗位的匹配关系尚需进一步加强，交通和城市功能需要进一步融合。需要进一步优化城乡居住用地结构，加强产业、居住用地投放与轨道交通建设在空间和时序上的匹配，推动职住平衡发展。

六是加强超大城市风险防控，防止风险聚集传导、叠加共振，坚决保障首都安全。应对地面塌陷、暴雨洪涝等突发性、缓变性地质灾害和极端自然灾害的精准防控压力持续存在；疫情防控常态化背景下需要持续防范超大城市由于人口、产业和功能高度聚集带来的风险，保障城市运行安全。

四、下阶段工作

“十四五”时期也是城市总体规划实施的第二个重要阶段，下一步，还应继续坚持城市总体规划的既定方向和目标不动摇，久久为功，持续推动城市总体规划实施。

（一）持续推进城市总体规划实施第二阶段重点任务

谋划好城市总体规划实施第二阶段的重点任务，编制《北京市国土空间近期规划暨北京城市总体规划实施工作方案（2021年—2025年）》并推动实施，与“十四五”规划体系统筹衔接，发挥国土空间规划基础作用，加强对规划实施时序的统筹协调，增强规划实施的协同性、系统性和整体性，成为健全规划体系与实施传导机制的重要组成部分。持续推动城市总体规划实施第二阶段的各项重点任务，坚持一张蓝图干到底。

（二）深化完善国土空间规划体系

持续推动完善本市国土空间规划体系构建，贯彻落实中央精神，持续推进首都功能核心区控规、城市副中心控规、分区规划实施，推动京津冀协同发展取得新突破。细化编制控制性详细规划和乡镇域规划，推动市、区、街乡的逐级深化传导。严格落实“双控三线”管控要求，切实强化非建设空间管理，构建生态安全格局。

（三）开展城市总体规划实施评估

按照城市总体规划“一年一体检、五年一评估”要求，全面开展城市总体规划实施评估工作。全面对照党中央、国务院批复及城市总体规划要求，对照城市总体规划目标对北京城市各领域规划实施情况开展全面评估和总结，围绕城市总体规划各项目标指标落实情况、各项政策机制的建立和对规划实施的影响等方面进行深入分析，结合北京面临的新形势新要求，提出下阶段对规划实施的对策建议。

（四）深入优化调整城市空间布局

首都功能核心区深入推进疏解减量提质，围绕“两轴、一城、一环”加强特色塑造和功能布局引导，以更大范围空间布局支撑中央政务活动。中心城区持续疏解非首都功能，进一步完善空间布局，推进城市修补和生态修复，显著提升“四个中心”功能集中承载水平。平原新城地区加快提升综合承载能力，做强核心产业功能、做优公共服务和环境品质，有序承接中心城区功能梯次转移。坚持把生态涵养区建设作为首都生态文明建设的重头戏来抓，坚决守护好首都生态屏障，成为践行绿水青山就是金山银山理念的典范。注重主副结合、内外联动、南北均衡、城乡一体、山区和平原地区互补，实现城市整体功能优化。集约高效利用生产空间，拓展高品质生活、生态空间，促进生产生活生态融合。严控战略留白，为城市长远发展预留战略空间。

（五）系统施策、精准实现减量目标

严格落实城乡建设用地减量任务，持续推进城乡建设用地减量提质，统筹减量实施的时序与空间，跨区域统筹联动，加快挖掘土地资源潜力，实现动态有序减量。严格控制建筑规模，统筹刚性约束与弹性供给，精准调控、有序释放建设规模流量，实现长期减量腾退与近期规划建设的平衡。统筹地上和地下空间利用，强化市政专业整合、用地功能复合、空间环境融合，高效利用地下空间。

（六）纵深推进城市存量更新

推动城市建设发展方式由依靠增量开发建设向存量更新转变。统筹历史保护、保留提升、更新改造等不同实施模式，探索跨项目、跨区域的实施机制，形成推动城市有机更新的合力。以首都功能核心区街区更新、城市公共空间提升、老旧小区改造、老旧工业厂房改造、传统商务楼宇改造、传统商圈改造等领域为重点，持续推动城市有机更新项目。

2021年是城市总体规划实施第二阶段的开端之年，下一步，我们将继续坚持城市总体规划的既定方向和目标不动摇，以踏石留印、抓铁有痕的工作作风持续抓好城市总体规划落实，坚持一张蓝图干到底，推动城市在新阶段再上新台阶。

（市规划自然资源委）

关于《北京城市副中心控制性详细规划（街区层面）（2016年—2035年）》实施情况的报告

受市政府委托，向市人大常委会报告《北京城市副中心控制性详细规划(街区层面)(2016年—2035年)》(以下简称“城市副中心控规”)实施情况。

一、城市副中心控规实施工作进展情况

经党中央、国务院批复，2019年起城市副中心控规开始落地实施。市委、市政府召开动员部署大会，同时设立城市副中心党工委管委会，以新体制推动城市副中心各项工作。城市副中心党工委管委会和通州区拧成一股绳，牢牢把握控规引领作用，全力推进重大工程建设，推动城市副中心城市框架有序拉开，高质量发展基石得到夯实，人民群众获得感明显增强，呈现出“生机勃发”的良好态势。城市副中心控规实施取得阶段性成果，主要表现在以下5个方面。

第一，市委、市政府对城市副中心体制机制的改革创新，为城市副中心控规落地和高质量发展提供了坚强保障。在市委、市政府坚强领导和全市各部门支持下，城市副中心党工委管委会密切与通州区委、区政府合署关系，建立“五局一办一平台”架构，制定完善规章制度，形成“市委市政府研究部署、党工委管委会牵头抓总、各方有力落实”工作机制，有效调动全市资源、整合全区力量，统筹推进城市副中心规划建设发展。3月，市政府决定由城市副中心管委会行使17项市级行政权力，加上市级相关部门发文授权的13项其他事项，构建市级首批赋权“17+13”基本架构，推动城市副中心党工委管委会功能和制度体系进一步完善，市区融合进一步深化，在实现“副中心的事副中心办”上迈出标志性的一步。

第二，牢牢把握城市副中心控规引领作用，并在控规深化细化上取得一批新成果。编制完成12个组团控规深化方案和拓展区规划，完成23个规划设计导则并形成《北京城市副中心规划设计导则》(规划管理版)试运行，“1+12+N”规划体系基本形成，在全市率先实现区、镇、村三级规划体系全覆盖。编制完成文化旅游区、张家湾设计小镇、张家湾古镇、城市副中心站综合交通枢纽等重点功能区规划综合实施方案，大运河沿线景观风貌设计方案征集工作进入评审阶段。狠抓城市副中心规划自然资源领域问题整改，截至目前，违法建设拆除、留白增绿、占道经营整治等完成量全市第一，无证无照经营整治、疏解一般制造业、压缩培训机构等完成率全市第一。积极盘活利用低效存量用地，制定《北京城市副中心存量国有工业用地利用试点的暂行办法》及其实施方案，在张家湾探索形成增资扩股、资产收购、股权转让、自主转型提升等合作开发模式。

第三，有力推动重大工程项目加快建设，确保城市副中心控规落地、城市框架稳步拉开。明确通州区、城市副中心工程办、北投集团三个责任主体和投资任务，创造性地设立投资计划、规划设计、工程推进、征地拆迁四个专班，抓住关键节点高频高位协调解决问题，努力克服疫情不利影响，持续推进重点工程建设。完成行政办公区一期“四大四小”及配套设施总建筑规模约109万平方米，行政办公区二期全面开工。城市绿心森林公园正式开园，绿心三大建筑6月开始主体结构施工，2021年3月底前将实现主体结构封顶。环球主题公园一期建设基本完工，2021年春季择期开园。市郊铁路城市副中心线东延、西延，通密线、7号线东延、八通线南延建成通车，城市副中心站综合交通枢纽、东六环路入地改造、广渠路东延、“通州堰”分洪体系、路县故城遗址保护展示工程抓紧推进。人大附中、北京学校小学部等一批中小学开学招生，友谊医院通州院区正式开诊，东直门医院实现整体东迁。东方厂棚改安置房部分楼座结构封顶，职工周转房顺利入住。2019年，城市副中心完成固定资产投资947.2亿元，增长15.5%，完成建安投资535.7亿元，增长10.6%，居全市第一。2020年1月—10月，完成固定资产投资789.2亿元、建安投资429.4亿元，均居全市第一。

第四，坚守城市副中心规划建设初心，有效承接非首都功能、大力推动产业提升。成立产业提升市级专班，抓紧完善推进城市副中心产业项目加快落地政策。中国农业银行金融科技公司入驻城市副中心，北京绿色交易所成功落户，全国首家外资独资货币经纪公司上田八木已获批筹，首家持牌公募基金汇泉基金完成注册。1月—9月，金融业实现税收12.8亿元，同比增长70%。北投集团总部全部搬迁至城市副中心，华夏银行、首旅集团、北京建院、保障房中心等市属国企总部搬迁工作加快推进。运河商务区建成面积比例超过50%，入驻企业70家。张家湾设计小镇、台湖演艺小镇等规划设计正在深入研究论证。加强与经开区合作共同打造台马板块，完成250项职权交接，重点基础设施建设项目扎实推进，产业引进取得新突破。加快布局和推进应用场景建设，首批6个应用场景项目进展顺利，完成以雪亮工程、大气监测设备、交通流量探头为代表的“城市感知网络”建设。通州区与河北省三河、大厂、香河三县市协同发展规划编制完成，52个签约项目全部启动实施，地铁22号线(平谷线)即将实现实质性开工建设，与雄安新区，天津武清、宝坻等地合作不断深化。第1季度—3季度，通州区地区生产总值实现781.5亿元，同比增长2%，高于全市1.9个百分点。

第五，坚持以人民为中心，做好保障和改善民生工作，让规划实施成果惠及群众。稳步推进老城“双修”，《南大街片区环境综合整治(含十八条半截胡同整治)规划综合实施方案》制定实施，“三庙一塔”周边环境整治方案全面落实，9个家园中心项目加快推进，中仓家园中心已封顶，争取年内实现运营。加快推进国家森林城市创建，森林覆盖率达到33%，人均公园绿地面积达到19.3平方米，通州将成为全市平原地区首个森林城市。空气质量持续改善，第1月—10月 $PM_{2.5}$ 平均浓度为37微克/立方米，好于全市平均水平。积极落实《北京市物业管理条例》，建立覆盖全区的物业管理单元，持续推动生活垃圾分类，示范片区建设覆盖率达到70%。完善公共卫生应急体系建设，初步建成三级急救网络，急救呼叫满足率达到95%以上。扎实推进“小微项目惠民生”，集中快补、快修、快治，认真办理“接诉即办”事项，增强市民获得感。

在控规实施过程中，市委、市政府高度重视宣传舆论工作，市委宣传部牵头建立“副中心宣传工作机制”，创立《北京城市副中心报》《副中心新闻》和《副中心之声》，我们高质量组织新闻发布和采访报道，生动展示了城市副中心控规实施成果，赢得市民群众广泛认可，营造了全社会共同关心支持控规落地的良好氛围。

二、存在的困难和不足

一是控规的深化细化面临许多新课题。重点功能区、蓝绿交织的生态系统、职住平衡、交通体系、绿色城市等重大专项规划的研究工作尚待充分展开，拓展区相关专项规划研究工作亟待启动。确保控规实施的精细化科学化，兼顾城市副中心核心区与拓展区控规实施进度，仍需充分发挥顶尖外脑作用并持续加大资金投入。

二是控规实施需要加大政策突破力度。由于历史原因和一些现行政策法规制约，政府对存量土地空间利用的掌控力不足，同时面临土地性质变更、土地价值评估等实际困难，“腾笼换鸟”和家园中心等民生工程实施都受到一定影响。我们正在探索从法律和政策的角度对此进行突破创新。

三是控规实施的产业支撑不足。城市副中心产业发展处在新旧动能转换期，吸纳和集聚高端要素和创新资源还未形成规模态势，四区结对成效不够显著，疏解主体搬迁动力不足，需要全市加大统筹推进力度。我们自身要通过加快基础设施建设、提高公共服务和政务服务质量，来尽快有效弥合产业基础薄弱与高端定位之间的落差。

四是控规实施应进一步强化与北三县协同机制。客观上还存在既有利益格局不易打破、强有力的协同机制尚未形成、区域协同成本难以平衡等问题，目前，通州区与北三县“四统一”落实不够深入，城市副中心辐射带动作用和北三县腹地支撑作用发挥得不够明显。

三、下一步工作

我们将深入贯彻落实习近平总书记对北京重要讲话精神和关于“十四五”规划工作的重要指示精神，贯彻落实党的十九届五中全会精神，按照全市“十四五”发展思路和工作部署，对标深入实施城市总体规划、首都功能核心区控规，增强对城市副中心控规落地的全局性谋划和整体性推进，始终保持以最先进的理念、最高的标准、最好的质量推进城市副中心规划建设。

一是始终保持高度政治责任感，坚决维护城市副中心控规严肃性权威性。牢记“看北京首先要从政治上看”的要求，严格按照党中央国务院批复要求，不折不扣落实城市副中心控规，建立更加完善的规划实施管控体系，确保功能定位和主要目标任务不改变，城市规模和空间结构不走样，红线和底线约束指标不突破，一张蓝图绘到底。在此过程中，主动争取市人大从立法和监督两个方面发挥更加重要的保障作用。

二是更好落实新发展理念，努力创造“副中心质量”。把探索贯彻新发展理念的有效途径、形成生动实践，作为城市副中心的重大使命。坚持绿色发展基调，落实生态优先原则，筑牢蓝绿交织、清新明亮、水城共融的生态基底，推动城市副中心形成绿色经济增长方式和生产生活方式。坚持一年一个节点，保持投资强度，建成剧院、图书馆、博物馆三个文化设施和城市副中心站综合交通枢纽、“通州堰”等重大项目，完成东六环路入地改造，基本形成新时代精品城市框架。紧抓国家服务业扩大开放综合示范区和自由贸易试验区建设的重大机遇，全面强化主导功能，建成现代化行政办公区，依托运河商务区、文化旅游区、张家湾设计小镇和台马科技板块等片区构建现代产业体系，打造数字经济、城市科技、文化旅游、财富管理等高精尖产业集群。

三是扎实有力推动重大政策落地，实现重大项目承接和迁入由点到面的突破。推动国家层面尽快出台支持北京城市副中心高质量发展指导意见，并同步谋划城市副中心落实意见要求的工作措施。同时，争取市政府各部门更大支持，加快研究出台吸引中心城区产业、企业疏解并落地城市副中心的政策措施，深化与西城、朝阳、海淀和中关村产业结对机制，推动承接中心城区非首都功能形成显著规模效应。

四是加快补齐民生领域短板，落实控规对城市功能的要求。加快落实控规对市政基础设施、城市服务功能、公共卫生应急能力、生态环境、新型城镇化等方面的指标要求，推进“家园中心”规划建设和运营，持续推进老城“双修”，均衡提升城乡基础设施和公共服务质量，提高城市治理智慧化水平，继续抓好“关键小事”，着力提高市民诉求解决率和满意率，提升城市副中心的宜居水平和群众获得感。

五是增强辐射带动能力，强化京津冀协同发展桥头堡作用。聚焦与北三县“四统一”协同发展，推进交通、产业、生态三大先行领域实现突破示范。联合建立区域综合开发平台，推动养老资源、基础设施、公共服务向北三县延伸。推动京唐铁路、平谷线通车运行，辐射带动北京东部地区发展。完成潮白河森林生态景观带建设，共建北运河—潮白河大尺度生态绿洲。进一步密切与雄安新区的对接合作。促进京津冀三地自贸区联动发展。

六是高水平编制城市副中心“十四五”规划，精心做好明年开局起步工作。目前，我们仍在深化城市副中心“十四五”规划的编制工作，并依据城市副中心控规初步梳理了“十四五”时期重大项目清单。同时，我们将毫不松劲抓好疫情常态化防控，全力以赴完成今年目标任务，提前谋划好明年工作计划，为全市“十四五”开好局、起好步做出城市副中心应有贡献。

（城市副中心管委会）

首都城市更新政策瓶颈问题调查研究报告

随着北京进入以存量空间利用为主的发展阶段，首都城市更新自上而下的政策框架正在形成，而自下而上的瓶颈问题亟待总结。本次调研聚焦实践案例中的政策瓶颈问题，从生活空间、生产空间两个维度，选取25个典型案例，包括历史文化街区、老旧小区、老旧厂房、老旧楼宇、老产业园区等5种类型，以及央军属、市区属、企业及个人产权、集体产权等5种权属，查找分析瓶颈问题并研提点状政策建议29项，从完善规划实施体系与加强多维统筹两大方面，提出工作建议。

一、全面梳理存量空间，开展深入调研分析

1.生活空间

待更新存量生活空间中，以历史文化街区（平房区）、老旧小区为主要类型。首都功能核心区内传统平房区约27.8平方千米，总建筑规模约2160万平方米，其中住房总建筑规模约982万平方米，人均居住面积不足13平方米。全市在“十四五”末需纳入综合整治范围的2000年以前建成老旧小区约2711个，涉及1.48万栋住宅楼、197万户、1.4亿平方米。

历史文化街区重点调研首创申请式退租改善居住条件的东城区雨儿胡同，多主体共建提升社区治理水平的西城区白塔会客厅，以非整院腾退引入新居民的前门东区共生院，城市副中心申请式腾退的通州区南大街十八个半截胡同等4个案例。老旧小区重点调研引入社会资本实现“自我造血”的朝阳区劲松北小区，探索市场化租赁推动核心区职住平衡的西城区真武庙小区，推动“投资—改造—运营服务”（EPC+BOT）一体化招标的石景山区鲁谷六合园小区，居民自筹资金实施央产小区拆除重建的朝阳区北苑2、3号院，跨小区统筹旧改资源的大兴区枣园和三合南里，将旧改与区级公服统筹建设的通州区玉桥项目等6个案例。

2.生产空间

待更新存量生产空间中，以老旧楼宇、老旧厂房、老产业园区为主要类型。全市存在大量老旧楼宇亟待更新，以首都功能核心区为例，东城区低效楼宇122座，占全区商务及商业楼宇的42%；西城区低效楼宇99座，占全区的20%。根据全市三调阶段性成果，全市现状工业用地约306平方千米，其中现状国有工业用地179平方千米，约46%（82平方千米）规划保留为工业用地；现状集体工业用地127平方千米，其中仅有18%（23平方千米）保留为产业用地，未来老旧厂房、老产业园区的更新是北京需要面对的重要课题。

老旧楼宇重点调研全市“一店一策”政策试点之一的赛特购物中心，社会主体主导商业改办公的万科时代中心·朝阳（原十里堡西单商场），长安街沿线第一个外立面改造获批的多业权楼宇招商局大厦，探索老旧楼宇基金化更新模式的新街高和等4个案例。老旧厂房重点调研转型文创园区的751D·PARK时尚设计广场，转型科创园区的768创意产业园，转型公共空间及配套设施的城市绿心东亚铝业，核心区内央企自主更新的天宁1号，大规模更新的新首钢，多元主体共同参与更新的张家湾设计小镇铜牛地块等6个案例。老产业园区重点调研传统业态向创新业态转型的中关村产业园区中关村e世界和北京经济技术开发区亦创智能机器人创新园等2个案例。

二、聚焦规划和土地政策，研提瓶颈问题与建议

通过调研发现，存量更新实践在功能活化、规模管控、主体权益保障、技术标准创新等规划土地政策领域存在部分瓶颈问题，亟待寻求政策创新，释放存量空间潜力。

1.功能活化方面，建筑功能转变、用地功能兼容、多方式办理用地手续等政策有待细化

一是老旧楼宇在符合规划前提下，建筑功能变更手续办理不畅。如中关村e世界拟将原电子市场升级为中关村金融科技创新中心，在规划用地性质为其他商务用地（B29），包含贸易、咨询、服务等功能的情况下，仍需办理规划用途变更手续。建议研究建筑功能在符合规划用地性质前提下的灵活转换政策，细化相应审批流程。

二是为促进产业高质量发展，工业用地功能兼容的支持政策有待完善。如北京亦创智能机器人创新园在传统制造业向科技服务业转型中，实现了规划M1用地兼容科研创新、会议会展功能。但这一调整是在世界机器人大会驱动下，依托经开区特殊政策，通过多方合力实现的，推广复制的局限性较大。建议在工业厂房与园区更新中，结合区域发展定位，增强更新用地的规划兼容性，允许兼容一定比例的科研创新、生产配套设施、租赁型服务公寓和便民服务设施，明确配套政策细则。

三是工业用地改经营性用地缴纳土地出让金压力大。一次性缴纳土地出让金压力大，降低了更新主体的改造意愿。建议允许土地出让金通过转化为年租金或入股分红等方式分期补缴，帮助更新项目在短时间内投产、运营、盈利。

四是老旧厂房改文创五年过渡期后续政策保障不清晰。《关于保护利用老旧厂房拓展文化空间的指导意见》中五年过渡期政策期限将满，缺少后续政策支撑，厂区后续发展形势不明朗，更新改造动力下降。建议细化五年过渡期后续政策，允许过渡期满后以协议方式办理立项、规划建设、施工、消防安全、登记注册等手续。

2.规模管控方面，总量管控下微增量

精准投放等激励政策有待创新

一是老旧小区达到居住改善、设施补短板目标的建筑规模增量需求，未与全市减量目标形成机制统筹。对于综合整治类老旧小区，规定利用现状合法房屋补充配套设施不得新建扩建，降低了社会资本参与的积极性。对于危旧房改建类老旧小区，虽有政策提出为改善居住条件可适度增加规模，但实践中仍倾向按1:1拆建比审批方案。如朝阳区光华里5、6号楼项目，为解危排险实施拆除重建，受规模减量限制，按照原规模重建，未能实现地块控规、补充公服短板。建议加快老旧小区补短板不计容政策的研究出台，通过区域统筹、居住类型统筹、跨项目统筹等方式，加强建筑规模的区域管控和整体平衡。

二是老旧厂房缺乏补充公服设施短板途径，加层建筑规模无法认定。如751D·PARK为提升园区步行环境，希望新建停车楼缓解停车问题，但其规模增量没有出口；768创意产业园容积率仅为0.52，整体用地不够集约，园区有新建、加建意向，但因程序走不通而放弃。建议允许老旧厂房闲置空间转变为公共服务设施和必要的商业设施，研究为城市提供公共空间的改造项目内部加层不计容的相关政策。

3.主体权益保障方面，支撑资产更新的权属分割、主体变更、主体联合、权益认定政策有待创新

一是平房院落及老旧小区的大量直管公房更新利用限制严格，制约社会资本投入。包括雨儿胡同在内的传统平房区房屋老旧问题严重，但由于直管公房占比最大、限制严格，无法吸引社会资本进入，需要政府不断投入维修，未能形成自我造血机制。此外，核心区控规将“租赁置换”作为老旧小区改造的重要手段，但西城区真武庙社区大量单位自管公房受政策制约，无法开展市场化租赁，存量资源价值未得到释放。建议研究公房经营权授权政策，如转化为由国企持有的长期租赁公寓，由市属公共租赁住房企业（如北京市保障房中心）与旧改企业联合成立项目公司，推进公房存量资源活化利用。

二是老旧小区改造中，政府公有资产使用权、运营权划转给社会企业存在制度障碍，影响社会资本参与改造的积极性。在以劲松北社区为代表的社会资本参与案例中，改造低效存量建筑出租获得经营性收益是平衡资金的主要方式。但实践中，社区内粮店、锅炉房、邮局等设施产权归房管局和单位所有，而运营权归居民所有，运营与利益分配存在矛盾。此外，很多归属政府或国企的设施使用权无法划转转租，或租期短、租金高，为社会资本参与运营带来困难。建议研究老旧小区配套设施、物业产权统一划转至街道和社区运营管理的政策机制，研究政府与国企所属存量资产使用权划转街道、对外租赁、用途回归、国有资产租期延长和“0租金”起步期等政策，为社会资本参与改造并获得持续收益创造条件。

三是老旧楼宇更新中，多业权楼宇需全体业主授权的要求制约更新进程。如朝阳区招商局大厦在申报外立面改造中，区规划自然资源分局要求全体业主

授权。楼宇散售至15户业主，部分业主在海外难以回国，部分业主要求高额赔偿。为达成一致意见，投资方追加投资25亿元收购部分企业，项目报审时间延长至9个月。多主体楼宇经营效益一般低于单一主体楼宇，更新审批又面临重重困难。

4.技术标准创新方面，适于更新项目的非标准化技术体系尚未形成

老旧小区、楼宇、厂房都存在建设年代早、建设配置标准低，绿化、停车、服务配套、消防避难等各项欠账短板多，用地空间紧张的情况，改造后难以满足现行标准规范。如劲松北社区更新中绿地设置要求与居民的人行道改造、地下停车场下挖需求存在矛盾；老旧厂房及楼宇普遍存在建设时期合规，而现在无法通过新消防标准验收的问题。建议研究出台适用于更新项目的非标准化技术规范体系，加强对园林绿化、日照、消防等重点方面的引导。

三、加强多维统筹，推动各部门协同施策

1.规划统筹：释放“能、量、权”

通过各类规划和实施环节的统筹，破解“能”“量”“权”方面关键症结。“能”即建筑功能，要守住功能底线、做好功能混合、保持功能弹性、实现功能演进；“量”即建筑规模，要在总量管控的前提下，使用好容积率转移、补短板不计容、指标池统筹、微增量精准投放等政策措施；“权”即权益保障，要做好支撑部分资产更新的权属分割、多主体参与的主体变更、主体联合、权益认定等政策创新。因此，要重点加强城市更新的规划土地政策研究，畅通信息对接、优化合作机制，处理好各类政策衔接的关键节点，形成完善的后续保障机制。

2.央地统筹：协调“都”与“城”

建立央地空间资产梳理整治和协同管理机制。针对中央政务办公用房规模不足、办公场所分散、占用重要文物情况普遍，非紧密型行政辅助服务功能的近期调整优化需求尚未明确，中央党政机关住房供需不平衡、职住不平衡、配套设施不完善，周边整体环境有待提升等问题，建议摸清可疏解腾退空间资源底账，结合行政辅助服务功能、企业及下属单位等所在位置、紧密程度等因素，提出疏解腾退清单。完善空间资源置换、腾退资源统筹利用的政策机制，结合重点文物腾退、街区保护更新及核心区外城市更新工作，统筹协调央属、军属产权单位配合地方政府做好单位产清理整治工作。

建立央地协同、权责清晰的平房院落修缮与老旧小区改造工作机制。针对部分央产单位责任意识不强，中央财政、产权单位出资原则不明确，央产市区产混合小区难以同步改造等问题，建议加强高位协调，构建面向平房院落修缮与老旧小区改造重点项目的央地协同工作专班，建立资源疏解、置换、规划、实施、物业管理一体化的协作平台。明确央、军、地各级产权单位的出资原则、标准和义务，加大对央产平房院落维护修缮的资金保障力度，完善央产老旧小区更新维护的多渠道资金筹集机制。

3.部门统筹：配套“财、税、金”

通过与发改、财政、金融等相关部

门的统筹协作，加强更新实施的配套资金政策支撑，配套“财、税、金”。发挥财政直接补助的杠杆作用，发挥税费优惠对长期持有运营的支持作用，发挥基金、信贷、信托、保险等多渠道金融措施的支持作用。

历史文化街区需拓展多渠道资金来源，考虑政府补贴加居民付费的模式；老旧小区可通过住宅产权面积增量，激励居民自筹资金，降低财政负担，利用区位级差地租带来的住房资产持有或交易环节税收增益；老旧楼宇需补充购置及改造存量楼宇的金融信贷政策；老旧厂房与产业园区需加强土地保有环节的经济调节力度，制定差别化土地使用税征税政策等，积极拓展土地出让金入股分红等投融资支持政策。

4.多元共治：协同“民、企、政”

要调动各方积极性，形成政府、市场、社会、公众合力，构建综合治理、协同治理、良性互动的城市更新健康生态系统。一是搭建政府、居民、市场共建共治共享平台。坚持以居民需求为导向，完善利益协调机制，促进自上而下的政策传导与自下而上的需求主导有机结合，提高各主体参与城市更新的积极性。二是明确与精简审批流程。如研究具体改造项目对应的报审处室，部门之间的联动行政机制，加快处理产权规模认定、工商证照办理等问题，提供补换发证照的绿色通道等推动更新。三是强化基层政府统筹力度。坚持党建引领，充分发挥吹哨报到、接诉即办、责任规划师的制度作用，探索将城市更新纳入基层治理的有效方式。四是统筹多主体同步实施机制。如研究楼宇地块内部公共空间与红线外道路空间一体化更新机制；统筹老旧小区改造中基础类、完善类、提升类实施时序，避免“反复拉链工程”成本上升、周期延长等情况。

四、结语

本次调研着眼城市更新政策落地性，通过实际项目分析政策瓶颈问题及原因，提出初步优化建议。后续工作中，将紧跟城市更新行动推进，持续挖掘已建成和在途的城市更新案例。坚持问题导向，继续加强与实施主体、社会资本、基层管理单位、专家学者的对接。结合工作推进，不断滚动更新，提炼政策瓶颈，深化政策建议，推进形成面向城市更新全生命周期的政策体系。

（首规委办综合规划处，选自2020年北京市规划和自然资源委员会系统优秀调研成果一等奖获奖项目）

北京市田林空间布局优化规划引导实施研究报告

为认真贯彻落实党中央、国务院关于生态文明建设和改革的决策部署，深入落实习近平总书记视察北京系列重要讲话精神和城市总体规划，牢固树立和践行“山水林田湖草生命共同体”理念，市规划自然资源委组织开展了全市田林空间布局优化规划引导实施研究，形成本报告。

一、工作目标、思路及原则

（一）目标任务

深入落实城市总体规划“一屏、三环、五河、九楔”市域绿色空间结构；高质量完成城市总体规划有关田、林保护的任务指标，实现生态空间山清水秀、“田成方、林成网、田林交融”的美好愿景；有序解决全市田、林空间图斑规模不足、重数量不重质量、布局较为散乱、“田”“林”争地相关问题。

（二）总体思路

一方面，以促进耕地和永久基本农田集中连片保护为主要目标，以200万亩耕地保护空间为基础，在耕地、永久基本农田和农业生产适宜区域相对集中的区域，严格划定永久基本农田集中连片区；重点明确区内规划腾退建设用地特别是集体产业用地复耕的规模数量、空间布局、实施时序、资金安排等，并通过与区外新增建设用地的捆绑实施、统筹算账和空间等量置换，促进耕地和永久基本农田向区内集聚，实现集中连片保护目标；明确规划期内土地综合整治和高标准农田建设项目、土地资源整理项目代拆地块、年度城乡建设用地减量地块、“留白增绿”地块等均应优先在区内安排，整合涉农资金向区内聚焦，不断提升耕地和永久基本农田的质量和生态功能。

另一方面，以提高生物栖息地生态价值及重要生态廊道贯通为主要目标，以森林资源规划设计调查成果为基础，优先在市域和各区绿色空间结构内合理划定林地空间优化引导区，重点明确区内规划腾退建设用地，特别是集体产业用地减量复绿的规模总量、空间布局、实施时序、资金安排等，确保土地资源整理项目代拆地块、年度城乡建设用地减量地块、“留白增绿”地块等优先在区内安排，并与造林绿化工程等做好衔接，着力打通影响区内重要生态廊道完整性、连通性的关键节点，不断提升区内森林覆盖率。以自然恢复为主、人工促进为辅，加强森林抚育和低效林改造，改善林分结构，注重培养乡土树种，提高森林质量，全面提升生态服务功能。

此外，为加强“山水林田湖草”生态空间系统治理，坚持宜耕则耕、宜林则林、宜灌则灌、宜草则草、宜湿则湿、宜荒则荒，促进各类生态要素有序自然交融，实现生态空间山清水秀和须“田成方、林成网、田林交融”的美好愿景。

（三）工作原则

坚持目标导向。落实城市总体规划“一屏、三环、五河、九楔”市域绿色空间结构，保障并推动耕地保有量、永久基本农田保护面积、森林覆盖率、平原地区森林覆盖率等重点指标更为科学合理地落实。

坚持问题导向。结合城市总体规划有关目标要求，在梳理国内外理念、经验、做法的基础上，系统梳理分析全市田、林空间乃至整个非建设空间的基本情况和存在问题，从问题中发现需要优化和进行规划引导的方向。

坚持试点先行。结合城市总体规划目标要求、全市现状情况、“双评价”初步成果、国内外经验做法等，初步提出划定和引导实施原则，并以顺义区为例进行试点，试划永久基本农田集中连片区和林地空间优化引导区，验证划定原则可行性，分析研判引导实施原则措施的可行性。

二、概念内涵及案例借鉴

（一）概念明晰

1.永久基本农田集中连片区

永久基本农田集中连片区是指以促进耕地和永久基本农田集中连片保护为主要目标，以耕地保护空间为基础，划定的耕地和永久基本农田以及农业生产适宜区域相对集中的区域；是规划期内耕地数量增加、质量提高、生态功能提升的主要区域，也是保障首都粮食和菜篮子安全的关键地区；区内主要组成要素为耕地、园地、林地、未利用地、沟渠坑塘、规划腾退建设用地等。

2.林地空间优化引导区

林地空间优化引导区是指以提高生物栖息地生态价值以及生态廊道贯通为主要目标，以森林资源规划设计调查成果为基础，优先在市域和各区绿色空间结构内划定的引导林地空间优化的重点区域，是规划期内林地数量增加、林分结构优化、林地质量提高和生态功能提升的主要区域，是积极构建市域绿色空间结构的关键地区。区内主要组成要素为现状林地、园地、规划腾退建设用地、未利用地、耕地等。

（二）国外经验做法梳理

研究梳理日本、澳大利亚、欧盟等国家或组织相关经验以及景观生态学的相关研究，从理论层面支撑田林空间引导区划定的技术方法。

1.日本《东京2040》中城市农业用地的利用

《东京2040》（城市总体规划）中提出城市中农业用地亦是绿地系统中重要的部分，通过鼓励培育都市农业，使之担负生产、生态、防灾、美化环境等多元职责，成为城市中充满魅力的宝贵资源。

2.澳大利亚《绿化悉尼计划2030》中连续生态廊道的构建

《绿化悉尼计划2030》强调注重绿色空间的完整性与连续性，以水体为主的绿色生态廊道内，加强蓝绿空间的有机融合，塑造连续的生物迁徙廊道，建立城乡统筹的、完整的森林体系和连续的生态廊道。

3.欧盟《生物多样性公约》统筹考虑生物多样性的保护主旨

在非建设空间的规划和实施中，需统筹考虑生物多样性保护、生态系统服务功能恢复和提升的多方面影响因素；在农田建设过程中要综合考虑规模化需求及半自然生境比例要求，可将新增耕地空间的1%—2%用于水域、林地、沟渠等缓冲带建设，超过1000亩的农业种植空间中应保持8%—10%的半自然生境。

三、全市田、林空间现状及问题分析

（一）全市非建设空间总体情况

基于现有数据分析，全市非建设空间总面积约1957.8万亩（约13051.6平方千米），占市域面积的79.6%。其中耕地149.9万亩，占市域面积的6.1%；林地1464.5万亩，占市域面积的59.5%；园地191.5万亩，占市域面积的7.8%；其他农用地90.3万亩，占市域面积的3.7%；未利用地61.6万亩，占市域面积的2.5%。林空间在全市非建设用地空间内约占八成，占绝大多数，农田空间约占一成，水空间不到半成，草地量级很低可以忽略（如图2-1所示）。

生态文明建设对于非建设用地的管理提出更高要求，尤其是在全市200万亩耕地空间落图、新一轮百万亩造林绿化选址同时推进的特殊时期，农田和林地对国土空间都有强烈的保障需求，非建设用地的空间引导和系统治理任务任重而道远。

（二）全市田空间

1.基本情况

城市总体规划明确要求：坚决落实最严格的耕地保护制度，坚守耕地规模底线，加强耕地质量建设，强化耕地生态功能，实现耕地数量质量生态三位一体保护；2020年耕地保有量不低于166万亩，2020年基本农田保护面积150万亩。2017年6月，北京市划定的151.6万亩永久基本农田经原国土资源部、农业部联审通过后备案。2019年8月，为落实与自然资源部沟通议定有关耕地占补平衡工作相关事项，北京市以报自然资源部备案的永久基本农田为基础，新落实约14.4万亩永久基本农田储备区（与永久基本农田合计对应全市166万亩耕地保有量指标），以及34万亩耕地保有量储备区，形成200万亩耕地保护空间落图成果（以下简称“200万亩空间”）。

2.问题分析

田空间耕地纯粹度有待提升。经与现状叠加分析，200万亩空间中现状耕地约110.2万亩，占比约54%；园地44万亩，占比约22%；林地41.3万亩，占比约20%；其他地类7.1万亩，占比约4%；200万亩空间内耕地纯粹度有待提升。

田空间集中连片度有待提升。200万亩空间总计9.6万个图斑，图斑平均面积约21.3亩。其中，小于15亩的7.2万个，面积24.6万亩，单个平均面积不到4亩。149.9万亩现状耕地总计6.8万个图斑，图斑平均面积约21.9亩。其中，小于15亩的4.8万个，面积22万亩，单个平均面积

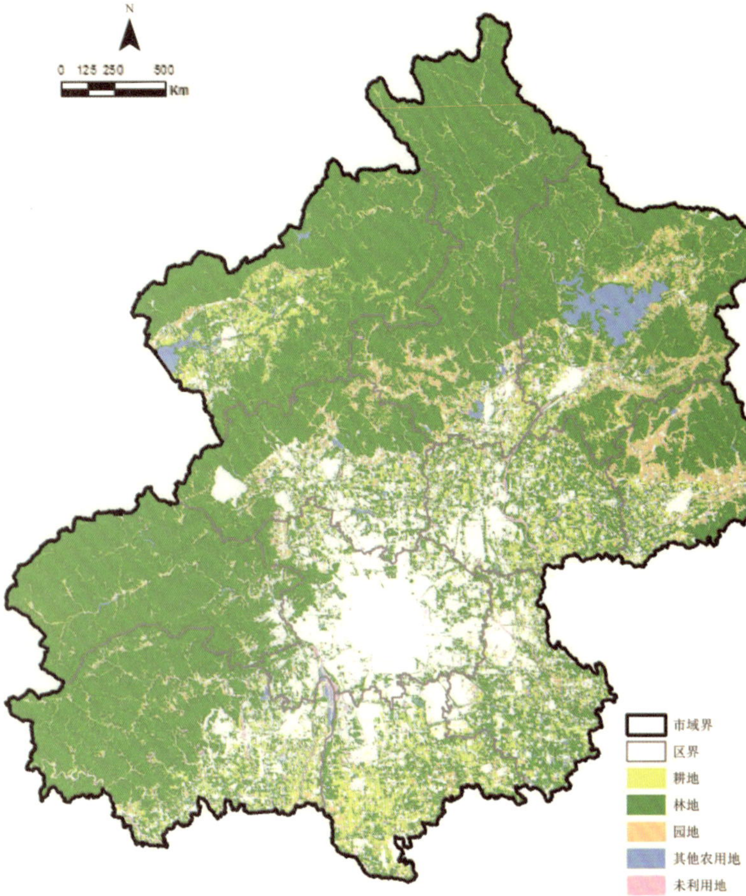

图2-1　全市非建设空间现状分布图

不到5亩。全市田空间较为零散，集中连片度有待提升。

田空间耕地质量有待提升。根据2018年耕地质量调查成果，全市耕地平均质量等别为8.75等（越小越好），而200万亩空间内的耕地平均等别为8.78等，低于全市平均；200万亩空间中，约有3.9万亩为质地较差的土壤（黏土、砂土及砾质土）。

田空间布局合理性有待提升。经与"双评价"初步成果叠加分析，200万亩空间及149.9万亩现状耕地，分别有17.5万、9.8万亩位于"生态保护极重要区"和"农业生产不适宜区"内，分别有22.1万、14.7万亩位于"农业生产一般适宜区"，分别有164.7万、125.1万亩位于"农业生产适宜区"。

目前，200万亩空间优化工作仍在调整中，按照"现状耕地应划尽划"原则，结合全市现状耕地仅有149.9万亩且分布零散的实际情况，新200万亩空间的耕地纯粹度、质量等级、空间集聚、布局合理等方面很难得到较大提升，特别是空间集聚和布局合理方面，保护和优化的难度进一步增大。

（三）全市林空间

1.基本情况

城市总体规划中要求，构建"一屏、三环、五河、九楔"市域绿色空间结构，到2020年全市森林覆盖率由现状

41.6%提高到44%，到2035年不低于45%。其中，到2020年平原地区森林覆盖率由现状22%提高到30%，到2035年达到33%；重点实施平原地区植树造林，在生态廊道和重要生态节点集中布局，增加平原地区大型绿色斑块。

根据市园林绿化局提供矢量数据计算，全市第一轮百万亩平原造林工程造林约113.9万亩（含2016—2017年参照第一轮政策造林），2018年启动新一轮百万亩造林绿化工程，目前约造林81.1万亩，全市两轮百万亩造林工程目前新增造林绿化195万亩（以下简称“两轮造林”）。全市现状林地（1464.5万亩）较2018年土地变更调查多344.6万亩，其中148.5万亩来自两轮造林、59.3万亩来自农业内部结构调整、136.8万亩来自未利用地地表覆被变化。

2.问题分析

造林绿化选址与绿色空间结构一致性有待提高。两轮造林地块约35%（69万亩）不在城市总体规划“一屏、三环、五河、九楔”绿色空间结构中。位于“五河、十路”生态廊道内的约14.7万亩，占比约7%，根据现状及分区规划成果，廊道内尚有影响连通性的城乡建设用地约11万亩，其中规划拟腾退7.5万亩。

造林绿化用地来源有待优化。经与国家公布的北京市第二次土地调查成果对比分析，两轮造林占用耕地约90.1万亩，占比达46%，占用的耕地图斑平均面积46亩，而二调全市耕地图斑平均面积仅为30亩；根据全市土壤质地分类成果，两轮造林中约97%的用地为质地较好的土壤。

造林绿化生态优先性有待提高。两轮造林仅有22%（42.1万亩）位于“双评价”“生态保护极重要区”和“农业生产不适宜区”内；“生态保护极重要区”和“农业生产不适宜区”范围内，现状建设用地约有82.1万亩，其中规划腾退面积为17.3万亩，另有未利用地61.9万亩。

造林绿化选址实施的集中连片度有待提升。两轮造林图斑4.9万个，图斑平均面积约40亩，其中小于15亩的3.2万个，占图斑总量的65%，面积合计11.8万亩。

四、顺义区试点初步划定情况分析

以顺义区为试点开展划定研究。顺义区200万亩空间落图任务为30.6万亩（耕地保有量26万亩），两轮造林任务29.4万亩（已实施23.6万亩，还有5.8万亩任务），200万亩耕地保护任务及两轮造林数量均位于全市前列，田林空间矛盾较为突出。

（一）关于永久基本农田集中连片区

如图2-2所示，顺义区划定103个永久基本农田集中连片区，总面积32.7万亩，单个斑块平均约0.32万亩，千亩级引导区74个，面积合计24.5万亩，万亩级引导区5个，面积合计5.9万亩。

1.永久基本农田集中连片区内田空间的纯粹度

集中连片区内纳入21.2万亩顺义区最新200万亩落图初步成果，占集中连片区总面积的65%，其中千亩级别内的占比约66%，万亩级别内的占比约61%；根据2019年12月版现状数据，集中连片区内的新200万亩空间内，耕地16.8万亩，占集中连片区内200万亩空间总量的79%，较全区新200万亩空间耕地占比

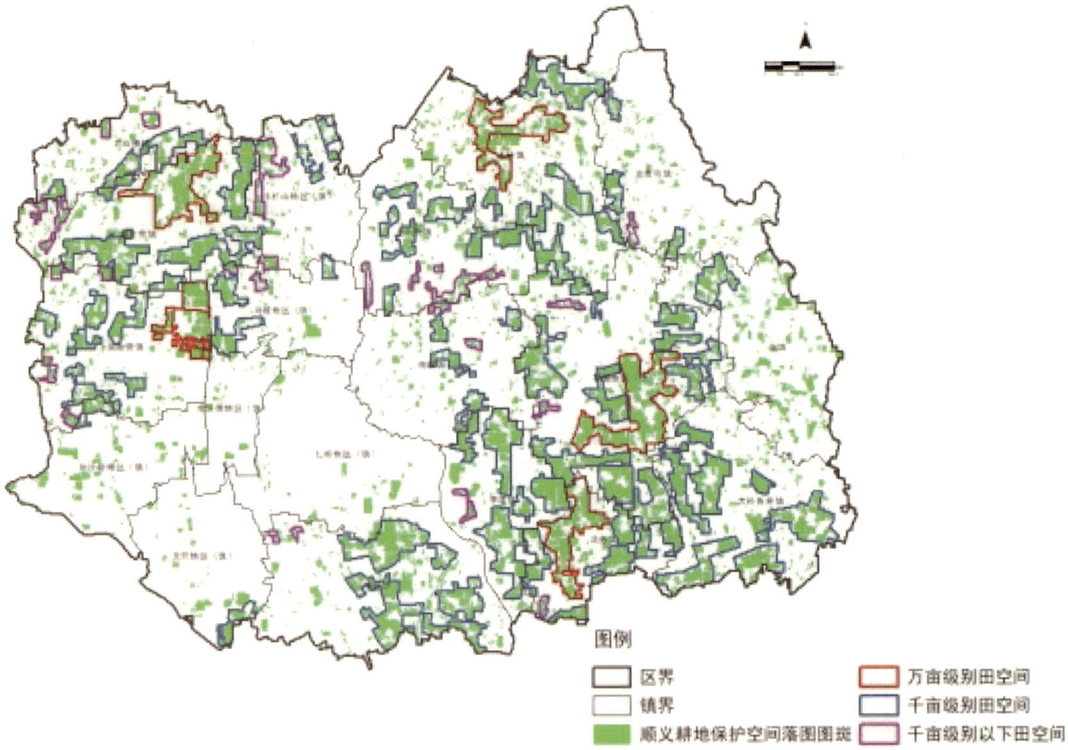

图 2-2　顺义区永久基本农田集中连片区规划引导图

74%高5个百分点，另有林地1.2万亩、园地1.1万亩、建设用地0.3万亩（均为规划腾退）、未利用地1.8万亩，共计4.4万亩，需在规划期全部调整为耕地。

集中连片区内其余11.6万亩非200万亩空间，现状林地5.2万亩、园地0.6万亩、建设用地2.8万亩（其中规划腾退1.3万亩）、未利用地2.8万亩，上述地类除已成林的林地外，其余地类将作为耕地提升的核心潜力空间，在严格管控的基础上通过农业结构调整或建设用地腾退有序复耕，另有耕地0.2万亩。

2.集中连片程度

永久基本农田集中连片区内新200万亩的图斑平均面积为12亩，高于全区10亩的图斑平均面积，优先选择了图斑较大的区域划定永久基本农田集中连片区，图斑破碎度进一步改善。通过规划期内的引导实施，到2035年图斑平均面积将进一步提高。

3.关于耕地质量

永久基本农田集中连片区内2018年耕地质量等为8.02等，优于全区耕地质量8.03等；约有0.6万亩（占比2%）为质地较差的土壤（黏土、砂土及砾质土），低于在全区范围内4%的占比。

4.关于空间合理性

顺义区永久基本农田集中连片区内约98%（32.2万亩）位于“双评价”成果中的“农业生产适宜区”及“农业生产一般适宜区”，高出全区比重14个百分点，其中位于“农业生产适宜区”的约86%（28.1万亩），位于“农业生产一般适宜区”的约12%（约4.1万亩）。

（二）关于林地空间优化引导区

如图2-3所示，顺义区划定19个万亩级别林地空间优化引导区，总面积75.18万亩，单个引导区面积平均为4.0万亩，最小的1.0万亩，最大的8.4万亩。

1.关于空间合理性

顺义区林地空间优化引导区约有70%（52.49万亩）位于城市总体规划"一屏、三环、五河、九楔"绿色空间结构中（全市绿色结构在顺义区的面积为86.01万亩，占顺义区面积的56%），位于顺义区分区规划绿色空间结构内的约有67%，顺义区分区规划绿色空间结构内74%（49.87万亩）为林地空间优化引导区，16%为永久基本农田集中连片区（10.83万亩），10%为集中建设区（7.00万亩）。

2.关于绿化空间比重

顺义区两轮造林已实施的23.6万亩中约有17.41万亩位于林地空间优化引导区内，约占两轮造林总量的76%，约占林地空间优化引导区总面积的23%，其余非百万亩造林空间的现状为：耕地3.45万亩、林地23.88万亩、园地3.11万亩、建设用地15.05万亩（规划保留8.02万亩，规划腾退7.03万亩）、其他地类12.28万亩。引导区内的两轮造林和非两轮造林现状林地、园地合计44.41万亩，占引导区总面积的60%（不应低于70%）。

3.关于可造林绿化用地种类

扣除现状林地、园地及规划建设用地外，林地空间优化引导区内可造林潜力空间约7.40万亩，为建设用地腾退复绿用地，除完成新一轮百万亩造林选址剩余的5.8万亩任务外，规划期内理论上还可增加1.6万亩绿色空间。

4.关于集中连片度

林地空间优化引导区内两轮造林的图斑平均面积为56.51亩，较全区图斑平均面积50亩有所提升。后续造林绿化均

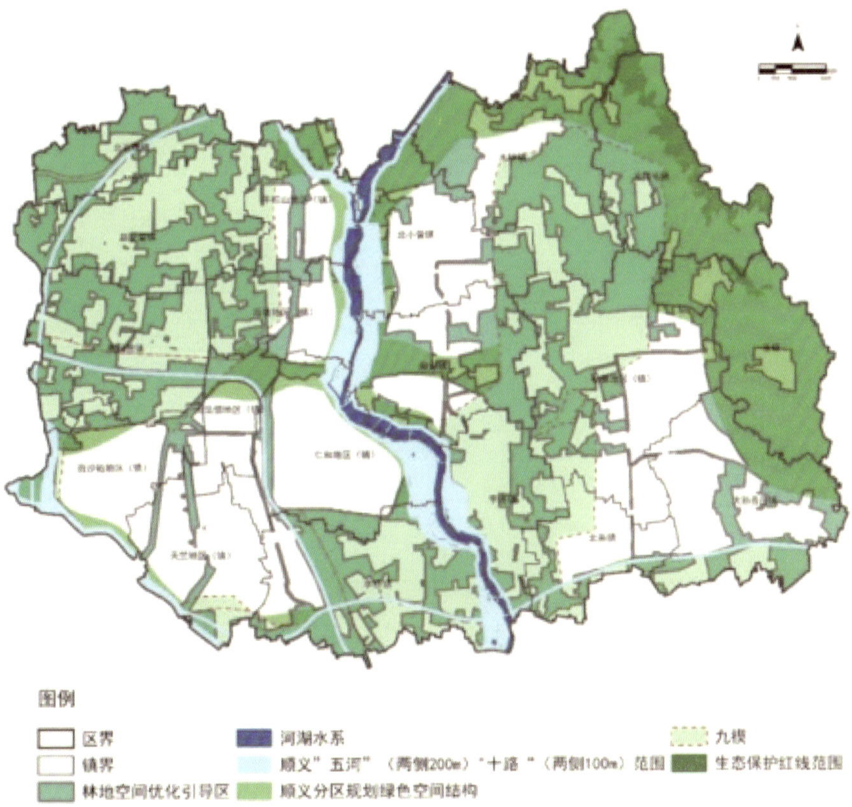

图2–3　顺义区林地空间优化引导区与北京市、顺义区绿色空间结构吻合度分析图

应在林地空间优化引导区内选址，集中连片度将进一步提升，计划2035年图斑平均面积达到100亩。

5.关于生态优先性

顺义区“生态保护极重要区”9.3万亩，其中97%划入了林地空间优化引导区，14.6万亩“农业生产不适宜区”，除位于城镇地区的，其余约2.5万亩也全部纳入林地空间优化引导区。

五、工作建议

（一）组织编制区级田林空间引导实施专项规划

1.规划定位

作为分区规划的重要专项规划，为乡镇国土空间规划和村庄规划编制、统筹生态空间保护修复，以及开展耕地和永久基本农田保护、林地保护利用等工作提供依据。规划期为2021年—2035年，近期到2025年，远景展望到2050年。

2.编制组织

由区政府组织，具体由各分局牵头，会同各区发展改革、财政、农业农村、园林绿化等部门共同开展，由市规划自然资源委组织相关委办局进行联审，审查通过后，由市规划自然资源委统一报市政府批准实施。

3.规划内容和指标

划定永久基本农田集中连片区和林地空间优化引导区，将布局优化、质量提升任务分解到“十四五”“十五五”“十六五”3个五年，针对永久基本农田集中连片区，明确每个时段建设用地腾退复耕任务、非耕农用地调整为耕地数量、耕地质量提升等指标；针对林地空间优化引导区，明确每个时段建设用地腾退复绿任务、非耕农用地调整为林地任务、林地质量提升任务等指标；引导实施过程中，注重田、林空间适度交融，永久基本农田集中连片区内的成片林地应予以保留，林地空间优化引导区内成片耕地也应予以保留。

（二）合理确定永久基本农田集中连片区划定原则

永久基本农田集中连片区应优先在农业生产适宜区（3610平方千米）和一般适宜区（1015平方千米）内划定，原则上永久基本农田和永久基本农田储备区合计占比不低于集中连片区的80%，优先在质地较好的重壤、中壤及轻壤区域划定；不与城镇开发边界、生态保护红线、河道蓝线、林地空间优化引导区重叠，以现状公路、水系以及重大线形工程边界为界线；集中连片区总规模与各区200万亩空间落图任务相当，单个集中连片区面积原则上不低于1000亩，分千亩和万亩两个级别，新落图的200万亩成果70%应纳入集中连片区内；千亩级集中连片区内的200万亩空间原则上不应低于80%，现状建设用地应低于10%，应以市政、交通等基础设施为主，不得有规划新增城乡、不包含现状保留村庄；万亩级集中连片区内的200万亩空间原则上不应低于60%，现状建设用地不应超20%，应以市政、交通等基础设施为主，可包括少量现状保留村庄（不超7%）、少量规划新增城乡建设用地（不超3%）。

（三）精准确定林地空间优化引导区划定原则

林地空间优化引导区原则上80%应在市域绿色空间结构内划定，并优先在其中“双评价”生态保护极重要区、农业生产不适宜区内划定，引导区不与城镇开发边界、永久基本农田集中连片区重叠，以现状公路以及重大线形工程边界为界线。

引导区内百万亩造林及非百万亩造林的现状林地、园地合计占比不低于70%（含水空间的不低于40%），单个引导区面积原则上不低于5000亩，分千亩和万亩两个级别；千亩级引导区内百万亩造林及非百万亩造林的现状林地、园地合计占比不低于80%，现状建设用地应低于10%，应以市政、交通等基础设施为主，不得有规划新增城乡、不包含现状保留村庄；万亩级引导区内百万亩造林以及非百万亩造林的现状林地、园地合计占比不低于65%，现状建设用地不应超20%，应以市政、交通等基础设施为主，可包括少量现状保留村庄（不超7%）、少量规划新增城乡建设用地（不超3%）。

（四）多措并举保障专项规划有序实施

1.统筹政策确保任务落实

年度建设用地减量任务、拆违腾地年度任务下达时，明确田林引导区内合计占比不应低于90%，单个引导区内占比不低于40%，任务完成情况纳入市政府绩效考核体系；严格土地资源整理、高标准农田建设、土地整理复垦等工程项目的选址，原则上均应在引导区内实施；对于引导区外新增的耕地或百万亩造林绿化地块，下调20%发放耕地保护经济补偿及造林绿化土地流转费。

2.明确各区及有关部门工作职责

明确各区政府对非建设用地空间管控及田林空间引导实施专项规划的主体责任。对市级各部门协同配合提出要求，市规划自然资源委、市发展改革委、市财政局、市审计局、市园林绿化局、市农业农村局、市水务局、市生态环境局等部门协同配合，充分统筹利用相关政策及专项工作，切实推动专项规划实施。市规划自然资源委对专项规划落实情况进行监督检查，并将其作为重要内容纳入城市体检评估。

（总体规划处，选自2020年北京市规划和自然资源委员会系统优秀调研成果一等奖获奖项目）

2021 大事记

1月

1日　北京市不动产登记电子证照在全市范围内施行。

9日　北京市2019年责任规划师总结表彰交流会召开。副市长隋振江为优秀责任规划师颁发奖状，并启动“北京市责任规划师智慧协同平台”上线仪式。

15日　市规划自然资源委、市经济和信息化局联合召开会议，审查通过第一阶段北京市智能汽车基础地图应用试点区域，试点划定在国家智能汽车与智慧交通（京冀）示范区亦庄基地和北京经济技术开发区特定自动驾驶开放道路和开放测试区域。

23日　市规划自然资源委启动小汤山医院改建项目方案研究。29日，市规划自然资源委审定小汤山医院改建设计方案。3月16日，小汤山医院正式启动运行。

2月

3日　市政府召开常务会议，审议通过《首都功能核心区控制性详细规划（街区层面）（2018年—2035年）（送审稿）》。22日，市委十二届十二次全会召开，审议通过《首都功能核心区控制性详细规划（街区层面）（2018年—2035年）（送审稿）》，一致同意按程序上报党中央、国务院审定。

12日　市规划自然资源委丰台分局受理“北京中医药大学东方医院发热门诊工程”网上申报，当日完成办理《建设工程规划许可证（简易低风险项目）》，并完成校核制证。该项目采取建设单位网上申报、上传材料，审批部门网上受理、网上审核办理的“零见面”审批方式。

25日　北京市首个通过简易低风险项目审批服务政策完成的集体建设用地审批项目—门头沟区龙泉镇琉璃渠便利店项目，取得集体不动产权证书。

同日　市规划自然资源委召开首次市级土地资源整理平台委办局联合审核专题会，研究通过门头沟三家店村、北京高端制造业（房山）基地两个实施单元土地资源整理实施方案。

28日　市规划自然资源委、市发展改革委联合印发《北京市2020年度建设用地供应计划》。全市建设用地计划供应3710公顷，住宅供地首次分为产权类住宅用地和租赁类住宅用地。

3月

3日　市规划自然资源委发布北京市不动产登记新冠肺炎疫情期间疫情防控和服务复工复产公告，明确疫情期间：实行网上办理部分登记业务，现场登记业务全部实行网上预约，实行不动产登记电子证照服务，开通绿色通道服务，实行实名登记管理。

10日　市政府召开常务会议，研究通过《北京市自然资源资产产权制度改革方案》。8月5日，由市委办公厅、市政府办公厅印发实施。

15日　市政府发布《关于由北京城市副中心管理委员会行使部分市级行政权力的决定》，赋权城市副中心管委会在城市副中心规划范围及拓展区（不含亦庄新城通州部分）约812平方公里区域内行使30项市级权力，其中涉及规划和自然资源领域的11项。

16日　西城区砖塔胡同居民前往市规划自然资源委西城分局申请平房原翻原建建设工程规划许可证。20日，市规划自然资源委西城分局办结建设工程规划许可证。这是全市办结的首例纳入简易低风险范围的平房原翻原建项目。

17日　国家发展改革委发布《北京市通州区与河北省三河、大厂、香河三县市协同发展规划》。规划范围包括北京市通州区和河北省廊坊市所辖三河市、大厂回族自治县、香河县行政辖区范围，国土总面积2164平方千米。

19日　首都规划建设委员会向中共中央、国务院上报2018年北京城市体检报告。

20日　市委城市工作委员会召开全体（扩大）会议，审议通过《中共北京市委城市工作委员会2020年工作要点》等事项，听取老旧小区综合整治工作有关情况的汇报。

26日　海淀区不动产登记事务中心企业间存量非住宅转移登记不见面办理，全市企业间存量非住宅买卖取消“跑大厅”现场核验环节，企业双方从“最多跑一次”升级为“一次不用跑”，实现全流程不见面审批。

4月

8日　市政府印发《北京市战略留白用地管理办法》，本办法自印发之日起施行。

12日　市委、市政府印发《关于建立国土空间规划体系并监督实施的实施意见》，确立北京“三级三类四体系”的国土空间规划总体框架。

14日　首都规划建设委员会召开第39次全体会议，学习贯彻习近平总书记关于首都规划建设的重要指示精神，研究审议《首都功能核心区控制性详细规划（街区层面）（2018年—2035年）（送审稿）》。

15日　社会投资简易低风险工程建设项目规划许可施工许可合并办理意见新办理流程在“一站通”系统上线试运行。

17日　自然资源部就北京市违法占用耕地建房等情况来京调研。

30日　市委常委会召开会议，研究通过《2020年北京市规划和自然资源领域专项治理监督工作方案》。

同日　市规划自然资源委门头沟分局完成门头沟小园定向安置房项目配套用房规划许可施工许可办理。该项目是全市首个“全程网办”的规划许可施工许可合并办理案例。

5月

20日　市委常委会召开会议，研究通过《关于进一步加强农村集体土地管理加快建立健全“村地区管”机制的指导意见》《关于落实“户有所居”加强农村宅基地及房屋建设管理的指导意见》。

20日　市委常委会召开会议，听取全市第三次全国国土调查工作情况汇报。

26日　中央农办调研组围绕到顺义区、大兴区开展完善耕地保护制度专题调研。

6月

3日　市委常委会召开会议，研究通

过《北京市长安街及其延长线市容环境景观管理规定（修订版）》。

8日　住房城乡建设部办公厅函复同意北京市开展建筑师负责制试点。

9日　市政府召开常务会议，审议通过《北京推进国际交往中心功能建设专项规划》。24日，市委常委会研究通过。9日1日，印发实施。

19日　市规划自然资源委发布《关于我市固体矿产和矿泉水资源矿业权审批工作的公告》，停止全市固体矿产和矿泉水企业矿业权新立审批，现有采矿权到期后不再办理延续审批。

28日　市政府召开常务会议，研究通过《北京大兴国际机场临空经济区（北京部分）控制性详细规划（街区层面）》。7月8日，市委常委会研究通过。

29日　市规划自然资源委核发京雄高速公路（北京段）用地预审意见，这是北京市承接国家用地审批权后批准的首个项目。

6月　市规划自然资源委制作北京市新型冠状病毒肺炎疫情地图，并在“天地图·北京”（北京市地理信息公共平台）发布。

7月

4日　市委常委会召开扩大会议，传达学习贯彻习近平总书记主持中央政治局常委会会议审议《首都功能核心区控制性详细规划（街区层面）（2018年—2035年）》时的重要讲话精神。

同日　市委书记蔡奇赴首规委办、市规划自然资源委，就做实做强首规委办进行调研。

13日　市规划自然资源委发布《关于我市地热资源矿业权审批工作的公告》。公告指出国家及市政府重点工程、公益性项目、供暖项目可依法办理矿业权新立审批，已取得矿业权的项目，矿业权到期后（含已过期）可办理延续审批；不符合上述用途的项目，矿业权到期后不再办理延续审批；采矿权在有效期内的项目，可按照原有地热用途继续开采利用，并鼓励向地热供暖回灌方向转型，不能转型的，采矿权到期后采矿许可证自行废止，采矿权注销。

28日　市政府召开常务会议，审议通过《北京市控制性详细规划编制工作方案》。

7月　“e地质”应用系统完成各项功能测试，登录北京市政府“北京通”手机客户端，正式上线运行。

8月

16日　国家自然资源督察北京局就北京市2020年土地例行督察工作赴京调研。

20日　市政府召开常务会议，研究通过《首都功能核心区控制性详细规划三年行动计划（2020年—2022年）》。26日，市委常委会召开会议，研究通过《首都功能核心区控制性详细规划三年行动计划（2020年—2022年）》。9月18日，《首都功能核心区控制性详细规划三年行动计划（2020年—2022年）》印发实施。

21日　中共中央、国务院批复《首都功能核心区控制性详细规划（街区层面）（2018年—2035年）》。26日，市委常委会召开会议，传达学习中共中央、国务院关于对《首都功能核心区控制性详细规划（街区层面）（2018年—2035年）》的批复。

同日　北京市推进全国文化中心建设领导小组印发实施《北京中轴线申遗保护三年行动计划（2020年7月—2023年6月）》。

25日　市政府召开常务会议，审议通过《北京市没收违法建筑物处置办法（试行）》。

9月

1日　市委、市政府召开首都功能核心区控制性详细规划实施动员部署大会，宣读中共中央、国务院的批复，全面部署核心区控规实施工作。

2日　市政府召开常务会议，审议通过北京市生态保护红线评估调整工作事项。22日，市委常委会召开会议，审议通过北京市生态保护红线评估调整工作事项。

4日　首都规划建设委员会召开第40次全体会议，传达学习习近平总书记在中央政治局常委会会议审议核心区控规和专项规划时的重要讲话精神，通报党中央、国务院批复要求，研究审议《首都功能核心区控制性详细规划三年行动计划（2020年—2022年）》，部署核心区控规实施工作。

10日　住房城乡建设部批复同意北京市开展建设工程人工智能审图试点。

11日　市规划自然资源委向北京通州房地产开发有限责任公司核发通州新城TZ00—0203—6009、6010地块项目特殊建设工程消防设计审查意见书。这是市规划自然资源委承接消防设计审查职能后发出的第一个消防设计审查行政许可。

15日　市政府召开常务会议，审议通过《北京人民防空建设规划（2018年—2035年）》。

16日　北京市召开全市农村乱占耕地建房专项整治行动部署会，传达学习国务院农村乱占耕地建房问题整治工作电视电话会议精神，对全市农村乱占耕地建房专项整治行动第一阶段摸底排查工作进行动员部署。副市长隋振江主持并作动员讲话。

17日　市委书记蔡奇赴首规委办、市规划自然资源委，调研核心区控规实施工作。

18日　市规划自然资源委、市住房城乡建设委、市农业农村局、市文物局联合公布北京市第二批历史建筑名单，此次公布的历史建筑共315栋（座）。

22日　市规划自然资源委印发《关于进一步下放国有土地使用权出让地价评审权限的通知》，对行政审批权限已下放至分局办理的事项，将地价评审权限一并下放。

29日　市政府召开常务会议，审议通过《北京市自然保护地整合优化预案》《北京市分区规划实施管理办法》《北京市禁止违法建设若干规定（修订草案）》。

30日　市政府批复《北京市轨道微中心名录（第一批）》。全市第一批划定71个微中心，涉及14个区、28条线路。

10月

13日　市政府公布《北京市禁止违法建设若干规定》。自11月15日起施行。

20日　市政府召开电视电话会议，推进规划自然资源领域专项巡视巡察发现的违法用地违法建设问题整改工作。

同日　市规划自然资源委印发《关于规范和加强临时用地管理的意见》。

22日　昌平区不动产登记事务中心完成全市首例集体土地林权类不动产调查、首次登记，核发全市第一本集体土地林权不动产证书。

26日　住房城乡建设部委托厦门大学及国务院发展研究中心企业研究所特邀专家组成第三方评估组，在京召开工程建设项目审批制度改革第三方评估工作政府座谈会，对北京市工程建设项目审批制度改革情况进行实地评估。

28日　自然资源部到房山区就曹家坊矿区生态修复及产品价值实现案例情况开展实地调研。

29日　国家自然资源督察北京局对北京市重点工程未批先建、耕地保护和永久基本农田"非粮化"等情况进行专题座谈调研。

11月

5日　市政府召开常务会议，审议通过《2019年度北京城市体检评估报告》《北京市关于建立以国家公园为主体的自然保护地体系的实施意见》。

7日　市委城市工作委员会召开专题会议，审议通过《北京市郊铁路线网规划》。市委书记、市委城市工作委员会主任蔡奇主持会议，市委副书记、市长、市委城市工作委员会副主任陈吉宁出席。

12日　市政府召开常务会议，审议通过《北京城市总体规划（2016年—2035年）实施情况的报告（书面）》《三山五园地区整体保护规划（2019年—2035年）》。

24日　市政府召开常务会议，研究无障碍环境建设专项行动实施情况，审议通过《南中轴地区规划方案（2020年—2035年）》。

25日　市委常委会召开会议，审议通过《北京市关于建立以国家公园为主体的自然保护地体系的实施意见》。

26日　市十五届人大常委会第二十六次会议审议通过《关于〈北京城市总体规划（2016年—2035年）实施情况〉的报告》《关于〈北京城市副中心控制性详细规划（街区层面）（2016年—2035年）〉实施情况的报告》。

12月

2日　市委常委会召开会议，听取2019年度北京城市体检工作有关情况汇报，审议通过《三山五园地区整体保护规划（2019年—2035年）》。

8日　市政府召开常务会议，审议通过《关于北京市生态环境分区管控（"三线一单"）的实施意见》《北京市城市设计管理办法（试行）》《北京市自然资源统一确权登记总体工作方案》。

18日　市委常委会召开会议，审议通过《南中轴地区规划方案（2020年—2035年）》。

21日　市规划自然资源委同意由北

京大兴国际机场临空经济区（大兴）管理委员会承接规划和自然资源领域部分行政权力，承接临空经济区北京部分规划面积约50平方千米区域内市规划自然资源委13项行政权力、市规划自然资源委大兴分局15项行政权力。

同日　市规划自然资源委印发《北京市城市设计管理办法（试行）》。

12月　市政府批复《北京大兴国际机场临空经济区（北京部分）控制性详细规划（街区层面）》。

2021 国土空间规划

综述

市规划自然资源委坚决扛起疫情防控责任。开展防疫设施专项规划编制，储备预留应急医疗救治设施资源，加大防疫项目审批力度，快速核发相关许可。

市规划自然资源委基本形成全市国土空间规划管控体系。印发实施《关于建立国土空间规划体系并监督实施的实施意见》，确立全市“三级三类四体系”总体框架。开展国土空间近期规划编制。基本完成控规改革框架体系构建，市政府批复《关于落实北京城市总体规划深化控制性详细规划管理工作的若干意见》。推进新版街区控规编制。加强镇村规划建设引导，开展乡镇国土空间规划编制，2915个美丽乡村村庄规划实现应编尽编。

市规划自然资源委全面推进城市总体规划实施。城市总体规划实施102项重点任务进展顺利。完成2019年度城市体检。首都功能核心区控规获党中央、国务院批复。印发首都功能核心区控规三年行动计划，74项任务取得阶段性进展。编制完成城市副中心组团控规深化方案和拓展区规划，以及张家湾古镇、设计小镇等重点地区规划综合实施方案，完成大运河沿线景观风貌设计方案、路县故城遗址展示工程（博物馆）国际方案征集。

市规划自然资源委加强“四个中心”功能建设。组织编制“十四五”时期政治中心服务保障专项规划、三山五园地区整体保护规划，开展长安街及其延长线公共空间及重要节点城市设计，加强重要地区高度管控。开展历史文化街区和历史建筑保护管理办法制定，开展南中轴地区规划编制，推动特定风貌管控区在途项目实施。印发实施《北京推进国际交往中心功能建设专项规划》，推进雁栖湖国际会都，新国展二、三期，冬奥会场馆及基础设施等重点地区、重点工程规划建设。开展《北京科技创新中心功能实施指引》规划编制。

市规划自然资源委推动区域协同发展。编制市（域）郊铁路线网规划，初步建立近期建设项目库，推进京唐城际铁路、轨道交通平谷线等项目建设。建立轨道交通线网规划及一体化专班联席会议制度，推动轨道交通线网规划及第三期建设规划，形成一体化储备项目库。推进公交场站、慢行系统、停车等专项规划。完成市政专项规划编制，推进市级市政重点工程储备库建设，实现动态更新。推进丰台站及周边基础设施建设和站城一体化实施。丽泽金融商务区综合实施方案形成阶段性成果。批复大兴临空经济区（北京部分）控规。推广王四营乡试点经验，推进绿隔地区城市化建设。

市规划自然资源委健全规划引领项目生成的规划实施机制。印发《稳增长促发展加强规划编制与实施的管理意见》，基本建立“审”“批”分离的审批制度；印发规划综合实施方案编制办法，通过“多规合一”平台推进试点。探索建立市、区两级重点项目联动机制，试行规划实施专员制，助力重点项目落地。

市规划自然资源委推进城市有机更新和城市设计管理。系统梳理存量空间资源，确定重点更新街区，组织编制全市街区更新专项规划。制定出台《北京市城市设计管理办法（试行）》，试行5个城市设计专项导则，开展“小空间大生活——百姓身边微空间改造行动计划”。推进公共空间艺术品建设管理，开展“共筑京彩——大师做小品”专项行动，启动第一批项目方案征集，加快推动温榆河公园试点。

（赵霆）

规划编制审批

【首都功能核心区控规获批】　2月3日，市政府召开常务会议，审议通过《首都功能核心区控制性详细规划（街区层面）（2018年—2035年）（送审稿）》。2月22日，市委十二届十二次全会召开，审议通过《核心区控规（送审稿）》，一致同意按程序上报党中央、国务院审定。8月21日，《核心区控规》获党中央、国务院批复。

（王天骄）

【城市绿心三大公共建筑和共享配套设施控规获批】　3月5日，市规划自然资源委批复《北京城市副中心1001街区FZX—1001—0007、0013、0015等地块控制性详细规划》，规划包括城市绿心剧院、图书馆、博物馆三大公共建筑和共享配套设施。该区域按照一体化设计、一体化建设原则，创新推行地上地下分层划定用地，共享配套设施，地铁预留工程与三大公共建筑在地下相互连通。

（孙玉晶）

【国土空间规划总体框架确立】　4月12日，《中共北京市委、北京市人民政府关于建立国土空间规划体系并监督实施的实施意见》（以下简称《实施意见》）印发实施。《实施意见》建立权责清晰、科学高效的国土空间规划体系，对监督实施提出全面要求，确立北京市市、区、乡镇“三级”，总体规划、详细规划、专项规划“三类”，规划编制、规划实施、规划监督、规划保障“四体系”的“三级三类四体系”国土空间规划总体框架。

（齐凯）

【开展乡镇国土空间规划编制】　4月，全市乡镇国土空间规划编制工作启动。市规划自然资源委持续完善“一个工作方案+一个编制导则、一个指导意见、一个编审流程、一个审查要点、一个数据平台+一个生态指引”的“1+5+1”工作体系，成立乡镇国土空间规划工作专班，对乡镇国土空间规划编制工作进行两轮调度，研究深化乡镇集中建设区控制性详细规划技术规范和编审程序，印发乡镇地区生态要素和生态空间规划编制指引，推动集体建设用地统筹试点。11月至12月，对全市9个涉农区（密云区、顺义区、怀柔区、昌平区、门头沟区、房山区、大兴区、延庆区、平谷区）的乡镇国土空间规划编制情况进行考核。截至年底，纳入考核的40个乡镇，都报送规划编制成果。

（张舵）

【市（域）郊铁路线网规划审议通过】　5月，市规划自然资源委、中国国家铁路集团有限公司发展和改革部共同组织北京市基础设施投资有限公司、北京城市铁路投资发展有限公司、北京铁路局及北京市城市规划设计研究院等10余家规划设计单位，组成路市市郊铁路网规划专班（路：指中国国家铁路集团有限公司；市：指北京市），开展市（域）郊铁路线网规划编制。规划编制与北京市轨道交通线网规划及第三期建设规划项目库相衔接，系统分析北京市与铁路发展诉求，逐项梳理市郊铁路廊道现状及规划情况，路市双方在理念、思路、技术等方面取得共识。11月7日，市（域）郊铁路线网规划经市委城工委主任专题会审议通过。

（李婧）

【城市副中心综合交通规划实施方案编制完成】 5月，市规划院编制完成《北京城市副中心综合交通规划实施方案》。方案从“促疏解、搭框架、补短板、树典范”4个方面着手，以保障市级机关正常运行、解决干部职工通勤需求、支持重点功能区建设、补充道路和公交及停车等基础设施、推进交通治理、改善交通秩序为重点，提出交通规划实施措施、方案和项目库。该方案编制于2019年5月启动，开展轨道交通近期方案与用地开发协调性分析、道路规划实施方案、公交系统规划实施方案及规划设计导则、步行和自行车交通系统规划实施方案、停车系统规划实施方案、中小学周边交通环境提升及机制体制研究6个重点专题研究。

（徐铮鸣）

【冬奥会（首钢赛区）周边市政综合规划编制完成】 7月，市规划院编制完成《2022年北京冬奥会（首钢赛区）周边市政综合规划》。该规划立足“高端产业综合服务区”和“国家级体育产业示范区”功能定位，分析综合管廊规划建设背景及必要性，综合考量区功能布局、土地利用、道路系统、市政专项、地下空间等多因素，确定“有机衔接、层次分明、安全高效”的综合管廊系统布局；优化市政管网布局，减少直埋管线敷设，对舱室划分、净距要求等进行创新性探索；对与其他地下工程（地铁、商业等）和地面景观等协调统一提出控制要求，以达到整体优化、高效利用地下空间资源，建设可持续发展的韧性城市标准。

（魏萌）

【城市副中心组团控规深化方案审议通过】 8月20日，《北京城市副中心组团控制性详细规划深化方案》（以下简称《城市副中心组团控规深化方案》）经市委、市政府城市副中心建设领导小组专题会议审议通过。《城市副中心组团控规深化方案》是城市副中心“1+12+N”规划体系的重要组成部分，是《北京城市副中心控制性详细规划（街区层面）(2016年—2035年）》的技术深化方案。《城市副中心组团控规深化方案》层层分解落实城市副中心控规系统性管控要求，建立“街区—细分单元—地块—建筑”逐级传导的规划管控体系，保障规划落地不变形、不走样。

（赵晓梦　彭巧）

【城市副中心拓展区规划审议通过】 8月20日，《北京城市副中心拓展区规划（2016年—2035年）》经市委、市政府城市副中心建设领导小组专题会议审议通过，与《城市副中心组团控规深化方案》共同成为城市副中心控规的重要补充。该规划以全面深化落实上位规划为核心，以延伸拓展城市副中心质量为重点，衔接全市国土空间规划体系要求，动态对接相关专项规划、镇域规划和实施计划，将城市副中心控规确定的重点任务向拓展区进行分解，提升拓展区生态空间建设质量和基础设施保障水平，形成上下闭合、覆盖全域的国土空间规划体系。

（陈骁　彭巧）

【城市副中心文旅区规划综合实施方案审议通过】　8月20日，《北京城市副中心文化旅游区规划综合实施方案》经市委、市政府城市副中心建设领导小组专题会议审议通过。文化旅游区规划面积约12平方千米，是城市副中心文化旅游功能的重要承载地。该方案以北京环球影城主题公园建设为契机，统筹谋划文化旅游区高质量发展，致力于将文化旅游区打造成北京文化旅游新地标、文创科技新高地、国际交流新窗口；在交通保障、产业发展、城市风貌、建设实施等方面提出优化目标及工作要求，保障环球影城主题公园项目建设。

（郑兴　郭洁）

【城市副中心规划综合实施方案管理办法印发实施】　8月25日，《北京城市副中心规划综合实施方案管理办法（试行）》印发实施。该办法明确城市副中心规划综合实施方案适用范围和编制标准，促进规划引领区域发展和项目实施。

（彭巧）

【国际交往中心功能建设专项规划印发实施】　9月1日，《北京推进国际交往中心功能建设专项规划》印发实施。该专项规划由市规划自然资源委、市委外办、市政府外办共同组织编制，坚持目标导向和问题导向，立足于强化重大国事活动服务保障、国家高端要素集聚承载、北京开放发展动力支撑、城市对外交往示范引领，统筹硬件和软件建设、需求和供给管理、国际与国内资源、官方和民间交往的需要，完善国际交往中心功能体系，延承历史格局，拓展新兴承载空间，制定北京推进国际交往中心功能建设的发展目标与体系布局，确定“一核、两轴、多板块”的空间布局，擘画未来15年的发展蓝图。6月9日、6月24日，该专项规划分别经市政府常务会议、市委常委会会议审议通过。

（李婷　付鑫）

【城市副中心高质量规划建设管理意见印发实施】　9月23日，《关于北京城市副中心高质量规划建设管理的意见》印发实施。该意见提出以城市副中心控规为统领，建立城市副中心、乡镇两级和总体规划、详细规划、相关专项规划三类的“两级三类”规划体系，加强村地区管，建立规划引领生成项目的工作机制，在城市副中心全面实施责任规划师、责任建筑师制度等意见。

（郭子渊）

【第一批轨道微中心名录获批】　9月30日，市政府批复《北京市轨道微中心名录（第一批）》。全市第一批划定71个轨道微中心，涉及14个区、28条线路。轨道微中心的划定，立足于未来形成全市功能复合、高品质、服务人民的活力中心，综合考量站点在轨道交通线网中的功能定位、交通级别、周边用地、区位条件等因素，在对近期线路规划设计再深化和听取各区建议基础上，综合判定选取。轨道微中心具有五个特征，即：活力共享、复合多元、高效集约、便捷出行、空间宜人。截至年底，第一批轨道微中心有55个落实规划编制主体，21个完成一体化规划设计方案，11个完成规划综合实施方案编制，35个完成街区控规编制，6个完成周边土地储备，4个完成或部分完成周边土地入市。（如图4-1、表4-1所示）

（李婧）

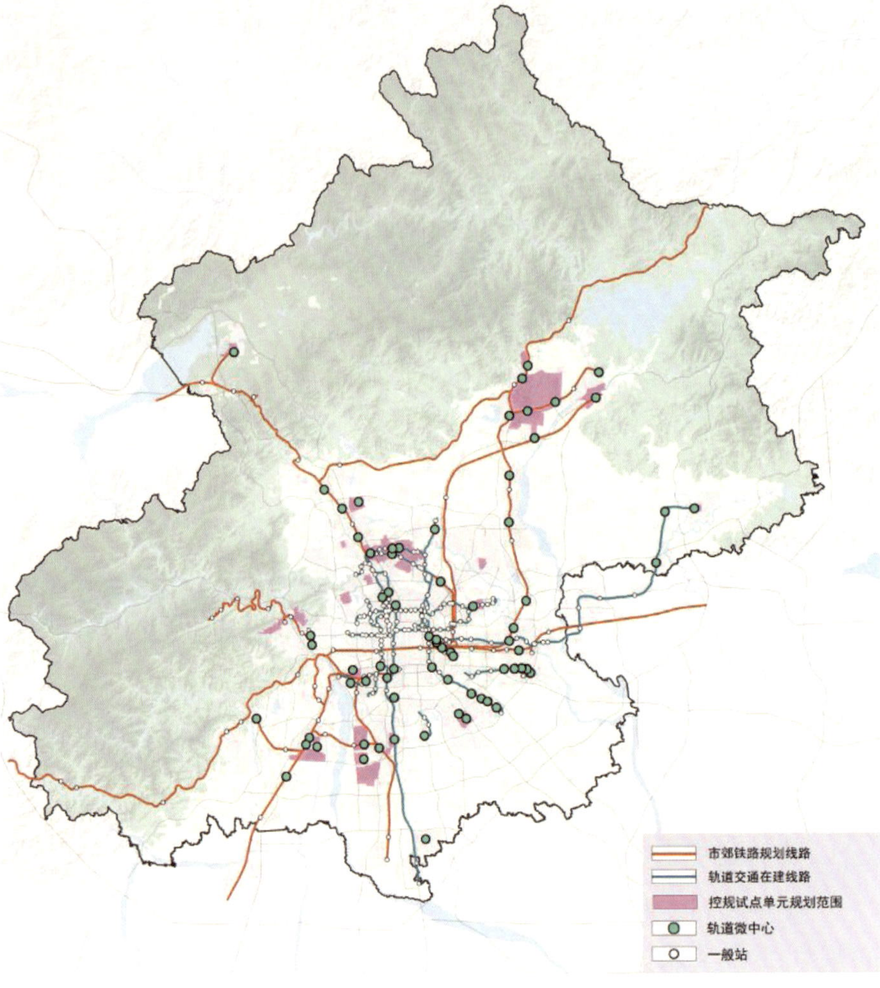

图4-1　北京市轨道微中心（第一批）分布图

表4-1 北京市轨道微中心名录（第一批）一览表

区域	个数（个）	名称
朝阳区	10	东大桥站、光华路站、核心区站、北京东站、广渠路站、广渠东路站、东风站、十里河站、朝阳港站、望京站
海淀区	3	五道口站、牡丹园站、学清路站
丰台区	7	丽泽商务区站、草桥站、丰台南路站、榆树庄站、右安门站、新宫站、程庄路站
石景山区	2	金安桥站、首钢站
通州区	9	永顺站、万盛南街西口站、云景东路站、小马庄站、高楼金站、花庄站、通州站、徐辛庄站、新通州西站
亦庄	6	北神树站、次渠北站、次渠站、亦庄站前区南站、荣昌东街站、同济南路站
大兴区	6	大兴新城站、黄村站、芦城南站、中日产业园站、首都医科大学站、礼贤站
房山区	5	良乡站、窦店站、良乡大学城站、南关站、坨里站
昌平区	9	新龙泽站、回龙观东大街站、回龙观站、未来科技城南区站、黄土店站、生命科学园站、沙河北站、昌平站、沙河高教园站
顺义区	2	顺义站、牛栏山
平谷区	3	马坊站、马昌营站、平谷站
密云区	3	统军庄站、密云北站、密云站
怀柔区	5	怀柔站、北房西站、怀柔北站、雁栖小镇站、怀柔南站
延庆区	1	延庆站

【殡葬设施专项规划审议通过】 10月，《北京市殡葬设施专项规划（2018年—2035年）》经市委城工委会议审议通过。该规划是全市首个涵盖市、区、镇三个层面的殡葬设施专项规划，以满足人民群众多样化殡葬服务需求为出发点和落脚点，开展现状殡葬设施摸底，搭建殡葬设施空间数据库，建立多部门联动规划工作平台；以殡仪馆、经营性公墓、镇级以上公益性公墓为重点，明确殡葬设施发展目标，强化用地规范管理，完善设施体系；突出“刚弹结合”原则，充分考虑短期内公益性公墓布局难以稳定的现实情况，制定详细的安置需求和用地规模预测说明，明确选址要求，指导分区专项规划及乡镇国土空间规划中殡葬设施相关内容的编制和空间落位。

（陈骁）

【城市副中心综合交通枢纽市政基础设施规划方案获批】 11月12日，《北京城市副中心综合交通枢纽市政基础设施规划方案》获市委、市政府批复。该规划方案针对东六环油气生命线局部改移工程、下凹桥防涝模拟研究、地下空间市政管线穿越条件研究等多个技术难点，由市规划院统筹市政设计、燃气、水力、电力、航油等多家设计单位，搭建规划设计一体化平台，共同编制完成。

（席江楠）

【轨道交通线网规划通过专家评审】 12月8日，《北京市轨道交通线网规划（2017—2035年）》通过专家会评审。该规划由市规划院编制，围绕北京市“四个中心”功能建设，面向区域和四网（高铁城际网、区域快线网、地铁快线网、地铁网），融合推动京津冀协同发展；以促进轨道交通高质量发展、轨道与城市融合发展为目标，以确定“规模、层次、布局、方案、实施”为核心，着力推进京津冀一体化融合综合交通建设。规划按照内面外廊、空间差异、快普统筹、枢纽锚固等布局原则，构建多层次一体化的轨道交通规划方案，建立北京市轨道交通线网规划总体蓝图，提出规划实施路径和保障。规划着眼于京津冀城市群，打破行政边界，聚焦空间集约，注重时空统筹，立足服务人民，实现从增量规划到高质量发展规划、从项目建设到用地融合、从战略支撑转向主动引领城市发展、从交通专项规划转向统筹协同规划的转型。

（姚智胜）

【公安派出所设施专项规划编制完成】 12月16日，市规划院编制完成《北京市公安派出所设施专项规划（2020年—2035年）》。该规划摸清当前全市公安派出所设施现状和面临问题，结合人口分布、重要功能区布局、轨道交通线网等内容，综合考虑公安部门治安管理需求，对公安派出所规划建设标准进行专题研究，按照城市总体规划确定的各圈层不同区域发展本底条件，有针对性地提出规划策略；基于警力快速响应的派出所空间布局优化方法，对全市规划派出所设施进行统筹布局，并对接街区指引编制，保障规划派出所设施后续落地实施。

（李哲）

【综合立体交通网规划编制完成】 12月18日，市规划院编制完成《北京市综合立体交通网规划》。该规划结合北京市交通基础和资源条件，围绕强化国际综合交通枢纽城市建设、促进京津冀城市群协同发展、建立超大城市交通治理体系三大战略方向，建立多维度、多方式、多层级的综合立体运输服务网络，从优化网络布局、推进交通方式融合、强化城市内外交通衔接、建立可持续城市交通系统等方面提出规划策略；探索以科技创新应用和体制机制创新为动力，形成不依赖于空间和资金等资源要素驱动的交通系统高质量发展新路径。

（李爽）

【生态空间规划专班工作方案印发】 12月24日，市规划自然资源委印发《生态空间规划专班工作方案》（以下简称《方案》），《方案》对增强全市生态要素与生态空间规划的全局性和系统性，构建全空间、全要素、全过程的生态空间规划和引导管控实施体系做出工作部署。落实《方案》部署，市规划自然资源委成立生态空间规划工作专班，推动搭建多部门协同推进、多领域专家参与、多要素系统治理的工作平台，深化全市层面生态空间规划，协同推进各生态要素专项规划，串接对接第二道绿化隔离地区、密云水库、浅山区等专项规划。

（张舵）

【河道规划设计导则通过专家评审】 12月25日，《北京市河道规划设计导则》通过专家会评审。该导则由市规划自然资源委组织市规划院编制，借鉴国内外重要城市河道规划建设经验，从北京实际情况出发，贯通历史现状未来，明确北京市河道建设“安全开放之河、生态健康之河、文化魅力之河、宜居活力之河、智慧创新之河”五大目标，提出19条规划设计策略和61个具体设计要点，对规划、设计、建设、管理、运维进行全周期引导，构建多专业融合、多空间融合、多方共建共治共享的河道治理新格局，促进水城共融。

（黄鹏飞　张义）

【人民防空建设规划编制完成】 12月，《北京人民防空建设规划（2018年—2035年）》编制完成。该规划由市人防办、市规划自然资源委、中央直属机关人防办、中央国家机关人防办共同编制，构建与现代战争形态相适应、与北京市“四个中心”战略定位相匹配的首都现代人民防空体系，构建“一核一主一副，多点一区成网”的北京城市总体防护结构，是新时代首都人民防空发展的新蓝图。

（高超）

【公交场站专项规划编制完成】 12月，市规划自然资源委、市交通委、北京公共交通控股（集团）有限公司联合编制完成《北京市公交场站专项规划（2020年—2035年）》。该规划落实公交优先理念，针对公交场站占地多、临时用地多、投资渠道单一、实施难等问题，聚焦服务线的首末站和车的停保站（中心站和保养场），坚持系统思维、问题导向，按照“分类施策、优化布局，综合利用、节约用地，动态平衡、有序衔接，强化实施、明确路径”思路，提出“政策+技术”方案；注重地面公交与轨道交通协调发展，分圈层明确地面公交定位作用，分区域分类别优化场站布局；鼓励场站综合开发，与城市融合发展，集约节约用地；突出问题导向，推进临时场站向规划场站平稳有序转移；强化实施研究，根据场站类型明确实施路径，提出配建首末站引入社会资本建议；与《北京市地面公交线网总体规划》相协调，确定场站数量、规模和布局，提出“十四五”建设规划建议，分解规划实施工作任务。

（周丹丹　寇春歌）

【怀柔科学城控规技术审查完成】 12月，市规划自然资源委完成《怀柔科学城控制性详细规划（街区层面）（2020年—2035年）》技术审查。该控规立足怀柔科学城战略定位，着力突出综合性国家科学中心的源头优势、国家重大科技基础设施布局的强度优势、首都生态涵养区的自然人文优势，系统构建“创新生态体系”与“自然生态体系”高度融合的整体格局；适应怀柔科学城发展特点，在技术创新和规划策略上着力突出整体性、系统性、可实施性、包容性、经济适用性和目标长远性。

（杨春）

【城市副中心站及周边地区综合交通规划编制完成】 12月，市规划院编制完成《北京城市副中心站及周边地区综合交通规划》。该规划以公共交通为核心、步行和自行车优先发展为理念，融合“站城融合、设施共享、人本优先、系统综合”规划原则，整体构建“高效畅通、人本优先、绿色生态、智慧有序”综合交通体系，打造站城融合的综合交通枢纽；对外依托多层次轨道交通系统及多层级地面公交线路，构建“大公共交通”服务体系，提升公共交通竞争力；对内构建“1+N+X”服务体系，即：通过一张立体步行网络，串联N个分散于街区的交通核，围绕交通核整合地铁出入口、自行车停车位、公交站台、出租车及小汽车等X种资源，强化“轨道+步行”主体模式地位，街区内步行网络密度约15千米／平方千米。规划通过“多路来、多路解”的小汽车交通组织方式，结合近远期柔性过度的小汽车规划管理手段及政策，进一步降低小汽车出行依赖性。规划引入智慧交通系统，依托“规划+管理+引导”路径，以实现“站城融合”规划愿景。

（兰亚京）

【控规编制规范和标准制定】 年内，市规划自然资源委落实市领导“控规编审工作应先重点后一般，根据区域规划建设需要有序编审”批示，按照“按需编制、深浅不一、滚动覆盖、实施评估”原则，对不同类型街区明确不同时序控规编制要求，根据区域城市规划建设需求逐渐实现街区控规全覆盖。7月28日，形成北京市控制性详细规划编制工作方案，提请市政府审议。制定《《北京市控制性详细规划街区指引数据库成果要求》、《北京市控制性详细规划编制技术标准与成果规范》（修订版）、《北京市控制性详细规划街区控规数据库成果要求》等系列规范和标准。

（付鑫）

【路县故城遗址展示工程（博物馆）国际方案征集】 年内，市规划自然资源委、市文物局联合完成路县故城遗址保护展示工程（博物馆）国际方案征集，并组织设计单位对方案进行修改完善，进一步明确项目选址及用地规划指标等。8月2日，市委书记蔡奇召开专题会议听取汇报。

（徐楠）

【城市绿心道路定线、竖向规划及工程综合规划编制完成】 年内，市规划院编制完成《北京城市副中心城市绿心道路定线、竖向规划及工程综合规划》。该规划基于对城市绿心地形地貌、园林绿化、用地交通、海绵城市、防洪排涝等现状及规划条件的研究分析，构建城市绿心竖向体系，明确竖向控制和衔接要求；协调解决道路与铁路用地、古树等的矛盾，划定道路红线，实现道路空间与诸多控制要素的协调，保障规划方案的可实施性；以需求为导向，因地制宜开展综合管廊和市政管线规划建设，突出市政保障的可靠性；秉持精细化设计理念，综合统筹道路公共空间资源，优化构建服务功能完备、运维安全高效的市政基础设施体系。9月29日，城市绿心森林公园开园。

（魏萌）

【2019年度北京城市体检】 年内，北京市在总结前两年工作经验基础上，进一步完善城市体检工作制度和方法，采取政府自检和第三方体检同步进行、各有侧重的方式，组织开展2019年度城市体检。政府自检在市属12个部门、16个区及北京经济技术开发区自检报告基础上，围绕城市总体规划指标体系年度监测数据和2020年工作，聚焦“首都功

能、城市规模、底线约束、空间结构、城市韧性、运行体系、协同发展”七大领域规划实施情况，重点运用市规划自然资源委信息平台空间数据，包括“现状一张图”中的三调数据、地理国情普查数据，“规划一张图”中的分区规划数据，“审批一张图”上的各类审批数据，总结城市总体规划实施情况、需关注问题和下阶段工作建议，形成《2019年度北京城市体检自检报告》。第三方体检由北京大学首都发展研究院院长李国平领衔，组织中国人民大学、中国科学院、中国城市规划设计研究院等6家单位，开展10个方面专题研究，形成《2019年度北京城市体检第三方报告》。11月5日、11月16日、12月2日，城市体检报告分别经市政府常务会议、市委城工委主任专题会议、市委常委会会议审议通过。

（齐凯　邱红）

【创新街区控规编制管理】　年内，市规划自然资源委落实减量发展和高质量发展要求，创新中心城区和新城地区街区控规编制和管理思路，统筹空间、时间、实施、运行4个维度，强化街区层面“控”“导”结合，构建国土空间规划体系下的控规整体运行框架，逐步推进形成控规编制、实施、监督、评估、维护全生命周期管理闭环。形成《关于中心城区和新城地区街区控规编制工作的报告》，并于11月21日获市委城工委会议审议通过。

（付鑫）

【三山五园地区整体保护规划审议通过】　年内，市规划自然资源委围绕玉泉山及周边地区重点保障政治中心功能，会同海淀区政府持续推进三山五园（万寿山、香山、玉泉山，颐和园、静宜园、静明园、畅春园、圆明园）地区整体保护规划编制。12月2日，《三山五园地区整体保护规划（2019年—2035年）》通过市委常委会会议审议。

（付鑫）

【市政基础设施专项规划审议通过】　年内，市规划自然资源委编制完成《北京市市政基础设施专项规划（2020年—2035年）》。该规划以问题为导向，以资源环境承载能力为刚性约束，落实城市总体规划提出的目标任务，结合北京市水资源、能源、环卫、通信等行业发展战略，与各区分区规划紧密衔接，绘制蓝绿交融、低碳生态、智慧高效、区域协同的市政基础设施一张蓝图。12月3日，该规划经市委城工委主任专题会议审议通过。

（黄鹏飞）

【南中轴地区规划方案审议通过】　年内，市规划自然资源委在南中轴地区国际方案征集和方案综合基础上，会同丰台区政府组织开展南中轴地区规划编制。12月18日，《南中轴地区规划方案（2020年—2035年）》通过市委常委会会议审议。

（付鑫）

【慢行系统规划编制完成】　年内，市规划自然资源委编制完成《北京市慢行系统规划》。该规划落实“慢行优先、公交优先、绿色优先”理念，坚持目标导向和问题导向，提出“建设连续安全、便捷可达、舒适健康、全龄友好慢行系统，助力实现碳达峰、碳中和发展”规划目标；归纳总结北京慢行系统特点和主要问题，强调城市道路要由“以车为本”向“以人为本”转变，回归城市生活空间；确定“线贯通、点覆盖、增体验、定规则”规划方案，提出“保路权、补短板、提品质、广宣传”实施策略，从规划编制、系统建设、环境整治、空间融合、宣传教育5个方面提出工作任务。

（周丹丹）

【工体改造规划设计方案编制完成】 年内，市规划自然资源委编制完成北京工人体育场（以下简称“工体”）改造规划设计方案。该方案坚持打造国际体育文化交往、群众体育活动基地的定位，按照保护为先原则，坚持“传统外观、现代场馆”设计理念，利用新技术和新材料，采取对工体主体拆除复建方式，传承首都历史文化风貌，保留北京城市记忆。在工体改造复建的同时，加大工体园区环境整治提升力度，加强园区与周边轨道交通站点的一体化衔接，形成由轨道交通支撑的公共交通网络，提供便捷顺畅的交通服务；拆除无手续建筑及影响改造工程的建筑，恢复园区内开阔疏朗的空间形态，整治人工湖水系，构建水体生态系统，提升园区环境品质。

（李明）

【分区规划“1+X”系列管控规则制定】 年内，市规划自然资源委开展分区规划“1+X”系列管控规则研究制定，其中，“1”为分区规划实施管理办法，“X”包括两线三区、北京市战略留白用地管理办法、规划分区用途管制规则、规划单元划定与管控要求、建筑规模管控办法、大田大林规划引导办法、差异图斑处置规则等一系列分区规划运行管控规则。截至年底，形成“1+X”系列管控规则文件汇编。

（齐凯）

【开展国土空间近期规划编制】 年内，市规划自然资源委组织开展《北京市国土空间近期规划暨北京城市总体规划实施工作方案（2021年—2025年）》编制。规划编制坚持目标导向和问题导向，立足十五年、看十年、干五年，从指标体系、空间指引、平台搭建、任务分解、机制创新5个维度构建城市总体规划实施第二阶段组合政策工具；统筹谋划城市总体规划实施第二阶段目标指标和重点任务，推动城市总体规划分阶段、按时序分解落实；搭建五年期国土空间开发保护框架，对重大战略、重点项目落地形成空间引导和支撑保障；为年度实施计划编制提供依据，指导年度土地供应、减量发展目标、重点项目建设等计划制定。截至年底，形成初步成果，并多次征求各区、市级相关部门意见建议。

（齐凯）

【开展防疫设施专项规划编制】 年内，市规划自然资源委、市卫生健康委共同组织市规划院开展《北京市防疫设施专项规划》编制，制定编制工作方案，按照分级管控、分类指导、分区施策原则，从指挥管理、医疗救治、物资供应、交通支撑、生命线支撑、社区防疫6个方面开展专题研究。市规划自然资源委成立防疫规划工作专班，设医疗设施审批应急保障、规划编制、实施政策3个工作小组，按照工作方案推进规划编制。截至年底，市规划院编制形成初步成果。该成果在总结新冠肺炎疫情防控基础上，从系统性和全局性角度，聚焦防疫设施布局建设，开展分区评估，识别城市防疫脆弱地区；划定防疫单元，确定“市—区—街乡—社区”四级防疫单元体系；结合情景模拟预测需求，按照平疫结合思想，分类布局，完善防控救治体系；从物资储供、交通组织、市政保障、应急指挥、智慧引领、完善标准6个方面强化运行系统保障，系统提升城市韧性；按照圈层特点，分解全市16个区的任务。

（齐凯　张晓莉）

【美丽乡村规划编制完成】　年内，市规划自然资源委成立美丽乡村规划工作专班，建立专班年度任务工作台账，建立专题会议、重大事项报告、工作督查督导等制度。推进村庄规划信息化建设，初步建成村庄规划“一张图”平台应用系统。落实村庄规划月报制度，对存在问题的区及时进行督促指导。截至年底，全市应编制村庄规划2915个，编制完成2915个，编制完成率达100%，实现村庄规划“应编尽编”；完成审批2699个，审批完成率为92.59%。

（付博）

【城市副中心地下空间控规组团深化方案编制完成】　年内，市规划院编制完成《北京城市副中心地下空间控制性详细规划组团深化方案》。该方案在控规深度建立全域覆盖、全要素统筹的地下空间规划编制与图则管控体系，绘制基于地块精度的城市副中心地下空间一张蓝图，绘制36个街区地下空间图则，促进城市副中心地下空间科学可持续利用；提出各街区地下空间规模管控与利用的引导要求，并纳入《北京城市副中心组团控制性详细规划深化方案》图则体系，指导街区建设。

（高超）

【城市副中心交通枢纽道路定线、竖向规划和工程综合规划编制完成】　年内，市规划院结合城市副中心街区控规、交通规划、市政规划、北运河河道规划、防洪排涝规划，综合考虑地下空间利用、现状地形条件，在统筹满足防洪排涝标准、为海绵城市建设创造条件、与公共空间衔接、满足街区景观及功能需要基础上，编制完成《北京城市副中心交通枢纽道路定线、竖向规划和工程综合规划》，并将该规划纳入城市副中心交通枢纽综合实施方案。该规划构建以综合管廊为主、与直埋管线相结合、优势互补的多级市政体系，协调各项工程同时推进枢纽工程建设，为枢纽提供安全可靠的市政供给系统。

（魏萌）

【城市副中心人民大学周边配套道路综合管廊规划编制完成】　年内，市规划院编制完成《北京城市副中心人民大学周边配套道路综合管廊规划》。该规划结合用地规划、交通规划、市政规划、河道规划、防洪排涝规划、地下空间利用、现状地形条件等，系统梳理道路及地块市政需求，优化综合管廊断面、提出节点控制条件。

（魏萌）

【张家湾古镇地区规划综合实施方案编制完成】　年内，《北京城市副中心张家湾古镇地区规划综合实施方案》编制完成。该方案包含详细规划、河道治理、产业发展等内容。

（徐楠）

【张家湾设计小镇规划综合实施方案编制完成】 年内，《北京城市副中心张家湾设计小镇规划综合实施方案》编制完成。该方案聚焦承接中心城区优质设计资源、发展城市副中心科技创新产业和“两区”建设，将设计咨询与城市科技、文化创意和现代服务有机结合，示范推动张家湾工业区存量更新和产业转型升级。

（郑兴）

【大运河沿线景观风貌设计方案征集】 年内，市规划自然资源委、城市副中心管委会、通州区政府共同开展城市副中心大运河沿线景观风貌设计国际方案征集，从全球34个应征人、57家应征设计单位中，选出3个团队开展设计工作，最终评选出2个优胜方案。在此基础上，对征集成果进行整合，并取得初步成果。

（刘晓光）

【5家市属国有企业搬迁选址】 年内，市规划自然资源委完成北京城市副中心投资建设集团有限公司、首旅集团、华夏银行、市建筑设计研究院有限公司、市保障性住房建设投资中心5家市属企业搬迁至城市副中心规划选址。截至年底，5家市属企业搬迁地块用地规划条件已基本稳定，正在研究整体搬迁方案。

（郑兴）

【轨道交通线网规划及第三期建设规划项目库编制完成】 年内，市规划自然资源委组织开展北京市轨道交通线网规划及第三期建设规划项目库编制。按照“政府协调组织、专家领衔指导、部门密切合作”工作组织模式，建立4个工作协作平台，统筹市发展改革委、市财政局、市交通委、市人防办、市园林绿化局等部门联合参与；邀请国内顶级专家顾问团队，组织10余家规划设计团队共同编制；坚持“开门编规划”，了解各区诉求，做到信息共享。截至年底，完成规划方案编制。

（李婧）

【推进轨道交通线路、站点一体化】 年内，市规划自然资源委组织开展轨道交通线路一体化规划工作。完成轨道交通11号线、19号线、22号线、28号线、M101线，市郊铁路S2线、东北环线，副中心线西延，通密线等线路一体化规划方案中期成果，划定具备开发潜力和储备条件的用地范围，从站城融合角度推进站点周边用地功能、布局、强度和发展时序优化，对各站点提出涵盖功能、性质、交通、空间、时序等一体化规划管控建议。组织开展轨道交通站点一体化工作。研究形成城市核心区57个既有站点的更新改造储备库。选取崇文门、朝阳门、北海北、菜市口4个轨道交通站点，开展一体化城市公共空间试点，进行一体化方案、实施模式、审批机制研究。完成全市在建轨道交通线100个场站一体化基本情况、实施模式、进展阶段、相关主体和时间的梳理，明确前期工作任务和主要职责部门。梳理整合19号线、17号线、昌平线南延、28号线（原CBD）线、11号线西段等二期建设规划及二期建设规划调整方案中线路全线一体化方案。北新桥站一体化方案获批复。形成17号线亦庄站前区南站与次渠南停车场场站一体化地下空间结构预留工作方案，并获市政府同意。

（李婧）

【控规技术审查平台搭建】 年内，市国土资源勘测规划中心按照规划自然资源领域专项治理“编”“审”分离要求，搭建控制性详细规划技术审查平台，组织北京市8家规划编制技术单位开展技术审查。截至年底，开展26个控制性详细规划文本技术审查，其中15个已完成。

（张宇）

【资源环境承载能力和国土空间适宜性评价】 年内，市规划自然资源委继续开展资源环境承载能力和国土空间适宜性评价（简称“双评价”）。截至年底，“双评价”工作已获市政府同意，正在按要求修改后上报自然资源部。

（张宇）

【干线道路建设发展规划编制完成】 年内，市规划院编制完成《“十四五”时期北京市干线道路建设发展规划》。该规划注重干线道路时序优化对城市空间发展的支撑和引导，围绕“协同、共生、增效、织密、提质”策略，构建“十四五”时期干线道路发展格局。实施“协同”策略，推进市域范围规划高速公路网实施，提升国省普通干线网络实施水平。实施“共生”策略，推进干线道路与城市功能相融合、与综合交通其他子系统相协调，提高干线道路多节点、网络化服务能力。实施“增效”策略，打通断头路，强化链接能力，发挥网络整体效益。实施“织密”策略，织密现状干道网，完善路网功能，缓解局部地区交通压力，提高干线道路多通道、多方向服务能力。实施“提质”策略，推进改造提级与活力重塑相结合，延伸干线道路网功能，提升干线道路服务质量。以“五大”策略为统领，提出“十四五”时期干线道路及附属设施项目库与发展要求。

（周嗣恩）

【市郊铁路功能布局规划编制完成】 年内，市政府与中国国家铁路集团共同编制完成《北京市郊铁路功能布局规划（2020年—2035年）》。该规划注重“四网（高铁城际网、区域快线网、地铁快线网、地铁网）”融合，将市郊铁路网融入全市轨道线网规划，统筹重构轨网布局，按照“内面外廊，以快为先”思路，整合廊道资源、搭建快线骨架、扩展服务区域、提升综合效益；着力站城融合，聚焦市郊骨干廊道，围绕重要站点打造微中心，促进轨道交通与城市协调融合发展；面向实施，明确发展目标、功能定位，并深化研究重点线路实施方案。

（茹祥辉）

【推进科技创新中心功能建设】 年内，市规划自然资源委开展《北京科技创新中心功能实施指引》规划编制，深化推进《北京科学和高精尖产业的发展现状和空间聚合问题分析》《北京科创热点空间发展引导系列调研》《北京科创人群服务配套设施生境研究》《国内外科技创新中心城市政策及科创空间案例研究》等专题研究，开展亦庄新城“亦城之心”街区控规编制审查，同步开展亦庄新城其他街区控规编制。结合城市体检等工作，构建科技创新中心常态化、持续性的规划实施评估工作；结合城市更新工作，进一步完善引导科技创新功能落地的用地政策。推进怀柔科学城、未来科学城等科技创新中心空间板块的规划编制和实施。

（付鑫）

【14个试点街区控规编制审查】 年内，市规划自然资源委按照构建“编”“审”分离的控规审查制度要求，完善工作组织和程序，指导各区开展试点街区控规编制审查。截至年底，6个试点街区控规完成合规性审查、技术审查、专家审查，6个试点街区控规完成合规性审查、技术审查，2个试点街区控规完成完成合规性审查。

（付鑫）

【开展重要市政场站城市设计导则编制】 年内，市规划自然资源委组织编制《北京市重要市政场站城市设计导则》。该导则涵盖水、电、气、热等8大专业类型、40余种设施类型，聚焦市政行业痛点，关注城市风貌塑造和内涵品质提升，制定层次清晰、类型全面、要素完整的城市设计要求，缓解市政设施的邻避效应。

（宋维嘉）

规划实施监督

【中轴线申遗保护三年行动计划印发实施】 8月21日，《北京中轴线申遗保护三年行动计划（2020年7月—2023年6月）》由北京市推进全国文化中心建设领导小组印发实施。该行动计划由市规划院编制，以2023年6月迎接国际遗产专家现场考察为时间节点，对标申遗要求，以申遗成功“最小代价”为原则，对《北京中轴线申遗综合整治规划实施计划》项目库进行必要性与可行性评估，遴选形成价值阐释、保护管理、环境整治、公众参与、保障机制5个方面48项具体任务，并逐一明确主责牵头单位、配合单位及完成时限。

（夏梦晨）

【集体土地租赁住房规划实施】 9月18日，市规划自然资源委印发《关于进一步加强集体土地租赁住房规划实施工作的意见（试行）》。该意见根据居住人群需求特点，将集体土地租赁住房分为成套租赁住房和非成套租赁住房两类；结合两种类型居住需求，明确公共服务设施配置、停车配比、建筑间距及日照、建筑消防等方面参照执行设计标准。同日，印发《集体土地租赁住房典型设计合集》，提供丰台区成寿寺等可参考、可推广的典型设计案例。共同指导和推进全市集体土地租赁住房规划选址布局和设计方案编制审查。

（赵守胜）

【首都功能核心区控规三年行动计划印发实施】 9月18日，《首都功能核心区控制性详细规划三年行动计划（2020年—2022年）》由市委办公厅、市政府办公厅印发实施，成为全市落实核心区控规的行动指南。该三年行动计划提出核心区控规实施的主要目标和工作思路，从规划编制、重点地区及重点功能区、专项治理工作、政策机制4个方面确定80项具体任务。截至年底，全市需在2020年取得阶段性进展的74个项目，有66个项目完成、8个项目正在有序推进。

（李楠　王天骄）

【《规划综合实施方案编制暂行办法》印发】 10月15日，市规划自然资源印发《规划综合实施方案编制暂行办法》（以下简称《暂行办法》）。《暂行办法》对各区结合地区实际情况和经济社会发展需求编制规划综合实施方案进行指导和规范，以实现规划编制与实际建设方案的协调统一，指导项目审批，推动规划实施。

（李明）

【城市副中心控规分解任务实施情况分析】 11月，市规划院完成2020年度北京城市副中心控制性详细规划分解任务实施情况分析。通过规划与实施“一盘棋”统筹、重大工程数据资源积累与信息技术手段应用，首次将规划目标与重大工程实施进行联动分析，从总体概况与圈层特征等角度，对2020年度重大工程实施进展进行监测评估，并以重大工程实施进展反映城市副中心控规及城市副中心控规实施工作方案落实情况，用实现率、实施度等进行量化直观对比，针对性提出对策建议。

（邢宗海　高娜）

【物流设施规划实施有序推进】 年内，市规划自然资源委、市商务局共同推进《北京物流专项规划》落地实施，研究制定《关于进一步加快物流设施规划实施的工作方案》。该工作方案经市政府批准后，于3月13日印发各区政府和有关部门。市规划自然资源委、顺义区政府共同推动顺义区大孙各庄镇智慧物流园区规划综合实施方案编制。12月7日，该实施方案获市政府批准。

（赵守胜）

【历史文化街区划定和历史建筑确定】 年内，市规划自然资源、市住房城乡建设委、市农业农村局、市文物局组成的联合工作小组，研究制定北京市历史文化街区划定标准和历史建筑确定标准，拟定工作规程和具体要求，对全市历史文化街区和历史建筑潜在对象进行摸底调查，明确历史文化街区和历史建筑的保护范围边界，形成数据成果。9月18日，北京市第二批历史建筑315栋（座）向社会公布。12月22日，北京市第三批历史建筑312栋（座）上报市政府审定。完成首都功能核心区历史文化街区划定，划定成果纳入核心区控规一并批复公布，首都功能核心区历史文化街区面积基本达到城市总体规划要求。开展历史文化街区和历史建筑保护管理暂行办法研究制定，截至年底，已通过专家评审。

（王天骄）

【规划自然资源领域控规管理整改】 年内，市规划自然资源委落实市委办公厅、市政府办公厅《关于加强规划和自然资源领域内部约束监督的意见》，继续开展控规管理整改，研究制定《关于加强控制性详细规划管理工作的若干意见（暂行）》及《关于加强控制性详细规划编制管理的有关意见（暂行）》《关于健全控制性详细规划审查机制的有关意见（暂行）》《关于控制性详细规划实施监督考核机制的有关意见（暂行）》《规划综合实施方案编制暂行办法》4个配套文件。9月30日，市政府批复《关于落实北京城市总体规划深化控制性详细规划管理工作的若干意见》及《规划综合实施方案编制暂行办法》。

（付鑫）

【推进首都公共卫生应急管理体系建设三年行动计划】 年内，市规划自然资源委、市卫生健康委落实《加强首都公共卫生应急管理体系建设三年行动计划（2020年—2022年）》，共同成立两委工作专班，设专题工作组，从防疫体系建设、防疫设施规划建设、支撑保障系统规划3方面推进具体工作。

（齐凯）

【推进老城保护21项折子工程】 年内，市规划自然资源委落实北京市推进全国文化中心建设领导小组第六次会议部署，牵头老城保护工作，统筹推进纳入2020年度折子工程的8类21项工程。截至年底，21项工程全部完成年度目标。其中，《北京老城整体保护规划》《北京历史文化名城保护条例》修订草案、《历史街区及历史建筑管理办法》编制完成，北京市"十四五"时期历史文化名城保护发展规划编制工作完成规划研究提纲，第一批已公布历史建筑完成测绘建档。

（王天骄）

【国土空间规划实施管理办法统筹】 年内，市规划自然资源委开展国土空间规划实施管理办法统筹工作。印发分区规划实施管理办法和工作细则、区级田林空间优化引导实施专项规划编制指导意见、国土空间规划编制和实施差异图斑处理指导意见、区级国土空间规划分区管制规则。开展各级各类国土空间规划和建设项目用地是否符合分区规划技术审查，依据审批文件对"一张规划底图"进行更新，并及时纳入市规划自然资源委城市空间大数据平台。

（张宇）

【规划实施专员制度首次创建】 年内，市规划自然资源委首次创新建立规划实施专员制度，创新工作方式，简化企业办事流程，助力新基建、新场景、新消费、新开放、新服务等"五新"项目落地。规划实施专员主动协调重大市级项目和重点税源企业，完成新国展二、三期国际方案征集和落地实施；主动走访企业，上门送规划、送服务、送政策，为阿里巴巴、物美、京东等重点税源企业提供咨询服务，现场办公解决阿里集团新基建重点项目建设难题，提前研究阿里亦庄数据中心项目选址。

（赵守胜）

【乡镇国土空间规划深化工作完成】 年内，市规划院完成乡镇国土空间规划深化工作，进一步完善乡镇国土空间规划编制技术体系。深化工作主要包括四个方面：加强乡镇非建设用地规划技术研究，制定《北京市乡镇地区生态要素与生态空间规划编制指引》，建立非建设用地布局的编制技术指引；开展乡镇国土空间全域整治编制研究，制定《乡镇全域土地综合整治规划编制指引》；完善乡镇地区建设用地详细规划编制手段，制定《乡镇集中建设区控制性详细规划编制指引》，形成乡镇集中建设区与其他地区的差异化控规编制手段；完成各区规划编制技术线上培训与问题答疑。

（张尔薇）

【重点功能区重大项目规划建设】 年内，市规划自然资源委推进重点功能区重大项目规划建设。推动万寿山、香山、玉泉山，颐和园、静宜园、静明园、畅春园、圆明园“三山五园”重点地区环境整治提升和村庄搬迁腾退，推进御园搬迁安置，协助开展中关村论坛项目国际设计方案征集。会同丰台区推进丽泽金融商务区规划建设，形成规划综合实施方案阶段性成果；开展城市航站楼综合体方案招标，深化方案设计，实现开工；稳定丽泽商务区南区综合性商业金融服务业用地、文化设施用地规划条件，开展城市设计，做好供地前期工作。推进奥林匹克公园中心区规划建设，研究推进国家会议中心二期、“二一工程”、中国工艺美术馆、国家美术馆等重大项目，提升首都核心功能，打造国际交往中心。完成《第四使馆区控规及城市设计》《东坝西区CY00-1101、1102街区控制性详细规划》，规划第四使馆区及金盏国际合作服务区，带动周边地区形成国际化城市服务功能。推动海淀中关村科学城北区翠湖、永丰组团纳入北京市自由贸易试验区，中关村东升科技园二期、三期项目设计方案优化完善。推进北京商务中心区（简称北京CBD）核心区规划优化调整方案，各地块按照优化调整后的建筑高度重新编制单体设计方案，优化北京CBD核心区文化设施和中央景观公园方案。

（李明）

【停车专项规划三年行动计划编制完成】 年内，市规划自然资源委、市交通委、各区政府联合编制完成《北京市停车专项规划三年行动计划（2021年—2023年）》。该行动计划坚持绿色出行优先的目标导向和缓解停车矛盾突出的问题导向，注重政策机制建设，强调综合施策，突出重点地区和重点领域治理，从“夯实基础、政策先行，聚焦矛盾、专项治理，强化执法、宣传引导”3个方面提出重点工作任务，即：完善相关政策机制，逐步构建全市科学合理的停车管理体系；坚持挖潜、建设、管理、执法并举，缓解当前停车矛盾，建设良好停车环境；构建符合市场化规律的价格体系，逐步提高停车成本，降低居民购车意愿和使用强度，实现出行方式转变。

（周丹丹）

【编制交通基础设施规划综合实施方案编制指南和审查要点】 年内，市规划自然资源委组织编制《交通基础设施规划综合实施方案编制指南和审查要点》。截至年底，形成阶段性成果。

（周丹丹）

【冬奥会交通场站规划事项办理】 年内，市规划自然资源委、市交通委、市公安局交管局、相关区政府联合对北京冬奥组委提出的10处（朝阳区5处、石景山区1处、延庆区3处、大兴区1处）临时交通场站初步选址规划用地性质和使用条件进行复核和政策指导，开展北京冬奥会延庆赛区配套庆园街等4处加氢站规划校核。

（周丹丹）

【推动疫情期间重点项目落地】 年内，市规划自然资源委落实市委、市政府“坚持疫情防控和复工复产两手抓，全力以赴打赢疫情防控阻击战，同时确保实现今年经济社会发展目标任务”要求，加强疫情期间城市建设各项任务规划保障，结合控规编制工作，研究提出中心城区、多点地区、生态涵养区已批控规的使用和控规实施落地意见。研究制定《稳增长促发展加强规划编制与实施的管理意见（试行）》和《关于对〈稳增长促发展加强规划编制与实施的管理意见（试行）〉补充明确相关工作要求的通知》，推动2020年供地任务落实和市区两级重点项目落地。

（付鑫）

【首都功能核心区重点地区优化提升】 年内，市规划自然资源委全力抓好长安街两侧纵深范围内的环境整治提升，有序推动平安大街环境品质提升。推动前门（含大栅栏）地区综合实施方案研究。系统研究和推进降低首都功能核心区人口、建筑、旅游、商业“四个密度”的具体措施，营造优良有序中央政务环境。组织研究和完善首都功能核心区内低效楼宇提升改造规划策略，有序规范和推进全市低效楼宇改造提升。

（王天骄）

【市政基础设施规划储备库建设】 年内，市规划自然资源委推进市政基础设施规划储备库体制机制建设和系统建设，初步形成出库标准和配套管理实施细则，持续推进储备库动态管理和滚动更新，加强项目储备。完成市级市政重点工程储备研究和空间校核，实现项目落实落地。不断细化“多规合一”协同平台推送、意见采纳和审查规则，全面依托“多规合一”协同平台推动项目策划生成。

（黄鹏飞）

【市政交通基础设施数据库建设】 年内，市规划自然资源委组织开展市政交通基础设施数据整理、整合和数据库建设。成立工作专班，统筹开展市政交通基础设施数据库建设工作方案和标准制定；以铁路、加油站、变电站为试点，开展数据收集、整理、汇交、应用、分析；开展“三张图”数据入库，其中“规划一张图”完成3个市政专项、4个交通专项、36条铁路、5000余条市政管线设计综合等数据入库，“审批一张图”完成“多规合一”、道路和市政管线、市政建筑类等登图补录，“现状一张图”完成铁路、城市轨道、综合管廊、管线普查等数据入库。

（宋维嘉）

【中央环保督察反馈问题梳理】 年内，市规划自然资源委成立工作专班，统筹做好中央第一生态环境保护督察组进驻北京市开展生态环境保护督察的迎检工作，并对督察组反馈的问题，北京商务中心区500千伏变电站、房山区拒马河八渡水文监测站、亦庄循环经济产业园、北神树生活垃圾卫生填埋场等重点事项，开展情况梳理。

（宋维嘉）

城市设计

【长安街及其延长线公共空间及重要节点方案征集】 1月19日，市规划自然资源委发布长安街及其延长线（复兴门至建国门段）公共空间整体城市设计及重要节点整体营造方案征集资格预审公告，启动征集活动。活动按照“试点先行、渐进式实施”方式，以“一街三点”为对象，“一街”即长安街及其延长线（复兴门至建国门段），“三点”即北京音乐厅节点、东单节点、建国门节点，依据《长安街及其延长线品质提升详细规划》，深化和研究两门段公共空间整体城市设计，明确两门段重要公共空间节点所承担的主要功能和设计要求，做好三处重要节点的整体营造方案设计。5家由院士大师牵头的设计团队入围本次方案征集。7月中旬，完成方案中期评审，邀请专家对中期成果进行预沟通、预把关，确保方案研究的深度、厚度和方向。12月初，邀请9名城乡规划、建筑、历史文化、风景园林、交通等专业的专家组成评审委员会，完成方案终期评审。截至年底，正在由市规划院进行方案综合。

（王小丹）

【5个城市设计导则试行】 7月1日，《北京街道更新治理城市设计导则》《北京城市色彩城市设计导则》《北京第五立面与景观眺望系统城市设计导则》《北京滨水空间城市设计导则》《北京无障碍城市设计导则》5个导则启动试行，试行时间均为1年。

（王小丹）

【2022年冬奥会和冬残奥会公共艺术作品征集】 7月9日，北京2022年冬奥会和冬残奥会公共艺术作品全球征集活动启动，活动收到来自中国、美国、英国、意大利、西班牙、德国、俄罗斯等50余个国家和地区的1313名应征人提交的1611件应征方案。经评审，评选出入围奖方案44件、提名奖方案20件。

（张旖妮）

【《北京市城市设计管理办法（试行）》印发】 12月21日，市规划自然资源委印发《北京市城市设计管理办法（试行）》。该《办法》明确城市设计包括与国土空间规划相衔接的管控类城市设计、与规划管理和规划实施相对应的实施类城市设计，提出概念类城市设计分类，促进城市设计在统筹空间要素、优化功能、改善环境、提升品质、传承文化等方面发挥作用。

（袁晓芳）

【长安街西延长线及永定河北京段城市设计研究】 年内，市规划自然资源委继续组织开展长安街西延长线及永定河北京段城市设计研究。梳理长安街与永定河的历史文化，汇总整理现有法律法规、规划和相关研究成果，明确现状与问题，提出长安街西延长线、永定河北京段的目标愿景与城市设计原则。对核心区段进行深化研究，对区域文化、用地功能、城市形态、特色风貌、生态环境等进行优化提升。在核心区段中选取2—3个重要节点作为示范，开展深入研究，结合整体城市设计要求，有针对性地进行方案设计，打造文化氛围浓郁、城市功能完备、风貌和谐统一、生态环境优美的综合节点。

（袁晓芳）

【百姓身边微空间改造行动计划推进】 年内，市规划自然资源委、市发展改革委、市城市管理委继续联合开展“小空间大生活——百姓身边微空间改造行动计划”，聚焦东城区北新桥街道民安小区内公共空间、西城区大栅栏街道南新华街厂甸11号院内公共空间、西城区新街口街道大乘巷教师楼宿舍公共空间、西城区新街口街道玉桃园12号楼小区公共空间、朝阳区小关街道惠新西街6号至10号楼小区外西侧公共空间、海淀区花园路街道牡丹园北里1号楼南侧公共空间、丰台区长辛店街道朱家坟社区局部公共空间、石景山区老山街道老山东里北社区活动公共空间等8个百姓身边改造意愿强烈的“三角地、边角地、畸零地”城市空间，向社会征集城市小微公共空间优秀设计方案，并通过深化调研、对比研讨、项目实施方案评选等，深化推进项目实施方案。截至年底，8个试点项目均形成满足深度要求、可落地、百姓满意的实施方案。

（王小丹）

【大乘巷教师楼宿舍公共空间环境整治试点】 年内，市规划自然资源委指导西城区新街口街道办事处，将大乘巷教师楼宿舍作为公共空间环境整治试点社区，针对该小区内公共空间局促，自行车、电动车停放随意，林木缺乏养护等问题，统筹开展公共空间改造与垃圾分类、物业管理、老旧小区改造等工作，指导社区结合环境整治项目提升垃圾分类改造工作。大乘巷教师楼宿舍是全市第一个试点垃圾分类的小区。

（杨振盛）

【城市设计技术服务及审查模式探索】 年内，市规划自然资源委试点探索城市设计技术服务、审查新模式，开展重点地区、重点项目城市设计审查服务，以城市设计为管控手段促进公共空间品质提升。以中关村东升科技园二期项目为试点，对该项目城市设计概念方案开展技术审查，核发审查意见，并做好与“多规合一”平台、规划综合实施方案的衔接。截至年底，该项目已开工建设。为城市设计作为管控手段提升公共空间品质做出了实质性的探索。

（袁晓芳）

【优秀城市雕塑数据采集】 年内，市规划自然资源委开展长安街沿线优秀城市雕塑数据采集，对人民英雄纪念碑浮雕、毛主席纪念堂《丰功伟绩》组雕等开展数字化信息采集。

（袁晓芳）

【无障碍环境建设持续完善】 年内，市规划自然资源委持续完善无障碍标准体系建设，开展北京市无障碍环境建设标准体系与实施方法研究，并对无障碍设施改造的痛点和难点之一——街边门店进行专项研究，制定《街边门店无障碍提升设计指引》，指导街边门店无障碍设施建设和改造。

（王倚天）

【公共空间艺术品管理】 年内，市雕塑办落实市委办公厅、市政府办公厅《关于加强城市公共空间艺术品管理的意见》，完成全市新建公共艺术品主题和内容审查及备案，编印《北京公共空间艺术品建设管理工作指导手册》，开发应用“北京公共空间艺术品数字化管理信息系统”，开展面向街乡镇的公共空间艺术品建设管理工作培训。

（张旖妮）

【重要公共艺术品三维数字化留存】 年内，市雕塑办组织开展北京重要公共艺术品三维数字化留存工作，完成中国人民革命军事博物馆《全民皆兵》《海陆空》《军民一家》《官兵一致》，北京工人体育场《崇尚运动》《女子篮球》《男子标枪》等20件艺术品数字化扫描，形成三维数字档案。其中，《全民皆兵》《海陆空》《军民一家》《官兵一致》《十三陵水库纪念碑》等9件艺术品被制作成立体模型。

（张旖妮）

【地铁线路艺术品风格研究与车站艺术设计方案评审验收】 年内，市雕塑办组织开展轨道交通19号线线路艺术品风格前期研究；完成地铁房山线北延（郭公庄—东管头南）白盆窑站、花乡东桥站、首经贸站、东管头南站4个车站艺术设计方案评审、放大稿定稿审查和出厂验收，在12月31日通车前全部完成安装。

（张旖妮）

【“共筑京彩——大师做小品”专项行动】 年内，市规划自然资源委开展“共筑京彩——大师做小品”专项行动，启动第一批项目方案征集，推动落实温榆河公园“大师做小品”试点项目，探索大师参与小品建筑设计实施制度建设，提升城市小品建筑设计水平。

（李明）

建设项目管理

【小汤山医院改建设计方案审定】 1月23日，市委、市政府决定紧急启动小汤山医院改造和新病区建设工程，作为市级定点收治后备医院，应对全市新冠肺炎疫情。深夜，市规划自然资源委接到小汤山医院改建项目方案研究任务，迅速启动应急工作机制，查阅2003年所建小汤山非典集中收治医院的历史档案资料，搜集大型传染病医院设计实践经验材料，整理出小汤山医院基础数据，总结出大型传染病医院建筑设计特点、规划布局基本原则、医院选址注意事项及周边配套设施要求等信息。1月29日，审查确定小汤山医院改建设计方案。3月16日，小汤山医院改建后正式启动运行。

（赵守胜）

【防控疫情工程建设项目审批加快】 2月6日，市规划自然资源委印发《关于对我市防控疫情工程建设项目加快审批的紧急通知》，建立防控疫情工程建设项目审批快速通道，做好新冠肺炎疫情期间规划行政许可服务，助力疫情防控和复工复产。《通知》明确，对防控疫情工程建设项目要做到接到即办，尽可能当日办结，最多不超过48小时；按照区政府要求申请建设的各类与防控疫情相关的工程建设项目，可采取材料容缺办理制和申请单位承诺制方式办理。

（杜美芬）

【京雄高速公路（北京段）用地预审获批】 3月，落实国务院关于授权和委托用地审批权的决定，北京市承接相关用地审批权。6月29日，市规划自然资源委批准北京市承接国家用地审批权后的首个项目，核发京雄高速公路（北京段）项目用地预审意见。京雄高速公路起点为西五环路，途经丰台区、大兴区、房山区，跨越永定河、小清河等河流，至北京市界与公路河北段相接，北京段全长约27千米，用地面积约257公顷。7月3日，在同一周内核发北京大兴国际机场北线高速公路东西延项目用地预审意见。

（周丹丹）

【电动出租车充换电站建设通知印发】 4月1日，市城市管理委、市规划自然资源委、市交通委、市城管执法局联合印发《关于加快推进本市电动出租车充换电站建设的通知》，推进各区充换电基础设施建设及运营保障。

（周丹丹）

【推进历史遗留项目办证难问题解决】 5月29日，市规划自然资源委印发《关于政策性住房项目规划核验有关问题的指导意见》，指导解决历史遗留项目“办证难”问题。截至年底，解决清华大学荷清苑项目，中坤广场项目，天天家园，百万庄部长楼项目，北京市保障性住房建设投资中心焦化厂公租房、安置房，百子湾公租房项目，丰台区高立庄定向安置房项目等办证难问题。

（夏仁林　刘京京）

【建设项目用地预审与选址意见书启用】 7月17日，市规划自然资源委印发《关于做好〈建设项目用地预审与选址意见书〉行政许可证件核发工作的通知》。7月24日，市规划自然资源委印发《关于启用〈建设项目用地预审与选址意见书〉行政许可证件的通知》。自8月1日起，启用印有“中华人民共和国自然资源部监制”的《建设项目用地预审与选址意见书》行政许可证件，按照“统一文本”“统一有效期”“统一发文号”要求，规范《建设项目用地预审与选址意见书》办理。

（杜美芬）

【推进中轴线申遗保护】 年内，市规划自然资源委紧扣中轴线申遗各项工作要求，研究推进太庙、社稷坛、天坛、先农坛等重点文物腾退工作。统筹协调中央和市、区相关单位，推进国家信访局来访接待司、全国人大来访接待室，中央纪委监委来访接待室、国旗护卫队腾退外迁。系统推动中轴线沿线在途项目的方案优化和实施落地。东城区前门B15、B16地块，G10、G11地块项目，西城区大栅栏C3、H地块等项目均严格按照中轴线管控要求降低高度和规模。推动西城区东天意市场降层。

（王天骄）

【梳理推进核心区在途项目】 年内，市规划自然资源委加强与东城区、西城区沟通协调，组建首都功能核心区在途项目工作专班，制定工作专班组织方案，凝聚减量共识，统一审批流程，结合中央和市、区重点工作，区分轻重缓急，分批分类研究推进在途项目按规划要求实施减量。对235个在途项目，在明确规划定性、规模定量，功能定位基础上，研究推进应急管理部国家应急指挥中心等服务中央的项目，旧鼓楼大街织补项目等恢复老城风貌的项目，马圈土地一级开发、鲜鱼口消防站、民安小区10号院、望坛棚户区改造等改善民生的项目。截至年底，42个在途项目完成规划审批，140个项目基本明确规划意见，53个项目按规划要求转变实施方式。

（王天骄）

【新国展二、三期项目设计方案深化】 年内，市规划自然资源委、顺义区政府继续推进新国展二、三期项目，开展新国展二、三期项目城市设计方案和建筑概念设计方案深化完善，研究确定“紫金丝带”方案。该方案强化新国展一、二、三期的整体性，突出二期会展的建筑特色，优化区域交通组织方式，有利于将新国展打造成为顺义区重要城市节点。

（赵守胜）

【中央单位和驻京部队项目办理】　年内，市规划自然资源委转变原有的“被动等审批”思路，通过“多规合一”协同平台，主动服务中央单位和驻京部队项目办理，快速推进中纪委826项目、中宣部582项目、公安部秦城监狱新建武警北京市总队执勤第十四支队部、清华大学项目、中国疾病预防控制中心项目、中国农业科学院蜜蜂所南口试验基地、中央网信办国家计算机网络与信息安全管理中心第三业务用房等重点项目规划手续办理，开展解放军93793部队配套设施项目选址研究。

（赵守胜　王涛）

【建设项目规划核验】　年内，全市完成规划核验958件，建设规模3635.6万平方米。开展地下管线工程规划核验备案128件，管线备案长度14.74万米。重点完成轨道交通房山线北延工程、16号线中段工程等项目规划验收。

（夏仁林　刘京京）

【建设项目全过程服务监督】　年内，市规划自然资源委研发“建设项目全过程服务监督”微信小程序，通过小程序进行实时联系、项目资料传递、项目问题沟通等，实现对建设项目的服务监督。截至年底，2740个项目纳入全过程服务监督管理，其中，普通社会投资类项目1614个、简易低风险项目465个，2014—2015年历史审批项目661个。在全过程服务监督项目中，有478个项目完成工程建设，完成全过程服务监督，出具规划核验意见。

（夏仁林　刘京京）

【简易低风险项目全过程服务监督】　年内，市规划自然资源委继续完善简易低风险工程建设项目全过程服务监督工作，首次实现在规划核验阶段不再需要建设单位提交相关材料，全部通过部门间数据共享、政府购买服务等方式获取；实施无特殊情况以无打扰式方式完成现场踏勘。截至年底，113个项目以无打扰方式完成规划核验。

（夏仁林　刘京京）

【代征道路用地移交专项整治】　年内，市规划自然资源委继续开展代征道路用地移交专项整治。通过核查2002—2018年历史遗留项目代征道路用地情况，全市独立选址项目代征道路已按规划实施但未移交的有496条，代征道路用地面积598.66公顷，涉及项目476个；地上物已腾退但道路未建设未移交的有423条，代征道路用地面积490.76公顷，涉及项目302个；地上物未腾退、道路用地未移交的有720条，代征道路用地面积1025.19公顷，涉及项目610个。市规划自然资源委明确相应代征道路用地调查核准分类，并分类提出处置方法：代征道路用地已经是现状道路但未履行移交接收的，由区规划自然资源部门致函区代征道路用地接收部门说明情况，不再补签移交协议；代征道路用地现状未实施但地上物已拆除腾退、道路用地未移交的，由区规划自然资源部门督促建设开发单位尽快向区代征道路用地接收部门移交，建设开发单位已无法联系的，由区规划自然资源部门致函区代征道路用地接收部门说明情况，不再补签移交协议，由区政府统筹安排道路实施计划；代征道路用地内现状建筑物等未腾退、道路用地未移交的，由区规划自然资源部门督促建设开发单位尽快向区代征道路用地接收部门移交。

（夏仁林　杨琳）

【城市副中心重大项目实施推进】 年内，城市副中心管委会规划和自然资源局成立城市副中心工程规划设计工作专班，下设7个工作组，对接2020年城市副中心重大工程行动计划，梳理重大项目清单，谋划项目实施中规划综合实施方案制定、政策机制研究、土地供应保障、项目综合实施方案确定、基础设施规划、行政许可办理、相关规划技术平台搭建等工作，保障2020年城市副中心388项重大项目实施推进。截至年底，373项取得规划意见并稳步推进，15项正在深化规划研究。

（刘晓光）

【城市副中心建筑设计方案审查】 年内，城市副中心管委会规划和自然资源局按照城市副中心项目建筑设计方案审查机制，组织召开城市副中心及外围拓展区建设项目设计方案专家评审会22次，对城市绿心三大建筑及共享配套设施、人民大学新校区一期项目、东夏园综合交通枢纽、潞城全民健身中心、城市副中心住房项目、武夷花园南区等项目设计方案进行审查。

（刘晓光）

【城市副中心家园中心规划建设】 年内，10个城市副中心家园中心项目启动。截至年底，中仓街道家园中心完成结构封顶；0202家园中心规划综合实施方案经城市副中心党工委第13次全体会议审议通过；0301、0403、0701、1102、玉桥街道家园中心规划条件基本稳定；0102、0201、0302家园中心组织开展前期规划研究。

（郭子渊）

【城市副中心建设项目办理】 年内，城市副中心管委会规划和自然资源局完成文化旅游区A2、A5地块等4个项目的建设用地手续办理，征收土地100.73公顷，新增建设用地62.27公顷，其中农用地61.40公顷、耕地23.04公顷。协调推进彩虹之门项目拟选址地块的落地和入市工作。统筹论证通马路交通枢纽、环球影城北交通枢纽项目规模及成本测算，推动项目供地。深入研究城市副中心站综合交通枢纽规划与供地时序、成本及地价有关问题，梳理节点工作，推进项目落地。统筹推动征而未供和闲置土地处理。

（郑来柱）

【推进轨道交通项目前期工作】 年内，市规划自然资源委聚焦重点前期类项目，提升规划设计质量，稳定项目规划方案。集中攻坚稳定平谷线规划方案，经多轮沟通协调，批复平谷线规划方案，并组织开展平谷线首开段初步设计预评审工作。城际铁路联络线（二期）、亦庄线（奔驰专用线）规划方案基本稳定，并同步进行基本农田补划调整和站点一体化工作。轨道交通28号线（原CBD线）、13号线扩能提升工程进入初步设计阶段。集中推进一批项目完善征地手续。定期调度工程征地组卷工作，敦促各建设主体和各区及时办理规划和用地手续。京张铁路成为承接国务院委托用地审批权后第一个上报征地手续的项目。京唐城际铁路（北京段）、京雄城际铁路（北京段）等项目均推进至征地组卷阶段。

（李婧）

【15个院区发热门诊改造】 年内，市规划自然资源委、市医院管理中心共同应对新冠肺炎疫情防控，开展市属医院发热门诊改造，全面提升发热门诊服务水平和核酸检测能力，确定13个医院（15个院区）发热门诊改扩建方案，按照临时设施、临时建筑、永久建筑等不同情况，分别明确快速办理流程，保证项目及时开工。

（李明）

【市级交通基础设施项目推进实施】 年内，丰台火车站配套交通枢纽设计和建筑方案获市政府批准。市规划自然资源委加快推进回龙观至上地地区自行车专用路周边区域慢行系统东拓、南展提升工程，开展霍营交通枢纽、南中轴路（永安路—珠市口）、北清路、京密快速路、优化提升回龙观天通苑地区公共服务和基础设施三年行动计划（2018—2020年）项目等交通重点项目规划用地研究，协调推进丰台火车站、星火站、清河站周边配套道路建设，持续推进东六环路改造工程、副中心交通枢纽等重大项目；批复京雄高速公路（北京段）跨永定河大桥设计方案，推进国道230（马朱路—九德路）、西郊路等跨区域公路手续办理。

（周丹丹）

【基础设施建设项目规划储备库建设】 年内，市规划自然资源委开展基础设施储备库标准和近期项目研究，推进基础设施建设项目规划储备库建设，项目纳入储备库的条件在原规划条件基础上，增加耕地、生态保护等自然资源管理条件及要求，并根据项目类型和复杂程度，分类确定储备标准。

（周丹丹）

【施工图审查】 年内，市规划自然资源委完成房屋建筑类项目施工图审查3391项、5908万平方米，发现并纠正违反工程建设强制性条文1363条、违反一般性规范条文172775条；完成勘察类项目施工图审查1283项，发现并纠正违反强制性条文122条、违反一般性规范条文6428条；完成市政基础设施类项目施工图审查396项，发现并纠正违反强制性条文154条、违反一般性规范条文5248条。

（任健凯）

【电网工程建设】 年内，市规划自然资源委落实市领导对部分国家及地区发生大面积停电事故的批示，组织相关部门对北京电网进行系统论证，对全市电力运行安全提出相应措施。结合市政基础设施专项规划编制和全市“十四五”电力发展规划编制，开展南中轴、科学城、丽泽500千伏输变电工程、北京东—通州北500千伏输电工程等重大站点及输电廊道前期研究和项目储备。

（卢悦）

【供热工程建设】 年内，市规划自然资源委推进陕京四线及马坊—香河支干线（北京段）配套工程选址，天津南港LNG应急储备城南门站、城南高压A调压站规划手续办理，鲁谷北重供热厂供热调峰项目规划方案研究等能源工作，提升城市热网供热及保障能力。

（卢悦）

【供水配套工程建设】 年内，市规划自然资源委推进南水北调大兴支线、河西支线、中门泵站、玉泉泵站、亦庄水厂、团城湖管理设施、惠南庄调压设施、丰台河西第二水厂等市内配套工程建设，会同相关部门组织开展南水北调中线扩能、东线二期工程进京前期研究。

（刘旭）

【推进雁栖湖国际会都功能提升项目】 年内，市规划自然资源委督促指导北京控股集团有限公司推进雁柏山庄、栖湖组团项目实施，逐步完善提升会都功能。截至年底，雁柏山庄项目自有用地部分建筑结构已封顶，一级开发部分入市供应并实施建设；栖湖组团项目完成供地。

（王涛）

【冬奥会延庆赛区场馆和基础设施规划建设】 年内，市规划自然资源委会同北京冬奥组委规划建设部、市重大办、延庆区政府及相关建设单位，办理核发国家高山滑雪中心、国家雪车雪橇中心及配套设施设计方案审查意见函、选址和土地预审、建设工程规划许可证，办理完成冬奥村、延庆山地新闻中心项目各项规划建设手续和土地手续。

（顾旭东）

【西大庄科村升级改造】 年内，市规划自然资源委核发延庆区张山营镇西大庄科村升级改造项目规划条件及“多规合一”协同平台会商意见函。该项目位于冬奥会延庆赛区C部分，为冬奥会提供外围保障服务，赛后为大众雪场提供配套服务。

（顾旭东）

【世界休闲大会主场馆和分场馆规划建设】 年内，2020北京·平谷世界休闲大会主场馆竣工并通过规划验收。3个世界休闲大会配套分会场项目取得建设工程规划许可证，其中，丫髻山文化休闲分会场——丫髻山文化休闲园基础设施建设项目、泃洳河生态农业休闲分会场——大兴庄镇休闲农业联合体基础实施建设项目、丫髻山文化休闲分会场——大华山桃文化园基础设施项目开工建设。

（顾旭东）

2021 国土空间监管

综述

市规划自然资源委实施全域全要素空间管控。完成生态保护红线、永久基本农田、城镇开发边界3条控制线评估调整。印发《北京市战略留白用地管理办法》，加强战略留白用地过程管控和动态治理，完成132平方千米战略留白用地落图落位。印发《关于规范和加强临时用地管理的意见》，严格临时用地监管。发布2020年度全市建设用地供应计划，计划供应3710公顷，实际供应3751公顷。稳步推进集体土地建设租赁住房，出台《关于进一步加强集体土地租赁住房规划实施工作的意见（试行）》，完成集体土地租赁住房用地供应54公顷。加快建设用地项目审批，首次承接国务院授权和委托占用基本农田的集体土地征收工作，全市办理126个项目的征地及农转用初审，批准建设用地1848公顷。

市规划自然资源委开展国土空间生态修复规划编制，完成前期研究。推进国土空间生态修复，开展废弃矿山生态环境修复治理，完成已注销采矿许可证的关闭矿山企业的保证金返还。继续推进新一轮百万亩造林绿化选址。开展永定河综合治理与生态修复。

（赵霆）

国土空间用途管制

【战略留白用地管理办法印发】 4月8日，市政府印发《北京市战略留白用地管理办法》，明确在保持战略留白用地总量平衡和严格现状管控的同时，加强战略留白用地过程管控和动态治理，逐步从部分有待拆迁地上物的规划留白地块到实现“留白用地真正腾退变白”，从部分零散不成规模的留白用地到实现“布局更加集约优化”。

（齐凯）

【3条控制线评估调整】 4月9日，市规划自然资源委组织完成“北京市三线划定方案综合评估”研究，北京市生态保护红线、永久基本农田、城镇开发边界3条控制线评估调整通过专家评审。2019年7月，市规划自然资源委以全市三调阶段成果为基础，以国土空间规划“一张图”为底盘，牵头开展北京市生态保护红线、永久基本农田、城镇开发边界3条控制线评估调整，系统分析3条控制线之间边界交叉和管理交叉问题，进一步优化、细化和调整3条控制线。至2020年，综合双评价（资源环境承载能力和国土空间开发适宜性评价）、三线一单（生态保护红线、环境质量底线、资源利用上线和生态环境准入清单）、自然保护地划定、生态保护红线勘界定标等成果，结合分区规划、街区控规和乡镇域国土空间规划、村庄规划编制，按照评估、调整优化、衔接整合自

然保护地等步骤，从推进生态文明建设、统筹山水林田湖草生态空间、加强生态系统治理角度，对生态保护红线原划定方案的要素全面性、布局合理性、用地纯粹性、格局完整性、三线协调性、边界一致性6个方面进行评估；按照“整体稳定、局部优化”原则，重点从解决现状矛盾、优化空间格局、满足合理诉求等方面进行调整优化；加强与自然保护地的横向衔接，将扣除以人文为主、人为活动密集区域，以及存在矛盾冲突的用地后的自然保护地全部纳入生态保护红线。截至年底，形成全市生态保护红线调整方案，并以市政府名义上报自然资源部、生态环境部；形成城镇开发边界评估初步成果。

（齐凯　徐勤政）

【年度土地利用计划管理】 8月13日，市规划自然资源委《印发落实自然资源部2020年土地利用计划管理和存量土地处置工作方案》，加强土地利用计划指标管理，严格控制新增建设用地总量，加大存量土地处置力度，分类推进批而未供土地处置，有序推进闲置土地处置。截至年底，年度配置计划指标未突破核定量。

（于延江）

【战略留白用地管理工作方案印发】 10月13日，市规划自然资源委印发《关于加强战略留白用地管理的工作方案》，明确战略留白用地管理的任务分解、责任分工、工作要求。2019年，北京市结合各区分区规划（国土空间规划）编制，在全市统筹划定约132平方千米战略留白用地，原则上2035年前不予启用。

（齐凯）

【《关于规范和加强临时用地管理的意见》印发】 10月20日，市规划自然资源委印发《关于规范和加强临时用地管理的意见》，明确临时用地使用范围，规范临时用地审批事项，落实临时用地恢复责任，严格临时用地监管。

（李婧）

【年度建设用地供应】 2020年全市建设用地计划供应3710公顷。其中，交通运输用地1600公顷、水域及水利设施用地30公顷、特殊用地20公顷、公共管理与公共服务用地650公顷、产业用地410公顷（研发用地180公顷、工矿仓储用地130公顷、商服用地100公顷）、住宅用地1000公顷（产权类住宅用地870公顷、租赁类住宅用地130公顷）。2020年全市实际供应建设用地3751公顷。其中，交通运输用地1570公顷、水域及水利设施用地20公顷、特殊用地2公顷、公共管理与公共服务用地690公顷、产业用地439公顷（研发用地153公顷、工矿仓储用地177公顷、商服用地109公顷）、住宅用地1030公顷（产权类住宅用地896公顷、租赁类住宅用地134公顷）。住宅用地中，商品住宅用地入库613公顷、供应314公顷，保障性安居工程用地283公顷，公租房用地80公顷，集体土地租赁住房用地54公顷。

（于延江）

【建设用地项目审批】 年内，市规划自然资源委加快建设用地项目审批，指导用地单位解决申报过程中出现的地类、权属、转非人员安置等问题；对申请办理征地及农转用手续的项目，在保护被征地农民合法利益前提下，认真审查、依法报批。落实国家授权和委托用地审批权有关规定，制定《北京市国家委托用地审批权事项审查工作细则》，确保建设用地审批权“接得住、管得好、可持续”。截至年底，全市办理126个项目的征地及农转用初审，批准建设用地1848公顷。其中，国务院委托北京市批准用地审批权项目1个（京张高铁延庆段），批准建设用地64公顷；授权北京市批准用地审批权项目1个（秦城监狱），批准建设用地8公顷；北京市政府批准建设用地1776公顷；新增建设用地543公顷，其中农用地转用533公顷（含耕地149公顷）。

（王有才）

国土空间生态修复

【废弃矿山生态环境修复治理】 4月26日，市规划自然资源委、市财政局、市园林绿化局联合印发《关于做好北京市废弃矿山生态环境修复治理工作有关事项的通知》，明确2014—2019年废弃矿山治理项目由规划自然资源部门分批次移交给园林绿化部门，明确自2020年起，市规划自然资源委、市园林绿化局共同负责废弃矿山治理工作。截至年底，完成昌平区、顺义区、门头沟区、房山区、延庆区、怀柔区、密云区7个区2014—2015年82个治理项目移交。

年内，市规划自然资源委落实市政府2020年底前完成200公顷废弃矿山治理修复任务要求，在丰台区、顺义区、门头沟区、房山区、平谷区、密云区6个区组织开展13个矿山生态修复治理。截至年底，治理面积280公顷。

（高红）

【开展国土空间生态修复规划编制】 6月10日，市规划自然资源委组织开展《北京市国土空间生态修复规划（2021年—2035年）》编制。截至年底，完成现状分析、问题诊断、综合评价等基础工作，初步形成规划大纲初稿、现状评估报告、规划编制工作方案（征求意见稿）。

（高红）

【国土空间生态修复规划前期研究完成】 12月，市规划院完成《北京市国土空间生态修复规划（2021年—2035年）》编制前期研究。该研究立足超大城市生态问题和首都城市战略定位，以统筹山水林田湖草一体化保护修复为主线，从“共轭”视角出发，构建全要素统筹、全空间覆盖、全过程传导、全周期监管的国土空间生态修复规划体系；从多维度、多层次对生态系统受损退化程度及修复潜力进行综合评估，划定全域国土空间生态修复分区，明确生态修复重点区域；基于问题、面向实施、瞄准管理，构建多尺度生态网络体系，分区分类分级分期制定修复策略、部署重大工程、细化修复任务，探索从生态资源保值增值到生态产业赋能驱动的转型发展路径。

（赵丹）

【新一轮百万亩造林绿化选址】 年内，市规划自然资源委推进新一轮百万亩造林绿化选址，将造林用地选址与年度城乡建设用地减量、疏解整治促提升行动、拆违工作统筹考虑，着力打通影响重要生态廊道系统性、完整性、连通性的关键节点，既按时完成阶段性任务，又坚决制止耕地“非农化”。截至年底，2021年度15万亩（1万公顷）造林用地选址全面完成，2022年15万亩（1万公顷）造林用地选址已提前谋划和稳步推进。

（张宇）

【矿山地质环境治理恢复监管】 年内，市规划自然资源委指导、督促相关分局，加强与有关部门沟通，完成已注销采矿许可证的关闭矿山企业的保证金返还。实地抽查在生产矿山地质环境治理恢复工作开展情况。致函有关区政府，督促关停矿山做好矿山地质环境治理恢复。

（高红）

【矿山环境现状遥感监测核查】 年内，市规划自然资源委利用遥感监测，完成自然资源部2019年新增矿山恢复治理遥感数据核查和2020年全市矿山环境现状年度核查。

（高红）

【永定河综合治理与生态修复】 年内，市规划自然资源委继续推进永定河综合治理与生态修复。组织开展永定河平原南段和山峡段综合治理与生态修复工程综合实施方案研究，核发“多规合一”协同会商意见。结合全市第三次全国国土调查数据，组织开展永定河沿线土地资源及现有资产、厂房梳理，梳理现状土地权籍及资产权属并完善成果报告。组织开展小清河蓄滞洪区土地释放可行性研究。

（刘旭）

2021

自然资源管理

综 述

北京市地理坐标：南起北纬39°28′，北到北纬41°05′，西起东经115°24′，东至东经117°30′。市域北接河北省滦平、丰宁、赤城和承德等县（市）；西临河北省怀来、涿鹿等县（市）；南临河北省涞水、涿州、永清、固安、廊坊及天津市武清区等县（市、区）；东与河北省大厂、香河、三河、兴隆和天津市蓟州区等县（市、区）为邻。

北京市位于华北平原西北隅，地势西北高、东南低，海拔最高处2303米，最低处仅为10米。西部山地属太行山脉；北部山地属燕山山脉，北部与内蒙古高原相连；东北与松辽大平原相通，东南面向华北平原，距渤海约150千米，往南与黄淮海平原连片。北京平原海拔高度在20—60米，山地海拔在1000—1500米，与河北交界的东灵山海拔2303米，为北京市最高峰。境内主要河流有永定河、潮白河、北运河、拒马河、泃河等，均属海河水系，其中永定河斜贯北京市西南部，是北京地区的最大河流。

市规划自然资源委加强自然资源管理制度改革。完成国土三调工作。按期上报全市三调统一时点更新成果，查清全市国土“家底”。开展2019年度土地变更调查、2020年度地理国情监测。开展地下水水位、水质监测，地下空间安全监测，地热能开发利用地质环境影响监测。统筹做好疫情防控和不动产登记，大力推行“互联网+不动产登记”，推出“区块链+不动产登记”应用场景，施行不动产登记电子证照，推进抵押权登记网上办理，优化简易低风险项目不动产登记办理，开通查封登记网上办理，开展小微企业不动产登记费清退，推进林权类不动产登记、农村不动产权籍调查和确权登记，推进解决历史遗留不动产登记问题，解决88个项目、5.1万余户业主不动产登记难题。制定《北京市自然资源资产产权制度改革方案》，建立健全资产情况报告制度，开展第一批全民所有自然资源资产清查试点。完善土地资源配置机制，制定差别化的土地供应政策和定价机制，开展土地储备和一级开发，制定批而未供处置配套政策，启动土地资源整理试点工作，开展历史欠缴土地出让价款追缴和土地利用动态巡查，超额完成自然资源部下达年度闲置土地处置率不低于15%的任务。开展城市地价动态监测和开发区土地集约利用评价。开展200万亩（13.33万公顷）耕地保护空间调整优化，推进土地整治项目新增耕地验收核查，研究起草《北京市耕地保护激励补偿办法》，完善具有区域特色的耕地保护政策体系。

（赵霆）

自然资源调查监测评价

【全市第三次全国国土调查持续推进】 年内，北京市三调办持续推进全市第三次全国国土调查，完成阶段性成果分析。北京市三调办根据2019年“12·12”版全市三调阶段性数据成果，组织开展三调阶段性成果分析。5月12日，市政府召开常务会议，研究全市第三次全国国土调查工作。

完成统一时点更新调查，按期上报全市三调统一时点更新成果和整改成果。开展以2019年12月31日为时点的统一时点更新调查，完成2018—2019年全市约28万个变化图斑的外业调查和实地举证。8月11日，全市三调统一时点更新成果上报全国三调办。9月3日，向市政府上报《关于北京市第三次全国国土调查近期工作情况的报告》。10月14日，将全国三调办反馈的整改图斑和国家自然资源督察北京局第二轮督察指出的问题图斑全部整改到位，上报统一时点更新整改成果，为全国第一家上报统一时点全部整改数据成果的省市。

做好三调专项督察的迎检和整改。根据国家自然资源督察北京局反馈及自然资源部公开通报的问题，完成北京市2019年全国三调专项督察整改。6月9日至7月8日，国家自然资源督察北京局对北京市三调办和昌平区、顺义区、怀柔区、延庆区、密云区5个区三调初始调查复核成果进行第一轮专项督察。8月27日至9月16日，按照第三次全国国土调查统一时点更新督察工作安排，国家自然资源督察北京局对北京市和督察重点区（昌平区、顺义区、延庆区、密云区、房山区、大兴区）开展第二轮专项督察。

严格成果质量核实核查。各区三调办完成区级成果自检。北京市三调办采取委托第三方开展全面内业核查和对重点地类开展外业抽查的方式，开展市级核查。6月17日至7月22日，北京市三调办核查昌平区、顺义区、怀柔区、密云区4个区的疑问图斑，督导通州区、延庆区、海淀区、平谷区4个区的外业工作，内业抽查通州区、平谷区、门头沟区、密云区、石景山区、延庆区、顺义区7个区的成果质量。9月27日至30日，北京市三调办召开三调统一时点更新调查国家级核查问题整改成果审定会，对全市16个区的全国三调办反馈统一时点整改图斑、督察整改图斑、自查自纠图斑、军用土地核查情况逐图斑进行核查。

完成保密自查自纠。按照全国三调办关于开展三调保密自查自纠工作要求，全市按照第一阶段区级自查自纠（3月6日—16日）、第二阶段市级自查自纠（3月17日—31日）“两个阶段”，以保密主体责任落实情况、保密相关规定制订及落实情况、涉及调查工作的硬件管理及办公环境情况、三调保密资料交接台帐为重点，组织北京市三调办及17个区级三调办和21家作业队伍开展保密自查自纠。10月，全面完成保密自查自纠。

开展耕地资源质量分类。北京市三调办制定全市第三次全国国土调查耕地资源质量分类工作实施方案和工作计划，多渠道获取耕地资源质量分类所需的各类基础数据，完善全市耕地资源质量分类工作实施细节，保证数据真实、准确、可靠。

做好三调档案的整理完善及三调成果研究分析。北京市三调办逐一核对全国三调办下发的文件，列表列项，整理完善三调相关档案资料，指导各区整理完善三调工作档案资料。组织编制北京市第三次全国国土调查成果分析报告，从全市土地利用现状、三调前后土地利用变化特征、重点地类变化趋势、土地利用现状与规划指标对比等方面，开展三调成果数据分析。

（倪旸）

【年度土地变更调查】 年内，市规划自然资源委利用三调阶段性数据成果，完成2019年度土地变更调查，重点掌握全市14个区（除东城区、西城区外）2019年度耕地、建设用地等重要地类的面积和权属变化情况。按照自然资源部部署，组织全市16个区开展2020年度国土变更调查。以2019年12月31日为标准时点。按照《第三次全国国土调查工作分类》，全市耕地93547.90公顷、园地126274.55公顷、林地967628.62公顷、草地14460.44公顷、湿地3107.98公顷、城镇村及工矿用地313643.87公顷、交通运输用地49281.38公顷、水域及水利设施用地61704.00公顷。

（倪旸）

【地理国情常态化监测】 年内，市规划自然资源委开展2020年度北京市地理国情常态化监测，完成基础及专题资料收集整理、遥感影像处理，完成全市16个区的地理国情监测内业变化发现及信息提取、外业调查核查和成果整理及检查，形成数字正射影像（DOM）、地表覆盖分类、地理国情要素、元数据、遥感解译样本5大类成果。完成《北京市地理国情常态化监测（2019年度）成果报告》《北京市地理国情普查监测对比分析（2015年—2019年）成果报告》编制，完成北京市2019年地理国情常态化监测专题分析报告《国土三调初步成果对比分析》《建筑规模变化分析》《空间规划用地分析》。完成2019年京津冀协同发展重要地理国情监测和城市地理国情监测2项国家级专题性监测项目验收。

（麻晓男）

【地下水资源概况】 北京市是以地下水为主要供水水源的超大型城市。南水北调进京后，地下水仍占全市水资源总量的60%、供水量的40%。北京市本地供水以第四系孔隙地下水为主，部分使用隐伏岩溶水。第四系孔隙地下水主要赋存于平原区河流冲洪积作用形成的砂及砂卵砾石中，径流方向总体上由西北向东南流动。在水平方向上，由山前向平原呈扇形展开，沉积物颗粒由粗变细，地下水类型由潜水过渡到承压水，含水层富水性由大到小，含水层结构由单一层过渡到多层；在垂直方向上，第四系孔隙地下水分为四个主要含水层组，含水层埋藏深度分别为0—50米、50—100米、100—180米、180—300米。岩溶水主要赋存于白云岩、灰岩等岩溶地层中，在山区分布在岩溶出露区，在平原区分布在岩溶隐伏区。

（刘宗明）

【地下水水位水质监测】 截至年底，北京市地下水监测网有监测井1786眼，其中区域地下水监测井1306眼、重点污染源监测井480眼，监测范围覆盖全市域。年内，市地勘院完成地下水水位、水质年度监测。监测表明：平原区第四系孔隙地下水水位基本稳定，同2019年比，四个含水层组水位整体呈上升趋势，水位上升区集中在平原区中部，下降区分布在平原区东南部、平谷区、房山区等区域。受多年地下水连续超采及干旱少雨等影响，平原区第四系地层形成地下水漏斗，主要分布在顺义北小营—怀柔杨宋、顺义天竺—后沙峪、通州张家湾等区域。同2019年比，四个含水层组地下水漏斗面积均有减少（表6-1、图6-1）。受永定河放水影响，山区隐伏岩溶水水位呈上升趋势，其中西石古岩、龙泉务、陈家庄数据显示，水位上升幅度超过20米。平谷区隐伏岩溶水水位呈下降趋势，下降幅度超过4米。

监测表明：平原区第四系第三含水层组、第四含水层组（生活饮用水源）地下水水质总体良好，第一含水层组、第二含水层组遭受不同程度污染（表6-2、图6-2至图6-5）。同2019年比，第一、第二、第三含水层组的Ⅳ类和Ⅴ类区面积变化不大。岩溶水水质总体较好，超标率为22.07%，主要超标指标为pH、铁、氨氮和总硬度，超标区主要分布在门头沟区、房山区、昌平区、顺义区和平谷区等区域。

表6–1　北京市平原区第四系分层地下水漏斗区面积对比一览表

平原区第四系分层			漏斗区面积（平方千米）		
分层	深度（米）	监测面积（平方千米）	2020年	2019年	变幅
第一含水层组	0—50	6528	504	565	-61
第二含水层组	50—100	4770	224	457	-233
第三含水层组	100—180	3995	401	496	-95
第四含水层组	180—300	3068	307	477	-170

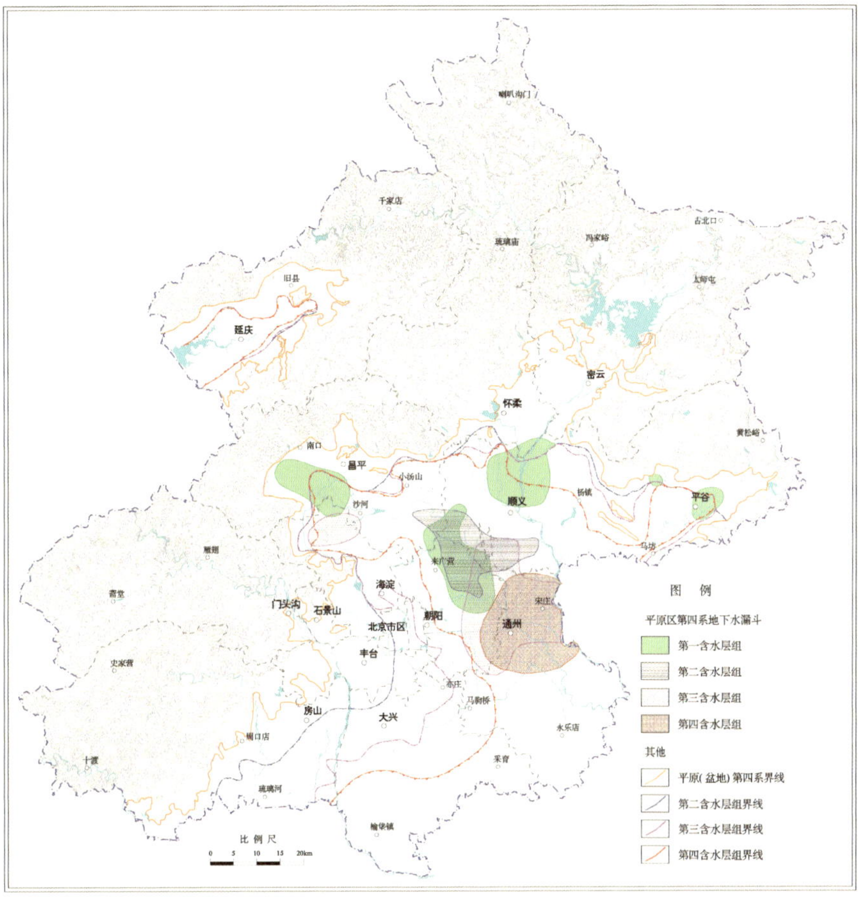

图 6–1 北京市平原区第四系地下水漏斗分区图

表 6–2 北京市平原区 2020 年地下水质量综合评价统计表

平原区第四系分层			地下水质量					超标区分布范围
分层	深度（米）	监测面积（平方千米）	水质综合评价	超标面积（平方千米）	超标总面积（平方千米）	占监测面积比例（%）	主要超标指标	
第一含水层组	0—50	6528	Ⅳ类	3701	3827	56.69	总硬度、铁、锰、硝酸盐氮	中心城区、大兴区、通州区、房山区、顺义区、昌平区
			Ⅴ类	126		1.93		
第二含水层组	50—100	4770	Ⅳ类	1128	1153	23.65	总硬度、铁、锰、硝酸盐氮	东、西城区，丰台区、朝阳区、通州区、大兴区、顺义区、昌平区、延庆区部分
			Ⅴ类	25		0.52		
第三含水层组	100—180	3995	Ⅳ类	73	73	1.83	铁、锰、氟化物	通州区、顺义区、昌平区局部

（刘宗明）

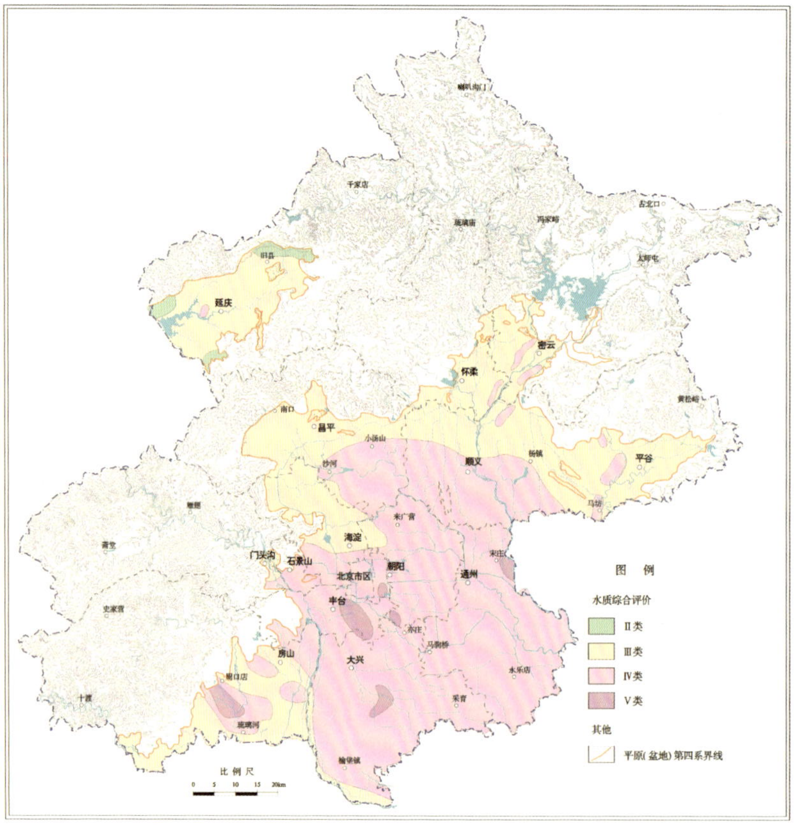

图 6–2　第一含水层组地下水水质综合评价分区图

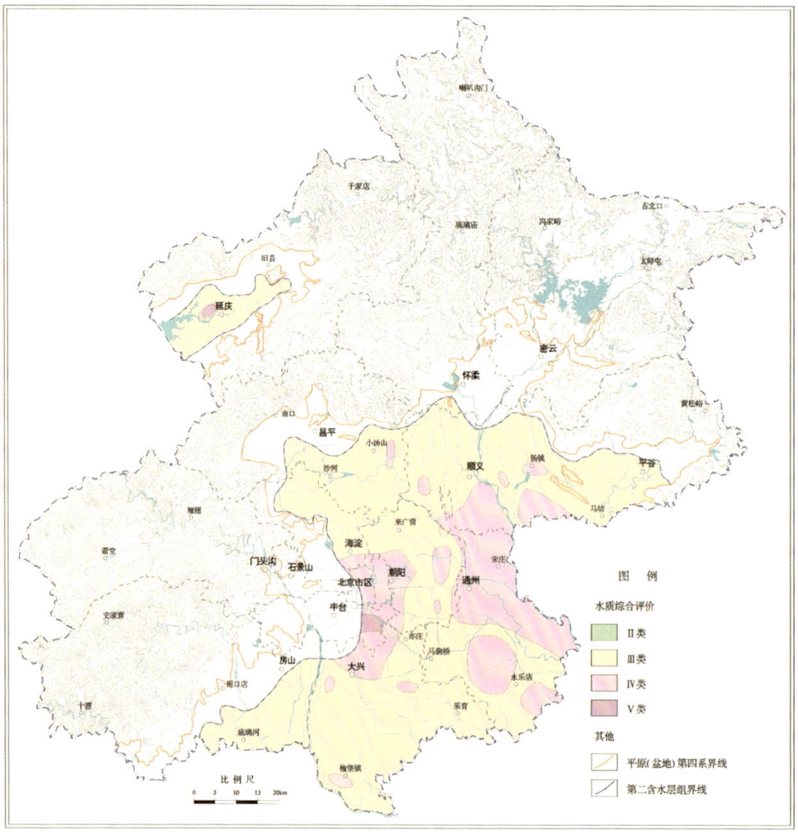

图 6–3　第二含水层组地下水水质综合评价分区图

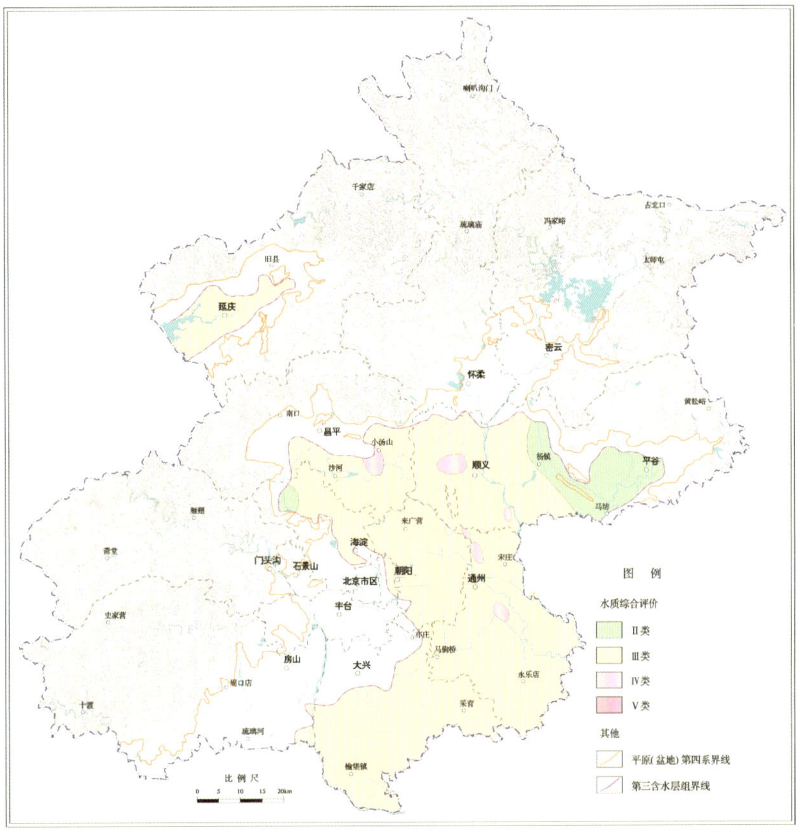

图6-4　第三含水层组地下水水质综合评价分区图

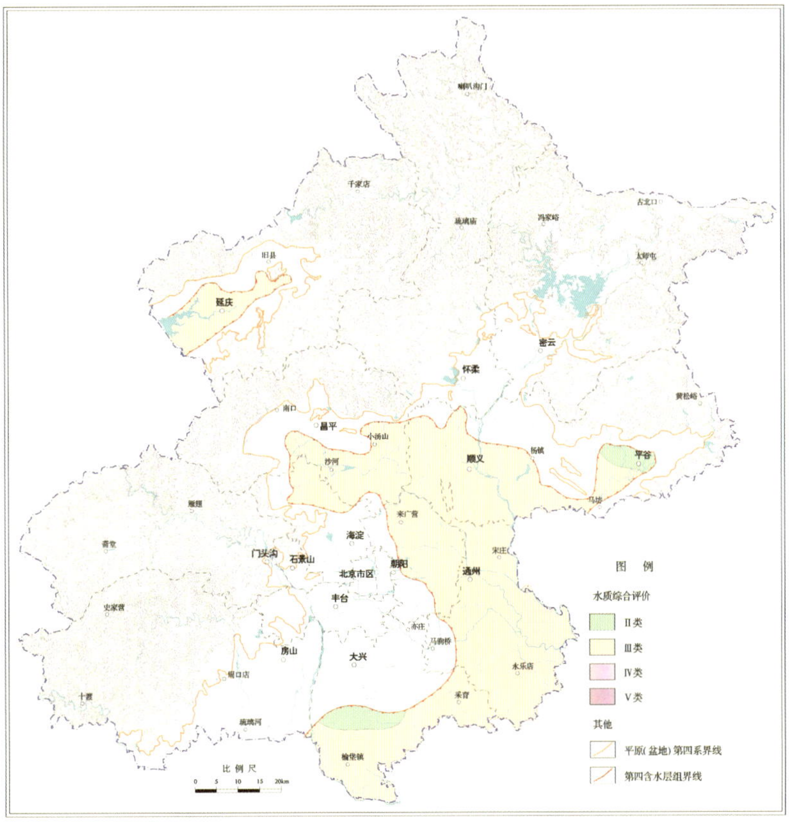

图6-5　第四含水层组地下水水质综合评价分区图

【北运河流域土地质量监测评价】 截至年底，北京市土地质量生态地球化学监测网有监测点2712个，其中区域监测点2220个、重点地区监测点492个。样品采集频率：区域监测点每3年为1个周期，重点地区监测点每1年为1个周期。区域监测点本周期为2019—2021年。年内，市地勘院完成北运河流域监测评价。监测表明：北运河流域土壤环境质量总体较好，达标占比为97.8%，仅昌平区马池口个别点Cd元素超标，超标原因初步推断是山区多金属矿化岩石破碎风化后，经流水搬运至山前平原沉积成土而形成的重金属累积。同时，结合土壤环境质量等级和土壤养分化学等级，开展土地质量综合评价，评价认为，监测区土地质量综合等级以三等为主，占比达62.8%。

（刘宗明）

【土地质量生态地球化学样品库建设】 年内，市地勘院开展北京市土地质量生态地球化学样品库建设。对位于房山区青龙湖镇坨里村的样品库中的97703件不同时期、不同精度的土壤和水系沉积物实物样品进行整理上架、入库保存。开展土壤样品库密云分站土壤样品前处理设备采购，改善土壤样品制备工作环境，提高土壤环境监测样品制备、流转与质控能力。

（刘宗明）

【地下空间安全监测】 年内，市地勘院在北京市平原区开展五环内（750平方千米）和城市副中心（155平方千米）地下空间资源评价工作，评价精度分别为1:5万和1:1万。2019年建成的朝阳区望京、王四营和城市副中心行政办公区二号能源站3处地下空间监测站点试运行，对土体应力、土体位移、地下水水位、土壤含水率、孔隙水压力、分布式光纤进行定期数据采集。2020年新建立水桥和廖公庄2处地下空间监测站点，实现对地下0—100米深度的土体应力、地层形变、孔隙水压力等地质要素变化长期自动监测。

（刘宗明）

自然资源确权登记

【不动产登记电子证照施行】 1月1日，北京市不动产登记电子证照在全市范围内施行。不动产电子证照包括不动产权证书和不动产权证明，与纸质证书具有同等法律效力，可以在房屋交易登记、户籍、入学、企业开办、金融机构等领域使用。军产、保密产不动产登记暂不实行。截至年底，生成电子证书501623本、电子证明252494份。

（周岩）

【不动产抵押权登记网上办理】 2月3日，市规划自然资源委、中国银行保险监督管理委员会北京监管局、北京住房公积金管理中心联合印发《关于全面开展网上办理抵押权登记的通知》，推动抵押权登记业务网上办理，并将办理时限缩短到1个工作日。3月11日，中国银行保险监督管理委员会北京监管局、市规划自然资源委印发《关于通过“金融专网”办理不动产抵押权登记的通知》，强化“政银合作”，通过“金融专网”与北京市不动产登记系统的对接，实现业务数据推送、信息查询等功能。推行不动产登记电子证照，网上抵押权审核完毕后，系统直接将电子证照推送至金融机构，金融机构根据电子证照启动放款流程。截至年底，办事人员累计少跑不动产登记大厅300万人次，有力地支持了复工复产和疫情防控；网上受理抵押权登记类业务29.33万件，占年度办理抵押权登记业务的64.54%；有32家中资商业银行上线金融专网，通过金融专网办理抵押权登记业务10.85万笔。

（王炳起　周岩）

【“区块链+不动产登记”应用场景推出】　2月8日起，市规划自然资源委推出企业间存量非住宅不动产交易登记、抵押登记智能审批、抵押注销登记智能审批、一证办理夫妻间房屋转移登记、存量房交易登记一网通办流程优化、一网通办业务填报材料精简、不动产登记电子证照数据上链及应用推广7个“区块链+不动产登记”应用场景，实现申请信息、共享数据、登记结果等内容的不可篡改和可追溯。3月4日，市规划自然资源委、国家税务总局北京市税务局联合印发《关于企业间存量非住宅房屋交易登记全程网办的通知》，对“企业间存量非住宅不动产交易登记”场景进行优化，取消现场核验环节，企业双方无需到场，实现全程网办，从“最多跑一次”升级为“一次不用跑”。

（周岩　曹筱敏）

【简易低风险项目不动产登记】　2月21日，市规划自然资源委印发《关于落实简易低风险项目不动产登记整改措施的通知》，落实建筑许可领域营商环境改革举措，研究推进简易低风险项目“多测合一”“验登合一”等改革措施。9月11日，市规划自然资源委印发《关于完善原翻原建私房低风险工程建设项目内部会审与不动产登记的通知》，明确建设单位或个人通过社会投资简易低风险工程“一站通”服务系统申报原翻原建私房规划审批的，不动产登记部门应配合开展内部权属核实工作；对原翻原建低风险工程建设项目，不动产登记部门应根据建设单位或个人申请，办事原房屋产权证书的注销登记，以及国有建设用地使用权和房屋所有权的首次登记。

（周岩）

【开通企业破产不动产登记信息查询】　3月13日，市规划自然资源委、市政务服务局联合印发《关于增设政务服务事项的通知》，开通破产（强制清算）不动产登记信息查询服务事项，各区不动产登记查询窗口为破产管理人和清算组提供查询服务。截至年底，接待企业破产不动产登记信息查询393批。

（王炳起）

【不动产查封登记网上办理】　4月7日，市规划自然资源委、市高级人民法院联合印发《关于网上办理不动产查封登记的通知》，共同推出改革举措，采用系统对接方式推行网上办理不动产查封登记，实现不动产登记与人民法院资源共享。截至年底，全市受理不动产查封登记44949件，其中通过网上办理5553件。

（王炳起）

【不动产登记规范化建设】　5月13日，市规划自然资源委印发《北京市优化营商环境条例不动产登记领域实施细则》，对优化营商环境条例涉及不动产登记领域的内容进行细化、具体化，推进提升不动产登记领域政务服务水平，推动构建便捷高效、便民利民的不动产登记领域政务服务体系。5月25日，市规划自然资源委印发通知，明确《北京市不动产登记工作规范（试行）》修订内容，结合国家层面法律法规，以及新一代信息技术在不动产登记领域的应用，精简不动产登记申请证明材料，简化办事程序。

（周岩）

【登记财产指标评价】 6月3日，北京市、上海市与世界银行专家，以视频形式就登记财产指标进行磋商，我方观点得到充分阐述，完成登记财产指标世行评价。9月20日，2020年中国营商环境评价启动，市规划自然资源委完成北京市登记财产指标填报和国内评价相关工作。

（周岩）

【小微企业不动产登记费清退】 10月14日，市规划自然资源委落实《审计署京津冀特派办关于送达北京市2019年第四季度贯彻落实国家重大政策措施情况跟踪审计报告的函》中提及的整改落实问题，印发《关于清退小微企业不动产登记费的通知》，部署开展全市清退工作，对违规征收的小微企业不动产登记费进行筛查和清退。

（周岩）

【不动产登记量】 截至年底，全市不动产登记申请量为104.75万件，其中受理业务96.99万件；完成登簿95.2万件，其中通过网络实现不见面办理30.85万件（网上办理抵押29.33万件、网上办理查封1.5万件、企业间办理存量非住宅不动产交易登记248件），占登簿量的32.41%；发放不动产权属证书75.4万本（份），其中《不动产权证书》50.2万本、《不动产登记证明》25.2万份。查询233.2万次，其中网上查询178万次，占全年查询量的76.33%；查询机查询55.2万次。

（周岩）

【自然资源确权登记工作方案通过审议】 年内，市规划自然资源委继续推进《北京市自然资源统一确权登记总体工作方案》（以下简称《工作方案》）制定，梳理全市自然资源名录清单，完善《工作方案》内容。8月25日，《工作方案》通过市司法局合法性审查。12月8日，《工作方案》经市政府常务会议审议通过。该方案制定工作于2019年8月启动。

（周岩）

【林权类不动产登记】 年内，市规划自然资源委落实自然资源部办公厅、国家林业和草原局办公室《关于进一步规范林权类不动产登记工作做好林权登记与林业管理衔接的通知》，会同市园林绿化局、市农业农村局，研究探讨职能调整及任务分工，推进全市林权类不动产登记工作规范及林权类地籍调查调整。10月22日，昌平区不动产登记事务中心完成全市首例集体土地林权类不动产调查、首次登记，核发全市第一本集体土地林权不动产证书。

（周岩）

【完善不动产登记评价体系】 年内，市规划自然资源委通过不动产登记网上服务平台、网上服务大厅、登记窗口智能评价器，为服务对象提供多种评价渠道，并加强评价结果数据分析，以提高不动产登记服务质量。10月，在不动产登记大厅窗口安置“好差评”智能评价器，从服务环境、服务供给、服务获取、监督反馈、服务创新5个维度，对受理、领取等不动产登记环节进行“非常满意”“满意”“基本满意”“不满意”和“非常不满意”5种评价。

（周岩）

【农村不动产权籍调查和确权登记】 年内，市规划自然资源委组织开展宅基地、集体建设用地权籍调查，研究制定《关于开展房地一体的宅基地、集体建设用地权籍调查和确权登记工作的意见》《房地一体的宅基地、集体建设用地权籍调查和确权登记工作社会稳定风险评估报告》《北京市房地一体的宅基地、集体建设用地权籍调查和确权登记工作方案》。12月8日，《北京市房地一体的宅基地、集体建设用地权籍调查和确权登记工作方案》经市政府常务会议审议通过。同步开展“北京市农村不动产权籍调查技术路线指南”研究，开展宅基地基础数据摸排统计。形成全市《农村宅基地和集体建设用地权籍调查技术指南》。

（周岩　逄晓）

【统筹做好疫情防控和不动产登记】 年内，市规划自然资源委在做好疫情防控前提下，统筹推进新冠肺炎疫情防控和不动产登记。成立不动产登记领域疫情防控领导小组，制定防控工作方案和应急预案等，在保障综合窗口基本和急需服务的同时，推行“互联网+不动产登记”服务。发布北京市不动产登记新冠肺炎疫情期间疫情防控和服务复工复产公告，明确疫情防控期间不动产登记相关事项，服务社会复工复产。通过现场检查指导、日报、周报、月报、电话、远程视频等方式，指导全市17个不动产登记大厅落实防控措施，配备精准测温仪器、完善应急管理制度等；多次与市疾病预防控制中心协调，制定不动产登记大厅防控指引，做到防控台账无漏点、防控措施无死角、防控责任无盲区，保障登记工作正常运转。支持疫情防控，对与疫情防控相关的企业、人群的登记业务，优先快办，简化流程，开辟绿色通道，做到立等可取。通过市规划自然资源委“北京规划自然资源”及“北京不动产登记”微信公众号，向社会发布业务办理公告，动员引导群众网上预约和不见面办理。截至年底，有16.03万人次通过全市不动产登记预约系统预约登记业务，占现场受理业务总量的22.04%；通过网络实现不见面办理30.85万件。

（周岩　王炳起）

【不动产掌上登记中心新增功能上线】 年内，市规划自然资源委在2019年上线北京市不动产掌上登记中心基础上，推行手机移动端服务，新增并上线企业用户的“网上查询”“电子证照领取”“网上预约”和“抵押登记”等服务事项；在北京通App新增并上线个人用户的“网上查询”“电子证照领取”“网上预约”和“抵押登记”等服务事项。

（周岩）

【不动产登记领域服务窗口建设】 年内，市规划自然资源委继续推进全市不动产登记领域服务窗口建设，推动各不动产登记大厅按“综合窗口、受理窗口、缴费领证窗口”3类统一设置窗口种类，并进一步扩大综合窗口数量；综合窗口继续实行“一窗受理、内部流转、即时办结、同窗出证”登记模式，继续为企业群众提供只需到一个窗口、只需与窗口一人互动、只交一套申请材料、当场办结业务领取证书的“一个环节、一天办结”服务；进一步优化业务流程，落实房屋交易涉税业务委托代征工作。截至年底，各区不动产登记大厅综合窗口增设至213个。

（周岩）

【不动产登记质量“云抽查”】 年内，市规划自然资源委依托不动产登记电子档案全部上云的有利条件，通过不动产登记质量检查系统，采用“云抽查”方式，对不动产登记质量进行网上随机抽查。选取不动产所有权登记、抵押权登记、更正登记、查封登记4个登记业务大类，重点关注优化营商环境举措落实情况、登记领域风险防控情况、小微企业登记费减免情况、登记规范调整后的落实情况4个方面内容，制定全市质量检查标准，根据各区业务办理量抽取不同的抽查件数。截至年底，抽查410件。经检查，全市不动产登记质量整体符合《北京市不动产登记工作规范》（以下简称《规范》）要求，能够按《规范》收取登记申请材料，按规定程序和标准分级办理登记业务，登记资料基本按时完成数字化加工并归档保存，未发现明显登记错误和风险隐患。

（周岩）

【不动产登记政务服务标准化管理】 年内，市规划自然资源委落实《北京市政务服务标准化管理办法》《北京市政务服务事项动态管理办法》要求，做好北京市不动产登记政务服务标准化工作，核查修改政务服务事项单点登录跳转、不能到现场办理的原因、网办深度、申请材料中兜底条款、证明材料等信息，编制线上线下一体化办理流程图表；梳理政务服务“零办件”事项，并将办件量进行数据汇聚；落实市政府审改办进一步精简政务服务事项申请材料和办理时限要求，精简具备使用条件的电子证照材料；新增破产（强制清算）不动产登记信息查询公共服务事项，补充完善办事指南信息。

（周岩）

【推进解决历史遗留不动产登记问题】 年内，北京市市区两级不动产登记部门持续完善政策、优化流程，主动对接“接诉即办”市民服务热线，全面摸排群众诉求，推进历史遗留不动产登记问题解决。截至年底，解决88个项目的历史遗留问题，为5.1万余套房屋颁发不动产权证书。海淀区、密云区、东城区、朝阳区、丰台区等区解决的项目数及解决率均较高。

（周岩）

【不动产登记延时服务】 年内，全市各不动产登记事务中心落实市政务服务管理局《关于在各级政务服务中心开展延时服务的工作意见》要求，全部开展延时服务，推行不动产登记“早晚弹性办、午间不间断、周末不休息”服务模式，推动解决企业和群众“上班没空办、下班没处办”的痛点难点问题。设置“24小时自助服务专区”，开通自主端

24小时服务。

（周岩）

【不动产登记信息查询】 年内，市规划自然资源委进一步提升不动产登记信息查询服务，提供网上查、掌上查、自助查、窗口查等多种查询服务，完善查询权限管理机制，放宽查询范围，拓展查询内容，为企业、群众获取信息提供高效、便捷服务。截至年底，全市通过网络、掌上手机端查询171万人次，通过自助查询机查询16.9万人次，通过窗口查询53万人次。

（王炳起）

【积分落户不动产信息核查】 年内，市规划自然资源委配合市发展改革委、市人力社保局完成积分落户房产信息核查。2020年有122852人申报积分落户,人工核查房产信息28710条，通过数据库即时比对核查房产信息95525条。

（王炳起）

【军产（个人）不动产登记业务办理】 年内,市不动产登记中心受理军产（个人）不动产登记1083件。其中，转移登记1000件，遗失补证21件，变更和更正登记11件，限制登记39件，解、抵押12件。发放不动产权证书898件、不动产权证明7件。

（王炳起）

【在京中央单位不动产登记业务办理】 年内，全市办理在京中央单位不动产登记业务1512件。其中，首次登记120件，转移登记952件，抵押登记62件，抵押注销16件，变更登记350件，更正登记2件，灭失登记2件，补换证登记8件。

（王炳起）

【不动产登记信访情况】 年内，市不动产登记中心办理信访事项30件。其中，办理信访复查20件，提交市信访办复查报告10件。

（王炳起）

【地籍区地籍子区调整】 年内，市土地权籍事务中心开展怀柔区、房山区、石景山区、通州区、朝阳区、经济技术开发区地籍区地籍子区调整工作。

（逄晓）

自然资源资产管理

【自然资源资产产权制度改革】 8月5日，市委办公厅、市政府办公厅联合印发《北京市自然资源资产产权制度改革方案》。方案印发后，市规划自然资源委牵头建立自然资源资产产权制度改革市级联席会议制度，并报市政府批准；细化委内任务分工，建立有效工作机制；开展专项研究，推进健全全市自然资源资产产权体系、市区两级政府代理行使全民所有自然资源资产所有权的资源清单及监督管理制度、考核评价制度、自然保护地特许经营管理政策等专项研究。截至年底，各项工作均取得初步成果。

（闫岩）

【国有自然资源报告制度首次建立】 12月22日，市规划自然资源委、市发展改革委、市财政局、市水务局、市园林绿化局、市生态环境局、市农业农村局联合印发《北京市国有自然资源报告工作制度》，在全市首次建立国有自然资源报告制度，统一全市国有自然资源报告编报口径，细化编报要求。

（闫岩）

【第一批全民所有自然资源资产清查试点】 年内，市规划自然资源委落实自然资源部“先行先试”工作要求，选择西城区、门头沟区开展全民所有自然资源资产清查第一批试点，制定试点工作方案和技术方案。截至年底，两区试点工作进展顺利。

（闫岩 逄晓）

【全民所有自然资源资产价值评估和核算体系构建】 年内，市规划自然资源委研究构建全市全民所有自然资源资产价值核算技术体系，以森林、土地、矿产为突破口，开展自然资源资产价值核算体系建设。截至年底，全民所有森林资源资产价值核算体系构建完成，全民所有土地资源、矿产资源资产价值核算体系建设工作顺利推进。改革完善国有建设用地地价评审机制，初步形成《北京市国有自然资源（建设用地）有偿配置价格评审规定（试行）》。

（闫岩）

【全民所有自然资源资产所有者权益实现形式探索】 年内，市规划自然资源委以国有建设用地用途变更和全民所有土地资源作价出资（入股）政策研究为切入点，研究全民所有自然资源资产配置政策，探索多种所有者权益实现形式。截至年底，初步形成《国有使用国有自然资源资产（土地）作价出资（入股）支持社会经济发展的指导意见》（征求意见稿）、《北京市国有建设用地变更用途管理暂行规定》（征求意见稿）。

（闫岩）

【自然资源（资产）管理情况编报】 年内，市规划自然资源委配合市财政局编制完成《2019年度北京市国有自然资源报告》，配合市统计局完成2018年度全市自然资源资产负债表土地和矿产账户填报。

（闫岩）

【曹家坊废弃矿山生态修复及价值实现案例】 年内，市规划自然资源委探索研究生态产品价值实现机制，会同房山分局，按照市场、政府、政府与市场相结合的生态产品价值实现总体思路，对房山区史家营乡曹家坊矿区修复及生态产品价值实现情况进行分析总结，形成“北京市房山区史家营乡曹家坊废弃矿山生态修复及价值实现案例”。该案例得到自然资源部肯定，入选全国第二批生态产品价值实现典型案例。

（闫岩）

自然资源开发利用

【2001—2020年国有建设用地入市交易情况】 2001—2020年，全市共有2385宗、20167.69公顷土地入市成交，成交价款为20881.72亿元，其中政府土地收益为10048.57亿元。（见表6-3）

（张晓宇）

【保障房居住公共服务设施用地审批】 3月30日，市规划自然资源委印发《关于完善保障房居住公共服务设施用地审批有关问题的通知》，明确配套设施性质认定，完善供地方式，并将保障性住房项目居住用地范围内配建的与住宅不可分

表6-3　2001—2020年北京市国有建设用地使用权入市交易成交统计表

年度	成交宗数	交易类型			土地面积（公顷）		规划建筑面积（万平方米）	成交价款（亿元）	
		招标	拍卖	挂牌	合计	其中建设用地		合计	其中政府收益
2001	1	1	0	0	13.97	13.97	14.14	3.17	0.59
2002	8	2	1	5	250.48	174.79	331.26	61.35	14.93
2003	48	3	1	44	201.7	158.7	277.87	49.14	19.05
2004	89	4	0	85	537.92	403.53	609.51	115.31	32.85
2005	50	2	0	48	357.39	242.12	451.97	117.51	39.31
2006	87	29	1	57	856.2	594.96	935.05	257.67	92.11
2007	85	41	0	44	897.92	600.63	1233.01	438.1	204.34
2008	184	26	0	158	1573.43	1110.19	1810.43	500.12	170.82
2009	250	20	1	229	1965.16	1385.27	2391.19	966.28	556.76
2010	280	81	0	199	3012.04	2070.15	3350.46	1677.27	948.05
2011	257	52	0	205	2044.54	1447.75	2481.32	1113.29	463.17
2012	169	27	0	142	1340.4	995.17	1722.22	670.61	238.09
2013	223	53	0	170	2118.64	1342.34	2448.74	1853.15	846.81
2014	141	16	0	125	1295.28	937.67	1663.01	1916.90	964.77
2015	114	10	0	104	896.89	714.57	1532.04	2027.98	1129.02
2016	47	7	0	40	477.29	448.23	669.59	929.99	472.84
2017	106	6	0	100	856.34	809.39	1415.00	2845.42	1684.65
2018	73	8	0	65	496.58	492.64	858.16	1718.64	822.13
2019	86	7	0	79	487.43	479.80	906.24	1688.29	724.52
2020	87	3	0	84	488.09	477.97	958.89	1931.53	623.76
合计	2385	398	4	1986	20167.69	14899.84	26060.1	20881.72	10048.57

割的营利性住宅配套服务设施（不包含中央国家机关及其直属单位、驻京部队以及跨区项目）供地手续下放至各区分局办理。

（周晓林）

【东西城城镇平房住宅协议出让区片地价更新】 6月18日，市规划自然资源委印发《〈北京市东、西城城镇平房住宅协议出让地价网格划分研究报告〉更新说明》，自印发之日起，受理的东、西城城镇平房住宅协议出让项目按《更新说明》办理相关手续。

（冯颖雪）

【土地开发建设补偿费缴纳情况核实系统上线】 8月24日，市土地储备中心搭建的“土地开发建设补偿费缴纳情况核实系统”上线运行。该系统对原供后履约监管程序进行优化，将其中的缴款通知书和缴纳说明改为系统上传、数据推送方式，与市级相关部门实现信息共享，减少企业“跑腿”次数。该系统还设置短信提醒功能，辅助线下操作，对竞得单位进行线上催缴、违约告知，实现项目台账生成与管理。

（张晓宇）

【批而未供数据和界址点补录】 8月，市土地利用事务中心开展批而未供数据梳理和界址点补录工作，梳理出5812条批而未供数据。9月，分5批次与各区分局对批而未供原因逐一清查、核对、确认，将批而未供数据细分为8大类，并先行对代征地类672公顷开展政策研究。9月14日，3078宗历史欠账界址点补录数据坐标全部补录完成，其中新产生项目850宗，完成846宗。

（周晓林）

【供地手续行政许可审批事项“一网通办”】 自8月起，市土地利用事务中心全面梳理供地相关法律法规及政策文件，规范政务服务事项内部办理规则，优化办理流程，将供地方案制定、土地权属审查、现场踏勘、地价评审等供地前期准备工作前置到“多规合一”会商环节。对承办的15项政务服务事项逐项进行研究，精简事项申请材料，其中，“在建工程（竣工）补办国有建设用地使用权协议出让”事项精简材料达86%，“国有建设用地使用权划拨批准”事项精简材料达60%，其余各类事项精简材料分别达8%-30%。推进全流程网上审批，研究供地手续行政许可审批事项网上报件工作程序。

（臧一铭）

【国有土地使用权出让地价评审权限下放】 9月22日，市规划自然资源委印发《关于进一步下放国有土地使用权出让地价评审权限的通知》，对行政审批权限已下放至各分局办理的事项，将地价评审工作权限一并随之下放。各分局结合各区实际，建立健全本区地价评审制度。自2021年1月1日起实行。

（程琳琳）

【完成全市土地储备开发426公顷】 截至年底，全市完成土地储备开发面积426公顷（见表6-4），实现土地储备开发投资358亿元。市土地储备中心核发新增项目一级开发授权批复3个，核发一级开发授权延期批复24个；审议土地储备开发项目9个，项目主要位于城市副中心、怀柔科学城、大兴国际机场、大兴国际机场临空经济区、怀柔雁栖湖小镇等区域。

（张晓宇）

【全市土地市场成交土地488.09公顷】 截至年底，全市土地交易市场成交土地87宗、土地面积488.09公顷，规划建筑面积958.89万平方米，成交价款1931.53亿元，其中政府土地收益623.76亿元。（见表6-5、表6-6、表6-7）

（张晓宇）

【全市国有建设用地供应1732.84公顷】 截至年底，全市国有建设用地供应土地638宗、面积1732.84公顷。其中，出让方式（含现状补办协议出让）供应土地586.05公顷，划拨方式（含以征代划）供应土地1146.78公顷。

（赵霆　杜美芬）

【全市出让国有建设用地586.05公顷】 截至年底，全市出让国有建设用地369宗、土地面积586.05公顷。其中，协议

表6-4　2020年土地储备开发完成区域分布统计表

区域	完成开发面积（公顷）	比例
首都功能核心区	0	0
中心城区	189	44.37%
城市副中心	31	7.28%
平原地区	153	35.92%
生态涵养发展区	53	12.44%
合计	426	100%

表6-5　2020年北京市国有建设用地使用权入市交易成交统计表

交易地点	成交宗数	土地面积（公顷）		规划建筑面积（万平方米）	成交价款（亿元）
		合计	其中建设用地		
市土地交易市场	58	351.09	344.34	730.19	1912.17
远郊区土地交易市场	29	137	133.63	228.7	19.36
合计	87	488.09	477.97	958.89	1931.53

注：远郊区土地交易市场指门头沟区、房山区、通州区、顺义区、大兴区、昌平区、平谷区、怀柔区、密云区、延庆区10个区和北京经济技术开发区土地交易分市场

表6-6　2020年北京市入市交易成交国有建设用地按用途分类统计表

	合计	住宅用地	商业用地	工业用地
面积（公顷）	488.09	298.86	52.23	137
结构比例	100%	61.23%	10.70%	28.07%

表6-7　2020年北京市入市交易成交国有建设用地按区域分类统计表

区域	面积（公顷）	比例
首都功能核心区	0.00	0.00%
城市功能拓展区	102.89	21.08%
城市发展新区	289.62	59.34%
生态涵养发展区	95.58	19.58%
合计	488.09	100%

出让34宗、土地面积111.91公顷，招标出让3宗、土地面积47.06公顷，挂牌出让81宗、土地面积386.92公顷，现状补办协议出让251宗、土地面积40.16公顷；商服用地100.99公顷、工矿仓储用地96.67公顷、住宅用地354.57公顷、公共管理与公共服务用地33.82公顷。

（赵霆　杜美芬）

【全市划拨国有建设用地1146.78公顷】 截至年底，全市划拨国有建设用地269宗、土地面积1146.78公顷。其中，划拨196宗、土地面积498.80公顷，以征代划73宗、土地面积647.99公顷；住宅用地121.29公顷、公共管理与公共服务用地327.95公顷、交通运输用地128.53公顷、代征道路用地307.46公顷、代征绿化用地241.08公顷、其他代征用地20.48公顷。

（赵霆　杜美芬）

【土地资源整理试点】 年内，市规划自然资源委会同各区政府，按照“边试点、边推进”原则，全面启动土地资源整理试点工作，探索具体实施路径。3月，经市级土地资源整理平台研究并上报市政府批准，通州区集体产业统筹利用土地资源整理、高端制造业基地（房山）土地资源整理、门头沟区三家店村土地资源整理3个试点项目启动实施，实施面积共9648公顷。

（张晓宇）

【收储项目及企业自用地建设共有产权房项目入市】 年内，市规划自然资源委推进收购储备项目及企业利用自用地建设共有产权房项目入市供应及土地移交。4月，朝阳区望京花家地西里三组团配套综合楼项目入市成交；8月，西城区车公庄大街3号项目完成土地供应，该用地为西城区百万庄北里住房改善项目的联动项目。2月，丰台区首钢二通厂东区（一期）企业利用自用地建设共有产权房项目完成入市地块移交；3月，海淀区安宁庄东陶企业利用自用地建设共有产权房项目用地完成入市地块移交；9月，门头沟鑫华源厂区项目企业利用自用地建设共有产权房项目用地完成土地移交。

（张晓宇）

【土地储备开发融资】 年内，受政策影响，全市未发行土地储备专项债券；到期偿还土地储备专项债券248.475亿元。截至年底，全市土地储备专项债券余额1162.32亿元。市土地储备中心筹措市级土地储备开发资金113.38亿元，其中财政拨付资金51.78亿元、国有土地收益基金61.6亿元。

（张晓宇）

【2020年度城市地价动态监测】 年内，北京市开展2020年度城市地价监测，定期收集、汇总、整理、分析，形成季度和年度监测成果，实现对地价变动情况实时监测，及时准确把握土地市场运行态势和价格走势。监测标准宗地575宗，其中，国家级监测范围内标准宗地285宗（居住102宗、商业104宗、工业79宗），市级监测范围内标准宗地331宗（居住96宗、商业80宗、办公155宗），国家级和市级同时监测的标准宗地41宗（居住18宗、商业23宗）。截至年底，国家级监测范围内地价监测结果见表6-8、表6-9，市级监测范围内地价监测结果见表6-10。

（于廷江）

【2020年度开发区土地集约利用评价】 年内，市规划自然资源委落实自然资源部强化园区土地集约利用工作部署，对全市3个国家级开发区和16个市级开发区建设用地利用状况、产出和就业等用地绩效、工业用地再开发潜力等开展评价。

3个国家级开发区（含主区和发展方向区），土地面积52745.77公顷，已建成工矿仓储用地面积9514.40公顷，实现工

表 6-8　2020 年国家级监测范围各用途增长率统计表（季度）

土地用途	第一季度	第二季度	第三季度	第四季度
居住	0.21%	0.50%	0.49%	2.35%
商业	-0.40%	-0.78%	-0.39%	0.37%
工业	0.27%	0.47%	0.07%	2.69%
平均	0.12%	0.31%	0.36%	2.07%

表 6-9　2019—2020 年城市地价动态监测指数统计表（年度）

年度	2019 年	2020 年
全市平均水平	479	493
住宅用地	686	710
工业仓储用地	317	328
商业、旅游、娱乐用地	351	347

表 6-10　2020 年市级监测范围各用途增长率统计表（季度）

土地用途	第一季度	第二季度	第三季度	第四季度
居住（规划新城）	0.65%	1.12%	0.86%	4.63%
商业（规划新城）	-0.60%	-0.33%	-0.09%	0.77%
办公（规划新城）	-0.78%	-0.24%	-0.52%	0.66%
办公（中心城区）	-1.08%	-0.75%	-1.04%	-0.78%

业（物流）企业总收入 154034377.20 万元，累计完成工业（物流）企业固定资产投资总额 84847490.59 万元，工业用地地均收入 16189.60 万元/公顷，工业用地地均税收 1009.36 万元/公顷。

16 个市级开发区（含主区和发展方向区），土地面积 16724.93 公顷，已建成工矿仓储用地面积 3872.41 公顷，实现工业（物流）企业总收入 30581817.22 万元，累计完成工业（物流）企业固定资产投资总额 12119803.94 万元，工业用地地均收入 7897.35 万元/公顷，工业用地地均税收 316.80 万元/公顷。

（于延江）

【减量项目政府土地收益调整】　年内，市规划自然资源委、市发展改革委、市财政局对核心区因落实城市总体规划减量任务而核减规划指标、未能达到公开交易时披露的规划指标的招拍挂项目，共同开展项目政府土地收益调整。并以华嘉项目为首例，调整确定土地出让价款方案。

（马思腾）

【历史欠缴土地出让价款追缴】　年内，市规划自然资源委梳理全市历史欠缴土地出让价款项目情况，建立工作台账，实施动态管理。对欠缴时间长、利益主体多、追缴难度大的项目，按照“由近及远、先易后难、分类分批”原则，逐一对账追缴，做到“每周有推动、每月有进展、每季有亮点”。印发《北京市规划和自然资源委员会关于加强政府土地收益催缴工作的通知》，上线地价款催缴工作平台，明确责任分工，完善工作流程，优化工作方式，通过平台预警提醒。会同市国资委、相关区政府，对欠缴主体进行约谈；联合市市场监管局，惩戒欠缴企业违约行为。启动司法途径追缴欠缴土地出让价款，采取向欠缴主体发送《限期缴款告知函》《律师函》和法律诉讼等方式，向18家经多次催缴、约谈后仍未缴纳欠款的单位提起民事诉讼。法院受理6宗，其中市规划自然资源委胜诉3宗（其中1宗已申请法院强制执行）、开庭1宗、待开庭2宗。截至年底，追回地价款（政府土地收益）约48.33亿元。

（李娜）

【闲置土地处置】 年内，市土地利用事务中心按照“市级指导、区级负责、属地管理”原则，通过上下联动、通报、岗位培训、现场督导等方式，指导各区分局开展2020年闲置土地处置工作。2020年，全市闲置土地为259宗、1650公顷。截至年底，处置率达到54%，超额完成自然资源部下达的年度闲置土地处置率不低于15%的任务。

（李娜）

【土地利用动态巡查】 年内，市规划自然资源委印发《关于进一步加强土地利用动态巡查工作的通知》《关于进一步做好填报土地利用动态巡查系统工作的通知》《关于进一步加强开竣工延期工作的通知》等文件，对土地利用动态巡查工作的责任分工、监督检查等作出规定。市土地利用事务中心依托自然资源部土地市场动态监测监管系统和市规划自然资源委批后监管系统，加强对已供应土地流程监测监管，指导各区分局开展土地利用动态巡查，强化市区两级联动。截至年底，完成交地开工竣工巡查3568宗，动态巡查率达96.6%。

（李娜）

【历史遗留低密度住宅项目用地手续办理】 年内，市规划自然资源委按照“梳理难点、共同协商，实事求是地解决好土地权益问题；聚焦矛盾焦点、把握原则，确保集中绿地的公共性、集中性。”精神，出台《关于历史遗留低密度住宅项目用地的办理意见》，拟定《低密度住宅项目补充协议》《集中绿地监管协议》模板标准，推进解决历史遗留低密度住宅项目用地手续问题。加强在途项目规划设计方案审查、出让合同变更两个审批环节，制定“严格规划设计方案审查，加大合同变更环节审核力度，尊重各方合法权益，依法合规供地，以全过程监督服务促进绿地实施，加强此类项目的不动产登记、动态更新规划数据”等措施。截至年底，完成九渡河别墅，麓鸣花园、丽来花园（富华地块）等7宗历史遗留低密度住宅项目用地手续办理。

（王京铭）

【2019年重点地类土地利用变化情况分析】 年内，市规划自然资源委完成2019年全市重点地类土地利用变化情况分析，变更图斑18475个、面积114.38平

方千米。经分析，2019年全市城乡建设用地规模净减量30平方千米。完成土地利用现状季度遥感监测，提取监测图斑3010个，涉及土地面积3.47万亩（0.231万公顷），调查新增建设用地图斑2142个，面积2.34万亩（0.156万公顷）。

（逄晓）

自然资源保护

【200万亩耕地保护空间成果技术审查完成】 8月，北京市三调成果上报自然资源部审查。成果上报后，市规划自然资源委将200万亩（133.33万公顷）耕地保护空间与三调成果进行比对分析，逐地块核实，全面调整优化200万亩（13.33万公顷）耕地保护空间，完成200万亩（13.33万公顷）耕地保护空间成果技术审查，有关成果于9月底上报自然资源部审查。

（张宇　王有财）

【耕地保护】 年内，市规划自然资源委坚守全市166万亩（11.07万公顷）耕地保有量和150万亩（10万公顷）永久基本农田保护面积底线，研究耕地保护政策机制，出台系列政策文件，不断完善具有区域特色的耕地保护政策体系。完成全市耕地核查，实现建设占用耕地占补平衡数量质量双到位，落实耕地占补平衡207.36公顷，土地整治入库新增耕地2591.80亩（172.79公顷）。贯彻落实国务院办公厅坚决制止耕地“非农化”行为要求，市政府于11月18日批复《北京市坚决制止耕地“非农化”行为工作方案》，确定工作原则，明确任务分工，开展耕地和永久基本农田保护检查。

（王有才）

2021 地质矿产资源管理

综述

市规划自然资源委开展生态涵养区地质环境综合调查评价。抓好地质灾害防治，开展地质灾害治理项目214个，全市累计查明地质灾害隐患点5000处，全年发生突发地质灾害16起，未造成人员伤亡。开展平原区地面沉降监测及地面沉降成灾机理与防控技术研究、平原区活动断裂监测、平原区地裂缝监测。

市规划自然资源委组织编制全市矿产资源总体规划。推进矿产资源管理改革，明确全市固体矿产、矿泉水、地热资源矿业权审批原则。全市矿产资源开发利用矿种53个，有效采矿权119个。完善全市矿产资源储量评审备案工作。开展矿山地质环境监测。

（赵霆）

地质勘查管理

【地质概况】 北京市隶属华北地层大区，晋冀鲁豫地层区的燕辽地层分区和华北平原地层分区。地层由老至新依次沉积太古宇的密云群、四合堂群，元古界的长城系、蓟县系、青白口系，古生界的寒武系、奥陶系、石炭系、二叠系，中生界的三叠系、侏罗系、白垩系，新生界的古近系、新近系、第四系（图7-1）。

北京市山区主要发育有东西向的古北口—长哨营断裂、密云沙厂—墙子路褶皱断裂，北东向的紫荆关—大海陀断裂，南北向的青石岭断裂，北西向的德胜口—小汤山断裂、二十里长山断裂等。平原区历经多期地壳运动，形成一系列北东向的隆起和凹陷，由北西向南东依次是京西隆起、北京迭断陷、大兴迭隆起及大厂新断陷。隆起与凹陷的边界皆为深大断裂所控制，主要为黄庄—高丽营断裂、顺义断裂、南口—孙河断裂、南苑—通县断裂、夏垫断裂等。

（刘宗明）

【生态涵养区地质环境综合调查评价】 年内，市地勘院继续在北京市生态涵养区组织开展水土环境、突发地质灾害、地质遗迹、特色土壤等地质环境综合调查评价。调查评价工作周期为2018—2020年，2018年调查大清河流域，2019年调查潮白河流域、蓟运河流域，2020年调查永定河流域、北运河流域。调查表明：调查区突发地质灾害以崩塌、不稳定斜坡、泥石流为主，突发地质灾害高易发区为4031.12平方千米，主要分布在清水—斋堂—雁翅、大安山—霞云岭—蒲洼、千家店—琉璃庙—冯家峪—高岭、太师屯—新城子、大城子及其南部等地区。调查区分布典型矿床354处，矿种包括能源矿产、金属矿产和非金属矿产，矿山地质环境质量总体较好。矿山地质环境影响严重区为884.8平方千米，主要分布于房山区金鸡台—史家营、南窖乡等地区，门头沟区斋堂—清水、大台—门头沟镇等地区，昌平区井庄、十三陵等地区，密云区高岭—放马峪，怀柔区琉璃庙和平谷区密云区交界东部渠

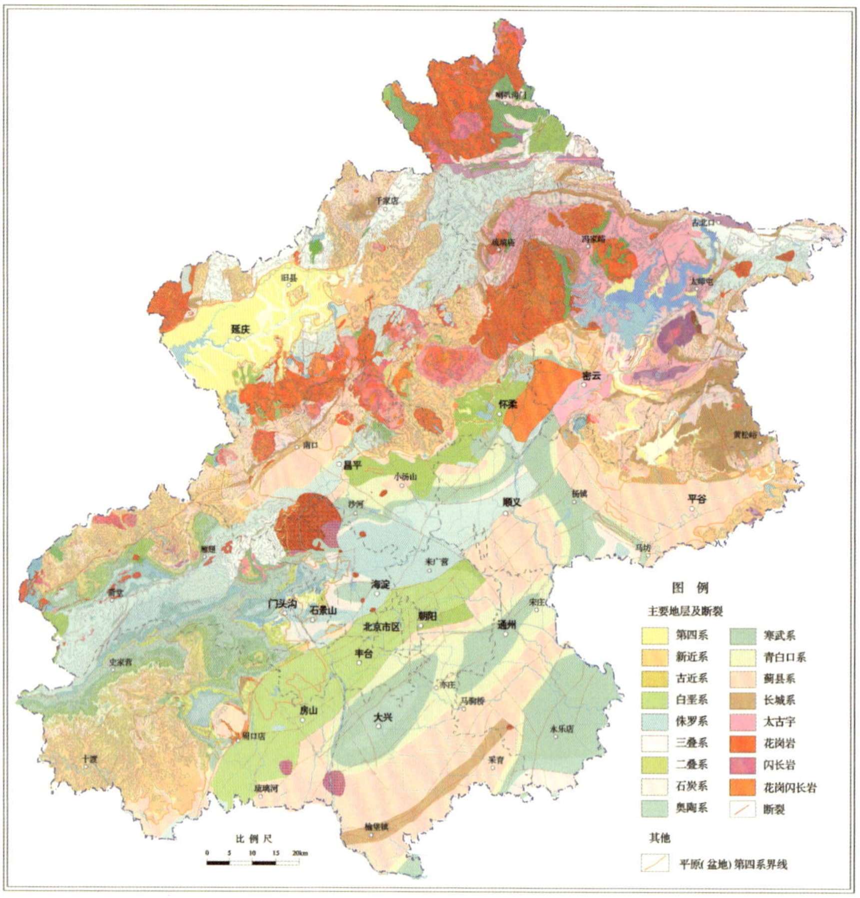

图7-1 北京市地质图

—赵各庄等地区，矿山地质环境问题主要为突发地质灾害、矿山占地、环境污染等（图7-2）。调查区土壤综合环境质量较为安全，一、二级质量区面积占比达99.07%，三、四级质量区分布在昌平区浇花峪地区、延庆区千家店南部、密云区冯家峪东北部、昌平区南口西北部、房山区霞云岭东北部和平谷区刘家店西南等区域，超标元素以Cd、As、Pb为主，多数与多金属矿化或矿业开发活动相关。土壤养分总体属于中等—较丰富等级，丰富等级土地面积达3311.18平方千米，主要分布在平谷区中东部、密云区北部、怀柔区与昌平区交界处、房山区与门头沟区交界处。圈定1784.81平方千米富硒土地资源（Se土壤≥0.4毫克/千克），主要分布在房山区和怀柔区，密云区北部和平谷区东部有少量分布，高硒区空间分布与砂页岩和金属矿床矿化点分布有密切关联。调查评价综合分析突发地质灾害易发程度、矿山环境质量、土壤环境质量、土壤有益元素、生态敏感性等评价因子，编制形成生态涵养区地质环境综合评价分区图。

（刘宗明）

【地质灾害概况】 年内，全市突发地质灾害和缓变地质灾害均有发育。突发地质灾害有泥石流、崩塌、滑坡和地面塌陷等类型，主要分布在山区的沟谷、陡坡及构造活动较强烈地区。缓变地质灾害主要有地面沉降，发育在平原区，形成南北两个大沉降区、七个沉降中心。

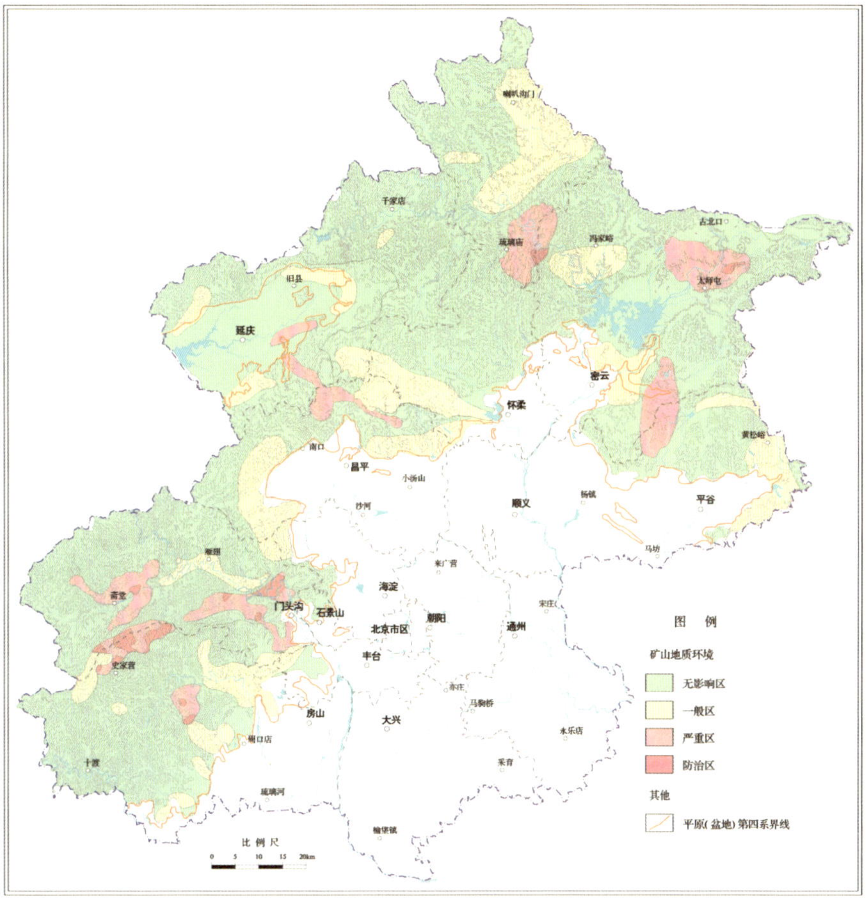

图7–2 北京市生态涵养区矿山地质环境分区图

北区主要包含平原区北部和东部的昌平区八仙庄，海淀区西小营，朝阳区金盏、三间房、黑庄户和通州区城区六个沉降中心；南区有平原区南部大兴区榆垡—礼贤沉降中心。

（张凯）

【查明地质灾害隐患点5000处】 截至年底，全市累计查明地质灾害隐患点5000处，涉及10个山区，威胁84个乡镇、689个行政村、21282户、58146人。按灾害类型分：崩塌2647处、滑坡56处、泥石流811处、地面塌陷96处、不稳定斜坡1390处。按行政区划分：密云区1078处、房山区942处、怀柔区710处、门头沟区714处、延庆区582处、平谷区436处、昌平区441处、海淀区41处、丰台区28处、石景山区28处。

（张凯）

【突发地质灾害16起】 年内，全市发生突发地质灾害16起，其中入汛后发生13起（均为山区公路沿线崩塌灾害），灾害规模均为小型，未造成人员伤亡。

（张凯）

【地质灾害治理】 年内，市规划自然资源委与各区政府组织实施地质灾害治理工程，通过削坡、拦挡坝、挡墙、排水沟、清理危岩、绿化等工程措施改善治理地质环境条件，消除或减轻地质灾害威胁。截至年底，开展地质灾害治理项目214个，涉及隐患点245处，完成竣工验收或待验收的项目208个。

（徐勇）

【地质灾害预警】 年内，市、区两级规划自然资源部门通过加强与气象部门、地质专家的沟通、会商，联合市、区气象部门及时发布地质灾害气象风险预警。市级发布蓝色预警3次、黄色预警2次，10个山区发布区级预警80次（橙色3次、黄色26次、蓝色51次）。汛期发生的13起地质灾害中有11起发生在预警期间。

（张凯）

【地质灾害应急处置】 年内，市、区两级规划自然资源部门开展地质灾害应急排查132次，出动应急排查人员605人次，排查各类地质灾害隐患点3108处。开展应急调查45次，出动应急技术人员225人次，出具应急调查报告（含应急调查登记表）45份。

（张凯）

【地质灾害防治单位资质抽查】 截至年底，全市有95家单位具有地质灾害危险性评估和地质灾害治理工程勘查、设计、施工、监理资质230项，其中甲级资质150项、乙级资质14项、丙级资质66项。年内，市规划自然资源委采取“双随机”方式对乙、丙级资质单位进行抽查，检查人员、设备、业绩等是否符合资质要求、是否存在违反资质管理办法行为。抽查单位全部通过检查（见表7-1）。

（张哲峰）

【地质灾害防治宣传培训演练】 年内，市、区两级规划自然资源部门以“5·12”防灾减灾日宣传活动为主线，印制、发放各类宣传品1万余套；在延庆区珍珠泉乡组织开展突发地质灾害科普宣传进乡镇、进险户活动；在怀柔区长哨营满族乡中心小学组织开展“地质灾害防治科普知识进校园”宣传活动；在延庆区张山营镇晏家堡村组织1次地质灾害应急技术调查实战演练。对1163名基层群测群防员和150余名应急调查队人员举办各类培训11场次。

（张凯）

【130处突发地质灾害隐患点监测】 年内，市地勘院完成监测网年度运行监测。监测表明：所有突发地质灾害隐患点基本处于稳定状态，未发生泥石流灾害；有33条泥石流沟存在人类工程活动、物源或威胁对象发生变化，其中门头沟区4条、房山区20条、密云区9条；其他崩塌、采空塌陷、戒台寺滑坡均处于稳定状态。

（刘宗明）

【突发地质灾害监测预警系统二期建设】 年内，市地勘院继续开展北京市突发地

表7-1 地质灾害防治单位资质情况统计表

单位：项

等级等级资质	评估	勘查	设计	施工	监理	小计
甲级	36	36	38	35	5	150
乙级	6	2	2	3	1	14
丙级	15	18	16	15	2	66
合计	57	56	56	53	8	230

质灾害监测预警系统二期工程建设，怀柔监测站主体建设竣工，待验收；房山监测站完成一层主体结构浇筑。二期工程自2017年6月14日获批以来，截至年底，累计完成泥石流、崩塌、采空塌陷、黄峪口滑坡的野外选点、勘察、设备安装和联调联试1474台（套）。截至年底，北京市突发地质灾害监测预警系统一期工程、二期工程共对山区477处突发地质灾害隐患点安装监测仪器1887台（套），建设4处监测站，搭建了突发地质灾害监测预警信息系统，实现山区典型突发地质灾害专业监测全覆盖。

（刘宗明）

【山区突发地质灾害预警预报】 年内，市地勘院组织开展山区地质灾害趋势预测、汛中调查、应急值班、监测预警等工作。汛期值守525人次，应急调查、巡视排查836人次，提交应急报告133份，向市委报送监测数据255份，完成汛期山区突发地质灾害技防工作，实现汛期地质灾害“不死人、不伤人、少损失”防范目标。

（刘宗明）

【地质灾害风险普查试点调查】 年内，市地勘院组织开展北京市地质灾害风险普查房山试点调查。完成房山区2019平方千米区域的遥感解译；通过遥感数据、地形地貌、地质构造、工程地质、地质灾害等多类数据，完成地质灾害孕灾地质条件综合分析；通过遥感数据结合野外调查，对941处地质灾害隐患点进行核查；在人口聚集区，对有威胁性的54条泥石流沟开展1:1万精度的遥感解译和复核，调查面积236平方千米；编制房山区地质灾害孕灾条件、地质灾害现状分布、地质灾害易发性、危险性、易损性、风险评价和防治区划等成果图件。

（刘宗明）

【采煤沉陷区基本情况调查】 年内，市地勘院完成北京市采煤沉陷区基本情况调查。圈定采煤沉陷区22处（均为一般采煤沉陷区），其中，房山区13处、面积22628.96亩（1508.60公顷），门头沟区9处、面积6746.71亩（449.78公顷）。有7处威胁居民，分别为秋林铺沉陷区、莲花庵沉陷区、曹家坊—大村涧沉陷区、灰青涧沉陷区、西岳台沉陷区、金鸡台北部沉陷区、金鸡台东南沉陷区，威胁居民1508户、4528人；有1处威胁1个景区，为白草畔沉陷区。采煤沉陷区主要损害林草地，面积8976亩（598.4公顷）。

（刘宗明）

【平原区地面沉降监测】 北京市地面沉降监测网于2004年起正式运行，建有一期工程、二期工程，包含地面沉降站7座、GNSS监测点109个、GNSS连续监测点3个、水准点493个、地面沉降专门地下水动态监测井406组。年内，市地勘院完成监测网年度运行监测。监测表明：平原区地面沉降总体呈减缓趋势。区域平均地面沉降速率为10.85毫米/年，较2019年的13.24毫米/年，减小2.39毫米/年，达到区域控沉目标要求。地面沉降速率大于30毫米/年的区域面积为303平方千米，较2019年的755平方千米减小452平方千米；地面沉降速率大于50毫米/年的区域面积为45平方千米，较2019年的217平方千米减小172平方千米；金盏地区沉降速率为85.50毫米/年，为全市最大地面沉降速率点。1955—2020年累计沉降量继续增加，其中朝阳区金盏地区累计沉降量为2229毫米，为全市累计沉降量最大的地方。

（刘宗明）

【地面沉降成灾机理与防控技术研究】 年内，市地勘院继续开展北京市地面沉降成灾机理与防控技术研究，在综合地面沉降发育程度、成因和危害分析基础上，编制完成北京市平原区地面沉降防控区划图（图7-3）。研究表明：地面沉降诱发因素主要包括自然因素和人为因素。其中，自然因素包括地质构造作用（地壳形变、断裂活动和地震等）和欠固结土层压密；人为因素主要包括地下水开采、工程建设和建构筑物荷载等。通过分析北京市60多年地面沉降演化特征，地下水开采布局、管理政策对地面沉降的发育影响显著。平原区地面沉降的形成、发展、扩展、快速发展和初步缓解的演变过程，同地下水资源的初步开发、开采增加、开采控制、严重超采和南水进京后的强化管理，在时间和空间上都呈现出相关性。在南水进京及自备井置换等新水情下，区域沉降速率和沉降中心年沉降速率均明显减缓。南水进京前三年（2012—2014年）平均区域沉降速率为21.6毫米/年，南水进京后三年（2015—2017年）平均区域沉降速率为18.5毫米/年，2018年区域平均沉降速率为13.32毫米/年。朝阳区金盏、黑庄户地区两个沉降中心年沉降速率从2012年的

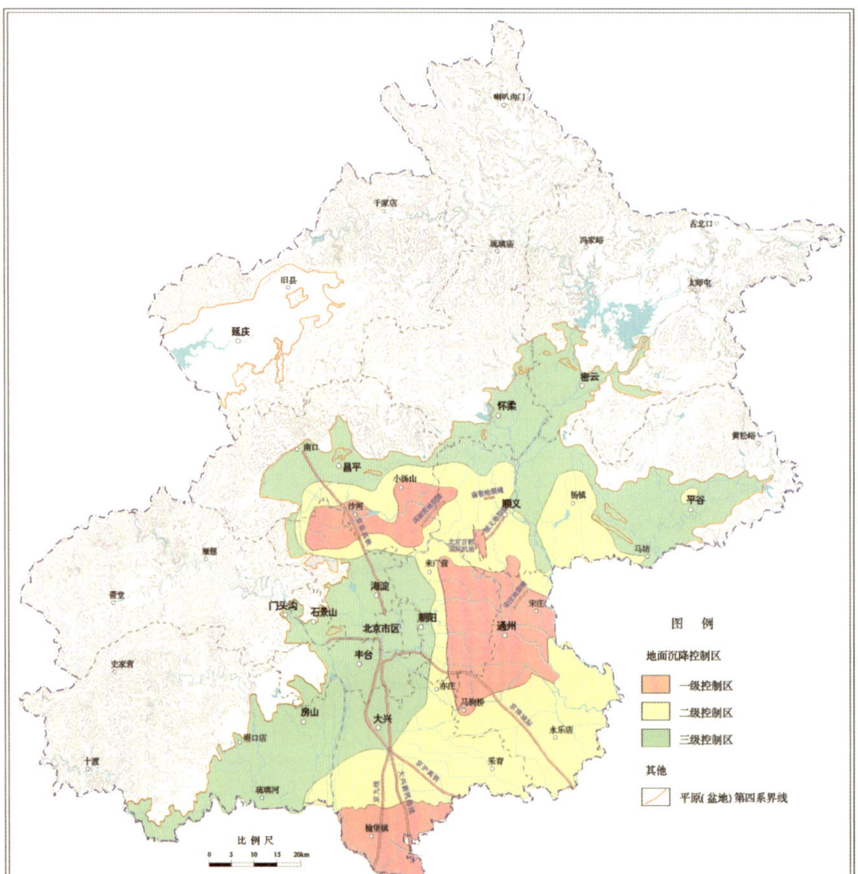

图7-3 北京市平原区地面沉降防控区划图

159.2毫米/年、159.6毫米/年分别下降至2020年的85.50毫米/年、41.00毫米/年。

（刘宗明）

【平原区地下水位上升对地质环境影响研究】　年内，市地勘院继续开展北京市平原区地下水位上升对地质环境影响及应对措施研究。研究表明：随着南水进京、降雨量增加、地下水压采和人工回补等多重补给，平原区浅层地下水（100米以浅）得到有效补给，水位整体呈上升趋势，潮白河和永定河冲洪积扇顶部地下水回升幅度较大，局部地区可达20米。地下水漏斗面积由2014年的2075平方千米缩小至2019年的1018平方千米，地下水资源量在2015—2019年增加12.06亿立方米，年均增幅2.41亿立方米。受生活饮用水连续开采和补给作用较弱影响，深层地下水（100—300米）形势依旧严峻，大兴区、通州区南部等区域深层地下水位仍呈下降趋势，年均下降为1—2米，为该区域地面沉降主要诱因。未来随着地下水位进一步上升，会加重城市重要区域（如中心城区、城市副中心、大兴国际机场）砂土液化程度，影响地表建（构）筑物结构稳定性、防水性等。

（刘宗明）

【平原区活动断裂监测】　截至年底，根据现有调查，北京市平原区发育隐伏断裂76条。其中，2019年年底前完成专项调查的17条（含南苑—通县断裂宋庄段），2020年完成专项调查的12条（含南苑—通县断裂），未开展专项调查的48条。平原区隐伏断裂中，与城市规划建设密切相关的是全新世活动断裂，共9条，分别为：黄庄—高丽营断裂、顺义断裂、夏垫断裂、南口—孙河断裂、南苑—通县断裂宋庄段、姚辛庄断裂、张家湾断裂、延矾次级盆地北缘断裂、张喜庄断裂。

年内，市地勘院开展北京市平原区活动断裂监测网建设，在黄庄—高丽营断裂未来科技城段建设水准测线2条、水准点61个，在顺义断裂建设基岩标2处，在黄庄—高丽营断裂的温榆河南岸和华都肉鸡场2个区域建立氡气和汞气监测线。监测表明：氡气、汞气在活动断裂周边显著异常，温榆河南岸、华都肉鸡场监测异常带宽度分别为150—180米、200—220米，同地表形变带宽度基本吻合。在夏垫断裂上盘、下盘新建基岩标2处、GNSS监测点2个。通过取芯勘探孔的实施，查明断裂两盘稳定基岩层埋深、岩性及特征、新生代地层层序情况。完成北京市平原区礼贤等12条断裂地质调查。对礼贤断裂、安定断裂、桐柏断裂、杨镇断裂、马昌营断裂、大孙各庄主断裂、大孙各庄次断裂、南苑—通县断裂、石楼断裂、琉璃河断裂、永定河断裂、张喜庄断裂12条隐伏断裂开展地质调查。采用补充物探、钻探工作方法，对12条隐伏断裂重新定位，并开展隐伏断裂活动性研究。研究表明：张喜庄断裂为全新世活动断裂，南苑—通县断裂北段为晚更新世活动断裂，安定断裂、礼贤断裂、桐柏断裂、永定河断裂北西段和中段为中更新世活动断裂，南苑—通县断裂南段、永定河断裂南东段为早更新世断裂，石楼断裂、琉璃河断裂为新近纪活动断裂。开展断裂沿线地质灾害地表调查。调查表明：南苑—通县断裂北段、张喜庄断裂沿线发育地裂缝地质灾害，造成地面塌陷、建筑破坏等问题。

（刘宗明）

【平原区地裂缝监测】 截至年底，北京市平原区地裂缝主要分布在顺义区、昌平区、怀柔区、平谷区等地区，其中顺义区及其周边地区最为严重，主要发育有顺义地裂缝、高丽营地裂缝、庙卷地裂缝、宋庄地裂缝、马昌营地裂缝。年内，市地勘院继续开展北京市平原区地裂缝监测网建设，新建宋庄地裂缝监测站，包括水准点20个、GNSS连续监测点2个、地裂缝专门地下水动态监测井4眼。

（刘宗明）

【重大线性工程地质安全监测与研究】 年内，市地勘院继续开展北京市重大线性工程地质安全监测网建设，在北部山区突发地质灾害易发段建设监测站点5处，包括G234（延琉路段）监测站点2处、京礼高速（S3801）监测站点3处。开展监测网年度运行监测，对2016—2020年完成的672次野外巡视、268万条监测数据编辑入库，对监测数据进行综合分析。开展王家台滑坡和白羊城沟泥石流典型地质灾害隐患对交通沿线影响的预警方法专题研究，提出滑坡和泥石流数值计算方法。开展防护网拉力钢绳应力与崩塌危岩体裂缝变化室内试验，提出适用于崩塌主动防护网监测设备参数。

（刘宗明）

矿产资源管理

【古生物化石管理】 3月，市规划自然资源委组织成立第二届北京市古生物化石专家委员会，由该专家委员会承担省级自然资源部门古生物化石鉴定、评估等工作。5月，市规划自然资源委印发《北京市甲级古生物化石收藏单位检查办法》，进一步规范全市古生物化石收藏单位监督管理工作。11月，开展2020年度甲级古生物化石收藏单位“双随机一公开”检查，按照不低于30%的比例，抽取2家甲级古生物化石收藏单位进行检查。2家单位均通过检查。

（高红）

【开展矿产资源总体规划编制】 4月24日，市规划自然资源委启动《北京市矿产资源总体规划（2021—2025年）》编制。截至年底，完成《北京市矿产资源总体规划（2016—2020年）》评估和《北京市矿产资源总体规划（2021—2025年）》大纲、草案编制。

（高红）

【停止固体矿产和矿泉水资源矿业权审批】 6月19日，市规划自然资源委发布《关于我市固体矿产和矿泉水资源矿业权审批工作的公告》，经市政府批准，停止全市固体矿产和矿泉水企业矿业权（探矿权、采矿权）新立审批；现有采矿权到期后，不再办理采矿权延续审批。

（高红）

【地热资源矿业权审批】 7月13日，市规划自然资源委发布《关于我市地热资源矿业权审批工作的公告》，地热资源用于国家及市政府重点工程、公益性项目、供暖项目的，可依法办理矿业权新立审批，已取得矿业权的项目，矿业权到期后（含已过期）可办理延续审批；不符合上述用途的项目，矿业权到期后不再办理延续审批；采矿权在有效期内的项目，可按原地热用途继续开采利用，并鼓励向地热供暖回灌方向转型，不能转型的，采矿权到期后采矿许可证自行废止，采矿权注销。

（高红）

【矿产资源概况】 截至年底，北京市发现各类矿产127种（含亚矿种，下同），其中固体矿产121种、水气矿产6种。查明资源储量并编入《北京市矿产储量表》67种、354个矿产地。北京市矿产资源总量不足，仅有煤炭、铁、水泥用灰岩、溶剂用灰岩、冶金用白云岩、饰面用花岗岩、冶金用石英岩、电石用灰岩、制碱用灰岩、饰面用大理岩矿种资源总量相对丰富。矿产资源勘查程度总

表7–2 北京市矿产种类统计表

<table>
<tr><th colspan="2" rowspan="2">矿类</th><th colspan="3">探明有资源储量并编入储量表的矿种</th><th colspan="2">已发现但尚未探明资源储量的矿种</th></tr>
<tr><th>名称及矿产地数</th><th colspan="2">矿种数</th><th>名称</th><th>矿种数</th></tr>
<tr><td colspan="2">合　计</td><td>354</td><td colspan="2">67</td><td></td><td>60</td></tr>
<tr><td colspan="2">能源矿产</td><td>煤(29)</td><td colspan="2">1</td><td>地热、石油、天然气</td><td>3</td></tr>
<tr><td rowspan="2">金属矿产</td><td>黑色金属矿产（53）</td><td>铁(46)、锰(1)、铬铁矿(2)、钒(2)、钛(2)</td><td>5</td><td rowspan="2">19</td><td></td><td></td></tr>
<tr><td>有色、贵金属及稀有稀散元素矿产（63）</td><td>铜(8)、铅(7)、锌(9)、铝土矿(1)、钨(3)、铋(1)、钼(8)、镁(2)、铂(1)、钯(1)、金(14)、银(5)、镓(2)、镉(1)</td><td>14</td><td>镍、钴、锡、汞、锑、铑、铱、钌、锇、铌、钽、铍、锆、锶、铈、锗、铟、铊、铼、硒、碲、铀、钍</td><td>23</td></tr>
<tr><td rowspan="3">非金属矿产</td><td>冶金辅助原料非金属矿产（44）</td><td>红柱石(1)、普通萤石(1)、熔剂用灰岩(13)、冶金用白云岩(12)、冶金用石英岩(4)、铸型用砂(1)、冶金用脉石英(4)、耐火粘土(7)、铁矾土(1)</td><td>9</td><td rowspan="3">47</td><td>兰晶石、矽线石、堇青石</td><td>3</td></tr>
<tr><td>化工原料非金属矿产（43）</td><td>硫铁矿(3)、电石用灰岩(8)、制碱用灰岩(1)、含钾砂页岩(2)、含钾岩石(1)、泥炭(28)</td><td>6</td><td>磷、硼、重晶石、蛇纹岩</td><td>4</td></tr>
<tr><td>建筑材料及其他非金属矿产（122）</td><td>石棉(2)、石墨(2)、滑石(1)、长石(2)、叶蜡石(1)、透辉石(3)、玉石(4)、水泥用灰岩(23)、建筑石料用灰岩(5)、制灰用灰岩(11)、泥灰岩(1)、玻璃用石英岩(1)、玻璃用砂岩(1)、水泥配料用砂岩(5)、建筑用砂(9)、砖瓦用砂(3)、水泥配料用脉石英(1)、天然油石(2)、陶粒页岩(3)、砖瓦用页岩(6)、水泥配料用页岩(2)、陶瓷土(3)、砖瓦用粘土(7)、水泥配料用粘土(6)、饰面用角闪岩(1)、饰面用辉长岩(1)、饰面用闪长岩(1)、铸石用辉绿岩(2)、建筑用花岗岩(1)、饰面用花岗岩(4)、饰面用大理岩(7)、饰面用板岩（1）</td><td>32</td><td>兰石棉、石膏、高岭土、蛭石、沸石、石榴子石、伊利石、累托石、海泡石、冰洲石、云母、电气石、方解石、方柱石、板岩、陶粒用粘土、白垩、砚石、光学水晶、熔炼水晶、压电水晶、刚玉、麦饭石、透闪石</td><td>24</td></tr>
<tr><td colspan="2">水气矿产</td><td></td><td colspan="2"></td><td>地下水、矿泉水、医疗矿泉水</td><td>3</td></tr>
</table>

说明：矿种后括号内数字为矿产地数

体偏低，基础储量所占比例不高，有32个矿种基础储量为零。石油、天然气、有色金属等全部靠京外输入，受禁采限制，砂石土等主要靠周边省市输入。地热资源比较丰富。（见表7-2）

（高红）

【矿产资源开发利用】 截至年底，北京市矿产资源已开发利用矿种53个（含地热、矿泉水，下同），正在开发利用矿种7个，年产矿石量652.03万吨，工业总产值108551.66万元，从业人员6117人。

（高红）

【矿业权管理】 截至年底，全市有效采矿权119个，其中地热108个、矿泉水8个、固体矿产3个（在生产1个、停产2个）；注销采矿权7个，待注销固体矿产采矿权9个。

（高红）

【矿业权人勘查开采信息公示】 年内，市规划自然资源委组织开展2019年度矿业权人勘查开采信息公示，完成158个矿业权人信息公示，实地核查9个，未进行信息公示的矿业权人被列入异常名录。

（高红）

【矿产资源储量管理】 年内，市规划自然资源委将矿产资源储量登记和评审备案2个服务事项合并为矿产资源储量评审备案1个服务事项。截至年底，完成矿产资源储量评审备案7份，其中建设项目压覆矿产资源核查4份、矿山闭坑地质报告2份、地热勘查报告1份。

（高红）

【矿产资源储量评审备案工作完善】 年内，市规划自然资源委研究完善全市矿产资源储量评审备案工作，梳理工作流程，完善工作制度，修订评审备案工作规则及实施细则、评审专家管理办法，制定专家摇号管理办法，更新评审专家库，建设评审备案审批服务系统，扎实推进评审备案改革。

（逄晓）

【地热资源概况】 北京市可利用的地热资源主要包括浅层地热能和深层地热能。浅层地热能指位于地表至地下200米，储存于水体、土体、岩石中的温度低于25℃，采用热泵技术可提取用于建筑物供热或制冷的地热能。北京市地埋管地源热泵系统适宜区主要位于平原区河流冲洪积扇中下部，面积3196平方千米；较适宜区位于平原区河流冲洪积扇上部，总面积3143平方千米。北京市平原区浅层地热能储存量为1.95×1015千焦耳，折合标准煤6.67×1010千克。地埋管地源热泵系统夏季可制冷面积53973.48万平方米，冬季可供暖面积79159.84万平方米。北京市深层地热能为沉积盆地型中低温地热田，集中分布在平原地区（含延庆盆地）。地热水出水温度主要为50—117℃，地热水主要为矿化度500—700毫克/升的重碳酸—硫酸钠型水，氟、偏硅酸含量较高，具有医疗、保健、养生等作用。全市有各类地热勘查、钻井500余眼，最大单井深度超过4000米，最高出水温度117℃。按照热储顶板小于3500米、出水温度大于50℃的标准，划分为10个地热田及远景区，总面积达2863.80平方千米。

（刘宗明）

【地热能开发利用地质环境影响监测】 截至年底，北京市深层地热能与浅层地热能开发利用地质环境影响监测网有浅层地热能监测站点80处，其中基准地温监测站点10处、地下水地源热泵监测站点20处、地埋管地源热泵监测站点50处；深层地热能监测站点9处。年内，市地勘院完成监测网年度运行监测。监测表明：浅层地热能监测站点运行良好，随着冬季供暖和夏季制冷的换热作用，监测站点周边地温场呈上下波动规律。在2月（供暖季）至8月（制冷季），地埋管地源热泵监测站点单周期温度波动范围在7—30℃，地下水地源热泵监测站点单周期温度波动范围为10—25℃，过渡季末地温场基本恢复至地层初始温度（图7-4）。

（刘宗明）

【浅层地热能监测站点换热贡献率与地温场相关性研究】 年内，市地勘院开展浅层地热能监测站点换热贡献率与地温场相关性专题研究。该研究将北京市平原区地表以下温度层划分为变温层、恒温层、增温层三层。其中，变温层厚度为12—30米，恒温层厚度为18—40米，变温层、恒温层以下直至地核深部均为增温层，增温梯度为2—4℃/100米。根据监测数据开展平原区120米地温场分布规律研究。研究表明：小汤山、东小口、金盏、马驹桥等区域温度较高，最高值可达21.4℃，为小汤山地区；琉璃河、后沙峪地区温度较低，最低值为11.5℃，为琉璃河地区（图7-5）。不同地温场环境及水文地质条件对浅层地热能换热贡献率相差数倍。

（刘宗明）

【大兴国际机场临空经济区清洁能源勘查评价】 年内，市地勘院开展大兴国际机场临空经济区清洁能源勘查评价。开展专项水文地测量、地温场基础测量，运用可控源音频大地电磁测深（CSAMT）、大地电磁（MT）、微动、地震频谱谐振等物探方法查明地质构造展布。完成1眼

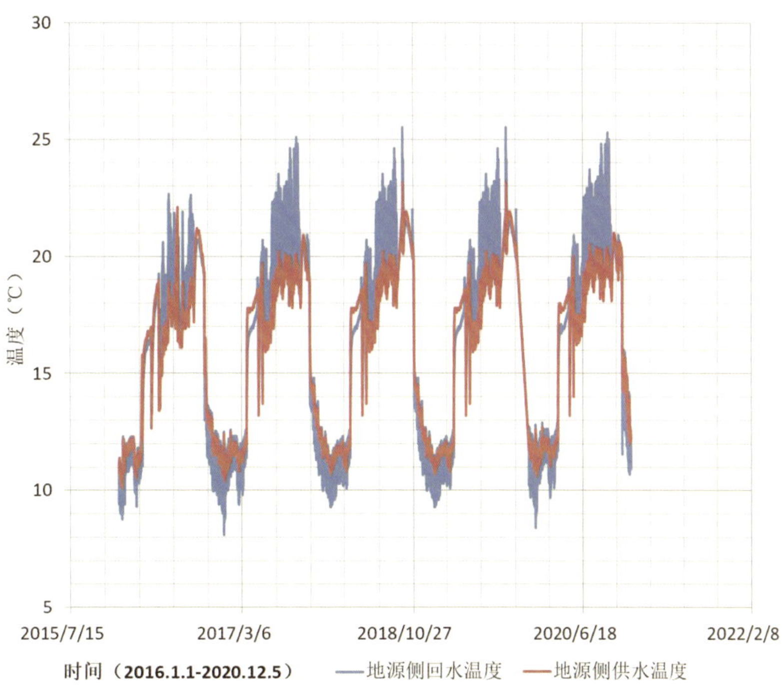

图7-4　地埋管监测站点（电气工程学院）温度波动曲线图

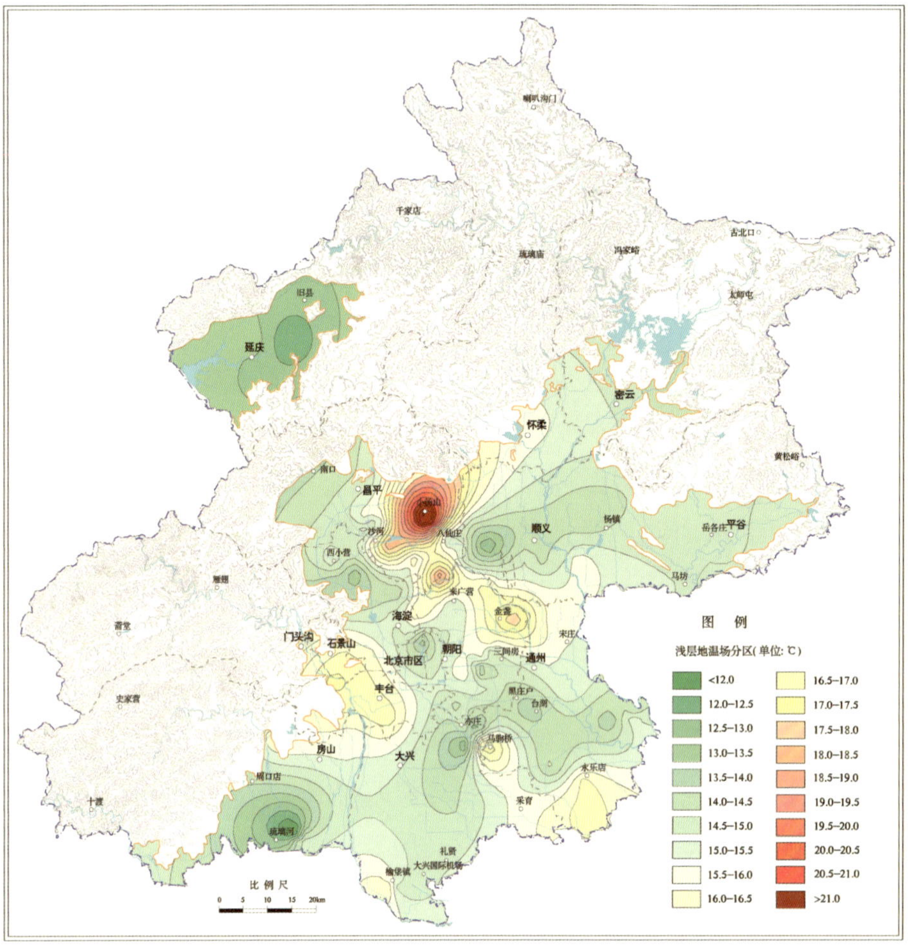

图7–5　北京市平原区120米浅层地温场分区图

深层换热孔钻探，孔深1805.28米，自上而下揭示地层为第四系、新近系明化镇组、长城系高于庄组（热储层）。完成10眼浅层换热孔钻探，孔深150米，并开展岩土取样、地球物理测井、热响应试验、热物性试验、土工测试、地温场测量等工作。经计算，研究区150米以上的岩土体每变化1℃时的热容量为9.91×1012千焦耳。

（刘宗明）

【村镇清洁能源多能联动系统应用研究】年内，市地勘院开展北京市村镇清洁能源多能联动系统应用研究。该研究采用“地源热泵+太阳能复合式供暖系统”和地能分体式热泵系统，实现供暖制冷面积2650平方米，冬季负荷为265千瓦，夏季负荷为318千瓦。采用150米双U、300米双U、150米套管和300米套管等四种不同的换热孔类型，分析不同类型换热孔的换热能力、多能联动供暖系统运行能效以及对地温场的影响，模拟预测四种系统运行模式的地温场变化及热均衡特征。研究发现：150米套管和150米双U的换热能力接近，300米套管的换热能力是300米双U的1.2倍，300米双U单孔的换热能力是150米双U单孔的1.90-2.02倍，300米套管单孔的换热能力是150米套管单孔的2.4倍。

（刘宗明）

【矿山地质环境监测】　截至年底，北京市矿山地质环境监测网在潮河流域、白河流域、永定河流域、沟河流域和大石河流域内建有地下水监测井102眼、地表水监测点508个、地表土监测点1606个、剖面土监测点1103个、定位监测桩1082个。年内，市地勘院完成监测网年度运行监测。监测表明：潮河流域、白河流域、沟河流域以开采金属矿为主，金属矿中含重金属元素较多，对周边土壤影响较大，污染物主要为Hg、As、Pb、Cd，来源于矿山开采冶炼产生的废水、废渣及尾矿。永定河流域、大石河流域以开采煤矿为主，污染物主要为As、Cd。通过对土壤环境监测结果综合评价，划分出强风险区域10个，总面积8.612平方千米。

（刘宗明）

2021 专项业务管理

综述

市规划自然资源委推动《北京市测绘条例》修订。建立北京2000城市坐标系。规范办理测绘资质与作业证、注册测绘师业务，建立新冠肺炎疫情期间测绘业务办理绿色通道。对首次取得测绘资质的单位开展9次“双随机”检查。完成2020年全市测绘资质单位成果质量监督抽查、年度基础测绘，在城市副中心和怀柔科学城开展新型基础测绘试点。推进工程建设项目“多测合一”改革。开展智能汽车基础地图应用试点。制作发布北京疫情地图，用地图直观展示全市疫情高、中风险地区所在乡镇、街道。持续提升地理信息公共服务水平，发布2019版全市行政区域界线基础地理底图，加强地理信息安全监管。

市规划自然资源委开展建设师负责制试点、人工智能审图技术试点。强化勘察设计招投标监管，推进工程建设领域招投标监管制度改革。推动责任规划师下沉街乡，全市签约301个责任规划师团队，覆盖318个街道、乡镇和片区。开展绿色建筑设计标识评审、绿色生态示范区评选。继续申办2026年世界建筑师大会。

市规划自然资源委发布实施38项标准、导则、规范、指南、图集，开展8项城乡规划地方标准复审，完成2020年房屋建筑类施工图专项抽审、轨道交通施工图设计文件专项抽审。开展首都功能核心区地名文化保护专项规划编制，开展街区控规地名专项规划试点，完成18个试点街区控规地名专项规划的编制、审查。全市命名、调整地名253个。

市规划自然资源委建立自然资源和国土空间规划督察制度，批复《北京市自然资源和国土空间规划督察工作方案（试行）》，完善自主督察制度体系，推进国家自然资源督察指出问题整改，积极开展自主督察。坚决治理违法用地违法建设，完善规划自然资源领域执法制度，拆既有和控新生成效显著，超额完成年度拆违任务。有序推进违建别墅问题、农村乱占耕地建房等专项整治，密云区实现“基本无违法建设区”创建。

（赵霆）

测绘·地理信息

【智能汽车基础地图应用试点】 1月15日，落实市政府高级别自动驾驶示范区建设工作方案和自然资源部关于北京市智能汽车基础地图应用试点批复精神，市规划自然资源委、市经济信息化局联合召开会议，审查通过第一阶段北京市智能汽车基础地图应用试点区域，试点划定在国家智能汽车与智慧交通（京冀）示范区亦庄基地和北京经济技术开发区特定自动驾驶开放道路和开放测试区域，共计111条道路，长度约332千米，区域面积约35平方千米。12月24日，市规划自然资源委、市经济信息化局联合印发《北京市智能汽车基础地图应用试点暂行规定》等政策文件，在政策法规、新技术研究、服务支持等方面给予测试企业更广泛的探索空间。

（郭昱杉）

【北京疫情地图制作发布】 6月中旬，落实自然资源部、市委办公厅要求，满足新华网需求，市规划自然资源委紧急制作北京市新型冠状病毒肺炎疫情地图，在“天地图·北京”（北京市地理信息公共平台）设立疫情地区专题栏目进行发布，对全市疫情中、高风险地区所在乡镇、街道进行地图直观展示。该疫情地图被30多家主流媒体转载，点击量超过2300万人次。

（郭昱杉　曹筱敏）

【测绘资质与作业证、注册测绘师业务办理】 年内，市规划自然资源委受理测绘资质审查233件，其中甲级初审39件，乙、丙、丁级审查194件；审批通过乙、丙、丁级测绘资质111件，其中新申请45件、变更和增项66件；依申请注销7家企业测绘资质。审批测绘作业证1569次，其中新申请921次、延期450次、注销198次。完成注册测绘师初审、延续、变更183人次。

（盖乐）

【疫情期间测绘业务办理绿色通道建立】 年内，市规划自然资源委印发《关于做好疫情期间测绘业务工作的通知》，建立新冠肺炎疫情期间测绘业务办理绿色通道，取消现场核验申请材料原件环节，并向企业提供证书邮递服务。截至年底，办理业务205项。

（盖乐）

【测绘单位常见问题汇编发布】 年内，市规划自然资源委以问答形式汇总形成《测绘单位常见问题汇编》，并向社会发布。该汇编涵盖测绘领域7类76项工作内容，降低了北京市政务服务中心勘察设计测绘窗口电话咨询数量。

（盖乐）

【测绘资质双随机检查】 年内，市规划自然资源委对首次取得测绘资质的单位，开展9次“双随机”检查，及时发现问题、了解需求，现场提出整改意见。被检单位经完善资料后全部符合要求。

（盖乐）

【年度测绘成果质量监督抽查】 年内，市规划自然资源委开展2020年北京市测绘资质单位成果质量监督抽查。抽查范围为测绘资质单位在2018年至2019年完成的测绘航空摄影、规划测量、地籍测绘等项目。抽查单位60家，抽查项目58个（1家被检单位资质已注销，未提交项目资料；1家被检单位抽查项目涉密，转为质量管理体系检查），其中11个项目不合格。抽查质量管理体系8家，其中1家单位管理体系存在较多问题。开展2020年外埠测绘资质单位在京承担项目成果质量监督抽查。抽查范围为外埠测绘资质单位在2017年至2019年实施并完成的测绘项目。抽查单位10家，抽查项目10个，其中1个项目不合格。

（盖乐）

【工程建设项目“多测合一”改革】 年内，市规划自然资源委进一步完善社会投资简易低风险工程建设项目“多测合一”工作实施细则，将低风险工程建设项目清单中的办公、商业、公共服务设施、仓库、厂房纳入“多测合一”，同步开展工程竣工测量和不动产测绘，整合形成一份成果报告，相关成果各部门共享互认。

（盖乐）

【基础测绘年度任务完成】 年内，市规划自然资源委完成年度基础测绘生产任务，包括：沉降区高程复测及原点网监测1050千米；中心城区一级加密控制网平面复测1000点、高程复测1020千米；四环范围内1:500地形图更新和数据加工入库8450幅；六环范围1:2000地形图更新和数据加工入库3376幅，六环外平原地区1:2000地形图更新5160幅、航测更新及数据加工入库400幅、平原地区1:10000地形图更新及数据加工入库457幅。

（盖乐）

【基础航空摄影航飞任务完成】 年内，市规划自然资源委完成基础航空摄影航飞任务，包括：全市域0.2米分辨率正射影像、中心城区（五环范围内）0.05米分辨率正射影像、城市副中心155平方千米0.05米分辨率倾斜影像和LiDAR数据。

（盖乐）

【新型基础测绘试点开展】 年内，市规划自然资源委在城市副中心和怀柔科学城开展新型基础测绘试点。编制形成总体试点方案，提出试点目标及6类48项试点任务；编制形成地理实体分类、编码等4项标准草案；探索试点按需组装、动态更新等工作机制；生产0.02米和0.05米精度的三维产品，研究空天地多源数据获取、室内外一体化建模、BIM与GIS融合等技术。

（盖乐）

【北京2000城市坐标系建立】 年内，市规划自然资源委开展北京2000城市坐标系建立及验证。综合运用北京地形地势、两线三区（两线：生态控制线、城市开发边界；三区：集中建设区、限制建设区、生态控制区）、永久基本农田、1700余块宗地等4类数据进行分析比对，编制北京2000城市坐标系建立方案。该方案经中国工程院院士李建成等组成的专家组指导把关，通过市规划自然资源委主任办公会审议，获市政府批复。截至年底，正在报自然资源部审批。

（盖乐）

【测绘行业单位测绘成果质量分析评估】 年内，市规划自然资源委完成北京市测绘行业单位测绘成果质量分析评估。该评估通过梳理北京市测绘资质单位基本情况及测绘成果质量主要监管方式，综合分析基础测绘成果和非基础测绘成果质量现状，对2016年至2019年测绘成果质量进行评估，统筹提出测绘成果质量监管建议。

（盖乐）

【地理信息行业行政审批】 年内，市规划自然资源委受理办结涉密测绘成果166件；收到地图审核申请66件，受理51件，许可39件；受理许可使永久性测量标志失去效能审批4批、63件；普查永久性测量标志1263个，完好率达94.1%；普查北京市中心城区网络RTK一级加密控制点2213个，完好率达89.7%。

（郭昱杉）

【提升地理信息公共服务】 年内，市规划自然资源委持续推进地理信息公共服务平台系统建设和数据融合，统筹公众版、政务版、涉密版的建设，以“一套母库，三个版本”为目标，实现各版本数据共享利用，避免重复建设。编制各类政务专题图，为市委市政府应急指挥、冬奥组委“冬奥会签约酒店地图”、市统计局“北京市第七次全国人口普查”项目、市交通委“轨道交通安全保护区公示”工作，以及市规划自然资源委“多规合一审批平台”“现状一张图”系统建设提供地理信息数据支持。“天地图·北京”完成与国家天地图主节点统一用户管理，实现基础服务、开发资源、访问域名、界面样式、用户管理“五统一”。北京主节点登记用户6938个（含单位及个人用户），其中活跃用户415个。截至年底，“天地图·北京”网站页面访问量约59000人次（不含调用服务），基础地理底图下载量35000次。

（郭昱杉）

【2019版全市行政区域界线基础地理底图发布】 年内，市规划自然资源委、市民政局组织修编“2019版北京市行政区域界线基础地理底图”，并在市规划自然资源委、市民政局官网同时发布。该底图规范了全市各类地图中行政区域界线的画法，保证地图标绘的全市各级行政区域界线走向、政区名称及办公驻地位置的准确性，可满足地图编制单位和社会公众需求。

（郭昱杉）

【地理信息安全监管】 年内，市规划自然资源委组织北京地区测绘资质单位及测绘地理成果领用单位开展地理信息安全自查，全面排查敏感数据安全保密风险隐患。275家单位上报《自然资源领域涉密和敏感数据排查整治自查表》，经统计，未发生涉密或非涉密数据泄露事件。联合市委宣传部等12个部门，全面开展地图市场监督检查。将互联网地理信息监管系统部署本地服务器，实现7×24小时不间断监控。建立监测月报制度，及时掌握互联网地图情况。监测互联网图片417万余张，其中推送地图图片23822张，经检查，有1084张（含静态地图图片）不符合公开地图表示要求，涉及5家单位，均按程序进行处理。对随机抽取的4家涉密基础测绘成果使用单位及测绘资质单位、17个地图审核申请件进行检查，经检查，1家涉密基础测绘成果使用单位存在涉密测绘成果管理隐患和漏洞，3家出版社未按审核要求修改即向社会公开，均要求相关单位自查整改，涉及违法行为的，均按程序进行处理。

（郭昱杉）

【开展16项首都功能核心区地理信息应用服务】 年内，市测绘院开展天安门地区基础设施三维立体实景信息库建设、首都功能核心区空间资源摸排、首都功能核心区智慧规划和协同治理平台建设等16项地理信息应用服务，摸清首都功能核心区空间数据基底。

（曹筱敏）

【开展城市副中心重点项目测绘地理信息服务】 年内，市测绘院对环球影城主题公园、城市副中心三大建筑、城市副中心行政办公区二期等项目进行用地和规划测绘。通过存量数据定制加工方式，融合7类专题数据，为城市副中心东六环路创新发展轴空间综合分析和规划编制提供数据服务，夯实城市副中心建设的数据基础。

（曹筱敏）

【测绘服务2022年北京冬奥会建设】 年内，市测绘院围绕2022年北京冬奥会延庆赛区，完成全景影像、快拼影像的数据生产及成果入库发布，进行造雪点位展示和土方量估算；开展冬奥会规划用地测量，高山滑雪中心、国家雪车雪橇中心及配套设施的基础放样复测，赛道三维激光扫描。

（曹筱敏）

【开展疫情防控地理信息服务】 年内，市测绘院紧急开展新型冠状病毒疫苗车间、北京中医药大学东方医院发热门诊紧急防疫重点工程等应急测绘。紧急制作北京市新冠疫情风险等级地图40版次，为市委防疫决策提供及时支持。

（曹筱敏）

【基础设施建设项目测绘】 年内，市测绘院完成轨道交通平谷线、M101线、M102线项目测绘，完成国道109新线高速公路、京唐城际铁路等项目前期用地测绘，完成雄安新区送变电及北京市新能源充电桩系列测绘，支撑京津冀重大基础设施项目落地。

（曹筱敏）

【建设工程全过程监督核测】 年内，市测绘院继续开展“建设工程全过程监督核测”，完成核测项目1000余项，实时向全过程监督核测服务系统传送项目数据，提升了工程建设项目审批效率，促进核验工作高效开展。

（曹筱敏）

【推进“现状一张图”建设】 年内，市测绘院优化“现状一张图”专班，整合房屋、交通、市政、轨道等各类空间数据，开展“现状一张图”建设，完成房屋专题数据年度更新，并与基本比例尺地形图生产相融合，开展交通专题数据梳理和加工，打造全市空间数据“一个底板”。

（曹筱敏）

【全国自然灾害综合风险普查试点】 年内，市测绘院统筹推进第一次全国自然灾害综合风险普查，并在房山区开展试点，形成全国自然灾害综合风险普查“房山模式”，为全国自然灾害综合风险普查提供样例。

（曹筱敏）

勘察设计

【建筑师负责制试点】 6月8日，住房城乡建设部办公厅批复同意北京市开展建筑师负责制试点工作。年内，市规划自然资源委在民用建筑和低风险工业建筑项目中，持续推行“全过程工程咨询”和“建筑师负责制”试点，在全市选取商业文化服务、教育、医疗、康养设施及低风险工业建筑等多种类型试点项目，在中小规模建设项目中开展先行先试，由建筑师统筹协调工程建设各环节工作，协助建设单位将建设意图、投资控制和最终功能要求贯彻始终，实现建筑设计的高完成度，有效控制建筑造价，提升建设品质和投资效益。研究制订《北京市建筑师负责制试点指导意见》。

（胡坤）

【人工智能审图技术试点】 9月10日，北京市建设工程人工智能审图试点工作获住房城乡建设部批复同意。获批后，市规划自然资源委研究确定试点工作从功能简单的办公楼、教学楼等建筑类型入手，重点对消防安全性、结构安全性等进行审查，并在全市数字化审图系统基础上，初步完成系统工作架构梳理，开展多套标准办公楼图纸的计算机语言翻译，完成部分条文的智能识别和程序编制。

（任健凯）

【勘察设计招投标监管】 年内，市规划自然资源委加强招投标领域标前、标中、标后监管，促进市场公平竞争，维护市场正常秩序。完成“新国展二、三期项目设计方案国际招标项目”“路县故城遗址保护展示工程设计（方案部分）”“丽泽城市航站楼（方案部分）”等大型公建国际方案招标，完成“北京城市副中心行政办公区二期启动区项目工程总承包（EPC）”“北京未来设计园区（铜牛地块老旧厂房改造项目一期）工程总承包（EPC）”“东单办公楼装修改造工程总承包（EPC）”等工程总承包招标。截至年底，受理建设工程招投标备案项目551项，其中工程勘察158项、工程设计393项，招投标项目总投资约9254亿元，设计总建筑面积约2579万平方米。

（胡坤）

【工程建设领域招投标监管制度改革】 年内，市规划自然资源委结合《中华人民共和国招标投标法》的修订，以及国家发展改革委、住房城乡建设部关于工程建设领域招标投标监管制度改革，进一步扩大招标人自主权，简化招投标程序，创新招投标监管方式，推进电子招投标，加强招投标全过程监管，强化对中标后合同履行情况监督，遏制招投标违法违规行为，维护市场各主体合法权益。

（胡坤）

【勘察设计资质资格管理】 年内，市规划自然资源委完成工程设计行政许可事项803件、工程勘察行政许可事项193件，工程设计、工程勘察资质证书变更698项，外埠勘察设计企业进京备案166项，勘察、设计、城乡规划单位信誉函办理148件，工程勘察、工程设计资质换章审核1078项。办理二级注册结构工程师审批66人次，一级注册人员收件并报住房城乡建设部执业注册中心2964人次。

（胡坤）

【勘察设计行业诚信体系建设】 年内，市规划自然资源委加强勘察设计行业自律和诚信体系建设，主动公开招投标、资质资格申报等审批和检查信息，开展信用记录和评价，加强数据共享，建立信用评价结果联动应用机制，维护市场秩序。

（胡坤）

【责任规划师制度建设】 年内，市规划自然资源委继续在全市推行责任规划师制度。责任规划师团队深入基层，围绕群众关心的热点难点问题，发挥专业优势，开展陪伴式规划设计咨询服务，搭建共建共治共享的精细化治理平台，探索形成多元化、可复制推广的工作模式。自2019年北京市责任规划师制度实施办法试行以来，截至年底，除密云区外，全市15个区和经济技术开发区的318个街道、乡镇和片区已聘任301个责任规划师团队，覆盖率达到95%以上。

（胡坤）

【推进绿色建筑和绿色生态示范区】 年内，市规划自然资源委组织召开9次绿色建筑标识线上评审会，68个项目通过评审，获得绿色建筑设计标识证书；服务冬奥会场馆建设，提供技术支持，3个场馆通过评审，获得三星级绿色建筑设计标识，其他场馆认证工作也在进行中。截止年底，全市通过施工图审查达到绿色建筑标准的项目达到2.9亿平方米，获得绿色建筑设计标识的项目约4800万平方米。

推动绿色生态示范区建设。自3月起，拓宽北京市绿色生态示范区评选范畴，鼓励街道和乡镇开展小规模、渐进式绿色化更新改造并参与绿色生态示范区评选。4月13日，《北京市装配式建筑、绿色建筑、绿色生态示范区项目市级奖励资金管理暂行办法》印发实施，规范绿色生态示范区项目市级奖励资金管理。7月，启动2020年北京市绿色生态示范区评选，有8家单位、6个项目进入现场核查环节，北京城市副中心运河商务区启动区、北京大兴国际机场安置房项目（榆垡组团）、清河街道“共建共享—美好社区”（美和园）3个项目获“北京市绿色生态示范区”称号和奖励资金。

（胡坤）

【申办2026年世界建筑师大会】 年内，市政府与住房城乡建设部联合成立2026年世界建筑师大会申办指导委员会；市规划自然资源委联合中国建筑学会，共同组织清华大学、北京市建筑设计研究院等科研院校和行业单位，推动2026年世界建筑师大会申办工作。编制票仓工作任务表，点对点制定票仓争取方案；契合联合国教科文组织“公平”和“可持续”等主题定位，初步确定申办主题——“回到均衡：为所有人美好生活的建筑”（Back to Balance:Architecture for everyone's better life）；制定里约建筑师大会中国馆策展方案，落实线上展览的策划和设计；通过组织和参与国际会议、外事访问等，加强与国际建协和相关成员学会的互动交流，争取申办支持。

（胡坤）

【既有建筑改造消防设计研究】 年内，市规划自然资源委开展既有建筑改造工程消防设计研究，按照“鼓励更新、整体提升，确保安全、控制成本，创新方法、统筹兼顾”原则，从维持现状、满足原标准、性能补偿三个层面提出设计要求。截至年底，形成《北京市既有建筑改造工程消防设计指南（试行）》初稿。

（涂晓明）

标准管理

【《市政基础设施岩土工程勘察规范》发布实施】 3月31日，市规划自然资源委、市市场监督管理局联合发布《市政基础设施岩土工程勘察规范》。该规范结合北京地区特点，在遵循国家标准、行业标准基础上，把综合管廊、生活垃圾填埋场等市政基础设施类型纳入规范，从技术上指导北京市行政区域内城镇的道路、桥涵、隧道、综合管廊、室外管道、给排水厂站、城市绿地、生活垃圾填埋场和堤岸等市政基础设施工程的岩土工程勘察。自10月1日起实施。

（陈一唱）

【第二批轨道交通工程设计图集发布】 4月23日，市规划自然资源委发布第二批北京市轨道交通工程设计通用图集、系统图集和安装图集。第二批图集共23本，分别为《标准车站公共区布置图（8A编组地下12米岛式车站）》《标准车站卫生间、污水泵房详图（8A编组）》《设备及管理用房区装修工程做法》《设备及管理用房区建筑详图》《地下车站附属建筑设计通用图（出入口、无障碍电梯口、安全出口）》《车站公共区标识系统明挖基坑支护钻孔灌注桩构造及详图》《矿山法标准单线区间隧道二次衬砌构造及详图》《明挖结构平面整体表示方法制图规则及通用构造详图》《60kg/m钢轨用防脱护轨通用铺设图》《60kg/m钢轨伸缩调节器通用铺设图》《弹条Ⅱ—2型扣件》《弹性长枕》《时速100公里及以下城市轨道交通后张法预应力混凝土单线预制箱梁》《接触轨系统安装通用图》《供电系统电缆支架制作安装通用图》《杂散电流腐蚀防护土建施工通用图》《EPS电源系统通用图》《隧道通风设备及附件通用图》《通信系统构成、设备连接及机房设备平面布置图》《信号系统构成、轨旁及室内设备平面布置图》《自动售检票系统构成、设备平面布置图》《自动售检票系统车站图》。

（孟维举）

【《城市轨道交通车站安检设计标准》发布实施】 7月2日，市规划自然资源委、市市场监督管理局联合发布《城市轨道交通车站安检设计标准》。该标准适用于北京市行政区域内新建城市轨道交通工程的安检设计，优化安检区域设计，对安检设备设施标准、安检点位置及布局等做出技术规定。是首部对城市轨道交通车站安检设计进行全面规范的地方标准，填补国内该领域标准空白。自10月1日起实施。

（孟维举）

【《居住建筑节能设计标准》修订发布】 7月2日，市规划自然资源委、市市场监督管理局联合发布修订后的《居住建筑节能设计标准》。该标准提高了建筑节能目标，将北京市居住建筑节能率由75%提升至80%以上，提出能耗指标引导值，将节能水平由20%提高到30%。自2021年1月1日起实施。

（白同宇）

【《住宅设计规范》发布】 7月2日，市规划自然资源委、市市场监督管理局联合发布《住宅设计规范》。该规范适用于北京市城镇新建、改建、扩建住宅的建筑设计，提出满足无障碍通行技术要求、提高最小套型面积、增加居住空间采光面积、加强隔声降噪设计等要求，明确各类面积计算要求，强化防坠落、防摔倒的安全设计，注重消防报警等住宅公共安全系统设计。自2021年1月1日起实施。

（白同宇）

【《城市基础设施工程人民防空防护设计标准》发布】 7月2日，市规划自然资源委、市市场监督管理局联合发布《城市基础设施工程人民防空防护设计标准》。该标准对城市轨道交通工程、地下联系隧道、综合管廊、地下综合体、综合客运交通枢纽、生产调度指挥中心等6类兼顾人民防空需要的工程，提出防护标准和防护设施设计要求。自2021年1月1日起实施。

（白同宇）

【《海绵城市规划编制与评估标准》发布】 7月2日，市规划自然资源委、市市场监督管理局联合发布《海绵城市规划编制与评估标准》。该标准规范城市总体规划、详细规划中的海绵城市规划，以及海绵城市专项规划应包含的内容，构建包含规划指标、项目建设情况、实施保障、公众意见四大类20个评价指标的评估体系。自2021年1月1日起实施。

（白同宇　黄鹏飞）

【《海绵城市建设设计标准》发布】 7月2日，市规划自然资源委、市市场监督管理局联合发布《海绵城市建设设计标准》。该标准适用于北京市新建、改建、扩建项目海绵城市建设的工程设计，通过源头减排指标、过程控制指标、系统治理指标，对海绵城市建设设计进行把控，合理布局海绵城市相关设施，因地制宜，结合街区有机更新、危房改造、房屋修缮、水电改造、环境整治等，同步实施治理工作。自2021年1月1日起实施。

（白同宇）

【《钢结构住宅技术规程》发布】 7月2日，市规划自然资源委、市住房城乡建设委、市市场监督管理局联合发布《钢结构住宅技术规程》。该规程适用于北京市新建钢结构住宅的设计、施工、验收、使用与维护，强调通过提高建筑层高、强化适老化设计和舒适性设计、加强标识设计，提高空间可改造性，降低建造过程排放，模数协调技术运用，利用装配式装修、集成式厨房、集成式卫生间等装配化技术手段，促进住宅建设发展。自2021年1月1日起实施。

（白同宇）

【8项城乡规划地方标准复审】 7月，市标办对《城市道路空间规划设计规范》《城市建设工程地下水控制技术规范》《城市轨道交通土建工程设计安全风险评估规范》《供热计量设计技术规程》《城市轨道交通工程规划核验测量规程》《城市基础地理信息矢量数据要素分类与代码》《地类认定规范》8项地方标准开展复审。复审结果为8项标准继续使用。

（孟维举）

【《北京城市轨道交通车辆基地综合利用规划设计指南》发布】 9月7日，市规划自然资源委发布《北京城市轨道交通车辆基地综合利用规划设计指南》。该指南适用于全市城市轨道交通车辆基地综合利用项目规划设计工作，指导项目确定适当的用地与建筑规模，合理安排适宜的综合利用功能，配置完善的配套服务设施，实现安全便捷的交通系统。

（陈一唱）

【《步行和自行车交通环境规划设计标准》发布】 9月29日，市规划自然资源委、市市场监督管理局联合发布《步行和自行车交通环境规划设计标准》。该标准落实“以人为本”“绿色发展”理念和步行、自行车优先政策，以建设安全、便捷、舒适的步行和自行车交通环境为目标，以问题为导向，将原则性要求转化为可操作的具体条款；强化保障行人和自行车的独立路权、过街路权和网络连续性，强化盲人出行的无障碍设施保障，提升行人和自行车出行环境的舒适性。自2021年4月1日起实施。

（乔莹　付雨竺）

【《干线公路附属设施用地标准》发布】 9月29日，市规划自然资源委、市市场监督管理局联合发布《干线公路附属设施用地标准》。该标准适用于新建、改建及扩建干线公路附属设施的规划和建设，规定了干线公路服务设施、养护管理设施及综合检查站管理设施的设施划分、设施功能、设置要求及建设规模，是对现行相关标准的补充和细化。自2021年4月1日起实施。

（陈一唱）

【《城市轨道交通车辆基地上盖综合利用工程设计防火标准》发布】 9月29日，市规划自然资源委、市市场监督管理局联合发布《城市轨道交通车辆基地上盖综合利用工程设计防火标准》。该标准填补城市轨道交通车辆基地上盖综合利用工程（包括车辆基地部分及上盖建筑部分）消防设计领域的空白，对车辆基地不同建筑的火灾危险性分类及耐火等级、总平面布局与平面布置等提出设计要求，明确上盖建筑的总体消防设计原则。自2021年4月1日起实施。

（孟维举）

【2020年房屋建筑类施工图专项抽审】 11月，市标办开展2020年房屋建筑类施工图专项抽审，抽选全市22项居住建筑项目、21项公共建筑项目，针对建筑节能、雨水控制与利用、无障碍、消防、抗震等专业的设计标准开展施工图设计专项审查。来自全市多家设计单位、施工图审查机构的54名专家及标准主编人参与审查。审查认为：各项标准执行情况总体良好，但雨水设计标准执行的精细化程度有待提升。

（乔莹　孟维举）

【《城市道路空间规划设计规范》执行情况评估】 11月，市标办开展《城市道路空间规划设计规范》执行情况专项评估，抽选全市18条道路工程，对工程执行《城市道路空间规划设计规范》重要条款情况进行评估检查。评估认为：《城市道路空间规划设计规范》统筹和规范城市道路空间各项规划设计，推动“以人为本”“安全、便捷、高效、绿色、经济的综合交通体系”建设，在路权划分及道路空间布局上具有约束力，具有先进性、协调性和可操作性。12月，市标办将审查发现的问题通报设计人员、施工图审查人员和行业管理人员。

（乔莹　孟维举）

【《城市综合管廊工程技术要点》发布实施】 12月3日，市规划自然资源委发布《城市综合管廊工程技术要点》。该要点在总结全市综合管廊建设整改经验和相关科研成果基础上，对北京市地方标准《城市综合管廊工程设计规范》进行梳理分析，形成17项技术条款，完善和替代《城市综合管廊工程设计规范》相应条款。主要包含综合管廊有效需求和效益的关系、综合管廊成本控制要求、综合管廊出地面构筑物景观协调等三方面内容。自发布之日起实施。

（孟维举）

【《城市道路平面交叉口红线展宽和切角规划设计规范》发布】 12月29日，市规划自然资源委、市市场监督管理局联合发布《城市道路平面交叉口红线展宽和切角规划设计规范》。该规范适用于二环路以外的中心城区、新城及乡、镇域集中建设区的详细规划、相关专项规划，及规划综合实施方案阶段城市道路平面交叉口（含立交桥下平面交叉口）的红线展宽和切角，统筹安排城市道路平面交叉口范围各项功能用途，综合协调与周边用地关系。自2021年7月1日起实施。

（陈一唱）

【《公共建筑机动车停车配建指标》发布】 12月29日，市规划自然资源委、市市场监督管理局联合发布《公共建筑机动车停车配建指标》。该标准按照“分类分区定位、差别供给，从严控制出行停车需求”原则，将北京市行政区域划为四类停车分区，每类分区的公共建筑执行不同的上下限配建指标。根据建筑类别和用地类型，将公共建筑分为行政办公、商务、商业、医院、学校、文化设施、体育设施7大类，并进一步细分为18小类，对各类建筑精准规范配建指标。自2021年4月1日起实施。

（乔莹　付雨竺）

【轨道交通施工图设计文件专项抽审】 12月，市标办开展轨道交通施工图设计文件专项抽审，抽选全市轨道交通5座车站、1座车辆段共6个项目的15册图纸，对《城市轨道交通工程设计规范》《城市轨道交通土建工程设计安全风险评估规范》《城市轨道交通无障碍设施设计规程》中的重要条款执行情况进行检查。检查认为：抽审项目施工图设计文件执行标准审查条款的总体情况优良，但《城市轨道交通工程设计规范》中部分条款规定已不满足当前最新国家标准和行业标准的要求，需适时对该规范进行修订。

（孟维举）

【多项标准日常评估】 年内，市标办对居建节能、雨水控制与利用、轨道交通、无障碍等方面的多项标准，面向设计人员、施工图审查人员和相关行业管理人员开展2020年度标准评估。评估认为：居建节能、轨道交通、无障碍等相关标准执行情况良好，雨水控制与利用设计标准执行水平有待提升。通过评估，基本掌握设计人员在标准执行方面存在问题，以及今后标准实施监管的重点方向。

（孟维举）

地名管理

【丰台园东区二、三期地名规划获批】 年内，《中关村科技园丰台园东区二期、三期地名规划（2018年—2035年）》获批。

（李绮）

【开展首都功能核心区地名文化保护专项规划编制】 年内，市规划自然资源委组织开展首都功能核心区地名文化保护专项规划编制。规划编制以核心区胡同等街巷地名为主，对重点区域地名提出地名文化保护名录选取标准，制定地名文化分级保护名录，梳理选取1140条地名纳入保护名录，其中东城区485条、西城区655条；编制核心区全部32个街道地名保护名录及分布图，并将32个街道相关文本及分布图纳入核心区控规文本和图集；提出保护利用措施。

（李绮）

【街区控规地名专项规划试点】 年内，市规划自然资源委将地名规划编制技术要求纳入《北京市控制性详规规划编制技术标准与成果规范（试行）》，印发《关于进一步加强地名管理工作的通知》，按照面向实施、城乡统管、实现城乡规划全覆盖的要求，遵循地名规划与控制性详细规划相衔接的原则，提出在编制乡镇集中建设区控规的同时，编制乡镇集中建设区地名规划，并纳入乡镇集中建设区控规编制成果。截至年底，完成18个试点街区控规地名专项规划的编制、审查。

（李绮）

【地名数据年度更新】 年内，市测绘院完成全市10万余条地名数据年度更新，融合第二次全国地名普查数据与“规管2011”平台数据，更新国家地名信息库。

（曹筱敏）

【地名命名253个】 年内，全市命名、调整地名253个，其中道路及居住区名称230个、轨道交通车站名称11个、桥梁及隧道名称12个。

道路及居住区名称（230个）

东城区（17个）：西裱褙胡同、洋溢胡同、鲁班胡同、金鱼池巷、栖凤楼胡同、桃杨路、安乐林中街、琉璃井路、民主北街、问渠路、忠实里中街、青年湖西街、西堂子北巷、西堂子南一巷、西堂子南二巷、甘柏东巷、甘柏西巷

西城区（2个）：百万庄东街、一尺大街

朝阳区（31个）：石佛营东路、周井中路、机场西路、万新路、广智路、康惠东路、慧荣小街、环博路、创瑞街、容创西路、容瑞路、锦轩街、荣轩街、爱棉街、双旭东路、南湖西园中街、榆畔街、榆畔南街、榆畔北街、康松路、旧河湾西路、含翠路、越碧路、南十里居西路、越景路、常通西路、甜水园北小街、汇恒街、东风南路、万子营路、七棵树南街

海淀区（39个）：极乐寺东街、萃泉东路、萃泉西路、萃泉中路、禾瑞南街、禾瑞北街、鸣泉街、正福寺中街、清河站东街、车耳营北路、凤凰岭东二路、星光东路、钓鱼台山庄路、哨子营北路、燕东园北小街、大有庄大街、海淀小关斜街、中关村南三条、阜南小街、五路桥北街、红联村小街、冠城园东街、清河五街、润尚路、宝盛南路、上清桥滨河东路、上清桥滨河西路、旺科中路、旺科东路、软件园中街、软件园南街、软件园北街、云科路、旺科西路、尚悦路、尚禧路、枫叶泉街、枫叶泉西路、厢红旗北路

丰台区（17个）：六里桥南路、瑾英东街、瑾英路、西局前街、玉璞西路、玉璞东路、云滨街、阅湖中街、紫泉北路、山湖西路、泉湖北路、文体西街、于家坟街、二通西路、通仪北路、三顷地街、三顷地南街

石景山区（3个）：景颂街、建兴街、青石西街

通州区（33个）：通铁西路、宝瑞一

路、宝瑞二路、同安三街、同祥北街、兴渠西路、宝祥一路、宝祥二路、天庆北街、丽水路、兴渠路、庆祥西路、黄船埠街、北皇木厂南街、北皇木厂北街、贡院街、龙舟路、响闸路、惠济路、惠济东路、盐滩路、观音庵北街、观音庵南街、观音庵街、潞邑一路、召里西路、粮市街、青龙街、上营街、江米店街、东关一街、东关二街、东关三街

顺义区（12个）：北小营大街、上宏中路、上宏东路、上宏西路、礼府街、保联一街、保联二街、保联三街、保联四街、保汇一街、保汇二街、北上坡路

房山区（14个）：苏庄南路、苏锦街、阜华南路、良锦街、胜景路、丁中路、燕泉路、长泽北街、长泽南街、阜华路、长营西街、长营东街、长营路、长政东街

门头沟区（8个）：石园中路、石园北路、石园西街、银盛南路、桃园东巷、葡山西街、冯村路、蓝龙路

昌平区（7个）：芦欣家园、绿海家园、林湖家园、海白路、和玺苑、和润嘉园、兴北路

大兴区（14个）：永兴河北路、义忠路、义安街、智和一巷、智和二巷、智和三巷、新和路、义和庄西路、锦和北路、锦和南路、郑前路、明春东路、雪源巷、海清巷

延庆区（15个）：康宏路、汇通东街、康晨街、晨光路、康园街、榆林街、兴康路、文汇街、汇康路、康隆街、园隆东街、园隆西街、新龙中街、新龙北街、新龙南街

亦庄经济技术开发区（18个）：嘉秀东路、水南路、水南东一路、水南西二路、嘉秀路、嘉秀西路、麦庄四街、庆平路、庆平东路、同平二街、同祥街、普祥路、普安街、庆祥路、东石南街、次渠南里前街、锦渠东路、宝瑞五路

轨道交通车站名称（11个）

玉渊潭东门站、万泉河桥站、万寿寺站、苏州桥站、甘家口站、白盆窑站、东管头南站、花乡东桥站、新首钢站、模式口站、北辛安站、

桥梁及隧道名称（12个）

花乡东桥、环球东桥、环球南桥、九周桥、日新桥、运通隧道、清河北隧道、永胜桥、沙子营桥、来广营北路隧道、沈家村桥、青泽桥

（杨辉）

执法·督察

【自然资源和国土空间规划督察工作方案获批】 2月22日，市政府批复《北京市自然资源和国土空间规划督察工作方案（试行）》，明确自然资源和国土空间规划督察工作的总体要求、组织体系、督察内容、组织实施、工作制度、工作要求等，授权市规划自然资源委作为全市自然资源和国土空间规划督察单位，代表市政府对各区政府（市级有关部门）实施督察，组织开展全市自然资源和国土空间规划督察工作。

（戈剑）

【2020年度拆违任务超额完成】 截至年底，全市按照“场清地净”标准，腾退

土地面积4343公顷，完成年度目标的109%；拆除建筑面积3348万平方米，完成年度目标的105%。

（王庆娇）

【完善自主督察制度体系】 年内，北京市规划和自然资源总督察办公室（以下简称“市总督察办”）围绕“提高政治站位、坚持首善标准、强化规划引领”，不断完善自主督察制度体系。9月11日，印发《关于移交规划和自然资源督察发现问题线索的工作规定（试行）》，建立规划和自然资源督察与纪检监察监督工作相互贯通的监督体系。12月28日，印发《北京市规划和自然资源总督察办公室开展督察工作的意见》，就自主督察的政治站位、职能定位、督察工作内容、健全督察工作体系、明确内外部关系等提出意见。

（戈剑）

【配合国家自然资源督察工作】 年内，市规划自然资源委配合国家自然资源总督察办公室开展全市违法占用耕地建房检查调研、违建别墅清查整治。配合国家自然资源督察北京局开展两轮全市三调成果督察、违建别墅和利山大厦等专项督察调研。8—11月，配合国家自然资源督察北京局完成2020年度例行督察，并及时甄别问题动向，立即启动市级督察，督促各区立行立改，大部分问题在国家自然资源督察北京督察组指出之前得到化解。11月底，国家自然资源督察北京督察组向北京市移交初步发现问题清单，北京市核实后反馈确认意见。

（戈剑）

【国家自然资源督察指出问题整改】 年内，市总督察办全面梳理历年国家督察指出问题，建立整改“一本账”，落到规划“一张图”，依照规划管控原则确定问题整改方式和完成标准，制定新的《督察问题整改指引》。向各区下发督察通知单、督促整改函71份，多次召开调度推进会，组织实地外业5828人次、核查4920个问题图斑。截至年底，历年国家督察指出的1.1万个限期整改类问题，各区上报整改到位率90.7%，2020年消除违法状态问题6400多个、面积约6.4万亩（0.43万公顷）。其中，经国家自然资源督察北京局核查，2019年度限期整改类问题整改到位率达93.4%。推进重点工程未批先建、“一会三函”手续办理等问题整改，重点工程未批先建问题整改工作经市政府常务会审议并部署，“一会三函”项目整改建议报市政府。

（戈剑）

【自主督察】 年内，市总督察办立足“早发现、早指出、早整改”，聚焦城市总体规划实施重点难点，聚焦国家督察重点，聚焦破难题消存量，开展城市总体规划实施102项重点任务、永久基本农田中三调建设用地拆除整改、“挖田造湖”、三调阶段成果耕地、200万亩（13.33万公顷）耕地保护空间优化、违建别墅清理整治、“大棚房”回头看、小微绿地建设等10余项自主督察，对发现疑似问题分类提出整改对策建议，部署相关区、移交相关部门实施整改，在2020年度国家自然资源督察例行督察结束前，大部分问题得到整改。

（戈剑）

【新生违法建设处置】 年内，全市发现并快速处置在施违法建设433宗。纳入“市拆违信息平台”挂账并完成拆除整改的新生违法建设596宗、29.6万平方米。快速核查“12345”市民热线反映的违法建设类线索10.4万条，查出属实违法建设5453条，其中当年新生违法建设247条，全部完成整改。

（王庆娇）

【“基本无违法建设区”创建】 年内，市规划自然资源委进一步夯实存量违法建设核查举证成果，总结“十三五”时期治违经验和创建试点成效，研究制订北京市创建“基本无违法建设区”三年行动计划（2021—2023年）。密云区践行“两山”理论，围绕落实“保水、护山、守规、兴城”目标，积极创建“基本无违法建设区”。截至年底，三年行动计划正在报审中；密云区创建“基本无违法建设区”通过市级第三方机构验收，实现创建目标。

（王庆娇）

【规划自然资源领域执法制度完善】 年内，市规划自然资源委开发建设执法综合监管平台，印发《北京市没收违法建筑物处置办法（试行）》《规划和自然资源疑似违法线索分类及处置办法实施细则》，研究制订市级以上重点工程等项目未批先建问题分类处置意见，研究规划自然资源领域法律竞合问题，规划自然资源执法制度进一步得到完善。

（陈学砧）

【246项行政处罚职权明确】 年内，市规划自然资源委组织梳理246项行政处罚职权清单（土地类29项、矿产类57项、规划类11项、勘测类149项），其中市级单独行使的处罚职权22项、市区两级共同行使的处罚职权224项。制定完善246项行政处罚职权裁量基准，对各项职权的法律依据、违法情节轻重的认定、是否作出处罚、实施机关层级，以及各项职权法定的行政命令、行政处罚及法律后果都进行分档定阶。

（陈学砧）

【行政执法数据】 年内，市规划自然资源委执法系统开展执法检查55186件，人均执法量102件；立案查处4488件，作出行政处罚1426件；违法行为纳入检查率达70%。

（陈学砧）

【卫片执法检查】 年内，市规划自然资源委印发全市2020年卫片执法工作方案，部署开展全市2020年卫片执法工作。自然资源部下发全年四个季度卫片图斑2079个，面积85840.7亩（5722.71公顷），其中耕地20783.1亩（1385.54公顷）。市规划自然资源委对其中前三个季度卫片图斑进行执法核查，发现违法用地247宗，其中一般违法用地100宗。一般违法用地中，除历史遗留、未供即用等特殊情形22宗外，整改到位78宗。开展月度卫片执法，下发月度卫片疑似违法线索8343宗。经核查认定，发现有证违法建设48宗、无证违法建设3013宗（其中一般违法建设1641宗）。一般违法建设中，整改到位1306宗。

（陈学砧）

【乱占耕地建房专项整治】 年内，市规划自然资源委印发《北京市农村乱占耕地建房问题摸底排查工作方案》《关于加快推进农村乱占耕地建房问题摸底排查工作的通知》，组织各区开展摸底排查工作。截至年底，分6批下发疑似问题图斑11.3万个，完成第一阶段摸底排查工作。各区共上报乱占耕地建房24088宗，占耕地面积28791亩（1919.4公顷），其中占永久基本农田面积396亩（26.4公顷）。

（陈学砧）

【违建别墅问题清查整治】 年内，市规划自然资源委聚焦“位置”和“违建”两个要害，稳步推进违建别墅问题清查整治专项行动。截至年底，全市清查上报违建别墅宗数处置到位率达90.8%，国家确定重点区域内违建别墅宗数处置到位率达96.7%。

（陈学砧）

【永久基本农田中三调建设用地拆除整改】 年内，市规划自然资源委推进永久基本农田中三调（指：第三次全国国土调查）建设用地拆除整改，对各区上报的非一般违法用地逐一校核，对各区原上报已拆除整改的利用遥感影像逐一判读，并将一般违法用地全部纳入拆违平台，督促各区拆除整改到位。截至年底，除房山区1个图斑未按时拆除整改，已移送纪检部门问责并督促加快拆除整改外，其余1485宗、2224亩（148.27公顷）一般违法用地均按时拆除整改到位。

（张宇）

城建档案管理

【城建档案管理信息系统云平台上线】 1月1日，全市各区“北京市城建档案管理信息系统（MIS系统）云平台”上线，实现市、区两级城建档案机构属地分工、数据共享、同平台办公，实现市、区两级“MIS云平台”与“规管2011审批系统”实时共享规划许可证及档案登记信息数据。截至年底，通过数据共享实现档案登记建筑类3397条、市政类788条。

（范晋芬　张子玉）

【社会服务电话公开】 2月24日，市城建档案馆整合对外公开电话，向社会公开服务电话（电话号码：68025490），开通“一号多线”业务，满足企业、群众办事需求。截至年底，办理完成“接诉即办”事项12件。

（范晋芬　张子玉）

【档案行政执法检查反馈意见整改】 5月28日，市档案局对市规划自然资源委档案工作进行行政执法检查。8月7日，市规划自然资源委印发《关于档案行政执法检查反馈意见整改方案》，有重点、分步骤启动整改工作。截至年底，市城建档案馆逐条落实整改措施，整编2017—2018年文书档案7000件，完成市规划国土委机构改革期间的档案（资料）处置。

（范晋芬　张子玉）

【推进档案工作电子化规范化】 6月10日，市规划自然资源委印发《完善和补全历史行政审批档案电子化数据的工作方案》，按照档案形成年代由近及远、逐步推进原则，分期分批推进2003年以来所有历史行政审批档案数字化和数据整理补全工作。8月28日，市规划自然资源委印发《北京市规划和自然资源标准档案编制和归档指南》，对全市规划和自然资源标准（包括标准、规范、规程、导则、指南、要点）及标准设计（包括指导性图集、配套图集、通用图集）档案编制与归档作出规定。

（周文甫）

【线上专题展览举办】 6月，市城建档案馆联合市住房城乡建设委、市保障性住房建设投资中心，首次线上举办《住有所居——构建具有北京特色的租购并举住房体系》专题展览。人民网、中新网、北京日报、京房字、安居北京等多家媒体对专题展览进行宣传报道，线上点击率超过11万次。同步发布《走进城建档案馆》宣传视频，带领民众线上了解城建档案工作，打造“档案馆日”文化精品，拓展档案文化传播途径。

（范晋芬　张子玉）

【档案行政执法160项】 8月，市城建档案馆12名人员通过行政执法资格考试。年内，市城建档案馆对市规划自然资源委《行政处罚职权目录》涉及该馆的3项职权，按照专业特点分别制作《行政执法检查单》并开展执法检查。截至年底，执法160项。

（范晋芬　张子玉）

【二库区搬迁启动】 11月，市城建档案馆启动广渠路二库区搬迁。搬迁档案包括外租库房全部档案及馆内部分档案，约占馆藏总量的65%。腾退中石油、亦庄外租库房，解决档案多地存放问题。广渠路二库区布设数字化生产线，加快馆藏档案数字化，对外利用、复制使用电子数据，保障档案实体安全。

（范晋芬　张子玉）

【档案查询利用12354卷】 截至年底，市城建档案馆接待档案查询利用1545人次，提供档案12354卷。其中，服务在京中央单位占档案对外利用接待总量的20%，档案复制量占总量的35%，满足了中央单位建设工程新建、改扩建、不动产登记、办理相关证照、完善自有档案室资料及科研课题研究所需。

（范晋芬　张子玉）

【工程档案数据共享】 年内，市城建档案馆将建设单位登记信息推送到市规划自然资源委全过程服务监督平台，实现在“全过程监督系统”中查验工程档案登记情况，减少建设单位跑路次数。把隔天复核档案验收调整为当日复核出具验收意见，缩短建设单位办理时间。市、区两级城建档案机构推行“容缺+承诺”进馆，解决市政档案因手续欠缺无法入馆问题，做到档案应入尽入，防止数据与现状脱节。

（范晋芬　张子玉）

【工程档案验收改革】 年内，市城建档案馆落实工程建设项目审批制度改革工作部署，探索服务建设单位新路子，将原来的单一工程验收备案方式，改为工程验收备案、工程联合验收、简易低风险工程验收三种验收方式，简易低风险工程取消验收，低风险工程和一般工程纳入工程联合验收，重点重大工程保持原有工程验收备案。

（范晋芬　张子玉）

【工程档案登记接收】 年内，市城建档案馆完成工程档案登记460项，档案验收和复核295项；接收纸质档案11981卷、声像档案65项，其中照片档案7355张；接收视频文件27.95G；整编制作缩微胶片母片612盘、拷贝片1224盘；完成数字化加工20299卷。

（范晋芬　张子玉）

【档案工作助力疫情防控】 年内，市城建档案馆落实新冠肺炎疫情防控工作部署，根据突发公共卫生事件应急响应级别，及时调整对外工作方式，开通绿色通道，助力疫情防控。在复兴医院发生疫情期间，及时为西城区委提供复兴医院全套竣工档案。助力7个市属医院永久性发热门诊提升改造项目建设，在1个工作日内出具档案验收意见。

（范晋芬 张子玉）

【重大专项任务档案利用】 年内，市城建档案馆为中纪委调查组、国家监察委、京津冀审计署、北京市委巡视组等开展工作，为中央环保督察、土地出让金清查、代征绿地清退等重大专项任务提供档案利用，接待查档4219人次，利用档案18592卷。

（范晋芬 张子玉）

【重点重大项目档案验收】 年内，市城建档案馆联合市住房城乡建设委、市重大办、市城市管理委、市质量监督站等部门，按照全市工程档案管理“事前告知—事中指导—验收进馆”工作流程，对重点重大项目和区域工程档案工作进行专题培训、指导及验收。完成冬季运动管理中心综合训练项目、冬奥会冰球馆等冬奥会项目，市人大、市政协钢结构等城市副中心项目，房山线北延、地铁16号线、地铁双井站改造等轨道交通工程档案验收进馆。完成环球影城、新建7个永久发热门诊档案验收。接收京张高铁站前项目、大兴机场高速公路部分声像电子档案。

（范晋芬 张子玉）

【国土档案和地质资料清点移交完成】 年内，市土地权籍事务中心、市城建档案馆继续开展国土档案和地质资料清点移交，完成市规划自然资源委系统档案管理职能整合，完成全部国土档案和地质资料移交。2020年，市城建档案馆接收国土文书档案1047件、业务档案（出让、储评）743卷、会计档案864卷；接收地质资料129档。自2019年启动移交以来，截至2020年年底，市土地权籍事务中心移交国土档案19万余卷（件）、历史房产契约288张、光盘档案3145张、移动硬盘档案18个、印模档案648个；移交地质资料1.3万余档50.8万余件、光盘档案3620张、移动硬盘档案5个；移交档案数字化成果数据10T、地质资料电子数据4.2T。

（逄晓 范晋芬）

【城建档案目录中心数据库建设】 年内，市城建档案馆持续推进城建档案目录中心数据库建设，完成各区城建档案机构区级目录数据接收、整理、导入。截至年底，目录中心数据库有全市竣工档案61317项、826843卷，全市规划管理档案265880项、484034卷，全市城建档案1310877卷。

（范晋芬 张子玉）

【提升档案信息安全】 年内，市城建档案馆完成在北京市信息安全容灾备份中心、兰州数据异地备份。开展业务信息系统和数据定级保护，完成信息系统等级保护定级专家评审和第三方现场测评。

（范晋芬 张子玉）

2021 综合政务

综述

市规划自然资源委健全机构运转体制机制。召开首规委全会、首规委主任办公会，做好重要规划、重大项目设计方案向党中央请示报告。强化对党中央要求落实情况的督促检查，加强对重大规划、重要功能区规划、重大项目全过程把关。强化对中央党政军在京单位的规划服务，建立在京单位年度重点项目计划机制，搭建军地一站式对接平台，筹建军地工作专班，协调解决多项重大问题。召开市委城工委全体会议和主任专题会议，研究城市更新行动等重大议题，协调推进街区控规和专项规划编制。完善市、区两级职责分工，向分局、城市副中心管委会下放行政职权。动态调整权力清单、政务服务事项目录。

市规划自然资源委持续推进优化营商环境改革。印发《关于进一步做好优化办理建筑许可营商环境有关工作的通知》。加快推进“清单制+告知承诺制”审批改革试点，推行简易低风险项目规划许可与施工许可合并办理。积极推进工程建设项目审批制度改革，简化市政交通类项目审批流程。

市规划自然资源委开展立法和合法性审查。开展5项地方性法规、4项政府规章立法工作，印发实施《北京市禁止违法建设若干规定》，开展《北京历史文化名城保护条例》修订，完成《北京市测绘条例》修订立项。进一步规范全委系统行政规范性文件管理。印发《依法行政督查督导工作办法》，持续开展督查督导工作，强化规划管理和执法全过程监督。

市规划自然资源委积极开展调查研究。大力提升信息化服务水平。制定数据管理办法，发布全委数据资源目录。夯实“一库三图”数据基础，开展政务数据“上链、入云、汇聚、开放”，建立全流程电子图件报审机制，推进电子印章和电子证照应用，持续提升“一网通办”水平，推进国土空间数据共享共用。注重加强干部队伍建设，加强人才培养和优秀年轻干部培训使用。大力开展宣传和展览工作，做好信息公开和信访工作。

（赵霆）

法治建设

【执法监督】 3月10日，市规划自然资源委印发依法行政督查督导工作办法，持续开展督查督导工作。年内，对“审批分离”、“双快办理”（符合办理要求的快速办理，不符合办理要求的要一次告知、快速退回）、“违建别墅清理整治”等重点工作开展督查督导，对全委“多规合一”协同平台、行政许可、违建别墅，各分局“多规合一”协同平台和行政许可案卷，市土地利用事务中心土地供应等215件案卷开展评查。开展行政处罚与行政检查相关联工作，对每项行政处罚职权均确定行政检查责任部门，由检查责任部门制作执法检查单并上传至行政审批信息服务平台，开展执法检查。开展“互联网+监管”事项目录与监管行为数据关联工作，填报《检查单关联关系表》《处罚职权关联关系表》。开展“互联网+监管”能力第三方评估准备工作。梳理监管事项清单，完成检查实施清单梳理，同步更新《职权（检查单）清单关联关系表》。组织各监管事项责任部门填报“互联网+监管”数据。推行行政执法“三项制度”、“双公示”（行政许可和行政处罚等信息自作出行政决定之日起7个工作日内上网公开）、“双随机、一公开”等工作。6月8日，印发《北京市规划和自然资源委员会全面推行行政执法公示制度执法全过程记录制度重大执法决定法制审核制度实施方案》，明确推行行政执法“三项制度”的目标要求、具体内容和保障措施。构建市规划自然资源委行政执法公示专栏，及时上传执法信息。在市规划自然资源委官网完善“双公示”栏目，对行政许可和行政处罚信息进行公示。补充完善“双随机、一公开”抽查事项清单，将28项行政许可及备案事项、5项行政检查职权纳入“双随机、一公开”抽查事项，并由各相关单位按照抽取的检查内容进行检查，及时填报系统，向社会公开。与司法机关建立衔接工作机制，就加强行刑衔接工作与市检察院达成一致意见，通过定期互相通报案件情况、复杂案件共同研究等方式，建立行刑衔接工作机制；会同市检察院印发《关于协同推进首都规划和自然资源公益保护工作机制的意见（试行）》。

（杨护　张勇　耿毅）

【开展历史文化名城保护条例修订】 4月，市规划自然资源委完成《北京历史文化名城保护条例》（以下简称《条例》）修订草案，从原则、内容、要求等方面对《条例》进行大幅调整，并征求专家学者、社会公众和政府各部门意见，进行多轮修改。10月20日，市政府召开常务会议，审议通过《条例（修订草案）》。10月28日，市十五届人大常委会召开第二十五次会议，听取审议《条例（修订草案）》。11月25日，市十五届人大常委会召开第二十六次会议，听取关于《条例（修订草案）》审议结果的报告。12月10日，市人大常委会召开主任会议，研究《条例（修订草案）》。12月23日，市委常委会召开会议，听取《条例》修订工作情况汇报。12月24日，市十五届人大常委会召开第二十七次会议，听取关于《条例（修订草案二次审议稿）》修改情况的报告。

（王天骄）

【行政复议诉讼】 6月22日，市规划自然资源委党组印发《落实市领导有关败诉案件责任作风倒查和问题整改批示的整改方案》,推动加强规划自然资源领域内部约束监督。年内，开展规划自然资源领域行政复议、行政诉讼败诉案件整改工作，建立完善定期通报机制、疑难问题会商机制、工作联系人机制。截至年底，行政复议和行政诉讼案件共689件（行政复议270件、行政诉讼419件），比2019年减少292件。案件败诉67件（行政复议35件、行政诉讼32件），比2019年减少82件，其中27件为不动产登记类无责败诉。作为复议审理机关收到行政复议申请74件。其中，受理72件、不予受理1件、其他处理1件；审结34件，直接纠错5件（顺义分局2件、丰台分局2件、延庆分局1件）。

（袁雯）

【法治宣传】 6月28日，市规划自然资源委印发《2020年普法依法治理工作要点》。年内，组织开展“4·15”全民国家安全教育日、“4·22”世界地球日、“6·25”全国土地日、“8·29”全国测绘法宣传、“12·4”国家宪法日等法治宣传教育活动。组织开展“七五”普法自查、迎检工作。

（尹绪兵）

【立法与合法性审查】 年内，市规划自然资源委开展5项地方性法规、4项政府规章立法工作（见表9-1）。完成《北京市禁止违法建设若干规定》修订，并于10月13日公布，自11月15日起施行。继续开展《北京历史文化名城保护条例》修订，修订草案报请市人大常委会审议。完成《北京市测绘条例》修订立项论证。继续开展《北京市地下空间规划管理条例》《北京市不动产登记条例》《北京市基本农田保护条例》《建设征地补偿安置办法》的调研论证。配合市农业农村局修订《北京市人民政府关于加强农村村民建设用地管理若干规定》，开展《集体土地房屋拆迁管理办法》废止工作。

5月21日，印发《北京市规划和自然资源委员会行政规范性文件管理规定》，对全委系统行政规范性文件管理做出进一步规范。对29件行政规范性文件、10件重大行政决策进行合法性审核。对照国务院《优化营商环境条例》和《北京市优化营商环境条例》，对全委6部地方性法规、21部政府规章和540件行政规范性文件进行清理，经市政府常务会议审议，废止1部规章，划转至市农业农村局1部规章。废止4件行政规范性文件，对12件行政规范性文件提出修订建议。

（张勇）

【权力清单和政务服务事项动态调整】 年内，市规划自然资源委对委权力清单进行动态调整，调整18项职权，其中取消5项、调出8项、整合2项、变更实施主体3项。调整后，权力清单中的职权事项由107项调整为92项。对委政务服务事项进行动态调整，依申请类政务服务事项由183项减少为173项。配合市政务服务管理局，对第二批共2项政务服务事项零办件进行清理。对委行政处罚职权

表9-1 2020年市规划自然资源委立法工作一览表

立法类别	立法名称	立法类别	立法名称
地方性法规	修订《北京历史文化名城保护条例》	市政府规章	修订《北京市禁止违法建设若干规定》
	修订《北京市测绘条例》		修订《建设征地补偿安置办法》
	修订《北京市基本农田保护条例》		修订《北京市人民政府关于加强农村村民建设用地管理若干规定》
	制定《北京市不动产登记条例》		废止《集体土地房屋拆迁管理办法》；制定《集体土地房屋拆迁补偿标准》规范性文件
	制定《北京市地下空间管理条例》		

进行精减，行政处罚职权由307项精简为246项。与市公安局、市生态环境局、市农业农村局、市住房城乡建设委开展2项行政许可、1项其他职权、8项行政处罚职权的划转工作。调整后，政务服务事项由512项减少为440项（依申请类173项、行政检查21项、行政处罚246项）。10月，《行政处罚职权目录》（更新版）印发实施。

（张勇）

【北京市测绘条例修订立项】 年内，市规划自然资源委开展《北京市测绘条例》修订立项论证，梳理相关法律法规及规范性文件161部，开展问卷调查并收回有效问卷503份，组织行业专家论证，形成立项论证报告。12月10日，市人大常委会召开主任会议，研究通过《北京市测绘条例》修订立项论证报告，完成立项。

（盖乐）

综合行政

【明确25项年度重点城市工作】 3月，市委城工委印发2020年工作要点，从重要规划编制和重点地区规划建设工作、重点领域专项行动计划、重点专项规划编制和建设工作、重要法规政策制定和重点调研等方面，明确25项年度重点城市工作。

（张子旭）

【首规委第39次全会召开】 4月14日，首规委第39次全体会议召开，学习贯彻习近平总书记关于首都规划建设的重要指示精神，研究审议《首都功能核心区控制性详细规划（街区层面）（2018年—2035年）（送审稿）》，部署首规委2020年重点工作。

（陈佳维）

【加强服务窗口管理】 4月21日，市规划自然资源委党组印发《北京市规划和自然资源委员会派驻市政务服务中心工作人员管理规定》，进一步加强对进驻市政务服务中心部门的统筹管理，发挥首席代表作用，提高派驻人员服务意识，改进工作作风，规范服务行为。4月28日，市规划自然资源委印发《北京市规划和自然资源委员会设在市政务服务中心对外公开电话管理工作规则（试行）》，做好对外公开电话的管理和“接诉即办”工作。截至年底，市规划自然资源委进驻市政务服务中心工作人员收到服务对象赠送锦旗6面、表扬信1封。

（杜美芬）

【首规委第40次全会召开】 9月4日，首规委第40次全体会议召开，传达学习习近平总书记重要讲话精神，通报中共中央、国务院关于对《首都功能核心区控制性详细规划（街区层面）（2018年—2035年）》的批复要求，研究审议《首都功能核心区控制性详细规划三年行动计划（2020年—2022年）》，部署核心区控规实施工作。

（陈佳维）

【召开市委城工委主任专题会8次】 截至年底，市委城工委召开主任专题会8次，研究北京历史文化名城保护条例修订、2019年度北京城市体检、工体改造复建、城市更新行动等工作，研究人民防空、园林绿化、养老、殡葬、市郊铁路、市政设施等专项规划编制工作，研究中心城区和新城地区街区控规编制工作。

（张子旭）

【完善首规委工作机制】 年内，首规委建章立制，规范流程，研究制定《关于首都规划重大事项向党中央请示报告制度》《首都规划建设委员会全体会议和主任办公会议规则》，推动首规委职能作用发挥和高效运行。首规委办研究制定《首都规划建设委员会办公室工作规则》《首都规划建设委员会办公室公文办理流程》《首都规划建设委员会办公室会议制度》《首都规划建设委员会领导批示督察督办机制》《首都规划建设委员会办公室信息报送工作规定》《首都规划建设委员会办公室保密管理规定》《首都规划建设委员会办公室印章使用管理规定》《专项规划联席会议机制》等工作机制，保障首规委办高效有序运转。

（陈佳维）

【专项规划联席会议机制建立】 年内，首规委办会同中直机关事务管理局、国家机关事务管理局、军委后勤保障部、京津冀协同发展领导小组办公室建立专项规划联席会议机制，强化规划统筹和年度计划管理，统筹推动有关专项规划实施。截至年底，组织召开联席会议全体会议2次、专题会议3次、办公室会议1次。

（陈佳维）

【完成9个首都规划重大事项请示报告】 年内，首规委办坚持首都规划权属党中央，严格执行重大事项请示报告制度，制定《2020年首都规划重大事项请示报告清单》。完成2018年度北京城市体检报告、雁栖湖国际会都控规、北京商务中心区核心区规划优化调整方案、丽泽金融商务区规划优化提升方案、工人体育场保护性改造复建、阿联酋驻华使馆新建6个重大事项向党中央报告；完成北京CBD阳光项目论证、京西宾馆翻扩建、北四环中路27号院5号楼改造3个重大事项向首规委请示报告。

（陈曦）

【首都规划建设发展重大问题调研】 年内，首规委办组织开展“首都城市系统风险与危机应对研究”“首都城市存量空间更新利用政策瓶颈问题调查研究”2项研究，梳理首都城市发展运行的薄弱环节和城市更新典型案例。向首规委领导报送十大建筑保护利用、桥下空间活化利用、老城内胡同平房改造问题、核心区医疗卫生资源等研究专报。

（陈曦）

【推进重点文物腾退】 年内，首规委办建立重点文物腾退工作协调机制，将重点文物腾退纳入首规委专项工作，列入规划联席会议议题，与中直机关事务管理局、国家机关事务管理局、市文物局对接，制定14处近期腾退重点文物清单并加快推进。截至年底，贤良祠启动移交和居民腾退，陆军部和海军部旧址实现部分开放，社稷坛国旗护卫队确定腾退方案，先农坛、月坛、天坛582电台腾退选址有序推进，兵马司胡同15号院纳入重点文物修缮保护清单。研究起草《首都功能核心区重点文物腾退和利用的有关意见》，明确首都功能核心区重点文物腾退思路和实施路径。截至年底，该意见正在根据腾退案例进一步深化完善。

（陈曦）

【推进首都规划建设专家联络】 年内，首规委办围绕服务首都规划建设，探索和完善专家联络工作。结合城市体检评估，长安街、中轴线、三山五园等重要地区规划管控，北京CBD阳光项目论证、工人体育场改造等重点工作，与相关部门密切衔接，增加专家联络推动工作的实效性。在首规委专家工作办法基础上，研究起草《首都规划建设专家委员会章程》。

（陈曦）

【统筹开展政务服务】 年内，市规划自然资源委梳理完成委托市政务服务中心综合窗口受理和授权审批事项清单，协议委托市政务服务中心综合窗口受理的市级政务服务事项111项，占市级政务服务事项的95%。继续落实政务服务事项精简材料和压减办理时限要求，进一步通过电子证照、信息共享、告知承诺等方式，精简依申请政务服务事项申请材料达20%以上；通过压减颁证送达时限，精简办理时限达30%以上。

（杜美芬）

综合改革

【规划许可办理权限下放】 4月22日，市规划自然资源委印发《关于进一步下放权限明确房屋建筑类项目规划许可办理市区两级权限分工的意见》，明确全市房屋建筑类建设工程“一书两证”，即“选址意见书合并用地预审”“建设工程规划许可”“乡村规划许可”办理的市区两级权限分工。8月19日，市规划自然资源委印发《关于进一步下放权限明确市政交通基础设施类项目规划许可办理市区两级权限分工的意见》，明确全市市政交通基础设施类建设工程“选址意见书合并用地预审”“建设工程规划许可”办理的市区两级权限分工。

（杜美芬）

【优化营商环境改革】 年内，市规划自然资源委继续完善优化营商环境改革政策。印发《关于进一步做好优化办理建筑许可营商环境有关工作的通知》，明确办理建筑许可指标任务台账分解。印发《简易低风险工程建设项目规划行政许可审批办理工作标准（试行）》《关于社会投资简易低风险工程建设项目工程勘察工作补充意见的函》《低风险工程勘察设计质量信用管理办法（试行）》《社会投资简易低风险工程建设项目规划许可施工许可合并办理的意见》《关于完善社会投资低风险工程建设项目“多测合一”工作实施细则的通知》《关于完善社会投资低风险工程建设项目工程勘察工作的意见》等，推动社会投资简易低风险工程建设项目（以下简称“低风险项目”）审批流程简化。截至年底，社会投资简易低风险工程“一站通”服务系统收到项目申请1479个，完成114个全流程项目。自4月15日开始，“一站通”系统试运行建设工程规划许可与施工许可合并办理，受理104个项目，办结38个。6月2日，完成与世界银行关于办理建筑许可指标的视频磋商。9月28日，完成中国营商环境评价办理建筑许可指标在线填报。

（聂菲）

【工程建设项目审批制度改革】 年内，市规划自然资源委作为牵头单位，进一步深化全市工程建设项目审批制度改革。精简审批环节，统一审批流程。完善审批管理系统，统一信息数据平台。加强投资项目在线审批监管平台与“多规合一”协同平台、施工图联审平台、“联合验收平台”等对接，构建全市投资项目审批“一张网”，实现与国家平台对接开展数据汇交。建立“多规合一”协同平台预沟通预协调机制，加快项目前期策划生成，为各类项目提供“全程线上、一站式、集成式”规划与各专项评估服务。加强事中事后监管，统一监管方式。建立以“双随机、一公开”监管为基本手段、以重点监管为补充、以信用监管为基础的监管机制。配合住房城乡建设部开展工程建设项目审批制度改革第三方评估，1月，完成2019年度评估；10月20日，完成2020年度评估填报。在2019年度第三方评估中，北京市低风险项目审批便利度全国排名第一。

（聂菲）

【勘察设计“放管服”改革】 年内，市规划自然资源委进一步优化建筑业企业资质管理，落实工程建设企业资质简并方案，打破工程建设各环节间“条块分割”状态，不断消除行业竞争壁垒，促使建筑行业各专业领域的企业融合发展；落实国务院全面推行涉企审批事项“告知承诺制”和国家、北京市简政放权有关要求，将资质、资格类行政审批事项由14项精减至7项，取消资质资格初审和一体化资质审批。

继续推进社会投资简易低风险工程建设项目工程勘察改革，印发实施社会投资简易低风险工程建设项目工程勘察工作补充意见，初步形成部分可实施案例。出台《简易低风险改革政策办事指南》，制定《工程勘察工作政府购买服务办事流程图（试行）》。

落实新冠肺炎疫情防控要求，采取多项措施简化流程、优化服务，自4月1日起，企业可通过建设行业管理信息系统“日常换章”模块在线提交，无需到现场报送纸质材料，将企业到现场领取注册证章调整为快递送达方式。优化勘察设计申报系统，完善资质申报审批、日常换证、年度监督检查、统计分析等功能。全面启动资质、资格电子化申报和审批，将企业申报证件、人员经历、业绩纳入数据库统一管理，利用数据平台逐步实现申报人员“一证式”办理。完成勘察电子招标文件制作工具、投标文件制作工具和开评标系统开发，于9月27日在“北京市公共资源交易服务平台”上线该功能。

（胡坤）

【市政交通类项目审批流程简化】 年内，市规划自然资源委推进市政交通类项目服务改革，与市政务服务局、市城市管理委等部门联合制定《关于深化社会投资工程建设项目审批服务改革的意见》《免除低压燃气及排水“三零服务”项目行政审批的通知》。对社会投资自有用地的市政交通场站设施及社会投资类地下管线工程项目，将项目立项与工程规划许可阶段合并办理，探索部分建设项目先行先试实行告知承诺，进一步简化审批流程，压缩办理时限。

（宋维嘉）

【承接规划和自然资源市级行政权力】3月15日，市政府发布《关于由北京城市副中心管理委员会行使部分市级行政权力的决定》，赋权城市副中心管委会在城市副中心规划范围及拓展区（不含亦庄新城通州部分）约812平方公里区域内行使30项市级权力，其中涉及规划和自然资源领域的11项。年内，城市副中心管委会规划和自然资源局统筹承接11项规划和自然资源市级行政权力赋权，调整健全赋权事项工作运行机制，梳理工作标准和流程，进一步优化流程，压缩办理时限，研究制定《关于征地及农转用政策衔接等问题的办理意见（试行）》等政策文件。

（郑来柱）

调查研究

【超大城市郊区典型村庄外来人口居住状况及发展趋势研究】　6月30日，市规划院完成“超大城市郊区典型村庄外来人口居住状况及发展趋势研究（北京，2019年）”。该研究以北京市为例，选取大兴区西红门镇大白楼村、庞各庄镇东南次村和昌平区兴寿镇下苑村3个典型村庄为研究对象，通过对外来人口居住状况的调研，旨在摸清现状、发现问题、研判趋势、有效应对，推动解决“大城市病”，助力乡村振兴，促进首都城乡融合发展。该研究涵盖5个方面的内容：国内超大城市郊区外来人口研究综述、北京市郊区村庄外来人口基本情况分析、北京市典型村庄外来人口居住状况调研、广深两市村庄外来人口居住状况比较研究、相关政策建议。

（于彤舟）

【实施城市副中心控规保障机制研究】11月，市规划院完成“高质量实施城市副中心控规保障机制研究”。该研究梳理出城市副中心控规实施中存在的多头管理和条块分割等问题，提出改善措施和建议；统筹规划编制、审批、实施、评估、监督等环节，探索城市副中心控规精细化实施路径，形成城市副中心高质量规划建设管理保障体系架构；完善城市副中心规划建设管理咨询服务体系，构建城市副中心全面管控的技术平台、服务平台和支撑平台；优化“多规合一”协同平台运行机制，明确城市副中心建筑师负责制、责任“双师”（责任规划师、责任建筑师）制度、建设项目事中事后评估制度等系列保障制度。

（田耕晨）

【北京生态安全格局研究】　12月1日，市规划自然资源委完成“北京生态安全格局”研究。该研究立足于区域视角，以要素综合效益最大化、生态空间功能布局优化、生态品质提质增效为目标，以保持生态整体性和系统性为原则，摸清全市水、林、田等自然资源本底，对接生态领域和生态地区相关专项规划，从全市域自然资源保护与生态服务两个维度，开展多要素生态评估。

（张尔薇）

【街区层面控规综合统筹机制及实施指引研究】　12月2日，市规划自然资源委完成“街区层面控规综合统筹机制及实施指引”研究。该研究对街区控规管理制度进行研究探讨，对1999版、2006版控规政策体系进行总结，针对新版城市总体规划发布后的街区控规特征，基于“圈层管控、一张蓝图、管理闭环”三大目标，进行流程统筹、空间统筹和层级统筹，聚焦北京特定地区和重点问题，初步提出23个政策建议，形成北京控规层面制度体系框架和“1+N”政策清单。

（李毓美）

【重点地区城市更新实施引导研究】 12月3日，市规划自然资源委完成“重点地区城市更新实施引导（2020年—2025年）”研究。该研究梳理城市更新空间资源底账，以国土空间规划用地资源梳理为基础，综合考虑街区整体实施率；衔接控规与项目实施，提出规划编制与引导重点，初步构建北京城市更新工作的框架体系及政策工具包。

（吴俊妲　付鑫）

【控规核心专题研究】 12月4日，市规划自然资源委完成“北京控制性详细规划核心专题研究”。该研究包括12个专题，其中，控规指标体系优化、乡野生态用地规划编制办法、功能混合及用地兼容指导意见、重点地区控规编制技术要点和附加图则技术规程、控规实施引导技术要点、公服设施兼容集约策略研究、存量建设用地分级统筹管理策略7个专题研究应用于控规编制阶段；控规数据信息平台建设、建成区补短板计容规则和设施设置标准、街区容量统筹策略、容积率转移指导意见、公共空间精细化激励机制5个专题研究应用于控规管理阶段。

（徐碧颖　王若冰）

【首都城市安全规划专题调研】 12月，市规划自然资源委完成“首都城市安全规划专题调查研究”。该研究把握北京“都”与“城”的关系，从城市保障首都核心功能安全和超大城市风险防控角度出发，聚焦国家首都和超大城市灾害风险的特殊性，梳理首都城市风险防控工作中的关键问题和薄弱环节，研究分析首都未来可能应对巨灾和多灾的现实需求，坚持从源头防范化解重大城市风险，为应对百年一遇灾害做准备。

（韩雪原）

【美丽乡村空间建设引导研究】 12月，市规划院完成“美丽乡村空间建设引导”研究。该研究立足于全市村庄地区近期建设规划引导，衔接城市总体规划实施，明确全市美丽乡村建设发展目标（至2025年）；通过深化完善村庄地区规划体系、稳步推进村庄布局优化、加强美丽乡村营建、积极创建发展示范村4个方面重点任务，引导“十四五”时期全市美丽乡村空间优化提升和城乡统筹协调发展。

（刘扬）

【村庄规划执行效果评估研究】 12月，市规划自然资源委完成“村庄规划执行效果评估研究”。该研究系统分析全市村庄规划实施情况，构建边界管控、指标管控、要点管控三大方面16项评估核心指标体系，强化村庄规划实施监督，以保障全市村庄地区可持续发展和促进城乡统筹。

（刘扬）

【首都城市存量空间更新利用政策瓶颈问题调研】 12月，市规划自然资源委完成“首都城市存量空间更新利用政策瓶颈问题调查研究”。该研究聚焦实践案例中的政策瓶颈问题，选取包括历史文化街区、老旧小区、老旧厂房、老旧楼宇、老产业园区等类型，中央、军队、市区、企业及个人、集体等5种权属的25个典型案例，分析研提政策建议，从完善规划实施体系方面提出功能活化、规模管控、主体权益保障、技术标准创新等建议，从加强多维统筹方面提出规划统筹、央地统筹、部门统筹、多元共治等建议。

（陈冬冬）

【城四区控规综合研究】 12月，市规划院完成“中心城区（城四区）控制性详细规划综合”研究。该研究以朝阳区、海淀区、丰台区、石景山区为研究对象，开展北京市街区指引编制标准制订与完善、北京市控制性详细规划编制标准制订与完善、全市街区控规试点汇总与技术审查、全市街区指引成果汇总校核分析、街区指引既有控规街区评估管理办法和街区指引指标分解与使用规则等相关工作，致力于搭建5个平台，即：技术支撑平台、编管协同平台、市区沟通平台、多方讨论平台、研究储备平台。

（徐碧颖　王珊珊）

【详细规划编制标准集成研究】 12月，市规划院完成“北京详细规划编制标准集成研究”。该研究聚焦“街区指引”和“街区控规”两个层级，强化规划编制“技术+规则”支撑，形成两套标准规范和两类指导手册。两套规范标准分别针对街区指引和街区控规，街区指引技术标准包括《北京市详细规划“街区指引”编制技术要求》《街区指引文本样本》《街区指引图纸样图》《北京市控制性详细规划街区指引数据库成果要求》；街区控规技术标准包括《北京市详细规划街区控规编制技术标准与成果规范》《北京市详细规划街区控规指引数据库成果要求》。两类指导手册为《北京市控制性详细规划生态复合地区控规编制手册》《北京市控制性详细规划城市更新地区控规编制手册》，指导更新地区、生态复合地区控规编制。

（徐碧颖　赵勇健）

【城市副中心土地储备及供地计划研究】 12月，市规划院、北京北工大规划设计院有限公司联合完成“北京城市副中心（通州区）土地储备及供地计划研究”。该研究梳理通州区城乡建设用地资源，按照土地供应标准划分用地资源类型，形成全区用地资源库；围绕重点功能区建设、规划单元短板补充、疏解人口住房需求、轨道交通一体化建设等工作，提出若干行动策略，形成“十四五”时期土地资源储备库；坚持实施导向，基于市区两级近期重大项目评估结果，提出“十四五”时期全区建设用地供应结构、布局、时序和方式的供应建议，以及保障土地供应的政策建议。该研究着力改变“规划跟着项目走”的被动局面，探索构建规划引领的土地储备和供地模式。

（屈永超）

【全市河湖水系蓝线划定与土地利用规划校核研究】 12月，市规划院完成“全市河湖水系蓝线划定与土地利用规划校核研究”。该研究广泛调研国内外蓝线规划技术标准，明确北京市河湖水系蓝线规划对象和规划内容；将北京市河湖水系分区分类，提出建设区、平原非建设区、山区非建设区蓝线规划技术要点，补充完善住房城乡建设部发布的蓝线规划技术体系；在全市蓝线规划编制工作基础上，对规划蓝线内的规划、现状地类进行梳理分析，识别差异用地图斑；衔接不同层级规划，提出“禁止、引导、兼容”的蓝线内国土空间用途管制策略，协调差异用地图斑。

（赵捷）

【人人健康的北京城市开放空间规划研究】 12月，市规划自然资源委完成“促进人人健康的北京城市开放空间规划研究”。该研究在梳理城市开放空间的概念、分类标准及对健康的促进作用基础上，对北京市所有类型开放空间（包括蓝绿空间、运动场地、街道广场等）进行分析，综合采用多元数据，融合独立占地和非独立占地两种类型，构建北京城市开放空间资源数据集；分析开放空间规模、密度、可达性、质量等方面的问题及居民对开放空间的需求，结合国内外案例，提出促进所有居民健康的城市开放空间发展目标、分级分类规划引导要求，以及具有可实施性的策略。

（王雅捷）

【城市副中心智慧城市规划研究】 12月，市规划院完成“北京城市副中心智慧城市规划研究”。该研究将智慧城市结构归纳为三个层级，即：物联感知与网络通信相融合的智慧城市基础设施、数据共享与预测决策相融合的智慧城市管理平台、民生服务与城市治理相融合的智慧城市应用体系，以电力供给为保障，通过智慧城市感知网络对城市活动进行实时监测、信息采集，借助通信网络实现数据高效传输。数据汇集到智慧城市管理平台，用算法驱动和管理城市运营，支撑智慧供水、智慧燃气、智慧环卫等各类应用场景。该研究提出城市副中心智慧城市规划建设的发展目标、框架体系、空间布局和近期重点任务，并对智慧城市规划体系、智慧城市基础设施空间管控标准及运营模式等进行深入研究。

（赵赫）

【基于电网能源新业态的融合基础设施空间规划研究】 12月，市规划院完成“基于电网能源新业态的融合基础设施空间规划”研究。该研究面向智慧能源应用场景，在海淀区适度超前建设能源互联网，支撑能源电力清洁低碳转型、能源综合利用效率优化、多源主体灵活便捷接入；探索智慧电网设施所支持的智慧城市应用场景和相关商业经营模式，融合基础设施电网商业模式覆盖能源的供给、调配和消费三个阶段，重点面向能源供应商、各类能源用户、政府和公共部门，提供综合能源交易、智能电力运维、智慧能源供应、智慧城市数据支持服务；重点关注以多站融合数据中心为代表的智慧电网基础设施，以海淀区环保科技示范园多站融合能源中心站为例，建立以平衡区域能源供给和支撑政府管理为目的，基于能源路由资源和硬件设施的商业服务模式。

（鞠秋雯）

【测绘地理信息行业监督与管理政策研究】 年内，市规划自然资源委完成“测绘地理信息行业监督与管理政策研究”。该研究分析北京市测绘地理信息行业监管与服务面临的形势和现状，发现行业监管法律法规和体制机制待健全、监管力量不足、监管能力待提升、行政审批服务待优化等问题，提出构建行业监管法规制度框架、加快监管信息化建设、提供优质行政审批服务、充分发挥学会作用等建议。

（盖乐）

【北京市新型基础测绘研究】 年内，市规划自然资源委完成“北京市新型基础测绘研究”。该调研确定新型基础测绘总体目标，以突出首都特色、紧盯问题不足、紧密耦合业务、坚持技术驱动、积极稳妥推进为要求，提出“一条试点主线、两个具体抓手、三项基本原则、四种维度融合、五项关键技术、七个领域创新”总体思路，以首都功能核心区、城市副中心、怀柔科学城为试点区域，以标准体系、政策机制、技术创新实验、数据产品建设更新、数据库与管理分发平台建设、示范应用等为试点重点内容，形成试点成果并推广应用。

（盖乐）

【规划综合实施方案技术指引与成果规范研究】 年内，市规划院依据市规划自然资源委《规划综合实施方案编制暂行办法》和相关指导意见，在研究探讨规划综合实施方案的作用、内涵、主要内容基础上，通过梳理案例、管理需求、实际问题，以“模块化、菜单式”的方式，形成街区管控、用地指标、三大设施、经济测算、实施保障等技术模块，提出各模块编制技术要求，为规划综合实施方案编制提供技术指引。12月，形成《北京规划综合实施方案技术指引与成果规范》成果。

（徐碧颖　赵勇健）

【核心区控规综合管廊规划及道路红线研究】 年内，市规划院完成“首都功能核心区控制性详细规划（街区层面）综合管廊规划及道路红线研究”。该研究在首都功能核心区选取20条城市干道开展综合管廊规划，统筹考虑道路红线内及周边的历史文化保护、用地特征、地下管线、轨道交通建设需求等，确定城市干道的市政交通控制线宽度；利用综合管廊优势，统筹考虑市政需求、道路空间承载力、水位地质限制条件等因素，构建以骨干管廊为主要支撑、现状直埋管线共同发挥作用的市政供应体系。研究成果纳入核心区控规中。

（魏萌）

【城市综合交通枢纽交通接驳设施规模及建设标准研究】 年内，市规划自然资源委完成“城市综合交通枢纽交通接驳设施规模及建设标准研究”。该研究主要包括5项内容：现状枢纽功能及设施规模分析。对北京市、国内主要大城市的交通枢纽进行现状分析，总结各枢纽客流量、枢纽服务人员总量、枢纽功能、各类设施规模、各类接驳设施情况、运行优缺点等。各类交通枢纽功能分析。根据与枢纽衔接的交通方式出行特征、周边交通条件等因素，总结不同类型枢纽应该配套的各类功能。乘客相关设施规模研究。提出枢纽各项功能所需的设施类型及设施规模，根据枢纽类型、枢纽客流量、枢纽集疏散交通方式比例、枢纽及周边用地开发业态及规模等因素，综合确定设施规模。服务人员相关设施规模研究。根据枢纽功能、枢纽服务人员总量及需求，提出食堂、住宿、安保等相关保障设施规模。各类场站设施布局要求。从便捷、高效、安全、人性化角度，提出枢纽内各类设施布局要求。

（周丹丹）

【3类新兴有机污染物测试方法研究】 年内，市地勘院开展针对多溴联苯醚（PBDEs）、短链氯化石蜡（SCCPs）、医药和个人护理品（PPCPs）3类新兴有机污染物测试方法研究。该研究编制3类新兴有机污染物的测试方法和技术路线，遴选检测方法，确定采用ASE350型加速溶剂萃取仪、GCM/MS等仪器进行多溴联苯醚（PBDEs）、短链氯化石蜡（SCCPs）的前处理和测试分析；采用超声波清洗机、LCMS/MS等仪器进行药品和个人护理品（PPCPs）的前处理和测试分析。

（刘宗明）

科技与信息化

【信息化建设管理】 年内，市规划自然资源委成立网络安全和信息化领导小组（软件正版化工作领导小组）及其办公室，强化网络安全和信息化建设工作。6月，印发《数据管理办法（试行）》和《数据资源目录（2020版）》，加强数据统一归口管理，明确各方责任，开展数据生产、管理和共享利用。落实“十四五”智慧城市发展行动纲要，按照《全委空间大数据工作总体思路及2020年工作要点》实施年度任务。

（程辉）

【国土空间数据汇聚管理】 年内，市规划自然资源委持续开展国土空间数据整合汇聚。“现状一张图”完成全市三环内三维单体化倾斜摄影精细模型建设，持续开展月度亚米级卫星影像数据采集处理和变化监测，配合自然资源部开展高分七号省级卫星应用测试，推进省级中心数据分发与监测体系建设。“规划一张图”深入研究“抽屉+岩层”顶层框架，初步搭建国土空间规划“一张图”数据库。“审批一张图”设计全市工程建设项目审批管理系统总体框架，初步建立项目审批联动机制，加速项目落地。统筹汇总全市市政交通基础设施数据库建设，形成包括32类、92个图层的成果。

（程辉）

【国土空间数据共享应用】 年内，市规划自然资源委继续提升全市国土空间数据服务能力，做好数据共享和应用服务。为北京市第三次国土调查、城市体检、不动产登记、专项督查、规划核验等工作提供数据服务；为全市应急管理、小微企业金融支持、文物保护、生态管控、老旧小区改造、轨道保护、楼宇监测等工作提供国土空间规划、自然资源调查监测、不动产登记等数据支撑；与国家税务总局、北京市税务局、北京市高级人民法院签订数据共享协议，推进数据常态共享。

（程辉）

【推进政务数据上链入云共享】 年内，市规划自然资源委持续开展政务数据“上链、入云、汇聚、开放”，完成163项职责、341条数据类、11个系统平台的梳理，实现职责目录、数据目录、应用系统100%入云、上链，推进国土空间数据向北京市大数据管理平台数据汇聚共享和资源开放。持续梳理完善职责目录和数据目录，提高数据准确率和完整度，推进信息系统进舱。

（程辉）

【大数据支撑重点专项工作】 年内，市规划自然资源委建立“一本台账”，通过搭建“市区两级重点项目协同管理平台”，实现项目实时填报、定期调度、分类决策。通过搭建“企业反馈项目通”应用，创建870多个项目群，打通企业和政府间的线上沟通渠道。建立“疫情小区—建筑房屋—居住人口”关联的大数据分析模型，开展新发地等批发市场专题分析，识别潜在高风险疫情地区。利用大数据手段开展舆情热点分析，形成昌平区牛蹄岭矿山非法开采、大兴区朱庄村别墅违建等舆情热点分析报告和图集。基于全市三调现状、分区规划等数据，分析全市4000公顷腾退产业用地、居住用地及非建设用地的分布情况。

（程辉）

【工程建设项目审批管理系统运行情况通报制度建立】 年内，市规划自然资源委与市政务服务管理局建立北京市工程建设项目审批管理系统运行情况内部通报制度，完善、提升全市工程建设项目审批管理系统运行机制和数据报送质量。印发3期《北京市工程建设项目审批管理系统运行情况内部通报》，对各区和各有关单位报送数据进行每日盘点反馈、每月评价通报，监督和考核数据报送时效和质量。

（程辉）

【全流程电子图件报审机制建立】 年内，市规划自然资源委开展全市工程建设项目审批电子报件标准研究，建立涵盖地块控规、多规合一、许可审批、施工图审查、批后监管与全过程监督、联合验收、不动产登记等全流程电子图件报审机制，实现审批图件全流程电子化管理，确保建设项目在“审批一张图”子系统落图落地，各部门基于“一张蓝图”协调审批。

（程辉）

【推进电子印章和电子证照】 年内，市规划自然资源委推进市、区两级60余枚电子印章刻制和备案，实现“应刻尽刻”，电子印章数量排在全市第2位。完成《建设工程规划许可证》《不动产权证书》等7个事项的行政审批业务电子证照及相应服务场景设计，同步实现电子证照制作应用与数据汇聚，推进全委电子报盘系统、互联网申报系统与市政务服务管理局“好差评”系统对接，实现2小时以内审批业务办件数据应汇尽汇，质检情况100%满足要求。完成政务服务170项审批事项的“一网通办”5级办理的技术开发，首个消防设计审查行政许可的电子印章和电子证照同步上线应用并实现全程网办，实现数字化审图系统与全委项目审批办事服务平台数据互通。

（程辉　杜美芬）

【信息系统整合建设】 年内，市规划自然资源委项目审批办事服务平台整合上线，实现项目审批管理“一个平台、一套流程、一个标准、一张底图”目标；新版行政办公系统上线运行，进一步优化公文办理流程，规范表单格式，实现公文全量电子档案数据查询；新版外网网站上线运行，新增审批公示文件自动加盖水印功能，审批平台数据同步功能，完成非固定资产53个事项互联网电子报件功能，提升“一网通办”水平；多规合一协同信息平台二期项目通过验收，拓展到政府投资类工程建设项目，更好地支撑各类项目多规合一预咨询和前期策划等业务工作。

（程辉）

【网络信息化安全管理】 年内，市规划自然资源委建立网络信息安全工作通报制度，制定网络安全检查工作方案，组织开展网络信息安全培训。开展“不动产登记管理信息平台”等7个信息系统测评和等级保护备案，采购WAF防护等9个云安全服务，建立7×24小时信息安全事件应急响应处理机制。8月31日至9月2日，参加全市应急攻防演练。

（程辉）

【信息化基础设施建设】 年内，市规划自然资源委推进并完成电子公文系统50%年度替代任务。协调推进B3楼智能化建设。落实全委三网架构设计规划，推进各分局至数据管理中心机房内网路由策略开通。制定《北京市规划和自然资源委员会政务云资源使用管理办法》，全委非密信息系统全部迁移部署于市政务云。有序开展信息化机房设备搬迁部署，实现系统及数据完整平滑迁移。

（程辉）

【BIM、CIM平台建设与试点应用】 年内，市规划自然资源委持续推进城市副中心建筑信息模型（BIM）、城市信息模型（CIM）试点，出台试点建设管理办法，制定BIM应用的技术标准及政策措施，并在张家湾设计小镇铜牛项目中，试点采用BIM进行设计，实现CIM平台的智能设计、管理和运营。完成“基于BIM技术的三维地质建模在整图幅地质调查项目的应用”等5个项目的申报，完成“BIM报建关键技术及CIM平台研究”课题立项。

（程辉）

安全生产

【安全生产委员会成立】 12月24日，市规划自然资源委党组印发《关于成立北京市规划和自然资源委员会安全生产委员会的通知》，成立北京市规划和自然资源委员会安全生产委员会（简称“委安委会”），进一步健全完善全委安全生产工作机制，加强对全市规划自然资源领域安全生产工作的组织领导。同时设立委安委会办公室。

（周文甫）

【安全生产重要论述选编】 年内，市规划自然资源委编印《习近平总书记关于安全生产重要论述选编》，深入学习宣传贯彻习近平总书记关于安全生产重要论述。

（周文甫）

【安全生产工作方案印发】 年内，市规划自然资源委印发《关于落实〈北京市安全生产专项整治三年行动计划〉的工作方案》及《三年行动目标任务清单》，制定《关于落实〈2020年度安全生产和消防工作目标任务书〉工作方案》及《2020年度安全生产重点工作任务清单》，推进安全生产。在2020年度市级部门安全生产工作考核中，被评定为“优秀”。

（周文甫）

宣传·展览

【首都功能核心区控规草案公示】 2019年12月30日至2020年1月28日，《首都功能核心区控制性详细规划（街区层面）（2018年—2035年）》草案在市规划展览馆公示。其间接待社会公众4891名、团队28个，征询意见建议245条。

（马永成）

【《北京市战略留白用地管理办法》解读】 4月8日，《北京市战略留白用地管理办法》印发。市规划自然资源委联合新华社，在《瞭望》新闻周刊刊发系列报道，解读《北京市战略留白用地管理办法》。新华社客户端“瞭望”号总阅读量超过500万，评论700余条，其中《战略留白为首都未来留空间》和《开启首都可持续发展新征程》阅读量均超过240万。

（李建林　姜雨桐　柳东雨）

【新中国大工匠智慧——北京大兴国际机场主题展】 10月30日，市规划展览馆、北京市建筑设计研究院有限公司联合举办的“新中国大工匠智慧——北京大兴国际机场”主题展览向社会公众展出，展示北京大兴国际机场设计的新理念、新方法、新技术，揭秘航站楼设计兼具艺术性、便捷性、实用性的背后巧思。

（马永成）

【北京林业大学三山五园学生团队研究成果展】 12月12日，市规划展览馆、北京林业大学“三山五园”（三山：万寿山、香山、玉泉山；五园：颐和园、静宜园、静明园、畅春园、圆明园）研究团队、中国林业出版社联合举办的“三山五院研究成果系列展”之时空溯源——北京林业大学“三山五园”学生团队研究成果展向社会公众展出，以成果展示、学术交流、话题探讨等形式展示研究成果。

（马永成）

【前门记忆摄影绘画主题展】 12月15日至31日，市规划展览馆、东城区前门街道办事处、北京日报客户端北京号联合举办“前门记忆”摄影绘画主题展。展览聚焦前门地区的文化历史和百姓生活，带领观众体验前门地区历史文化积淀。

（马永成）

【城市总体规划成果展】 年内，市规划展览馆完成《北京城市总体规划（2016年—2035年）》成果展，共接待21572人参观。

（马永成）

【历史文化名城保护宣传】 年内，市规划自然资源委联合新华社，策划“文化和自然遗产日”主题宣传。7月29日，新华社刊发“老胡同里的新生活——北京老城探访记”主题报道。完成“北京印迹”网站和新媒体矩阵相关工作，发布信息1879条，阅读总量超4200万人次。推出“北京城市故实”“名城保护·大家谈”“京城水迹”“北京地名”“一起看北京”等原创内容。

（李建林　姜雨桐　柳东雨）

【儿童城市规划宣传教育】　年内，市规划自然资源委继续开展“我们的城市——北京儿童城市规划宣传教育计划”。六一儿童节，推出1场直播和4堂公开课，以线上方式带领孩子们探寻北京。9月，在市规划展览馆举办6次“我们的城市·规划课程盒子”公益公开课试听课和1次以“面向儿童的城市规划科普和传播”为主题的专家研讨会。

（李建林　姜雨桐　柳东雨）

【《我是规划师》节目选题拍摄】　年内，市规划自然资源委协助北京广播电视台推进《我是规划师》节目拍摄制作，重点从节目选题策划、研提选题规划要点、脚本审核、成片审核4个环节，为北京广播电视台提供规划专业技术支撑。完成两季节目选题策划；梳理并撰写节目第一季中轴线整治、新首钢等9集，第二季回龙观自行车专用路、广阳谷森林公园等6集，共17个选题规划要点；审核第一季8集节目脚本大纲，研提修改建议；配合完成第一季节目现场拍摄；审核《冰与火之歌》《老胡同里的现代生活》《一脉传城》3集成片，研提修改意见。

（李建林　姜雨桐　柳东雨）

【规划自然资源领域问题整改成效宣传】　年内，市规划自然资源委宣教中心开展“守初心见行动展形象”主题系列宣传，报道全市规划自然资源领域问题整改成效。组织媒体实地采访昌平区南口镇、怀柔区桥梓镇违建别墅专项整治工作成效。制作规划自然资源领域问题整改成效宣传片。在北京日报刊发《规划之笔“落地生花”勾勒多彩幸福画卷——195名责任规划师打通规划落地最后一公里》《一张蓝图干到底生态为本谋发展——北京市规划和自然资源工作纪实》图文专版。

（李建林　姜雨桐　柳东雨）

【新冠肺炎疫情防控宣传】　年内，市规划自然资源委印发《关于加强新冠肺炎疫情防控宣传工作的通知》，制定《新冠肺炎疫情防控宣传工作方案》。利用委新媒体平台，传达党中央、国务院、市委、市政府工作部署和要求，宣传疫情防控常识。在“北京规划自然资源”微信公众号开设防疫专栏“共同战疫”，设“奋战疫线”和“防疫速递”两个栏目，制作、转发文章358篇，累计阅读量126.9万次。在中央和市属主流媒体宣传全委推进疫情防控和推动重大项目实施落地、服务复工复产的举措，刊发相关报道26篇。

（李建林　姜雨桐　柳东雨）

【舆情监测与引导】　年内，市规划自然资源委宣教中心加强舆情风险评估和舆论引导。发布《舆情监测》195期，其中日报130期、周报50期、专刊11期、季报4期。发布第三方年度评估报告。组织召开重点网络舆情风险研判会和季度舆情会商会，研究舆情风险点和应对预案，及时回应处置，保障舆情平稳有序。

（李建林　姜雨桐　柳东雨）

【委新媒体平台运营】　年内，市规划自然资源委加强新媒体平台运营管理。“北京规划自然资源”微信公众号粉丝8.5万个，发布内容643篇，阅读总量211.2万次，分享8万次；微博发布内容844条，阅读量884.8万次；今日头条发布内容369篇，阅读量54.7万次；喜马拉雅发布内容44篇，阅读量1.9万次；北京号/百家号发布内容94篇，阅读量262.8万次。

（李建林　姜雨桐　柳东雨）

【委网站内容管理】　年内，市规划自然资源委完成网站内容发布、网站无障碍、网站智能检索等功能迁入“北京市集约化管理平台”。开展200余个栏目90万余条历史数据迁移及网站页面头部标识、底部功能区的页面规范。委网站新建业务专题5个、栏目5个，调整栏目9个，发布42805条政务信息，网站总访问量8752229次。

（李建林　姜雨桐　柳东雨）

信息公开

【政府信息主动公开】　年内，市规划自然资源委按照政府网站页面设计统一规范，建立行政执法公示、普法和依法治理、住有所居、我们的城市、数字科普平台等7个专题栏目，新增企业间存量非住宅不动产交易登记公示（公告）、分区规划、测绘成果审批公告、地图审核公告、拆迁永久性测量标志审批公告5个业务栏目，调整不动产登记办事服务、不动产登记数据统计、社会投资简易低风险工程、地质灾害防治、优化营商环境办理建筑许可、国有建设用地供应计划、测绘地理信息—行政许可事项、测绘地理信息—其他办理事项等9个栏目。利用门户网站，主动公开国土空间规划和自然资源相关信息，及时发布政策解读信息，做好重大舆情回应处置。截至年底，发布政务信息81651条，网站总访问量达8752229人次。围绕国土空间规划体系、首都功能核心区控规、老城整体保护、违法建筑处置等重点工作，网上发布政策解读33篇。及时更新“北京规划自然资源”微博、微信、头条号。

（吴新华）

【政府信息依申请公开】　年内，市规划自然资源委收到政府信息公开申请9746件，其中当面申请3714件、网页（含电子邮件）申请3562件、邮寄申请2470件（含传真申请2件）；另有2019年结转政府信息公开申请253件。截至年底，办结9508件，结转2021年办理491件。

（吴新华）

信访工作

【信访事项办理】　年内，市规划自然资源委办理信访请求事项6840件次。委机关本级受理3897件次，其中，受理来访486批次、736人次，受理来信758件次、网上来信2653件次。各分局受理2943件次，其中，受理来访962批次、2506人次，受理来信1036件次、网上来信945件次。全委来访批次及人数、群访批次及人数同比均有下降，重访、缠访、闹访现象得到缓解。

（吴新华）

【信访积案化解和重复访治理】 年内，市规划自然资源委落实国家信访局、自然资源部、市信访办开展信访积案集中攻坚化解活动要求，开展积案化解和重复访集中治理，对12件信访积案和56件重复信访件，制定工作方案，明确包案领导，逐案落实“五个一”工作责任。截至年底，12件信访积案全部办结，重复信访件化解结案22件。办理完成自然资源部交办中央巡视组移交信访事项、中央环保督察转办群众信访件等重要交办件。

（吴新华）

【历史遗留信访问题化解】 年内，市规划自然资源委针对违法建设、不动产登记等历史遗留信访问题，坚持由化解一个信访事项向出台政策推动一类问题解决转变，以治理、有解思维，创新思路，完善政策，精准落实。修定《北京市禁止违法建设若干规定》，明确违法建设查处全流程规定。出台《关于政策性住房项目规划核验有关问题的指导意见》，推动政策安置房验收。截至年底，解决不动产登记历史遗留信访问题32000余户。

（吴新华）

【接诉即办事项办理】 年内，市规划自然资源委成立“接诉即办”领导小组，设立工作专班，制定定期会商、通报讲评、内部审核等工作机制。印发“接诉即办”处置流程及要求，对处置程序进行统一规范。印发对外公开电话管理办法，落实处级领导干部定期接听电话值班工作机制和接听电话首问责任制，确保企业群众来电咨询得到高效解答，诉求得到顺畅表达和有效调解。截至年底，受理“接诉即办”事项1323件，其中建议类1058件、诉求类163件、咨询类97件、表扬类5件。全市涉及行业问题8.3万件，综合响应率100%、解决率92%、满意率94%。便民热线接听电话20721件，其中涉及不动产登记6009件、土地3485件、信息公开2425件、综合审批2478件、勘察设计2160件、政策法规查询723件、违法建设493件、其他事项2948件。

（吴新华）

队伍建设

【录用人员255人】 年内，市规划自然资源委招录接收公务员127人，平均年龄28.2岁，68.5%为硕士及以上研究生。招聘事业单位人员102人。接收军转干部26人，其中团职干部3人。

（刘成伟）

【选派2名干部挂职】 年内，市规划自然资源委选派1名干部到河北廊坊市挂职、1名干部到河北雄安新区挂职。

（刘成伟）

2021 区域规划和自然资源管理

东城区

【不动产登记业务办理】 8月31日，市规划自然资源委东城分局正式推行“早晚弹性办、午间不间断、周末不休息”延时服务。截至年底，受理登记业务28676件，颁发不动产权证书13877本、不动产登记证明7264份。

（崔蕾）

【落实核心区控规三年行动计划印发实施】 12月，《东城区落实首都功能核心区控制性详细规划三年行动计划（2020年—2022年）》印发实施，进一步细化分解《首都功能核心区控制性详细规划三年行动计划（2020年—2022年）》，统筹东城区的功能、社会、风貌、产业、文化、治理等方面工作，以街区为单元，对各类建筑、公共空间、服务设施、城市部件等街区保护更新对象，采取条块结合、时空匹配的方式，形成涉及重点地区、重要专项、规划编制与机制探索三个方面的实施任务，指导街区保护更新工作有序实施，推进城市更新与老城复兴。从重点地区工作、专项工作、政策机制及规划编制工作三个方面，制定41项任务、364个重点项目及储备项目。

（李楠　崔蕾）

【王府井商业区更新与治理规划编制完成】 年内，市规划院编制完成《王府井商业区更新与治理规划（街区保护更新综合实施方案）》。该规划以“塑造独具人文魅力的国际一流步行商业街区”为目标，以“文化、人本、更新、传承”为主题，探索商业街区更新与治理规划的编制方法和实施路径；以街区诊断为先导，通过全要素分析和全样本调查，摸底街区内的“人、地、房、街、巷、院、园、树”；以功能转型为指引，促进文化、商业、旅游融合发展，改善民生环境条件，传承百年文化，激发多元活力；以交通治理为切入，政府、商户和居民共同协商，打破交通阻塞瓶颈，创建全市首个地面无车化步行街区；以设计图则为抓手，推动全域、全层级、全要素的精细化管控和治理，塑造鲜明的街区形象和宜游宜赏的精品空间；以全过程陪伴为保障，统筹不同设计单位和对接主体，协调部门、居民、商户和游客，保障规划实施。

（郭婧）

【批后监管与督察整改】 年内，市规划自然资源委东城分局通过自然资源部及市规划自然资源委批后监管系统上报项目65个。东城区涉及督察整改闲置土地项目34个，所有拟收回项目都已归集成本形成收回方案。截至年底，2宗闲置项目完成整改。

（崔蕾）

【2019年度城市体检】 年内，市规划自然资源委东城分局完成东城区2019年度城市体检。从强化四个中心建设、空间布局调整、减量实施提质宜居适度生活空间建设、重点地区建设、历史文化名城保护及城市特色风貌建设、城市韧性与安全等方面，形成体检报告主要内容。

（崔蕾）

【街区责任规划师续聘】 年内，市规划自然资源委东城分局推动责任规划师制度下沉街道，续聘责任规划师96名，对“美丽院落”试点改造项目开展参与式设计。

（崔蕾）

【规划自然资源领域专项治理】　年内，市规划自然资源委东城分局通过建章立制，加强规划自然资源领域各项工作规范化管理，出台26项规章制度，涵盖《关于治理基层涉地乱象和涉地腐败的意见》和《关于加强规划和自然资源领域内部约束监督的意见》中的基层治理、规划编制、内部约束、监督执纪等。截至年底，完成37项任务。

（崔蕾）

【9个社会投资项目规划许可手续办理完成】　年内，市规划自然资源委东城分局完成东直门交通枢纽、隆福文化街区修缮更新等9个社会投资项目的规划许可手续办理。

（崔蕾）

【178件综合审批事项办理完成】　年内，市规划自然资源委东城分局办理各类审批178件。其中，建筑工程许可51件，市政工程许可8件，选预3件，规划验收合格25件，地名类13件，划拨25件，土地协议出让53件。

（崔蕾）

【市政交通重点项目研究】　年内，市规划自然资源委东城分局开展崇文门地铁站及周边一体化改造项目、安定门站新增地铁、8号线王府井北站B2出入口方案等研究。

（崔蕾）

【自然资源资产管理】　年内，市规划自然资源委东城分局编制上报《东城区关于2019年度国有自然资源资产管理情况的专项报告》，建立自然资源存量及变化统计台账，完成自然资源资产负债表。推进三调等自然资源调查监测，查清各类土地分布和利用情况，核实5282块图斑的利用状况，形成东城区三调成果分析报告及数据成果。

（崔蕾）

【开发储备计划及三年滚动计划编制完成】　年内，市规划自然资源委东城分局完成东城区2020年度开发储备计划及三年滚动计划编制，获市政府批准。

（崔蕾）

【执法监察】　年内，市规划自然资源委东城分局治理违法用地违法建设，重点检查历史文化街区、文物保护单位相关建设工程及在施重点项目，现场踏勘760余次，出动检查人员1520余人次，办理违建线索117处，立案查处违法建设273件。其中，59件未依法取得建设工程规划许可证，移送至区城管执法部门。

（崔蕾）

【信访与行政诉讼复议】　年内，市规划自然资源委东城分局办理信访诉求373件，办结率100%。其中，来信来访322件，委主任信箱28件，区长信箱17件，自然资源部转办6件。办理行政诉讼案件48件，行政复议案件14件。

（崔蕾）

【政府信息公开】　年内，市规划自然资源委东城分局办理依申请公开254件，其中，分局自收213件，市规划自然资源委、区政府协查41件。接待申请群众652人次，接听电话咨询1434次，完成北京市政府信息公开工作管理系统依申请公开工作平台信息录入213件。

（崔蕾）

西城区

【历史文化名城保护】　9月，市规划自然资源委西城分局编制完成《西城区“十四五”时期加强历史文化名城保护思路与措施研究》《西城区“十四五”时期历史文化名城保护规划》。12月5日，区名城委召开以“历史文化名城价值再审视”为主题的年会。

（邵巍）

【受壁街项目规划手续办理】　10月27日，市规划自然资源委西城分局核发受壁街（西二环—赵登禹路）市政道路及地下停车场等建设工程“多规合一”协同意见函；12月31日，市规划自然资源委西城分局核发受壁街P4地下停车场及附属设施的《建设工程规划许可证》。受壁街（西二环—赵登禹路）市政道路及地下停车场等建设工程是核心区首个随市政道路同步建设地下车库及综合管廊的综合项目。

（邵巍）

【落实核心区控规三年行动计划印发实施】　11月，《西城区落实首都功能核心区控制性详细规划三年行动计划（2020年—2022年）》印发实施，进一步细化分解《首都功能核心区控制性详细规划三年行动计划（2020年—2022年）》，统筹西城区的功能、社会、风貌、产业、文化、治理等方面工作，以街区为单元，对各类建筑、公共空间、服务设施、城市部件等街区保护更新对象，采取条块结合、时空匹配的方式，形成涉及重点地区、重要专项、规划编制与机制探索3方面的实施任务，指导街区保护更新工作有序实施，推进城市更新与老城复兴。

（李楠）

【平安里站一体化综合实施方案编制完成】　年内，市规划院编制完成《北京地铁19号线平安里站一体化综合实施方案》。平安里站是截至年底北京老城内唯一一处规划四线换乘站。该方案提出“针灸式TOD”技术路径，提出轨道站点周边用地以品质先行、需求优先、兼顾乘客和居民需求为建设原则，以“不扎眼、不打扰、不多余”的方式对建筑风貌及轨道内部环境进行精细设计，将轨道建设融入老城城市生活，填补留白空间；通过补充街道公共服务设施缺口、提高换乘舒适度、理顺周边交通系统等方式，提升站点周边空间品质，激活区域活力。

（孟令君）

【2019年度城市体检】　年内，市规划自然资源委西城分局经过组织区级部门座谈、市级部门对接、专家讨论，征求相关部门意见，完成《2019年度北京市西城区城市体检报告》《2019年度北京市西城区城市体检侧重点报告》。截至年底，经区政府专题会审议通过并报市规划自然资源委。

（邵巍）

【简易低风险项目办理】　年内，市规划自然资源委西城分局建立不动产登记优化营商环境简易低风险项目全流程服务工作专班，将平房原翻原建纳入社会投资简易低风险项目范畴，缩短建设工程规划许可证办理时限，无需权利人申请即可办理规划核验，省去房产测绘备案环节；增设简易低风险不动产登记专窗。截至年底，西城区新建社会投资简易低风险项目共29个；完成全流程案例7个，包括全市首个纳入简易低风险范围的私有平房原翻原建全流程案例。

（邵巍）

【国有自然资源资产专项报告】 年内，市规划自然资源委西城分局会同区园林绿化局、区水务局编制完成《2019年度西城区国有自然资源情况报告》，10月28日向区政府常务会作专题汇报。按照第三次全国国土调查地类划分原则，区域范围内全部为国有建设用地，全部为城镇用地，不涉及其他地类。

（邵巍）

【街区整理更新】 年内，市规划自然资源委西城分局推进街区更新。完善区城市公共空间设计导则，建立规划设计艺术审查制度，提高重点地区、重点项目的设计水准，提高规划设计、建筑设计水平。截至年底，13个街道的街区整理展示中心建成开放，2个街道展示中心正在推进建设。

（邵巍）

【落实城市总体规划绩效考评任务】 年内，市规划自然资源委西城分局梳理落实北京城市总体规划（2016年—2035年）任务42项，形成《2020年西城区落实北京城市总体规划绩效考评事项》清单，按计划督促任务落实。结合市委市政府与市规划自然资源委的总规联合督查，对西城区5项重点工作开展专项督查。截至年底，各项任务完成。

（邵巍）

【历史遗留项目不动产登记办理】 年内，市规划自然资源委西城分局组建区历史遗留项目处理工作专班，协调解决历史遗留项目。截至年底，协调解决5个历史遗留项目，解决260户居民办证难问题，另有6个历史遗留项目打通解决通道。

（邵巍）

【第三次全国国土调查统一时点更新】 年内，市规划自然资源委西城分局对市三调办下发的245块图斑和区级自主提取的166块图斑开展外业核实，以三调底图为基础进行全面地类更新。全区调查面积为50.33平方千米，调查图斑数为6118个，涉及27个二级地类。截至年底，统一时点更新成果提交至市三调办。

（邵巍）

【规划自然资源领域专项治理】 年内，市规划自然资源委西城分局研究制定市规划自然资源领域专项治理实施方案及重点任务分工，形成7个方面、39项重点任务清单。推进落实委巡察组反馈的10个方面35个问题、区委交叉巡察组反馈的4个方面10个问题。截至年底，重点任务清单及问题整改全部完成。

（邵巍）

【法治宣传与依法行政】 年内，市规划自然资源委西城分局开展“4·22世界地球日”“6·25全国土地日”等5个宣传活动，在建功南里、西直门南小街社区等社区开展法治宣传，发放宣传资料和宣传品5000余件，引导居民节约集约利用自然资源。截至年底，办理政府信息公开申请

166件、行政复议8件、行政诉讼43件。

（邵巍）

【区委城市工作委重点工作】 年内，西城区委城市工作委编制《西城区贯彻落实首都功能核心区控制性详细规划进一步推进街区保护更新的实施意见》《西城区落实首都功能核心区控制性详细规划三年行动计划（2020年—2022年）》，明确231项落实核心区控规重点项目。

（邵巍）

【“十四五”时期总规控规专题研究】 年内，市规划自然资源委西城分局开展“十四五”时期落实城市总体规划与核心区控制性详细规划的总体思路、机制路径研究，通过专家结题评审，形成《“十四五”时期落实城市总体规划与核心区控制性详细规划的机制路径研究》成果。

（邵巍）

【高架桥附属空间利用研究】 年内，市规划自然资源委西城分局梳理辖区内高架桥附属空间利用的实际情况，会同区城市管理委、区园林绿化局、蓟城山水公司、各相关街道及责任规划师就西城区高架桥附属空间利用现状问题展开座谈研讨，形成《北京西城区城市高架桥附属空间景观研究》初步成果。

（邵巍）

【责任规划师制度实施】 年内，市规划自然资源委西城分局成立“西师联盟”临时党支部，出台《关于进一步加强西城区责任规划师工作的指导意见》和《西城区街区责任规划师工作考评实施细则》（试行），建立街道责任规划师团队、街道（指挥部）、分局三方互评体系。

（邵巍）

【“四名”汇智计划开展】 年内，“四名”汇智计划（“四名”：西城区“名城、名业、名人、名景”保护体系，汇智：汇聚政府、企业、社会多方资源，四名汇智计划：支持社会自发的软性名城保护文化活动）理事单位增加2家，总数增至28家，其中提供资金支持的18家。发布招募1轮，收到申请表79份，支持团队61个，开展活动100余场，出版书籍3本，拍摄专题纪录片1部。

（邵巍）

【土地储备开发计划编制完成】 年内，市规划自然资源委西城分局编制完成西城区2020年及2020—2022年滚动土地储备开发计划。申报建设项目11个（均为结转项目），约37.09公顷，其中已收储项目3个、在施项目4个、转危改项目1个、继续履行撤销程序项目3个。

（邵巍）

【地热井踏勘】 年内，市规划自然资源委西城分局完成2019年度非油气矿产资源统计和勘查开采信息公示，完成区内2口地热井（矿区面积约1.31平方千米）的现场踏勘。

（邵巍）

【建设用地供应计划编制、实施】 年内，市规划自然资源委西城分局完成2020年供地计划项目2个，为保障房供地项目，用地面积4.06公顷。编制西城区2021年供地计划项目9个，用地面积9.93公顷。其中公共管理与公共服务用地项目2个，用地面积0.97公顷；保障房项目用地7个，用地面积8.96公顷，为棚改项目。

（邵巍）

【重点项目建设规划许可证核发】 年内，市规划自然资源委西城分局核发重点项目建设规划许可证：（1）抗疫类项目2个，宣武医院、儿童医院发热门诊项目；（2）市区重点项目2个，月坛体育场改造、阜外医院研究生宿舍楼项目；（3）中央单位项目2个，协和医院竖向改造、武警第十支队重点项目；（4）菜园街及光源里棚改等项目。

（邵巍）

【城镇私有住宅国有建设用地现状出让】 年内，市规划自然资源委西城分局办理城镇私有住宅国有建设用地现状出让行政许可决定173件，出让土地面积4471.90平方米。

（邵巍）

【审批事项受理核发】 年内，市规划自然资源委西城分局核发审批案卷147件。其中，建筑类项目94件；市政类项目48件；地名命名2件；建筑物名称变更1件；不予许可2件。

（邵巍）

【代征道路用地移交56条】 年内，市规划自然资源委西城分局开展代征道路用地移交专项工作，完成代征道路移交56条。

（邵巍）

【优化不动产登记服务环境】 年内，市规划自然资源委西城分局推出“区块链+不动产登记”七个应用场景，提供网上查询、网上预约、网上支付及EMS递送等服务，运用该功能完成抵押登记与抵押注销登记业务申请。开通“金融专网”办理不动产抵押权登记业务。推行北京不动产查封登记网上办理。增设“破产（强制清算）不动产登记信息查询”的政务服务事项。增设“悉心听”窗口、服务监督室。组建督导小组，对外接待办事企业群众的投诉及意见建议，对内监督指导业务办理。设置“洽谈室”，用于接待办事企业、群众商讨业务办理。开展延时服务，实行“早晚弹性办”“午间不间断”“周末不休息”的不间断服务方式。

（邵巍）

【不动产登记业务办理】 年内，市规划自然资源委西城分局受理各类登记业务4.34余万件，发放不动产登记证书、不动产登记证明3.37余万件。办理不动产登记档案查询业务2.97余万件，咨询电话接听3.49余万个，网上业务办理量1.26余万件。

（邵巍）

【3个信息化项目完成】 年内，市规划自然资源委西城分局完成《西城区在途项目管理信息系统》《智慧西城时空信息云平台地名地址数据标准化建库与多样化服务》和《智慧西城时空信息云平台运维项目》建设。

（邵巍）

【违法建设查处】 年内，市规划自然资源委西城分局推进查处违法建设。共立案42件，其中移送城管部门6件、行政处罚1件、作出限期拆除决定1件、限期改正2件，申请强制执行2件。配合属地街道、城管、房管、应急、市场监管等部门开展联合执法、联合检查2300余次，出具违法建设协查书面意见462件，涉及违法建设面积约3万平方米。核查卫片、街景、12345市民热线举报等渠道发现的违法建设线索96条。

（邵巍）

【信访及12345市民热线办理】 年内，市规划自然资源委西城分局通过来信、来访、北京市网上信访信息系统、自然资源与规划互动管理系统等渠道接收158件信访。办理热线平台派件976件，其中办理属于本部门职责的883件，退件93件。

（邵巍）

朝阳区

【地理国情监测】 7月中旬，市规划自然资源委朝阳分局开展2020年度地理国情监测。8月中旬，完成内业变化信息采集整理，提取出国家下发的47771块朝阳区图斑。9月初，完成对其中近1800块图斑外业核查的任务。截至年底，朝阳区2020年度地理国情监测成果通过入库检查和国家验收。

（陈琳）

【朝阳区小微公共空间再生计划项目结项】 10月，“微空间·向阳而生——朝阳区小微公共空间再生计划”项目结项。该项目以创造有地区特色和归属感的社区公共空间为抓手，引入儿童友好、适老化、无障碍等理念，通过社区培力、参与式设计、方案评审、改造施工等环节，完成双井街道、太阳宫地区、小关街道、南磨房地区、常营乡5处小微空间改造；采用“公共空间、公益平台、公开征集、公众参与”的“四公”工作手段，链接和撬动政府、市场、社会公众力量，孵化形成“政府引领、社会出资、责师出智、居民共建”的小微公共空间更新实施新模式。该项目由市规划院与中社社会工作发展基金会共同推动成立的中社社区培育基金，联合市规划自然资源委朝阳分局、朝阳区民政局、朝阳区农业农村局、北京工业大学建筑与城市规划学院，于2019年共同发起。

（赵幸　陈琳）

【分区规划实施】 年内，市规划自然资源委朝阳分局推进朝阳分区规划实施。1月16日，市规划自然资源委朝阳分局面向区各委办局、各功能区管委会（指商务中心区管委会、奥林匹克公园管委会、文创实验区管委会、温榆河管委会、金盏国际合作服务区管委会、朝阳园管委会等）和各街乡组织开展分区规划成果宣传培训。完善国土空间规划数据库建设，将其纳入“全市国土空间规划一张图”，并在全市规管系统更新上线。9月24日，《朝阳区人民政府关于〈朝阳分区规划（国土空间规划）（2017年—2035年）〉实施情况的报告》经朝阳区十六届人民代表大会常务委员会第三十次会议审议通过。

（陈琳）

【2个街区控规编制试点开展】 年内，市规划自然资源委朝阳分局通过开展街区划定、土地资源梳理、规模指标传导、空间底线约束、品质精细管控等研究，编制控制性详细规划街区指引。7月21日，将街区指引编制情况报请区委城工委研究。开展第四使馆区周边地区（东坝中区）和朝阳园北区街区控规编制试点工作。

（陈琳）

【2个重点项目规划研究】 年内，市规划自然资源委朝阳分局开展中关村朝阳

园北区实施方案编制研究，通过“多规合一”平台征求区级部门征求意见。11月，东坝北西区域回迁安置房工程以备案形式完善各地块规划指标。

（陈琳）

【2019年度城市体检】 年内，市规划自然资源委朝阳分局组织开展朝阳区2019年度城市体检，制定城市体检工作方案、分解任务，动员区内25家单位参与。11月底，《朝阳区2019年度城市体检报告》上报区政府，获区领导同意。

（陈琳）

【建设项目规划核验】 年内，市规划自然资源委朝阳分局完成大望京商务区配套托幼园等教育配套的规划验收；完成孙河养老配套设施及奥体南区人才公租房、宝成雅园回迁安置房、劲松街道社区便民综合服务中心等养老类、保障类住房及配套项目规划验收；完成冬奥速滑110千伏输变电工程、中国电子科技集团公司传感器大楼、国家管网公司办公楼、全球第二家苹果旗舰店等一系列重点项目规划验收。截至年底，办理建设工程规划验收77件，建筑规模342.90万平方米；开展社会投资类全过程服务监督项目112个，总建筑规模1383.49万平方米；开展历史纳入全过程服务监督项目共74个，总建筑规模259.52万平方米；推进简易低风险全过程监督项目39个，总建筑规模3.62万平方米；市政管线备案项目2个，长度1630.50米。

（陈琳）

【地名规划编制及地名命名研究】 年内，市规划自然资源委朝阳分局加强地名规划与街区控规、规划综合实施方案的衔接，推进地名研究。截至年底，东坝北西区地名规划随街区控规完成批复，孙河乡前苇沟组团棚户区改造土地开发项目平衡资金地块地名规划正在市规划自然资源委审核批复；完成双旭东路、南十里居西路等道路命名。

（陈琳）

【乡村规划研究建设】 年内，市规划自然资源委朝阳分局配合区农业农村局开展十八里店、小红门、管庄、平房、东坝、东风、王四营7个乡的综合规划实施方案编制及“东三乡”（孙河乡、金盏乡、崔各庄乡）统筹研究。截至年底，核发平房乡姚家园新村三期、黄渠四期，管庄乡杨闸（二期）等11个项目规划设计方案，涉及地上建设规模123.73万平方米，安置约2.1万人口；核发王四营乡土地一级开发项目（一期）土地前期整理有关意见的函；推进管庄乡郭家场平衡资金地块前期手续办理；研究确定21个项目的产业定位。

（陈琳）

【巡视巡查238宗地】 年内，市规划自然资源委朝阳分局完成外业巡查任务238宗地，发现闲置土地项目24宗。截至年底，1宗项目开工建设，剩余23宗项目正在依照市政府2017年第2次、第3次闲置土地认定联席会议议定处置方式推进处置。

（陈琳）

【土地储备开发】 年内，市规划自然资源委朝阳分局推进东坝北东南二期、王四营一期、十八里店一期、东坝外交部、孙河组团项目的规划、立项、征地、拆迁。截至年底，完成79户住宅（2.57万平方米）、188家非宅（94.55万平方米）、4家国有单位（3.18万平方米）腾退。

（陈琳）

【不动产登记业务办理】 年内，市规划自然资源委朝阳分局受理各类登记业务约21.3万件，业务受理量与去年同期相比下降12.2%，档案查询量约82.5万件（其中窗口查询约22.5万件、自助查询约4.3万件、网上查询约55.7万件），发放不动产权证书、不动产登记证明12.9万本（其中自助制证7.2万本）。上线7个不动产登记应用场景，实现企业间存量非住宅转移登记、抵押登记、抵押注销登记等业务全程网办，推进个人间存量商品房交易登记全程网办。截至年底，有“办证难”历史遗留问题的16个房地产开发项目的6909套房屋具备办证条件，其中5个项目的201套房屋完成登记发证。

（陈琳）

【城乡建设用地减量近17平方千米】 年内，市规划自然资源委朝阳分局严控建设用地增量，形成“三核、一报、多沟通”（“三核”：核现状、核规划、核实地，“一报”：乡政府正式上报减量实施地块，“多沟通”：区内相关部门联动，多次纵向横向沟通）工作机制，建立城乡建设用地减量数据库，绘制“两图一表”（“两图”：朝阳区城乡建设用地减量地块示意图、朝阳区城乡建设用地裸地地块示意图，“一表”：朝阳区城乡建设用地减量地块汇总表）并下达各乡。截至年底，金盏乡、崔各庄乡、孙河乡等17个乡2143块图斑城乡建设用地减量近17平方千米。

（陈琳）

【38件“多规合一”平台申请项目办结】 年内，市规划自然资源委朝阳分局办结38件“多规合一”平台申请项目。核发供地入市条件5件，一级整理项目5件，农民安置房和集体产业项目7件，其他新建、改扩建类项目初审和会商意见21件。涉及建设用地规模371.34公顷，地上规模681.83万平方米，其中一级整理建设用地75.58公顷、地上建筑规模148.85万平方米；供地入市条件65.91公顷、建筑规模178.97万平方米；初审意见建设用地92.25公顷、地上建筑规模108.35万平方米；会商意见建设用地89.20公顷、地上规模181.16万平方米；规划研究建设用地规模48.40公顷、地上建筑规模64.50万平方米。

（陈琳）

【6个轨道交通微中心试点研究】 年内，市规划自然资源委朝阳分局开展28号线、平谷线、东北环线等线路一体化研究；先期推进6个微中心试点工作，按照“一站一策一档”（根据每个站点规划和现状情况不同，形成不同的一体化策略和站点档案）的思路，依据不同微中心的区位条件、客流量、可利用土地资源、实施难度等因素分类研究。

（陈琳）

【重要连接通道等规划建设】 年内，市规划自然资源委朝阳分局推进亮马河北路、六里屯路、广渠路东延等东西部重要连接通道的建设；加大东南部等基础设施薄弱地区骨干路网的建设，推进化工路、老君堂路、王化路、广渠路东延等一批主次干路的规划研究；针对CBD、奥体、望京、青年路、雅宝路等交通问题较为突出的区域，从规划层面引导其开展交通综合整治，优化区域路网微循环，提升城市交通环境品质。

（陈琳）

【市政基础设施配套建设】 年内，市规划自然资源委朝阳分局加强市政基础设施建设，推进齐家园外交公寓、将台国际文化硅谷项目、阿里巴巴产业项目配套市政基础设施建设，推进区档案馆、中小学等教育和文化基地周边、望京、电子城区域商务文化中心配套市政交通基础设施建设，推进冬奥会速滑馆项目和冬奥村人才公寓配套市政基础设施建设，推动国家会议中心、奥运核心区、亮马河、三里屯、广渠路等重点区域架空线入地工程落地；开展第四使馆区周边道路交通与市政工程方案研究，参与电子城北扩区配套市政专项研究，推动酒仙桥粪便处理厂、高安屯焚烧三期建设项目的前期研究；配合区城管部门研究市政管线消隐工程，治理安全隐患，配合市级部门推动CBD500千伏变电站项目规划实施。

（陈琳）

【商品住宅用地供应】 年内，朝阳区供应商品住宅项目2宗，包括莱茵花园南侧地块及东坝北东南一期1104-613地块，建设用地面积约10公顷；发布土地出让正式公告项目2宗，包括东坝北东南一期项目611地块及莱茵花园项目3005-08地块，建设用地面积约7公顷。截至年底，市规划自然资源委朝阳分局完成年度商品住宅用地供应任务65%；完成入库项目9宗，包括崔各庄乡黑桥南皋棚改项目1、4、6号地，王四营一期项目1、2、3、4号地，市中心收储的将台西路5号地（1.55公顷），管庄288号地（0.86公顷），建设用地面积共约27公顷，完成年度商品住宅用地入库任务79%。

（陈琳）

【4宗一般经营性用地公开供应】 年内，朝阳区公开供应一般经营性用地4宗。其中，1宗为市土地储备中心收储项目，为朝阳区望京花家地西里三组团配套综合楼1006-605地块B4商业金融用地，建设用地面积为0.73公顷，建筑规模为2.19万平方米；3宗为市土地储备中心朝阳分中心为主体项目，分别为：朝阳区东坝乡东风村1104-613地块R2二类居住用地、1104-614地块A33基础教育用地（东坝北东南一期项目613、614地块），朝阳区金盏乡小店村3005-12地块R2二类居住用地、3005-14地块A33基础教育用地、3005-15地块A22文化活动用地、3005-17地块A8社区综合服务设施用地（莱茵花园项目南侧地块），朝阳区东坝北东南一期土地储备项目1104-611地块R2二类居住用地（东坝北东南一期项目611地块），建设用地总面积为12.76公顷，总建筑规模为24.04万平方米。

（陈琳）

【征地及农用地转用项目用地管理】 年内，市规划自然资源委朝阳分局完成建设项目征地结案5个（建设用地面积为166.65公顷）；办理土地征收及农转用前期手续8个，其中3个项目取得征地及农转用批复（用地面积149.28公顷）、3个项目上报至市规划自然资源委、2个项目完成征地补偿安置公告。

（陈琳）

【耕地保护责任书签订】 年内，市规划自然资源委朝阳分局完成朝阳区年度耕地保护目标管理暨永久基本农田保护责任书签订，签订区乡级责任书14份、乡村级责任书51份。

（陈琳）

【21家地热单位矿业权勘查开采公示】 年内，市规划自然资源委朝阳分局完成21家地热单位的矿业权年报统计工作以及矿业权勘查开采公示。

（陈琳）

【受理土地权属审查业务156件】 年内，市规划自然资源委朝阳分局受理土地权属审查业务156件；出具土地权属审查告知书111份（宗地面积共312.18公顷），其中国有建设用地土地权属审查80份（宗地面积141.36公顷）、集体土地权属审查31份（宗地面积170.82公顷）。

（陈琳）

【违法建设查处】 年内，市规划自然资源委朝阳分局对巡查、检查中发现的在施违法建设下发《责令停工通知书》10起次；依法履行职责，查处属规划职责范围内的违法建设，下发《限期拆除决定书》3起次；依据职责向区城管、乡政府等部门移送违法建设案件142起次；配合属地及城管部门对违法建设出具书面认定214处（其中按照立即处置办法快速认定32件）；开展基本“无违建”创建，抽调专人成立认定小组，按时完成系统认定5103件。立案查处违法行为210件，下达行政处罚决定6件，涉及建筑面积2.70万平方米。

（陈琳）

【法治建设】 年内，市规划自然资源委朝阳分局收到行政复议诉讼案件214件，其中行政诉讼178件、行政复议36件，案件量居北京市规划自然资源系统首位。完成“4·15国家安全日”“4·22世界地球日”“6·25全国土地日”“12·4国家宪法日”等重要节点的法治宣传。组织开展《中华人民共和国民法典》《北京市街道办事处条例》《北京市禁止违法建设若干规定》及配套文件等专题培训。

（陈琳）

【信访工作】 年内，市规划自然资源委朝阳分局办理信访类及投诉举报类事项839件，其中信访类344件、投诉举报类495件。办理“接诉即办”案件2877件，办理答复1043件，其余1834件因不属于单位职责作退件处理。制定《关于进一步加强市民服务热线反映问题“接诉即办”工作实施方案》《北京市规划和自然资源委员会朝阳分局关于建立“三到位一处理”信访诉求“四库”分类工作方案》等相关工作方案。

（陈琳）

【依申请信息公开1032件】 年内，市规划自然资源委朝阳分局办理依申请信息公开1032件，其中分局直接受理889件、区政府转办65件、市规划自然委转办63件、市政府转办15件。按案件类型划分（部分信息公开申请涉及不同案件类型），规划审批类537件、征地类189件、土地性质及土地利用类102件、不动产登记及出让查询类12件、土地储备项目类237件、执法类5件。

（陈琳）

【城市建设档案管理】 年内，市规划自然资源委朝阳分局接收档案移交2347卷（件）；完成业务档案数字化12000卷、文书档案数字化2000件；接待单位内部档案借阅679人次，借阅档案3167卷；接待社会单位档案查阅255个文号。

（陈琳）

【54项规划公示】 年内，市规划自然资源委朝阳分局组织规划公示54项，其中现场公示3项、网上方案公示32项、规划道路命名网上公示19项。

（陈琳）

【2个课题调研】 年内，市规划自然资源委朝阳分局组织开展《朝阳区“十四五”时期推进城市有机更新路径措施研究》，梳理和总结朝阳区城市更新工作开展的相关经验和当前存在的问题与面临的各项挑战，形成《更新朝阳更朝阳新朝阳，朝阳区城市更新多元实践工作报告》；组织开展《“十四五”时期居民小区完善配套和要素提升课题研究》，围绕“七有”“五性”需求，针对居民小区配套规划建设提供相关政策建议，提高群众生活便利性。

（陈琳）

丰台区

【国家自然资源例行督察整改】 2019年，国家自然资源例行督察指出丰台区具体问题1424个，其中限期整改类问题545个，纳入持续整改类问题879个。截至2020年底，限期整改类问题完成整改454个，持续整改类问题完成整改75个。

（李萌）

【区委城工委重点工作】 6月，市规划自然资源委丰台分局作为区委城市工作委员会办公室，印发《中共北京市丰台区委城市工作委员会2020年工作要点》。8月，拟定区级工作分工方案和任务清单。10月，建立区委城工委办协调、推进、督促落实城市工作机制。

（高岱）

【规划自然资源领域专项治理】 截至年底，市规划自然资源委丰台分局组织区级相关单位完成规划自然资源领域专项治理任务清单中，涉及丰台区95项任务。市委第五巡视组反馈问题33个，完成整改17个、基本完成整改6个、阶段性完成整改3个、持续推进整改7个。区委巡察组反馈问题9个，完成整改5个，持续推进整改4个。“大棚房”排查整治7个项目和另案处理4个项目全部整改到位。浅山区专项治理涉及一般违法项目32宗全部拆除。违建别墅清查整治，梳理上报问题项目6宗（43栋），全部按照国家规定时限要求完成整改。

（周礼司　李萌）

【丰台火车站配套道路定线及工程综合规划编制完成】 年内，市规划院编制完成《丰台火车站配套道路定线及工程综合规划》。该规划从管网深化、工程统筹、技术协调、节点设计、实施推动等不同层面和角度，制定规划策略，对电力架空线拆改、热力燃气选线等工程进行规划校核。截至年底，完成万寿路南延和丰台东路等道路的定线。

（魏萌）

【违法用地违法建设责任追究办法施行】 年内，市规划自然资源委丰台分局修订《丰台区违法用地违法建设责任追究办法》。经区委、区政府同意，于7月30日印发施行。

（李萌）

【第三次全国国土调查统一时点更新】 年内，市规划自然资源委丰台分局完成三调统一时点更新，实地举证2865个图斑，面积2012.32公顷，拍摄照片1.2万余张。8月11日，按时提交成果，并通过国家级核查。

（闫鑫）

【国有自然资源资产管理报告编制完成】 年内，市规划自然资源委丰台分局编制完成《丰台区2019年度国有自然资源资产管理情况专项报告》及本领域子报告。截至2019年底，丰台区土地资源总量为30552.63公顷。其中，国有土地15525.20公顷，占全区总量的50.81%；集体土地15027.43公顷，占全区总量的49.19%。查明矿产资源储量并编入《北京市矿产资源储量表》的固体矿产5种，矿产地7处。水资源总量多年平均值5469万立方米，全区境内有43条河道，总长度约203.50千米。全区林地面积9726.11公顷，无国有林场。

（宋婉煜）

【生态保护红线调整评估优化】 年内，市规划自然资源委丰台分局、区园林绿化局、区生态环境局等部门共同开展丰台区生态保护红线调整评估优化。截至年底，在2018年7月国务院正式对外发布的北京市生态保护红线划定方案基础上，经图斑、地块校核评估，审批数据核查，形成丰台区生态保护红线调整评估最新成果。

（高姗姗）

【简易低风险项目审批流程优化】 年内，市规划自然资源委丰台分局利用简易低风险“一站通”服务系统及优化营商环境工作平台，压缩全流程办理时限，2天内办理完成南苑乡槐新住宅楼加建门厅等3个项目（办理时限为13天）。截至年底，办理简易低风险规划许可28件，形成全流程案例10件。

（周礼司）

【保障性住房项目实施】 年内，市规划自然资源委丰台分局保障政策性住房项目实施。截至年底，11个保障性住房项目中有7个具备开工条件，可提供房源9380套。

（周礼司）

【规划核验与代征地移交】 年内，市规划自然资源委丰台分局办理规划验收109件，核验建筑规模369万平方米，保障高立庄、首钢二通厂等定向安置房等民生工程投入使用。推进代征道路用地、绿地移交，截至年底，完成11个项目移交，腾退道路用地19.90万平方米、绿地17.80万平方米。

（李英辰）

【土地征收】 年内，市规划自然资源委丰台分局收到市政府征地批复项目4个，征收集体土地面积128.74公顷，其中耕地12.64公顷；收到市政府农转用批复项目1个，占用集体土地5公顷，其中耕地1.66公顷。截至年底，所有土地征收项目完成耕地占补平衡。

（许朝阳）

【控规试点编制】 年内，市规划自然资源委丰台分局完成南中轴地区、丽泽金融商务区、丰台站地区等重点功能区和卢沟桥五里店、长辛店老镇等重点地区约44.63平方千米控规试点编制。

（刘佳纬）

【规划指标细分及三大设施区级统筹】 年内，市规划自然资源委丰台分局完成全区人口、建设用地、建筑规模等指标细分至街区及三大设施区级统筹。

（刘佳纬）

【责任规划师工作推进】 年内，市规划自然资源委丰台分局明确责任规划师和社区规划志愿者工作内容，制定《丰台区责任规划师和社区规划志愿者工作组织及2020年任务清单》组织区责任规划师深入街巷开展调研，了解属地和居民诉求、校核三大设施现状、城市韧性等情况。

（刘佳纬）

【2019年度城市体检】 年内，市规划自然资源委丰台分局组织开展丰台区2019年度城市体检。经沟通对接、征求意见，组织专家咨询、责任规划师下沉调研、社会满意度调查问卷分析，评估2019年度城乡规划实施情况，形成区城市体检特色指标体系表、区城市体检基础数据库、区城市体检任务清单、区规划实施满意度调查表、区2019年度城市体检报告等城市体检成果。

（刘佳纬）

【国土空间近期建设规划编制完成】 年内，市规划自然资源委丰台分局编制完成《丰台区国土空间近期建设规划（2021年—2025年）》。

（许芸）

【防控疫情工程建设项目审批】 年内，市规划自然资源委丰台分局响应市政府对“新冠肺炎”疫情防控工程建设项目加快审批的紧急通知，4小时“零见面”完成北京中医药大学发热门诊许可办理。

（周礼司　高卫中）

【网上综合审批】 年内，市规划自然资源委丰台分局通过网上受理，核发房屋建设类许可81件，建筑规模415.60万平方米，其中，住宅25件、公共建筑13件、基础教育设施4件、养老设施2件等。核发市政交通类许可184件，涉及用地面积115.80公顷，场站建筑规模约10.20万平方米，市政管线约80.10千米；划拨土地9件，用地面积24.00公顷。

（周礼司　高卫中）

【房屋建筑重点项目规划用地审批】 年内，市规划自然资源委丰台分局通过“多规合一”平台会商等形式，研究审查建设项目30个，完成8个项目的消防审查。核发二通东区共有产权房、东铁营棚改回迁房、青塔定向安置房、丰台区档案馆等27个项目“多规合一”初审及会商意见，涉及用地217.90公顷，规划建筑规模312.80万平方米。完成口腔医院迁建工程、信访办、北京交通大学、京南演艺中心、南水北调管理设施等重大项目选址。

（李晓贝）

【市政道路重点项目规划用地审批】 年内，市规划自然资源委丰台分局办理完成渗沥液处理厂二期、河西第三水厂、长辛店北二十路南延、范家庄路、中央民族大学丰台校区配套民族苑路天然气，王佐公交保养场配套燃气和电力工程，房山线北延四环路站排水工程等重点项目建设工程规划许可证。核发丰台站220千伏变电站选址意见书及用地预审。核发丰台火车站配套供水及中水工程建设工程规划许可证。核发四合庄西路、东货场路、丰草河北路市政管线综合"多规合一"协同意见。核发横一路、纵一路、纵二路、纵三路、纵五路道路及市政管线综合"多规合一"协同意见。完成《丰台火车站周边交通系统改善研究》课题。

（高卫中）

【商品住宅用地供应26公顷】 年内，市规划自然资源委丰台分局供应商品住宅用地6宗（含1宗预公告中用地），土地面积26公顷，建筑规模60万平方米。完成40公顷土地入库任务，2宗（土地面积8公顷）商品住宅用地具备入市交易条件。

（李晓贝　肖军）

【绿隔地区城市化建设】 年内，市规划自然资源委丰台分局推进丰台区绿隔地区城市化建设，解决绿隔地区劳动力安置人口认定问题，制定《关于丰台区绿隔地区劳动力安置人口认定工作办法（试行）》，经区政府研究同意，与区农业农村局、区住房城乡建设委联合印发执行。

（李晓贝）

【规划综合实施方案编制】 年内，市规划自然资源委丰台分局研究制定规划综合实施方案编制要点，探索出"属地政府初审、分局会审、委办局联审、专家评审、区政府审核"的规划综合实施方案区内报审路径。研究推进东铁营棚改、0517街区项目、太子峪、小屯、东铁营、青塔等棚改项目的规划综合实施方案编制及报审。

（李晓贝）

【城乡建设用地减量6.50平方千米】 年内，市规划自然资源委丰台分局开展年度城乡建设用地减量工，完成减量实施任务6.50平方千米；组织开展"十四五"时期丰台区减量发展课题研究，明确"十四五"时期减量目标，落实减量实施任务、减量地块的空间位置和实施路径，制定减量实施任务清单。

（李晓贝）

【土地利用动态巡查】 年内，市规划自然资源委丰台分局对全区208宗、761公顷土地开发利用情况开展调查，其中出让土地128宗、458公顷；划拨土地80宗、303公顷。落实开工和竣工申报、重点项目定期报送情况制度，加大监管力度，防止土地闲置，提高土地利用效率。

（安洁）

【开发区土地集约利用评价】 年内，市规划自然资源委丰台分局开展2020年度中关村科技园区丰台园土地集约利用评价调查，涉及主区面积8.18平方千米、发展方向区面积10.11平方千米。更新补充主区和发展方向区范围各项数据，截至2019年底，新增国有土地10.51公顷，建筑面积56.16万平方米。

（宋婉煜）

【耕地保护空间优化调整与开发复垦】 年内，市规划自然资源委丰台分局完成丰台区640公顷耕地保护空间优化调整。土地复垦项目立项5个，新增耕地面积32.97公顷；新增耕地验收项目2个，新增耕地面积9.45公顷。

（刘玄烨　许朝阳）

【不动产登记服务优化】 年内，市规划自然资源委丰台分局推出"早晚弹性办、午间不间断、周末不休息"服务模式；为外省市银行办理抵押登记提速，由第二天领证改为即时办结；为北京市辖区内各银行、公积金中心提供不动产抵押登记网上办理服务。

（韩东芳）

【不动产登记业务办理】 年内，市规划自然资源委丰台分局办理各类不动产登记业务103205件，发放不动产权证书、不动产登记证明83745件。受理信息查询143556卷次，实现档案数字化115834卷，完成权籍调查及权属审查业务322件。

（韩东芳）

【违法建设核查与认定】 年内，市规划自然资源委丰台分局配合街道乡镇政府核查620处涉嫌违法建设的规划审批情况，涉及建筑面积约22.54万平方米。

（李萌）

【乱占耕地建房问题摸底排查】 年内，市规划自然资源委丰台分局完成2673个图斑的摸排和系统填报，并建立《丰台区农村乱占耕地建房摸底排查工作台账》。通过乡镇认定和区级审核，纳入农村乱占耕地建房问题摸底排查整治项目876宗。

（李萌）

【矿山生态修复治理项目实施】 年内，市规划自然资源委丰台分局实施王佐镇西庄店羊圈头村石灰岩矿项目和长辛店镇大灰厂村石灰岩矿项目生态修复治理，修复治理面积9.14公顷，提供绿化用地面积2.32公顷。

（林亚森）

【地质灾害防治】 年内，市规划自然资源委丰台分局对28处突发地质灾害隐患点开展巡查检查，其中崩塌17处、泥石流3处、不稳定斜坡8处。完成搬迁地质灾害隐患险户1户。完成泥石流隐患点调查，未发现新增。

（林亚森）

【信访与信息公开】 年内，市规划自然资源委丰台分局办理信访投诉请求356件次，书面答复356件。收到信息公开申请661件，书面答复594件。

（张东琪）

【12345市民热线办理】 年内，市规划自然资源委丰台分局接收12345市民热线工单3875件，其中办理2637件、回退1238件。局长信箱接收办理77件，区长信箱接收办理48件，政风在线接收办理2件。

（张东琪）

【行政复议与行政诉讼】 年内，市规划自然资源委丰台分局办理行政复议和行政诉讼案件170件。其中，行政诉讼案件144件、行政复议26件。从一审诉讼（92件）和复议案件（26件）类型看，涉及不动产登记类48件、信息公开类18件、举报答复类16件、咨询答复类13件、违法建设认定类3件、行政许可类20件。

（张东琪）

【区地图与规划自然资源专题图编制完成】 年内，市规划自然资源委丰台分局完成《丰台区地图》《规划和自然资源专题图》编制。《丰台区地图》包含规划道路、现状道路、轨道交通、地名、地址、医疗、教育、行政办公等信息。《规划和自然资源专题图》包含市区两级重点项目、在施一级开发项目、丰台区矿产资源分布情况等信息。向社会各界发放地图制品10000余张。

（程鹏）

石景山区

【闲置土地处置】 截至年底，石景山区土地动态巡查率76.39%；批而未供土地处置15.36公顷；自然资源部通报石景山区闲置土地基数62公顷，截至11月，处置闲置土地50.30公顷。

（吕卫豪）

【9个街道配备责任规划师团队】 截至年底，全区9个街道配备的责任规划师团队，配合各街道开展老旧小区改造提升项目26个、公共空间提升项目25个、背街小巷或景观提升项目44个，开展相关调研118次，提供专业咨询75次，组织街道公众参与等相关活动33次。

（李曌）

【市委巡视问题整改】 年内，市委专项巡视巡察涉及石景山区八大处公园56个商服和9个仓储违法用地违法建设问题。6月，市规划自然资源委石景山分局完成整治，成果通过专项巡视组验收。

（陈莹）

【优化不动产登记服务】 年内，市规划自然资源委石景山分局推行不动产抵押贷款和登记"一次办"；企业间非住宅一网通办，从"最多跑一次"升级为"一次不用跑"；组织学习培训领会政策精要。8月24日起实行"早晚弹性办""午间不间断"和"周末不休息"的延时服务。

（都惠娟）

【违建别墅问题清查整治】 年内，石景山区成立违建别墅问题清查整治专项行动工作领导小组、专班，确定《石景山区关于违建别墅问题清查整治专项行动的工作方案》。全区共清查19处、392个点位。9月，1处违建别墅——南马场水库周边12幢建筑通过市工作专班验收。

（陈莹）

【土地权属纠纷调处】 年内，市规划自然资源委石景山分局推进解决历时八年的北京京西发电有限责任公司和大唐国际发电股份有限公司北京高井热电厂土地争议案件。截至年底，争议双方达成一致，签订《土地权属争议调解书》。

（李涵）

【治理地质灾害隐患点3处】 年内，市规划自然资源委石景山分局治理地质灾害隐患点3处。截至年底，石景山区确定地质灾害隐患点28处、累计治理或消除遗患的地灾隐患点25处。

（赵晓宾）

【历史代征道路移交】 年内，市规划自然资源委石景山分局制定历史代征道路移交方案，选聘测绘单位对68条代征道路进行测绘。截至年底，向区城市管理委移交首批31条道路，完成年度移交任务。

（成卓）

【自然资源督察问题整改】 年内，市规划自然资源委石景山分局制定《石景山区2019年度自然资源督察问题整改工作方案》以及《石景山区2019年度自然资源督察暂未整改到位图斑处置方案》。石景山区涉及自然资源督察任务88项，截至年底系统上报完成整改63项。

（陈莹）

【土地储备开发】 年内，市规划自然资源委石景山分局完成土地入库47公顷，完成土地上市22公顷。其中，商品住宅地块上市19公顷，商业地块上市面积3公顷。

（杨鑫芳）

【详细规划街区指引编制完成】 年内，市规划自然资源委石景山分局编制完成《石景山区详细规划街区指引（2017年—2035年）》，并报市规划自然资源委备案。街区指引包括街区划定、土地资源梳理、规模指标分解、空间底线约束、品质精细管控等工作内容。

（张悦）

【SS00-1601-1603街区控规编制完成】 年内，市规划自然资源委石景山分局编制完成《石景山区SS00-1601-1603街区控制性详细规划（街区层面）》，1601-1603三个街区用地13.60公顷，规划人口6.96万人，规划建筑规模669.80万平方米。

（张悦）

【完成慢行交通规划暨“四道合一”专题研究】 年内，市规划自然资源委石景山分局编制完成慢行交通暨“四道合一”专项规划并通过区长专题会，此研究包括统筹慢行系统、区域绿道、旅游步道和健身步道建设等专题研究内容。

（李丹丹）

【地下空间开发利用专项规划编制完成】 年内，市规划自然资源委石景山分局编制完成石景山区地下空间开发利用专项规划并通过专家评审会，此规划包括地下空间开发重要性、地下空间开发建设现状分析、地下空间开发规模与布局规划、地下空间重点片区控制引导与地下空间管理及保障措施。

（李丹丹）

【地名规划】 年内，市规划自然资源委石景山分局编制完成SS00-1601-1603街区地名规划、衙门口棚改地区地名规划，苹果园交通枢纽及周边的地名规划工作形成初稿。

（梁月）

【创建无障碍环境街道】 年内，市规划自然资源委石景山分局建立健全工作机制，成立无障碍环境建设工作专班，委托专业团队开展调查，梳理现状典型问题，对无障碍设施的设置要点及无障碍环境发展提出建议，形成八角街道、古城街道无障碍环境建设调研分析报告。古城街道与八角街道被评为全国无障碍环境示范市县村镇。

（李丹丹）

【2019年度城市体检】 年内，市规划自然资源委石景山分局编制完成2019年度城市体检报告并通过区委区政府会议审议。内容包括：落实总规战略定位，中心城区功能全面提升；高精尖产业体系初步构建，首都城市复兴新地标建设有序推进；加快非首都功能疏解，有序推进提质减量；三生空间持续优化，绿化建设成效显著；三大设施稳步推进，城市人居环境品质提升；城市治理与精细化管理进一步加强。

（梁月）

【土地供应】 年内，石景山区实际完成建设用地供地49.65公顷，计划供应50.05公顷。

（许多）

【城乡建设用地减量0.37平方千米】 年内，石景山区城乡建设用地减量任务0.35平方千米，确定上报年度减量0.37平方千米，完成年度减量工作任务。

（黄卉）

【“多规合一”协同平台供审意见】 年内，市规划自然资源委石景山分局办理完成刘娘府综合改造A2地块、衙门口棚户区改造土地开发项目多地块、中关村科技园石景山园北Ⅱ区西井地块土地一级开发供地项目“多规合一”协同平台供审意见，用地面积23.50公顷，地上建筑规模57.35万平方米。

（黄卉 许多）

【“多规合一”协同平台综合会商意见】 年内，市规划自然资源委石景山分局办理完成北辛安棚户区改造B区多地块、铸造村共有产权房项目、首钢园区东南区一级开发上市地块等9个项目“多规合一”协同平台综合会商意见，方案审定建筑规模93.35万平方米。

（黄卉 许多 曲欣）

【规划综合实施方案】 年内，市规划自然资源委石景山分局办理完成广宁村棚户区改造项目规划综合实施方案编制。推进黄庄43号院棚户区改造项目、巴威·北锅和北重西厂更新改造项目、玉泉路11号院土地一级开发项目等规划综合实施方案研究。

（曲欣）

【医疗卫生设施研究】 年内，市规划自然资源委石景山分局办理完成五里坨精神卫生专科医院综合会商意见。开展朝阳医院京西院区、玉泉医院、北京大学首钢医院、中医眼科医院等规划方案研究。

（曲欣）

【首钢一高炉外立面改造方案审查通过】 年内，市规划自然资源委石景山分局开展首钢一高炉外立面改造方案审查，通过组织专家评审及方案研究，核发规划审查意见。

（曲欣）

【防控疫情工程建设项目审批】 年内，市规划自然资源委石景山分局建立“抗击疫情类项目”审批快速通道，平均用时0.5天核发清华大学玉泉医院、北京大学首钢医院、首都医科大学附属朝阳医院（西院区）发热门诊工程规划许可。

（成卓）

【复工复产项目办理时限缩短】 年内，市规划自然资源委石景山分局缩短复工复产项目办理时限，为首钢东南区1612-761、764、805、806、812等地块建设工程及首钢人才社区南区建设工程核发建设工程规划许可证。

（成卓）

【简易低风险工程建设项目规划许可证办理】 年内，石景山区社会投资简易低风险工程建设项目形成有效案例28例，全流程案例1例，简易低风险工程建设工程规划许可证平均用时1.5个工作日。

（成卓）

【重点建设项目审批】 年内，市规划自然资源委石景山分局完成审批建设工程规划许可证（城镇建筑工程）44个；临时建设工程规划许可证（城镇建筑工程）39个；简易低风险工程建设工程规划许可证17个；建设工程规划许可证（市政类）84个；核验备案（验收）11个；规划核验（验收）35个；建筑物命名12个；地名命名3个；建设项目选址意见书和用地预审合并（城镇建筑工程）5个；选址意见书和用地预审合并（市政）9

个；国有土地划拨决定书11件。

（成卓）

【国有自然资源资产管理情况专项报告编制完成】 年内，市规划自然资源委石景山分局对全区土地、矿产、水、森林等自然资源的基本情况、管理体制、制度建立、管理成效、存在问题及下一步改进措施展开研究，编制完成区2019年度国有自然资源资产管理情况专项报告。

（崔茜倩）

【自然资源资产负债表填报】 年内，市规划自然资源委石景山分局完成2016年、2017年和2018年土地和矿产资源资产负债相关数表填报。

（崔茜倩）

【集体土地征收2.03公顷】 年内，市规划自然资源委石景山分局完成石景山区政务服务中心和档案馆新建工程项目的集体土地征收初审上报，征收集体土地面积2.03公顷。

（张庆祯）

【土地权属审查】 年内，市规划自然资源委石景山分局完成五里坨建设组团土地一级开发项目1602-001、1602-054、北辛安1608-673等上市地块，首钢冬季训练中心，五里坨精神卫生院，首钢人才社区北区035、036地块等26个项目的土地权属审查。

（李涵）

【第三次全国国土调查统一时点更新】 年内，市规划自然资源委石景山分局开展统一时点更新调查。完成内外业调查、更新数据自查、成果报送、市级和国家级核查及整改等工作。

（李涵）

【轨道交通与城市更新一体化专班成立】 年内，石景山区成立轨道交通与城市更新一体化专班，并印发《石景山区轨道交通与城市更新一体化专班工作方案》。专班办公室设在市规划自然资源委石景山分局，成员包括市规划自然资源委石景山分局、区城市管理委、区重大办、区发展改革委、区财政局、区住房城乡建设委、区园林绿化局、区人防办、区退役军人事务局9个职能部门及八宝山、古城、苹果园、金顶街、鲁谷5个街道办事处。工作方案将石景山区轨道交通工作分为4大部分12项任务。

（李博）

【拆除存量违法建设10.31万平方米】 年内，市规划自然资源委石景山分局拆除存量违法建设10.31万平方米，超额完成市级拆违绩效任务1万平方米的指标。

（陈莹）

【乱占耕地建房摸底排查】 年内，市规划自然资源委石景山分局制定《石景山区农村乱占耕地建房问题摸底排查工作方案》，组织完成涉及198宗乱占耕地图斑的摸排。

（陈莹）

【不动产登记业务办理】 年内，市规划自然资源委石景山分局受理不动产登记业务31026件，发放不动产权证书21183件，发放不动产登记证明6839件；受理权籍调查145件，完成133件，回复权属复函7件；接待档案查询17353人次，借阅档案21187卷。

（胡晓明）

【解决“六合园”历史遗留问题】 年内，市规划自然资源委石景山分局对“六合园项目”历史遗留问题进行前期调研，经各部门协调达成共识，完成516套房屋转移登记和发证，并组织第一批60件房改售房登记发证。

（都惠娟）

【规划自然资源领域专项治理】 年内，市规划自然资源委石景山分局将区委第一巡察组对分局党组规划自然资源领域专项巡察反馈的3大类10个问题细化为25个整改事项，研究制定整改措施33条。截至年底，完成整改20项，正在推进5项。

（杨锡佐）

【12345市民热线办理与信访工作】 年内，市规划自然资源委石景山分局制定《北京市规划和自然资源委员会石景山分局进一步深化12345市民服务热线“接诉即办”工作实施方案》，成立“接诉即办”工作专班，定期组织推进会和会商会，研判工作形势，讨论化解方案。受理群众诉求951件。组织“接诉即办”工作推进会10次、工作会商会12次、月度调度会4次。成立行政复议和行政诉讼工作领导小组，制定分局行政复议和行政诉讼工作整改方案，受理行政复议案件9件，受理行政应诉案件18件。信访诉求依法分类处理，接收网信34件、来信94件、来访14件、局长信箱11件，共计153件信访件。

（翟晓璇）

【信息公开】 年内，市规划自然资源委石景山分局规范依申请信息公开工作流程和督办，受理依申请信息公开103件，各类咨询电话、现场咨询90余件。

（翟晓璇）

海淀区

【京张铁路遗址公园全线概念设计优胜方案评选及宣传】 5月，市规划自然资源委海淀分局组织11位权威专家对6个京张铁路遗址公园概念方案进行评审，组织超过10万人次公众投票，评选出全线概念设计优胜方案3名，四个节点详细设计优胜方案各1名。依托“北京海淀”等官微平台，在重要工作节点开展公众宣传。截至年底，发布公众号文章30余篇，阅读量超过50万次。

（宋启晨　张烁）

【海淀区智慧基础设施规划研究】 12月3日，市规划院完成“海淀区智慧基础设施规划研究”。该研究在分析国内外先进案例基础上，研究制定海淀区智慧基础设施总体规划方案，推进海淀区电力网、通信网、感知网三网融合。结合海淀区5G通信网络建设、北部新区100平方千米自动驾驶示范区建设，开展智慧城市基础设施落地论证。重点关注海淀区智慧基础设施布局规划：在市政基础设施层面，重点研究雨水、供水、热力、燃气、电力及网络通信等方面智慧基础设施的空间规划；在交通基础设施层面，重点研究与无人驾驶技术相关的基础设施，包括智慧灯杆、雷达、智慧信号灯等路测协同设备；在数据平台层面，重点研究数据存储、处理、管理及应用等多个场景，完成海淀区智慧城市时空大数据平台的设计；在智慧城市基础设施应用场景层面，搭建各类基于行业或领域的智慧应用及应用整合，为社会公众、企业用户、城市管理决策用户等提供信息化应用与服务，包括智慧交通应用体系、智慧市政应用体系、智慧民生服务体系、智慧物流服务体系、智慧环境治理体系及智慧安全保障体系等。

（荣毅龙）

【年度供地任务超额完成】 截至年底，市规划自然资源委海淀分局超额完成年度供地任务。7个经营性项目入市成交，用地面积43公顷，建筑规模83万平方米。其中玲珑巷商业金融服务业用地、树村和辛店BCD居住用地3个经营性用地项目挂牌，用地面积共22.88公顷，建筑规模52.31万平方米。商品住宅用地供地完成率300%，入库完成率183%，均为全市第一。

（宋启晨　张烁）

【规划自然资源领域专项治理】 年内，市规划自然资源委海淀分局作为海淀区规划自然资源领域工作专班办公室，牵头全区专项治理工作。推进专项治理与规划编制审批、村地区管、违法用地违法建设治理等重点工作。推进2019年市委第一巡视组对海淀规划自然资源领域专项巡视整改，2月、8月、11月向市委巡视办和市纪委监委报送3次整改报告，截至年底各项整改任务取得阶段性成效。落实海淀区委第六巡察组对分局专项巡察整改，全市专项巡视巡察发现违法用地违法建设问题中涉及海淀区8项，截至年底整改到位2项、正在推进6项。涉及海淀区拆除处罚、没收处罚、违法占用耕地基本农田及高尔夫球场清理整治等问题共81宗，截至年底整改到位70宗。

（宋启晨　张烁）

【优化营商环境改革】 年内，市规划自然资源委海淀分局优化营商环境提升服务水平，梳理在途项目，形成台账，制定成册。落实优化营商环境3.0版系列政策，在全市率先开展不动产登记“预约服务+延时服务”，将工作日的“早晚弹性办”和“午间不间断”的服务延伸至周末。3月26日，海淀区不动产登记事务中心完成全市第一笔企业间存量非住宅转移登记不见面审批。12月16日，海淀区不动产登记事务中心完成全市首例“一网通办”的网上缴税、存量房过户业务，现场办理用时15分钟。疫情期间引导群众使用“1平台+多端接入”方式，倡导“不见面”“网上办”，协助防疫企业高效办理抵押登记，开展延时服务。截至年底，完成简易低风险建设项目规划审批22件，完成全流程案例4件。

（宋启晨　张烁）

【地质灾害隐患核查与防灾宣传】 年内，市规划自然资源委海淀分局对海淀区山区和半山区进行隐患巡查，核查41处地质灾害隐患点，更新隐患台账、完善防灾预案方案。组织进行防灾培训并签订防灾责任书。5月12日，在凤凰岭景区开展全国第12个“防灾减灾日”防灾减灾宣传活动；6月初向险户发放“北京市突发地质灾害村级避险明白卡”，并在香山防火通道举行防火通道防汛防灾应急处置演练。发布蓝色地质灾害气象预警4次。

（宋启晨　张烁）

【第三次全国国土调查统一时点更新】 年内，市规划自然资源委海淀分局完成海淀区第三次全国国土调查统一时点更新。6月2日向市三调办提交初始库数据资料，8月10日向国家提交统一时点更新成果数据，9月30日向市三调办提交统一时点更新整改成果。

（宋启晨　张烁）

【街区控规编制试点开展】 年内，市规划自然资源委海淀分局开展海淀详细规划街区指引编制。组织29个街镇协作，建立“部门协作、街镇支撑、海师助力、技术统筹”的编制工作机制。截至6月底，形成188个街区指引编制阶段性成果报市规划自然资源委审查。制定海淀区三年控规编制计划，推进控规试点单元编制，其中西北旺镇HD00-0403街区控规已上报市政府。截至年底，树村地区HD00-0704、HD00-0705街区控规通过市规划自然资源委组织的专家评审和部门联审。

（宋启晨　张烁）

【中关村科学城国际人才社区建设发展总体规划编制】 年内，市规划自然资源委海淀分局组织编制《中关村科学城国际人才社区建设发展总体规划》，截至年底，形成初步成果。

（宋启晨　张烁）

【23个保留村村庄规划简本编制】 年内，市规划自然资源委海淀分局组织苏家坨、上庄两镇开展保留村村庄规划简本编制。在环境、建筑、绿化、道路、基础设施、公共服务等9个方面研提整治要求。依据《北京市村庄规划导则（修订版）》中村庄规划简本内容及美丽乡村建设方案编制要求，委托专业团队，对村庄规划简本方案开展多轮技术审查。截至年底，全区24个保留村庄中，除七王坟村村庄规划已于2016年获区政府批复，其余23个保留村完成村庄规划简本编制和技术审查。

（宋启晨　张烁）

【海淀区明光村更新改造】 年内，市规划自然资源委、市规划自然资源委海淀分局针对海淀区明光村区域交通拥堵、环境脏乱差、安全隐患大等问题，开展明光村更新改造。通过编制规划综合实施方案，落实城市总体规划各项刚性指标，补充各项公共服务设施短板，统筹各方诉求，推进项目落地实施。通过政策整合，改变以往用资金平衡投资的模式，转变为以投资获得资产价值、用日常经营受益覆盖财务成本的平衡方式，支撑项目按规划实施。

（李明）

【历史遗留项目不动产登记问题办理】 年内，海淀区不动产登记事务中心排查出尚未办理不动产登记的项目52个，涉及6万余户居民。截至年底，交大东路66号院、马连洼梅园、宝盛里等15个项目1万余户打通办证通道。

（宋启晨　张烁）

【街镇责任规划师机制建立】 年内，市规划自然资源委海淀分局组织责任规划师开展“小空间大生活”——百姓身边的微空间改造行动，完成牡丹园北里1号楼南侧公共空间改造、北太平庄“咱家这块儿地”、清河背街小巷换新颜、紫竹院“规划有你更精彩”等项目实践；邀请业内规划大师组成工作营，设计大牛坊、六里屯幼儿园等。推动全区结构性系统改善，开展京张铁路遗址公园规划建设，对清河海淀段长度11.60千米、辐射沿线“五街两镇”（清河沿线的西三旗街道、清河街道、上地街道、马连洼街道和青龙桥街道等五个街道，以及海淀镇和东升镇两个乡镇）69.50平方千米的区域开展专项研究，重点围绕交通组织优化、滨水空间重塑、低效空间活化、科技文化赋能、治理运营增效，开展清河沿线整治提升。截至年底，责任规划师参与街镇改造等规划项目243个。

（宋启晨　张烁）

【不动产登记业务办理】 年内，市规划自然资源委海淀分局受理各类登记业务10.10万件，办结业务9.80万件；颁发不动产权利证书5.60万件，不动产登记证明2.60万件。办结不动产权籍调查事项185件，不动产权属审查事项75件，完成不动产档案查询7.47万件。完成信息公开和信访书面回复96件，处理12345热线电话1689件，处理行政诉讼35件。截至年底，无有责败诉案件发生。

（宋启晨　张烁）

【非法占用耕地一般违法项目整改180宗】 年内，市规划自然资源委海淀分局对242宗非法占用耕地一般违法项目进行整改。截至年底，拆除整改180宗，其余62宗均已分类施策，按照职责分工继续推进。

（宋启晨　张烁）

【自然资源督察整改任务推进】 年内，市规划自然资源委海淀分局对1211个（其中限期类问题456个、持续类问题755个）督察整改任务进行落实。截至年底，累计整改到位533个（限期类到位379个、持续类154个），未整改到位678个（限期类77个、持续类601个）。

（宋启晨　张烁）

【浅山区违法占地违法建设整改133宗】 年内，海淀区持续对136宗浅山区违法占地违法建设进行整改。截至年底，新拆浅山区一般违法占地违法建设项目49宗，累计拆除整改133宗，未整改3宗。未整改到位项目存在民事涉诉，正在履行程序。

（宋启晨　张烁）

【农村乱占耕地建房完成摸底排查】 年内，市规划自然资源委下发海淀区农村乱占耕地建房问题摸底排查图斑1218个。截至年底，市规划自然资源委海淀分局对下发图斑全部摸排完毕。经核实纳入摸排范围图斑236个，占地面积25.73公顷，占耕地面积138.90亩，占永久基本农田0.08亩。

（宋启晨　张烁）

【工业用地违法炒卖核查】 年内，市规划自然资源委海淀分局通过信息系统筛查和现场走访检查，对海淀区园区内、外工业用地违法炒卖情况开展核查。截至年底，核查156宗已登记工业用地项目，未发现工业用地违法炒卖情况。

（宋启晨　张烁）

【利用违法用地违法建设开设幼儿园和养老机构排查】 年内，市规划自然资源委海淀分局会同区教委、区民政局、区市场监管局、区城管执法局等4单位联合属地政府对利用违法占地违法建设开办幼儿园和养老机构情况进行排查统计。截至年底，排查两类机构259项，其中幼儿园177项，养老机构82项。

（宋启晨　张烁）

【行政复议应诉】 年内，市规划自然资源委海淀分局办理行政案件76件，其中行政复议案件19件、行政诉讼案件57件，同比下降52.20%。截至年底，无责败诉8件，无有责败诉。

（宋启晨 张烁）

【保障疫情期间经济社会稳定发展】 年内，市规划自然资源委海淀分局保障疫情期间经济社会稳定发展。梳理在途项目，紧盯“3个100”（100个战略性强、事关全局和长远发展的重大基础设施项目，100个功能性强、关系群众切身利益的重大民生改善项目，100个带动性强、具有龙头和引领作用的高精尖产业项目）、市级重点工程清单、土地供应项目等，建立区级专班，调度项目台账；推进清河集体土地建设租赁住房、巨山创意园等项目开工。

（宋启晨 张烁）

【分区规划实施】 年内，市规划自然资源委海淀分局划定“两线三区”（生态控制线和城市开发边界，生态控制区、集中建设区和限制建设区），建立完善分区规划数据库，纳入全市统管系统。开展分区规划宣传，制作分区规划动画宣传视频及公众宣传一张图解；创新引入“海师”形象，推动分区规划与责任规划师两项重点工作优势互补；通过网络推送、现场展示、手册制作等多种宣传方式，强化宣传效果。

（宋启晨 张烁）

【“三山五园”地区环境整治】 年内，市规划自然资源委海淀分局对“三山五园”地区（香山、玉泉山、万寿山，静宜园、静明园、颐和园、圆明园、畅春园）实施红线管控，推进重点地区环境整治。完成东西水磨地区、东西红门、荷叶山地区全部拆迁腾退；完成功德寺地区绿化建设工程一期进场施工面积9公顷及天泉工贸、颐泉高尔夫绿化主体工程建设；完善重点地区水网循环系统，完成南支沟、金河等补水工程，补水约540万立方米。

（宋启晨 张烁）

【轨道交通一体化研究工作推进】 年内，市规划自然资源委海淀分局推进轨道交通一体化研究。组建海淀区轨道交通一体化工作专班，制定完成《海淀区轨道交通一体化专班工作方案》。地铁13号线五道口站、地铁19号线牡丹园站和昌平线南延学清路站被列入第一批轨道交通微中心项目库。

（宋启晨 张烁）

【行政审批制度改革】 年内，市规划自然资源委海淀分局研究制定《海淀区施工暂设规划许可审批办理实施细则》，为17个施工暂设项目完成手续补办；完善细化《关于海淀区建设工程居住建筑间距的暂行标准》（试行）推动审批工作由“串联”向“并联”转变，提升行政许可办理服务标准化水平。

（宋启晨 张烁）

【综合事项审批】 年内，市规划自然资源委海淀分局核发城镇建筑工程建设工程规划许可证91件，建筑规模491.91万平方米。核发临时建设工程许可证39件，建设项目选址意见书1件，建设项目选址意见书及用地预审合并办理17件。核发市政基础设施建设工程规划许可证200件，线性规模12.48万延米；建设项目选址意见书及用地预审合并办理3件。

核发乡村建设规划许可证5件，建筑规模50.80万平方米。核发社会投资简易低风险项目8件，建筑面积0.74万平方米。核发划拨决定书17件，宗地面积26.29公顷。核发乡镇村企业使用集体建设用地2件，用地面积17.67公顷。核发用地预审意见函1件，用地规模18.87公顷。核发建筑物名称核准17件，地名命名27件。

（宋启晨　张烁）

【《海淀区市政基础设施专项规划》编制完成】 年内，市规划自然资源委海淀分局在对区供热、供电、环卫体系、电信系统等市政基础设施现状评估的基础上，制定相应的规划策略及规划方案，编制完成《海淀区市政基础设施专项规划》。

（宋启晨　张烁）

【市政交通基础设施合规性审查】 年内，市规划自然资源委海淀分局核发道路及市政管线多规审查函60件。推进大工村建筑垃圾处理、海淀区再生资源预处理中心等项目建设，完成温泉供水厂、稻香湖再生水厂二期、土井110千伏变电站等项目初步审查。

（宋启晨　张烁）

【规划核验】 年内，市规划自然资源委海淀分局办理完成建设项目规划核验事项71件，核验建筑规模382.30万平方米；市政线性工程备案事项32件，备案管线长度21160米；对205个项目开展全过程服务监督。

（宋启晨　张烁）

【征地及农用地转用】 年内，2个征地项目、1个集体土地农用地转用项目取得市政府批复，用地面积约32.50公顷，其中新增建设用地约19.60公顷（含耕地0.50公顷）。办理征地结案4件，结案面积29.20公顷。张贴征地补偿安置公告8份，张贴征地批后公告2份。

（宋启晨　张烁）

【区片综合地价制定】 年内，市规划自然资源委海淀分局开展区片综合地价制定，主要包括划定区片、确定区片综合地价、确定土地补偿费和安置补助费比例等事项，完成调查测算、区级平衡、市级平衡等工作程序。

（宋启晨　张烁）

【耕地保护】 年内，市规划自然资源委海淀分局完成耕地保护空间落图落地，组织开展1.5万亩耕地保护空间落实核查及调整优化，梳理海淀区耕地保护空间现状及保护空间之外的现状耕地情况，优化调整耕地保护空间。出台《海淀区耕地保护责任目标考核办法》，完成2020年度市区耕地保护目标管理暨永久基本农田保护责任书签订，形成区、镇、村国有农场共同保护耕地体制。组织开展苏家坨镇集体租赁住房等4个项目耕地耕作层土壤剥离利用工作验收，并完成验收批复。通过申请跨省域调入增减挂钩节余指标、使用温泉镇太舟坞村和苏家坨镇周家巷村城乡建设用地增减挂钩新增耕地指标等方式，确保耕地保护和耕地占补平衡数量、质量、生态三位一体到位。推进翠湖科技园（新）A1地块城乡建设用地增减挂钩项目拆旧区土地复垦，并取得竣工验收批复。

（宋启晨　张烁）

【自然资源资产负债表及管理情况报告编制完成】 年内，市规划自然资源委海淀分局编制完成2016、2017、2018年度自然资源资产负债表和2019年度国有自然资源资产管理情况报告。

（宋启晨　张烁）

【地理国情监测调查图斑47000个】 年内，市规划自然资源委海淀分局参与开展海淀区地理国情监测，完善自然资源调查监测体系，实际调查完成47000多个图斑。

（宋启晨　张烁）

【地质灾害隐患点治理及销账】 年内，市规划自然资源委地质专家评审组对苏家坨镇七王坟南沟泥石流地质灾害隐患点、温泉镇白家疃南横山崩塌和簸箕水村坡面泥石流地质灾害隐患点治理工程进行竣工评审验收。市地勘院配合市规划自然资源委海淀分局，组织开展突发地质灾害隐患点销账工作，对海淀区南羊坊解放军96528部队南侧7处斜坡崩塌点进行核查。其中，大工村不稳定斜坡、大工村南庄隧道出口附近崩塌点、大工村南庄隧道出口东不稳定斜坡和大工村南庄隧道出口南崩塌点4处地质灾害隐患点符合销账条件，同意销账；寨口泥石流隐患点等3处地质灾害隐患点暂不销账。

（宋启晨　张烁　刘宗明）

【土地卫片执法检查开展】 年内，市规划自然资源委海淀分局开展卫片执法检查，核查国家和市级卫片图斑949个，发现一般违法项目176个，依法进行处理。

（宋启晨　张烁）

【“创建无违建街镇”工作开展】 年内，市规划自然资源委海淀分局审核29个街镇上报待完善类图斑1.2万余件次，累计审核1.3万余件次。

（宋启晨　张烁）

【“区块链+不动产登记”应用场景扩大】 年内，市规划自然资源委海淀分局扩大“区块链+不动产登记”应用场景。1月1日，正式启用不动产登记电子证照，经审核予以登记的不动产权利或事项，在完成登簿后自动生成不动产登记证照。2月，推出“区块链+不动产登记”7个应用场景，实现申请信息、共享数据和登记结果等内容的不可篡改和可追溯。12月，依托“北京市不动产登记网上办事服务平台”，推出存量房买卖“一网通办”举措。实现填报信息、联合预审、材料核验、税费登记费缴纳全程网上办理，缴纳完成后，到登记大厅“极速”办理过户手续。

（宋启晨　张烁）

门头沟区

【办理行政许可及技术服务类事项153件】 年内，市规划自然资源委门头沟分局通过综合窗口核发行政许可及技术服务类事项153件。其中，选址意见书及用地预审合并办理8件，建设工程规划许可证（含临时）49件，社会投资简易低风险工程规划许可证25件，规划核验意见44件，“一会三函”审改试点项目设计方案函1件，地名及建筑物名称核准12件，划拨决定书4件，征地结案8件，临时用地土地批复2件。

（杜文君）

【2019年度城市体检】 年内，市规划自然资源委门头沟分局开展2019年度城市体检评估，形成门头沟区2019年度城市

体检工作报告。

（索晶）

【城市设计专项研究】 年内，市规划自然资源委门头沟分局组织完成分区规划城市设计专项研究，将工作成果完善到分区规划“城市设计专题”。

（索晶）

【年度供地任务超额完成】 年内，门头沟区商品住宅用地计划指标19公顷，年度入库任务44公顷。截至年底，完成商品住宅用地供应28公顷，完成土地入库46公顷。完成定向安置房用地（含棚户区改造用地）供地9.36公顷。核发划拨决定书4项，涉及土地面积4.10公顷。

（李春雪 刘婷婷）

【国土空间用途管制】 年内，市规划自然资源委门头沟分局组织开展北京市2020年度开发区土地集约利用评价，取得成果证明。专人专项负责土地供应批后监管，完成142批次批后监管现场踏勘，拍摄照片576张，收集项目施工许可证、竣工备案表、交地确认单等相关材料75份，上传监管系统142次。

（刘婷婷）

【不动产登记业务办理】 年内，市规划自然资源委门头沟分局办理各类不动产登记业务24694件。完成不动产登记档案数字化26668卷，林权登记资料22652页。接待登记业务查询3814卷、3266人次，自助机查询2598人次。

（周美雪）

【耕地保护】 年内，市规划自然资源委门头沟分局开展区镇、镇村耕地保护目标管理责任书签订，涉及3个乡镇、17个村庄。完成109新线高速公路临时便道、八工区项目驻地和九工区项目驻地三个项目临时用地复垦方案评审。完成长安街西延（三石路—古城大街）道路工程临时用地复垦验收。完成潭柘寺镇中心区E地块土地一级开发项目占用耕地耕作层土壤剥离利用实施验收。

（金明丽）

【矿产资源管理】 年内，市规划自然资源委门头沟分局组织对大台木城涧煤矿、鲁家山石灰石矿、赵家台叶腊石矿和中宝饮用水、中门清泉矿泉水、天合聚能（北京）饮料公司进行矿山储量动态检测，完成《矿山储量年报》。监督鲁家山石灰石和潭柘寺叶蜡石2家矿山企业提前关停。组织矿业权人勘查开采信息公示。对4家固体矿山和3家矿泉水厂进行网上矿业权人勘查开采信息公示。

（屈晓霞）

【自然资源督察问题整改】 年内，市规划自然资源委门头沟分局自然资源督察工作需整改图斑445宗。其中，120宗限期整改类图斑全部整改到位；持续整改类图斑325宗，整改到位93宗，正在推进232宗。研究制定《门头沟区2019年度自然资源督察暂未整改到位图斑处置方案》，经区政府审议通过下发执行。配合督察局完成9个镇38宗图斑的国土云举证。

（杜文君）

【完成5项调查研究】 年内，市规划自然资源委门头沟分局开展《关于社会投资简易低风险工程建设项目审批的初步研究》《门头沟区规划实施单元划定研究》等5项调查研究，形成调研成果。

（聂燕杰）

【信息公开】 年内，市规划自然资源委门头沟分局接待信息公开方面的咨询258人次，其中现场咨询217人次、电话咨询41人次。受理依申请信息公开196件，其中当面申请79件、信函形式申请73件、网页形式申请44件。申请内容主要涉及征地、土地登记、规划审批等信息。

（宋雨）

【信访工作】 年内，市规划自然资源委门头沟分局办理信访投诉请求42件。根据来源类别划分，群众来信14件，群众来访15件次，网上信访13件。

（宋雨）

房山区

【第三次全国国土调查统一时点更新】 4月3日，市规划自然资源委房山分局制定房山区第三次全国国土调查统一时点更新实施方案。对国家提取疑似建设变化图斑2566块、市级下发影像变化图斑和不一致图斑27076块、区级自主提取的全域变化图斑1435块进行内外业核查，实地举证13902块图斑，形成两版统一时点更新数据，分别于8月10日、10月14日上报市三调办。11月，房山区三调统一时点更新成果通过国家级内业核查和数据库质量检查。

（刘梦娇）

【地理国情监测】 7月，市规划自然资源委房山分局开展2020年度地理国情监测，接收国情监测图斑20821块、市情监测图斑19635个，于7月、9月开展两轮外业举证。10月15日，2020年度房山区地理国情（市情）监测外业工作完成，国情监测调查图斑9538块，市情监测调查图斑9894块。11月13日，房山区地理国情监测数据提交国家验收。

（刘梦娇）

【村庄布局规划编制完成】 11月，市规划院编制完成《房山区村庄布局规划（2017年—2035年）》。该规划从“摸清家底”入手，结合典型村庄调研，建立系统全面的村庄数据库，总结现状特征、发展短板和实际需求；从对上落实、横向协调、对下指导三个角度，提出刚性管控与弹性引导相结合的村庄规划路径；结合房山区生态本底优越和文化资源丰富的特征，根据村庄资源禀赋进行细化分类，明确不同类型村庄的控制要求和发展重点；打破村庄单独发展现状，引导村庄体系化发展，保留并发挥特色；形成一册（一本规划）、一库（村庄信息数据库）、一表（村庄现状与规划信息汇总表）的规划成果，建立以乡镇为单元的“四张图（村庄用地现状图、限制性要素分析图、两限三区管控图、村庄分类规划图）”系统，直观展示村庄各项关键信息，为美丽乡村建设和村庄自治提供技术引导与支撑。

（苏琛其）

【规划自然资源领域专项治理】 截至6月，房山区纳入违建别墅清理整治范围项目19宗，164栋165套，全部拆除整改完成，拆除建筑面积63685.81平方米。截至年底，房山区列入“另案处理”的一般性违法项目59宗，全部拆除并整改到位。

（刘梦娇）

【办理建设项目审批事项199件】 截至

年底，市规划自然资源委房山分局受理各类申报事项199件。其中国有建设用地使用权招标、拍卖、挂牌出让合同变更3件；社会投资房屋建筑工程建设工程规划许可证43件；政府投资房屋建筑工程建设工程规划许可证20件；市政交通基础设施工程建设工程规划许可证44件；建设项目施工和地质勘查临时用地批准3件；市政交通基础设施工程建设项目选址意见书及用地预审意见合并办理6件；政府投资房屋建筑工程建设项目选址意见书及用地预审意见合并办理10件；社会投资房屋建筑工程建设项目选址意见书及用地预审意见合并办理2件；建设项目压覆重要矿床审批12件；临时建设工程规划许可证25件；乡（镇）村公共设施、公益事业使用集体建设用地审批1件；社会投资项目乡村建设规划许可（含临时）3件；政府投资项目乡村建设规划许可（含临时）1件；国有建设用地使用权划拨批准8件；简易低风险建设工程规划许可证18件。

（刘梦娇）

【信访与信息公开】 截至年底，市规划自然资源委房山分局收到信访诉求216件，按期回复。其中，分局直接登记受理来信来访101件，网上信访信息系统办理上级部门转办115件。主要是反映违法占地类问题和不动产登记类问题。截至年底，累计受理、答复信息公开申请770件，按期答复。申请重点集中在规划审批、征地批复和土地利用现状三个方面。累计答复信息公开相关咨询900余次。

（刘梦娇）

【7个乡镇国土空间规划编制完成】 年内，市规划自然资源委房山分局启动全区乡镇国土空间规划编制。截至年底，窦店镇、阎村镇、长阳镇、琉璃河镇、青龙湖镇、十渡镇、长沟镇7个乡镇的国土空间规划编制完成，并报市规划自然资源委；其余13个乡镇启动规划编制。部分乡镇开展以北京城市总体规划和房山分区规划为引领的综合实施方案的编制。

（刘梦娇）

【土地整治与耕地占补平衡】 年内，市规划自然资源委房山分局完成新增耕地指标验收入库302.36亩。在施土地整治项目6个，占地面积2252.43亩，规划设计新增耕地2019亩。取得规划设计批复的土地整治项目7个，占地面积1664亩，规划设计新增耕地1526亩。截至年底，完成5个项目706.42亩耕地占补平衡。

（刘梦娇）

【违法建设协查认定】 年内，市规划自然资源委房山分局配合区城市管理部门、乡镇人民政府依法对本辖区违法用地违法建设行为查处。截至年底，开展违法建设认定1308件次，移送违法建设案件401件。

（刘梦娇）

【美丽乡村规划编制】 年内，市规划自然资源委房山分局开展区美丽乡村规划编制。截至年底，第一批150个、第二批151个美丽乡村规划已完成编制、审查、批复，第三批61个村庄规划编制完成，并通过区政府审议。20个乡镇、5个街道已明确责任规划师团队，全程参与规划编制、审查、批后监督。

（刘梦娇）

【“多规合一”协同平台应用】 年内，市规划自然资源委房山分局通过“多规合一”平台推送项目95个，其中处于初审阶段29个、会商阶段53个、供地项目审核13个。压缩分局在多规合一平台上的审批时限，从10个工作日减为6个工作日。推进房山区第一批重点推进项目纳入“多规合一”平台，并按文件要求缩短项目的推送时限。截至年底，完成长阳镇06、07街区棚户区改造土地开发项目、琉璃河镇京东亚洲一号物流园一期项目等7个项目的规划备案。

（刘梦娇）

【2019年度城市体检】 年内，市规划自然资源委房山分局组织完成2019年度房山区城市体检，作为全市城市体检工作的一部分纳入到2019年度北京市城市体检报告。

（刘梦娇）

【城乡建设用地减量499.41公顷】 年内，房山区城乡建设用地净减量任务为300公顷，实际完成减量规模499.41公顷。

（刘梦娇）

【建设项目规划监督】 年内，市规划自然资源委房山分局完成规划监督服务工程57项，面积231.10万平方米，未出现延期超期案卷。其中规划验线12件，规划验收45件。通过全过程监督平台给市级测绘部门推送项目信息26个，每个项目都设专人负责全过程跟踪服务。

（刘梦娇）

【征地及农用地转用项目】 年内，市规划自然资源委房山分局取得市政府用地批复项目8宗，面积164.70公顷，上报征（占）地项目5宗，面积78.87公顷，征地结案项目6宗。

（刘梦娇）

【土地市场交易】 年内，市规划自然资源委房山分局通过土地市场招拍挂成交土地6宗，用地面积32.81公顷。其中，经营性用地4宗，用地面积21.66公顷；工业用地2宗，用地面积11.15公顷。

（刘梦娇）

【完成土地储备开发38公顷】 年内，市规划自然资源委房山分局完成土地储备开发38公顷。

（刘梦娇）

【废弃矿山生态环境修复治理155.70公顷】 年内，市规划自然资源委房山分局完成废弃矿山生态环境修复治理项目5处，分布在青龙湖、史家营、大安山、河北、周口店5个乡镇，修复面积155.70公顷。

（刘梦娇）

【地质灾害防治】 年内，市规划自然资源委房山分局制定《房山区2020年度地质灾害防治工作方案》，完善汛期值班、灾害报告、险情巡查排查、信息报送、责任追究等工作制度。发布地质灾害气象风险预警11期，其中蓝色预警7期，黄色预警4期。对全区地质灾害隐患点开展巡查，完成471处特重大隐患点的巡查工作。

（刘梦娇）

【非法开采案件查处】 年内，市规划自然资源委房山分局办理非法开采矿产资源案件18宗。其中4宗作出行政处罚，移送公安机关和协助公安部门补充调查、开展测绘、价格评估认定等14件。

（刘梦娇）

【不动产登记业务办理】 年内，市规划自然资源委房山分局受理登记业务5.83万件，信息查询7.04万人次，司法查询及查封1.15万人次，发放不动产权证书证明5.14万本。

（刘梦娇）

【12345市民热线办理】 年内，市规划自然资源委房山分局收到12345市民热线工单690件，按期回复。主要是不动产登记问题369件、反应科室不作为问题121件、违法用地违法建设问题69件。

（刘梦娇）

通州区

【宋庄镇国土空间规划及控规审议通过】 9月，《通州区宋庄镇国土空间规划及控制性详细规划（街区层面）（2020年—2035年）》经宋庄镇人大审议通过。该规划由通州区政府组织，市规划院牵头编制，统筹宋庄镇国土空间规划、街区控规、深化方案和相关专项规划形成“1+3+N”的成果体系，提出建设艺术创意特色小城镇的总体目标，并分别形成徐辛庄枢纽生活服务小镇、小堡原真艺术生态小镇、尹各庄富豪滨河魅力交往小镇；注重突出小镇特色，在小而特、小而精、小而美上下工夫，形成独具特色的艺术美学小镇风貌；聚焦小堡画家村更新实施和城乡发展等问题，探索集体建设用地更新路径机制；注重精细管理，构建符合城市副中心高质量规划建设管理要求和乡镇地区实际的管控体系。

（赵勇健）

【通州区南大街片区规划综合实施方案编制完成】 年内，《通州区南大街片区规划综合实施方案》编制完成。南大街片区规划面积约86公顷，其中十八个半截胡同片区是城市副中心唯一保留集中成片传统建筑和完整格局的历史片区。该方案提出充分保护十八个半截胡同鱼骨状的传统格局与胡同肌理，通过申请式腾退和申请式改善，改善人居环境，增补公共服务与民生设施，有序推进十八个半截胡同片区城市综合更新，打造美好宜居共生街区。

（郑兴）

【台湖镇国土空间规划及控规编制完成】 年内，《通州区台湖镇国土空间规划及控制性详细规划（街区层面）》编制完成，在专家评审、征求区级部门意见基础上，分别经台湖镇人民代表大会、通州区区委书记专题会审议通过，并作为城市副中心拓展区第一批乡镇规划上报城市副中心党工委管委会。

（刘晓光）

【344个美丽乡村规划编制完成】 年内，市规划自然资源委通州分局完成344个美丽乡村规划编制，通过市、区各级会议审议。

（申小丽）

【推动建立城市副中心责任双师体系】 年内，市规划自然资源委通州分局推进城市副中心责任规划师和责任建筑师工作，研究制定工作方案，搭建工作机制；举办见面会、启动大会等活动；完成70余次属地对接会与规划宣讲会、120

余次咨询审查，300余次现状调研，形成城市副中心“全域全覆盖”的现状体检和片区画像手册；开展新芽项目，梳理副中心新芽项目库132个，聚焦乡村振兴、城市更新、社区治理，推进重点项目落地。

（申小丽）

【第三次全国国土调查统一时点更新】 年内，市规划自然资源委通州分局开展第三次全国国土调查统一时点更新，在初始调查7.9万个图斑的基础上，更新图斑33453个，外业拍摄举证照片18万余张，8月11日将更新成果提交国家三调办核查。

（申小丽）

【项目规划综合实施方案编制】 年内，市规划自然资源委通州分局推进市区重大项目库、2020年供地计划等项目的规划编制，推动自有用地项目及棚改项目计划编制，完成80余项产业类、居住类、公共服务类项目规划综合实施方案研究。截至年底，11个项目取得规划综合实施方案的批复和审查意见。

（申小丽）

【优化不动产登记服务】 年内，市规划自然资源委通州分局推行抵押网上预审、“全程网办”、不动产权利证书证明电子化、小微企业登记费减免退费等改革新举措，办理网上业务18574件，占业务总量的26.1%；派驻政务服务大厅工作人员实行“早晚弹性办、午间不间断”的延时服务制度，日办结率为96.91%。

（申小丽）

【历史遗留项目问题办理】 年内，市规划自然资源委通州分局推进历史遗留项目问题解决。8月，解决涉及1730余户11.70万平方米的集体土地建房问题。成立通州区历史遗留项目工作办公室，化解上营回迁楼、杨坨安置房、北京ONE等9个历史积压问题项目矛盾。截至年底，上营回迁楼、北苑乙55号院2号楼项目遗留问题已解决，1581套房屋的不动产权证书办理完成。推进12345市民热线诉求办理，问题解决率比上年同期提升37.9%，群众满意率提升51.2%。

（申小丽）

【规划自然资源执法】 年内，市规划自然资源委通州分局完成通州区农村乱占耕地建房问题图斑17763宗，其中不纳入摸排举证图斑11582宗，提交国家数据汇交系统图斑6132宗，军事、界外等其他图斑49宗。与通州区农业农村局开展3次区级联合检查，督促整改。开展自然资源部2019年4季度、2020年1—3季度卫片和北京市1—9月卫片发现问题的整改，截至年底，完成91宗一般违法项目整改，剩余9宗正在整改。开展无违建创建，组织区级部门完成56.90万个、建筑面积8226.16万平方米手续待核查图斑的分类。推进规划自然资源领域专项整改和专项巡视问题整改，针对巡视发现2016年以来597宗土地违法案件中存在未执行到位问题，通过向区政府请示报告，致函属地督促整改，召开专题调度会议等方式，压实属地整改责任，截至年底，农印厂违法建设项目和于家务乡永乐店地区水产站项目基本拆除到位。完成位于重点区域的2宗违建别墅项目拆除和市级现场验收及系统上报核销，截至年底，协助出具涉嫌违法建设规划审批情况认定函277份，协助审查村、社区两委换届候选人资格96批7000余人次。

（申小丽）

【信息化建设项目推进】 年内，市规划自然资源委通州分局推进城市副中心规划建设管理区级平台搭建，初步拟定《北京城市副中心重点区域修建性详规报批三维模型数据制作技术规范》，完善平台数据库；完成112个乡村规划数据整理入库、行政办公区二期、城市副中心站、路县古城、梁各庄棚户区安置房项目等10余个三维模型制作入库。截至年底，城市副中心规划管控智慧信息平台区级平台达到中期验收标准。

（申小丽）

【重点功能区规划编制和专项研究】 年内，市规划自然资源委通州分局编制完成文化旅游区规划综合实施方案，经第八次城市副中心党工委会议审议通过；张家湾设计小镇70公顷启动区规划综合实施方案编制完成。组织相关部门开展城市副中心周边精品民宿、精品酒店选址研究。

（申小丽）

【15件重点项目设计方案审查办理完成】 年内，市规划自然资源委通州分局办理完成城市绿心三大公共建筑共享配套设施项目、北京卫生职业学院新院区建设项目、北京城市副中心行政办公区二期启动区FZX-0901-0167地块建设项目等设计方案审查意见函15件。

（申小丽）

【“多规合一”协同平台核发审核意见73个】 年内，市规划自然资源委通州分局核发“多规合一”审核意见73个，其中初审意见37个、会商意见26个、供地审核意见10个。

（申小丽）

【土地市场供应3宗】 年内，市规划自然资源委通州分局通过土地市场供应经营性用地2宗，建设用地面积9.38公顷，建筑规模19.42万平方米；工业用地1宗，建设用地面积10.61公顷，建筑规模12.73万平方米。

（申小丽）

【划拨供应建设用地17宗】 年内，通州区划拨供应建设用地17宗，建设用地面积29.53公顷，建筑面积28.44万平方米。

（申小丽）

【市政交通专题研究】 年内，通州梨园城铁站周边交通与空间环境综合改善研究成果转相关部门开展后续实施工作，桥梁设计总体方案研究、供地项目的市政交通实施计划方案与行动计划研究、城市副中心综合交通规划实施方案研究已转相关部门开展后续实施工作。

（申小丽）

【试点开展轨道交通站点一体化研究】 年内，市规划自然资源委通州分局推进轨道交通线网规划及一体化工作落地，制定《通州分局关于轨道交通线网规划和一体化重点任务工作方案》。根据轨道线网第三期建设规划、“轨道+土地”等重点任务，以新通州西+通顺路站为试点项目，研究轨道车站一体化功能要求及管控机制。

（申小丽）

【不动产登记业务办理】 年内，市规划自然资源委通州分局受理各类登记业务71182件，办结业务70797件；颁发不动产权证35482件，不动产登记证明19599件。

（申小丽）

【建设工程规划核验】 年内，市规划自然资源委通州分局办理建设工程规划核验122件，规划核验面积647.37万平方米；办理市政线性工程规划核验备案24件，备案管线长度1.80万米；出具道路工程项目技术核验意见函11件。

（申小丽）

【信访投诉及12345市民热线办理】 年内，市规划自然资源委通州分局办理信访投诉请求278件次，其中来信176件次、来访36件次、网上信访63件次、复查3件次。办理12345市民热线工单1118件，主要涉及房屋登记、规划审批、行政执法类诉求。

（申小丽）

【在施土地储备项目39个】 年内，通州区在施土地储备项目39个，占地面积2777.60公顷，在施面积2328.26公顷。其中联储项目2个（运河3号地、文化旅游区项目）、用地面积898.19公顷；区土地储备分中心为主体项目26个、用地面积1036.00公顷；企业为主体项目11个，用地面积394.07公顷。

（申小丽）

【自然资源督察问题整改】 年内，市规划自然资源委通州分局完成2019年度督察意见书及督促整改函涉及的4019个问题基础台账梳理，分类制定整改方案，明确整改措施、牵头单位、责任单位和整改时限。通过“管理平台”与“实地核查”相结合的技术手段，动态跟踪全区督察工作进展情况，对整改的项目及时填报督察系统，对上报整改到位地块加强监管。

（申小丽）

【测绘地理信息服务】 年内，市规划自然资源委通州分局加强通州区城市基础测绘和测绘成果管理及应用，完成北京市保障性住房建设投资中心（一万套）地块启动区普通拨地及监督测量、张湾三五六期一级开发项目、铜牛未来设计园普测拨地等重点项目。

（申小丽）

【地籍调查、土地权属核查328件】 年内，市规划自然资源委通州分局办结地籍调查、土地权属核查328件，完成宋庄、漷县、文旅区等上市地块的权属核查。

（申小丽）

【档案管理】 年内，市规划自然资源委通州分局完成工程竣工档案预验收82项、693栋；开具预验收合格意见123件；工程竣工档案接收9项、68栋，编制案卷433册；各类档案利用434人次、2273卷，出具证明234件；完成档案数字化整理6763卷。

（申小丽）

顺义区

【耕地与永久基本农田保护激励管理办法印发】 1月17日，《顺义区耕地与永久基本农田保护激励管理办法》由区政府印发实施。

（马大鹏）

【耕地复垦计划实施】 6月12日，《顺义区2020年度耕地复垦计划》由区政府下发各镇执行。截至年底，北小营镇、大孙各庄镇、南彩镇、赵全营镇、李遂镇、马坡镇、北石槽镇、仁和镇、龙湾屯镇及南法信镇完成方案编制。

（马大鹏）

【30.6万亩耕地保护空间划定】 年内，市规划自然资源委顺义分局完成顺义区30.6万亩（2.04万公顷）耕地保护空间调整优化划定，通过市规划自然资源委审查，于9月7日报自然资源部。

（马大鹏）

【3个沙坑土地复垦】 年内，市规划自然资源委顺义分局完成北小营镇大胡营和小胡营村、北小营镇仇家店和上辇村及木林镇孝德村3个沙坑土地复垦，于10月15日通过区政府验收。

（马大鹏）

【街区、镇国土空间规划编制试点】 年内，市规划自然资源委顺义分局制定完成街区、镇国土空间规划编制工作方案。启动试点街区新城2801、2902、0702街区和试点镇杨镇、北石槽、大孙各庄镇的规划编制，形成规划成果。其中，新城2801街区控规已报市级审查。

（马大鹏）

【6个征地项目获批】 年内，市规划自然资源委顺义分局制定征地流程与补偿安置方案、征地协议、征地补偿安置公告等相关模板。截至年底，6个征地项目获市政府用地批复。

（马大鹏）

【街镇责任规划师工作方案实施】 年内，市规划自然资源委顺义分局推动《顺义区街镇责任规划师工作方案（试行）》实施，全区30家街镇、功能区管委会完成责任规划师团队聘任，明确宣传名称为“义家人”。

（马大鹏）

【2019年度城市体检】 年内，市规划自然资源委顺义分局采取“政府组织、部门参与、第三方评价、公众参与”方式，围绕人口、住房建设等20多个方面开展城市体检，形成《2019年度顺义区城市体检报告》。

（马大鹏）

【城乡建设用地减量】 年内，市规划自然资源委顺义分局优化城市空间布局和城乡建设用地结构，促进顺义区城乡建设用地减量集约高质量发展，出台《顺义区城乡建设用地减量工作方案》，并结合拆违与三调数据，完成腾退3.41平方千米，完成2平方千米的减量任务。

（马大鹏）

【核发“多规合一”审核意见】 年内，市规划自然资源委顺义分局利用“多规合一”平台办理后沙峪镇西泗上村棚改安置房等6个项目，新国展二、三期（国展预留地剩余地块土地一级开发）项目“多规合一”审核意见。

（马大鹏）

【大孙各庄镇智慧物流园规划综合实施方案编制完成】 年内，市规划自然资源委顺义分局编制完成顺义区大孙各庄镇智慧物流园规划综合实施方案。该方案获市政府及市规划自然资源委批复。

（马大鹏）

【市政交通工作推进】 年内，市规划自然资源委顺义分局将R4线东延纳入《北京市轨道交通线网规划》和《北京市轨道交通第三期建设规划》项目库，完成R4线规划中德产业园站、临河站一体化方案研究；完成新国展—首都机场捷运线规划方案；完成顺义区范围内608千米地下管线基础信息普查及地下管线综合管理信息系统中8200千米管线入库；配合完成新国展二、三期项目国际方案征集，与街区控规编制同步开展市政专项研究；随杨镇、樱花园、机场西泗村等棚改项目启动镇街市政、交通专项规划，推动棚改项目及配套基础设施依规划同步建设实施。

（马大鹏）

【规划核验】 年内，市规划自然资源委顺义分局完成规划核验68件，建筑规模261.80万平方米。在新冠肺炎疫情爆发的背景下，采取无打扰方式开展规划验收，推进顺义区文化中心、理想汽车研发基地等区重点工程，推进望泉寺回迁安置房、中铁顺兴、金隅空港共有产权房等一批民生保障工程验收，支持顺义国际学校、高丽营第二中学等教育公共服务设施建设。落实区委第六巡察组巡视整改意见，出台《关于加强和改进规划核验工作的意见》；完成2020年度市级代征道路用地移交任务。

（马大鹏）

【耕地保护责任书签订】 年内，市规划自然资源委顺义分局完成市区两级责任书签订。将全区耕地保有量与永久基本农田保护面积的任务按镇域进行分解，并制定《顺义区2020年耕地保护目标管理暨永久基本农田保护责任书》。截至年底，各镇完成责任书签订。

（马大鹏）

【区级“非农化”工作方案制定】 年内，市规划自然资源委顺义分局制定完成区级“非农化”工作方案及分局内部分工方案。

（马大鹏）

【造林选址2.91万亩】 年内，市规划自然资源委顺义分局牵头完成2.91万亩（0.19万公顷）新一轮百万亩造林选址。建立工作机构，到各乡镇实地调研，制作各镇造林选址图，跟进指导选址。

（马大鹏）

【征地区片价制定】 年内，市规划自然资源委顺义分局开展征收农用地区片综合地价制定。经过前期动员、宣传、工作部署、资料收集和调查、征询各镇、相关委办局意见等，完成顺义区区片综合地价工作成果。

（马大鹏）

【地质灾害风险普查启动】 年内，市规划自然资源委顺义分局开展地质灾害风险普查可行性研究报告编制，启动顺义区地质灾害风险普查。

（马大鹏）

昌平区

【回天地区基础设施建设】 年内，市规划自然资源委继续落实《优化提升回龙观天通苑地区公共服务和基础设施三年行动计划（2018—2020年）》，持续推进河道治理工程，组织研究天通河综合治理工程综合实施方案、东小口沟防洪工程规划设计方案，提升河道治理标准，解决回天地区雨水排除问题；进一步补齐基础设施，系统性提升回天地区市政基础设施承载能力；组织开展昌平区高教园控规和回天地区控规市政专项规划研究，梳理该区域市政建设难点和短板，提出改进措施。

（宋维嘉）

【高精尖产业用地试点实施方案编制完成】 年内，市规划自然资源委昌平分局、区科委、区经济和信息化委、中关村科技园区昌平园共同编制完成《北京市昌平区人民政府关于落实〈北京市人民政府关于加快科技创新构建高精尖经济结构用地政策的意见（试行）〉的试点实施方案》，2月26日通过市政府审定。

（张铭伟）

【215个美丽乡村规划编制】 年内，市规划自然资源委昌平分局组织编制完成3批215个村的美丽乡村村庄规划，推进昌平区美丽乡村村庄规划数据库平台建设。截至年底，202个村庄规划取得批复。

（张铭伟）

【《昌平区自然资源资产产权制度改革实施方案》编制完成】 年内，市规划自然资源委昌平分局牵头编制《昌平区自然资源资产产权制度改革实施方案》。截至年底，方案上报至昌平区委。

（张铭伟）

【规划自然资源领域专项治理】 年内，市规划自然资源委昌平分局制定《昌平区规划和自然资源领域专项治理领导小组和专班工作组织方案》《昌平区关于开展规划和自然资源领域问题整改落实〈关于加强规划和自然资源领域内部约束监督的意见〉〈关于治理基层涉地乱象和涉地腐败的意见〉的工作分工方案》。成立由区委书记、区长任组长的区级领导小组，设立工作专班，组建政策法规、技术规范、基层治理、监督执纪执法4个工作组。市规划自然资源委昌平分局作为专班具体实施单位，将分工方案中38项改革任务细化落实为65项主要工作并形成任务清单。截至年底，65项整改任务实现年度目标。通过整改，形成城乡规划管理、减量发展、“村地区管”三个政策体系；出台《关于进一步加强制止和查处违法用地违法建设工作的意见》《关于做好没收违法建筑执行工作的意见》《昌平区城乡规划实施和土地资源管理定期报告制度》等制度文件，形成违法查处、没收执行、耕地保护等专项治理成果。

（张铭伟）

【2个试点街区控规编制完成】 年内，市规划自然资源委昌平分局通过将回天地区、未来科学城和昌平新城划分为106个街区，编制控制性详细规划街区单元指引，形成初步成果。编制完成沙河高教园区和回天地区两个试点地区的街区控规。

（张铭伟）

【4个乡镇国土空间规划编制】 年内，市规划自然资源委昌平分局开展小汤山镇、延寿镇、阳坊镇、南口镇4个乡镇国土空间规划编制，形成初步成果。

（张铭伟）

【生态保护红线评估调整优化】 年内，市规划自然资源委昌平分局对2018年国务院批复的生态保护红线划定成果开展评估调整优化及与自然保护地划定成果的整合，经市政府常务会及市委常委会会议审查通过。

（张铭伟）

【城乡建设用地减量5.81平方千米】 年内，昌平区城乡建设用地减量面积为5.81

平方千米，包含1529个图斑，包括平原造林、留白增绿、复耕复垦等项目，完成年度减量任务。

（张铭伟）

【土地供应16.85公顷】 年内，昌平区完成土地供应16.85公顷，其中研发用地2.13公顷、公共管理与公共设施用地4.10公顷、商服用地1.68公顷、定向安置房用地1.27公顷，经济适用房3.93公顷、商品住宅用地供应3.74公顷。

（张铭伟）

【“多规合一”协同平台应用】 年内，市规划自然资源委昌平分局通过区级“多规合一”协同平台累计完成初审项目45个，会商项目61个，组织召开8次“多规合一”协同会商会议，协调解决10余个重点项目审批过程中的难点问题。

（张铭伟）

【推进市政基础设施规划建设】 年内，市规划自然资源委昌平分局推进天通河、东沙河治理工程、回天地区雨污水分流改造等工程方案研究及前期规划手续办理，推进大唐青灰岭风光发电厂110千伏电力送出工程的规划手续办理，推进“煤改清洁能源”项目建设。核发德胜口村（山区）以及曹碾村（平原）等二十项农村煤改电工程的规划意见。开展六环以南12个村庄煤改清洁能源供暖方案研究。

（张铭伟）

【推进轨道交通一体化】 年内，市规划自然资源委昌平分局制定《昌平区轨道交通一体化专班工作方案》，建立昌平区轨道交通一体化工作机制，形成责任台账。截至年底，市规划自然资源委昌平分局组织建成5处车辆基地，推动车辆基地的落图落地；开展市郊铁路S2线（黄土店—南口）规划方案研究，形成市郊铁路S2线规划方案初步成果；开展霍营枢纽（黄土店站）站点一体化方案试点，形成霍营（黄土店站）综合交通枢纽工程规划方案初步成果。

（张铭伟）

【20处轨道微中心划定】 年内，市规划自然资源委昌平分局划定20处轨道微中心，其中综合型12处、特殊型2处、社区型6处。梳理作为第一批纳入实施计划的9处微中心的用地资源，确定第一批轨道微中心范围用地规划调整方案。

（张铭伟）

【回天地区重点项目建设及手续办理】 年内，市规划自然资源委昌平分局推进回天地区12条重点道路规划建设。推进安立路提级改造、北清路提级改造、回南北路与太平庄中街等道路工程的规划手续完善。完成太平庄北街、文华路、定泗路、建材城东侧路、中东路、北苑路北延、北苑东路规划手续办理。完成天通苑地区自备井置换、回天地区自备井置换、老旧小区供水管网改造、天通苑地区雨污分流改造、TBD再生水厂、歇甲庄110千伏输变电工程规划手续办理。推进北京农学院110千伏输变电工程、上坡110千伏输变电工程、天通河治理项目手续完善。

（张铭伟）

【建设项目规划监督】 年内，市规划自然资源委昌平分局完成竣工项目规划核验60个（包括8个社会投资简易低风险工程），建筑规模197.16万平方米；完成社会投资类建设项目全过程服务监督138项。

（张铭伟）

【建设项目审批】 年内，市规划自然资源委昌平分局完成城镇建筑工程选址10件，用地面积27.10公顷，建设规模37.20万平方米；完成城镇建筑工程审批42件，建筑规模279.06万平米；完成乡村建筑工程审批1件，建筑规模3.54万平方米；完成社会投资低风险工程审批29件，其中形成全流程案例2件；完成临时建筑工程审批81件，建筑规模24.94万平方米；完成“一会三函审批事项”审批4件，用地面积9.34公顷，建筑规模16.88万平方米；完成《建筑物名称核准》审批事项4件，道路、片区命名事项6件；完成建设用地使用权划拨审批1件。

（张铭伟）

【规划审批方式优化】 年内，市规划自然资源委昌平分局通过“多规合一”平台并联审批等方式，50天完成全国首家“研究型国际医疗产业转化平台”项目规划手续办理；研究制定《村庄公益类设施建设工程审批标准》，对村庄范围内建设的村庄公共设施和公益事业建设项目，统一审批流程、统一设计图集，解决农村公共公益设施未批先建、不批乱建的问题；优化临时建筑规划审批流程，研究制定《昌平区施工临时工程临时用地和临时建设工程规划许可审批办理工作标准》。

（张铭伟）

【不动产登记业务办理】 年内，市规划自然资源委昌平分局不动产登记业务受理量为84234件，登簿量83425件。发放不动产权证书、不动产登记证明72430本（其中证书49298本、证明23132本）。接待档案查询43624卷次，查封（解封）业务3516件次。完成81件土地权属审查，权属争议案件7件。完成82个项目权籍调查，完成房屋落宗950幢。完成“幼升小”义务教育涉及的房屋核查6775件次；完成积分落户档案查阅6661卷；对全区在职和离退休人员房补涉及的房屋信息核查14463件次。

（张铭伟）

【违法占地、违法建设查处】 年内，市规划自然资源委昌平分局通过现场核查、类型审定、分类处置和挂账督办等方式推进卫片执法。审核新增变化图斑1027个，确认一般违法项目294宗，完成整改236宗。推进农村乱占耕地建房整治，制定并印发《昌平区农村乱占耕地建房问题摸底排查工作方案》。

（张铭伟）

【征地及农用地转用项目用地管理】 年内，市规划自然资源委昌平分局审核上报征地及农转用项目4件，用地面积102.07公顷，其中农用地36.75公顷、建设用地62.39公顷、未利用地2.93公顷。市政府批复建设用地项目3件，用地面积10.61公顷，其中农用地9.34公顷、建设用地1.27公顷。

（张铭伟）

【土地复垦】 年内，市规划自然资源委昌平分局完成土地复垦项目验收3个，新增耕地面积26.33公顷（其中可用新增耕地指标9.13公顷）。开展土地复垦项目4个，其中竣工项目2个、收到项目规划设计批复2个。开展增减挂钩项目4个，其中完成拆旧区复垦项目1个、正在推进的土地复垦项目3个。完成表土剥离方案会审的建设项目1个。组织有关专家评审临时用地复垦方案10个。

（张铭伟）

【2个项目耕地占补平衡】 年内，市规划自然资源委昌平分局为昌平区北七家镇平坊村土地一级开发项目等2个征地及农转用项目落实占补平衡指标，补充耕地面积6.85公顷。

（张铭伟）

【地质灾害防治】 年内，市规划自然资源委昌平分局组织市交通委昌平公路分局、区文化旅游局及各相关镇街开展地灾隐患排查。排查威胁居民点地质灾害隐患223处，巡查排查621次。全年发布区级地质灾害气象风险预警6次（3次蓝色、3次黄色），组织完成地灾宣传、培训及突发性地质灾害应急调查等。组织完成11个地质灾害治理工程验收，其中延寿镇1个、十三陵镇2个、南口镇8个。

（张铭伟）

【第三次全国国土调查统一时点更新】 年内，市规划自然资源委昌平分局完成第三次全国国土调查统一时点更新，上报区级调查成果数据。

（张铭伟）

【《2019年度国有自然资源资产专项报告》编制完成】 年内，市规划自然资源委昌平分局、区园林局、区水务局共同编制完成《2019年度国有自然资源资产专项报告》，并报区财政局。

（张铭伟）

大兴区

【第三次全国国土调查统一时点更新】 2月10日，市规划自然资源委大兴分局开展第三次全国国土调查统一时点更新。3月25日，对完成内业工作的镇（街道）启动外业调查。经过作业单位外业调查、内业举证，区级质监单位和区三调办多轮自检，形成最终成果并上交国家三调办核查。

（宛茹）

【权属审查及权属争议调处】 截至年底，市规划自然资源委大兴分局受理土地权属审查109件，完成99件，正在办理5件，退件5件，审查土地面积641.03公顷；受理土地权属争议调处3件，办结2件。

（宛茹）

【长子营镇国土空间规划编制完成】 年内，市规划院编制完成《大兴区长子营镇国土空间规划（2019年—2035年）》。该规划自2019年4月启动编制，采取“政府组织+专业合作+外脑智库专题支撑+部门协作”的组织方式，坚持生态优先全域统筹、总量管控减量提质、以人为本城乡融合、文化传承突出特色的总原则，在特征研判与目标定位的基础上，以资源环境条件为约束，严守生态环境底线，明确全镇生态格局和人口、用地、建筑规模管控目标；合理确定镇村体系，明确产业发展方向与布局，优化全镇发展空间，强化“三大设施基础”支撑，塑造风貌形态，打造凤河特色功能带；规范引导乡镇自然资源、生态保护和规划建设，优化乡镇自然资源配置。

（刘扬）

【综合交通专项规划通过评审】 年内，市规划自然资源委大兴分局编制完成《大兴区综合交通专项规划》，4月24日通过终期成果专家评审。

（宛茹）

【优化营商环境】 年内，市规划自然资源委大兴分局实现受理—审核—发证“全流程一窗办理”，存量房买卖“一网通办”；设置企业服务综合窗口，企业间转移登记业务实现当日办结，完成企业间存量非住宅转移登记业务8件；完成4个简易低风险工程项目登记，全部实现当日办结；在办事窗口设置评价终端，实现企业和群众自主评价；8月起恢复上门服务，提供上门服务10余次；9月1日起开展“早晚弹性办、午间不间断、周末不休息”延时服务，办理“周末不休息”延时业务700余笔。

（宛茹）

【历史遗留小区未发证问题专项治理】 年内，市规划自然资源委大兴分局建立历史遗留小区未发证问题专项治理工作专班，梳理出历史遗留项目15个，建立未发证问题档案库，制定问题解决推进时间表，纳入“办证难”问题解决范围。截至年底，解决晓康东里、车站中里、兴政东里、兴华园等5个小区的办证难问题。

（宛茹）

【规划自然资源领域专项治理】 年内，市规划自然资源委大兴分局完成全部改革任务。建立长效机制防止涉地乱象涉地腐败问题反弹；与区纪委监委共同推进市级察访反馈问题整改，制定整改方案和完成时限。

（宛茹）

【规划编制】 年内，市规划自然资源委大兴分局推进第一批新城单元医药基地、西片区、海子角、新媒体、团河片区5个控规成果的完善、上报、审批；编制完成第一批试点5个镇镇域规划；编制完成161个村庄规划，并获批复；编制完成《北京市中轴线南延地区（大兴段）规划研究》，开展凤池公园方案设计并形成阶段性成果；编制完成《北京大兴国际机场临空经济区（北京部分）控制性详细规划（街区层面）》，并获批复；建立区级城镇责任规划师制度及工作方案，完成全区城镇责任规划师聘任。

（宛茹）

【城市设计】 年内，市规划自然资源委大兴分局完成永定河生态文化创意产业带发展战略及空间规划概念设计。开展大兴新城京开高速两侧重点地区、大兴机场高速两侧重点地区2个城市设计方案并形成阶段性成果。

（宛茹）

【2019年度城市体检】 年内，市规划自然资源委大兴分局完成大兴区2019年度城市体检评估。

（宛茹）

【推进市区重点项目落地】 年内，市规划自然资源委大兴分局建立和完善大兴区重点项目台账清单，形成市区协同机制。利用“多规合一”平台推进大兴区人民医院选址新建、大兴宾馆二期、安定垃圾填埋场周边综合治理村民自住楼、临空经济区线性工程安置房、临空经济区发展服务中心、氢能源示范区、科兴中维新冠疫苗生产、华润生命科学园、第三代半导体碳化硅衬底产业基地、北臧村镇集体租赁住房等市区重点项目落地。

（宛茹）

【城乡建设用地减量5.30平方千米】 年内，市规划自然资源委大兴分局组织编制实施《大兴区2020年城乡建设用地减量实施方案》，大兴区年度净减量任务3平方千米，在考虑规划新增建设用地等因素的基础上，上报年度城乡建设用地减量规模5.30平方千米，完成年度减量任务。

（宛茹）

【试点推进老旧小区更新改造】 年内，市规划自然资源委大兴分局推进老旧小区改造更新，选取枣园小区作为试点，推进社会企业参与社区治理，实现多种方式利用存量空间资源补足公共服务设施，明确土地权属、供地方式、审批程序，打通老旧小区有机更新规划实施路径。

（宛茹）

【投资促进工作专班成立】 年内，市规划自然资源委大兴分局成立分局投资促进工作专班，制定《北京市规划和自然资源委员会大兴分局关于2020年投资促进工作专班工作方案》，完成5个新增入库项目。

（宛茹）

【拟供应地块规划校核及备案】 年内，市规划自然资源委大兴分局校核拟供应地块规划情况并向市规划自然资源委备案，出具“多规合一”平台供地意见，加快土地入市手续办理。

（宛茹）

【耕地保护空间调整优化】 年内，市规划自然资源委大兴分局开展大兴区36万亩（2.4万公顷）耕地保护空间调整优化。新划定36万亩（2.4万公顷）耕地保护空间中三调耕地26.63万亩（1.78万公顷），占保护空间总量的74%，其中27万亩（1.8万公顷）永久基本农田中三调耕地约22.43万亩（1.50万公顷），永久基本农田储备区内三调耕地约0.51万亩（0.034万公顷），耕地保有量储备区内三调耕地约3.69万亩（0.246万公顷）。

（宛茹）

【《大兴区土地整治项目实施管理及指标交易办法（试行）》印发】 年内，市规划自然资源委大兴分局制定并印发《大兴区土地整治项目实施管理及指标交易办法（试行）》。

（宛茹）

【全域土地综合整治试点】 年内，市规划自然资源委大兴分局根据自然资源部批准全域综合整治试点名单，以黄村、北臧村、安定三镇为试点，在全市率先开展以镇域为单元的全域土地综合整治试点工作。

（宛茹）

【推进轨道交通线网一体化】 年内，市规划自然资源委大兴分局建立轨道交通线网及一体化专班，与区发展改革委、区城市管理委等多部门共同研究，明确专班的组织框架、职责分工及工作要求，落实轨道线网及城市更新一体化相关政策，推进轨道线网建设。

（宛茹）

【市政交通基础设施补短板】 年内，市规划自然资源委大兴分局组织开展《大兴区道路及市政基础设施规划建设实施评估及对策研究》，并在此基础上形成大兴区市政交通基础设施20个基础设施补短板项目。

（宛茹）

【老旧小区雨污改造】 年内，市规划自然资源委大兴分局、北京市大兴区物资集团有限公司共同推进2020年老旧小区雨污改造工程建设，提前审查雨污改造方案，协同各部门会商研究，核发项目“多规合一”协同意见。

（宛茹）

【规划土地核验】 年内，市规划自然资源委大兴分局为93个建设项目出具核验合格意见，核验项目建设规模576万平方米；通过全过程服务监督系统对全区173个纳入全过程服务监督的建设项目进行服务和监督；完成42条地下管线工程规划核验备案。

（宛茹）

【自然资源督察问题整改】 年内，市规划自然资源委大兴分局推进自然资源督察问题整改，历年国家自然资源督察问题整改结果中大兴区限期类问题整改到位率97.6%，持续类问题整改到位率35.5%。

（宛茹）

【违法用地违法建设联合巡查】 年内，市规划自然资源委大兴分局制定《关于进一步明确各级管控违法用地违法建设责任的意见》《大兴区两违联合巡查机制》，按照每10个工作日至少巡查一次的工作要求开展50个一级风险项目巡查，累计巡查100余次。

（宛茹）

【自然资源执法】 年内，市规划自然资源委大兴分局完成违建别墅专项清查整治；完成大兴区农村乱占耕地建房问题摸底排查；解决百套朱庄别墅、南大红门建材城等重点疑难违法案件；制定规划自然资源领域违法问题整改进展专报制度；起草《大兴区公共公益和特殊情形未批先建项目规范手续的方案》，建立市区两级联审会审议制度，推动解决历史遗留问题；配合区拆违办开展“基本无违法建设区创建”。

（宛茹）

【土地储备与供应】 年内，市规划自然资源委大兴分局完成6个项目现场验收，验收面积40.20公顷；完成住宅用地供应33公顷，入库项目12宗（用地面积85公顷）；成交工业用地5宗，用地面积14.50公顷；挂牌公告工业用地1宗，用地面积3.30公顷；挂牌出让集体建设用地3宗，用地面积15公顷。

（宛茹）

【办结行政审批及公共服务事项497件】 年内，市规划自然资源委大兴分局办结行政审批及公共服务事项497件。其中建设项目选址意见书及用地预审意见合并办理38件，建设工程规划许可证（含临时）267件，建设工程规划许可（社会投资简易低风险工程）40件（均按照承诺时限1个工作日办结），乡村建设工程规划许可证（含临时）20件，建筑物名称核准12件，地名命名、更名、注销5件，“一会三函”审改试点项目设计方案函56件，国有建设用地使用权划拨批准13件，国有建设用地使用权招标、拍卖、挂牌出让合同变更9件，国有建设用地使用权招标、拍卖、挂牌出让合同签订6件，国有建设用地使用权协议出让合同变更4件，国有建设用地使用权协议出让合同解除5件，国有土地使用权出让（未批先用—工业项目）1件，建设项目施工和地质勘查临时用地批准7件，乡（镇）村公共设施、公益事业使用集体建设用地审批2件，乡（镇）村企业使用集体建设用地审批1件，办理征收集体土地结案8件，土地一级开发项目授权审批3件。

（宛茹）

【不动产登记业务办理】 年内，市规划自然资源委大兴分局受理各类不动产登记业务76681件（含线上办理业务27888件、智能秒批1554件），发放不动产权证书、不动产登记证明46558本，接收各类权属登记档案70470卷，接待档案查询6750人次、11383卷。

（宛茹）

【12345市民热线与信访、信息公开】 年内，市规划自然资源委大兴分局办理12345市民热线751件；依申请信息公开401件；行政复议、行政诉讼及强制执行94件；信访405件，接待来访市民435人次，化解信访积案4件。

（宛茹）

怀柔区

【2019年度城市体检】 3月，市规划自然资源委怀柔分局启动2019年度城市体检工作。11月9日，怀柔区2019年度城市体检成果经区城乡规划委员会规划工作联席会议审议通过。

（高玉倩）

【轨道交通站点一体化前期规划研究】 7月，市规划自然资源委怀柔分局确定怀柔区5个轨道交通站点微中心类型、管控范围和管控单元，并最终成果在怀柔科学城试点单元控规编制中加以落实，以一站一图形式提交至市规划自然资源委。

（高玉倩）

【怀柔科学城控规合规性审查完成】 年内，怀柔区开展科学城控规编制。10月22日，怀柔科学城控规开展公示。截至年底，完成市规划自然资源委合规性审查。

（高玉倩）

【老城区、庙城组团街区控规编制与更新改造】 年内，市规划自然资源委怀柔分局组织编制完成《01—03街区（老城区单元）和14街区（庙城单元）街区控规编制工作方案》，经区政府常务会审议通过。组织编制完成《怀柔老城区单元及庙城单元更新改造（暨城市复兴）专题工作方案》，完成老城区用地资源梳理、评价。12月7日，区领导专题听取庙城组团规划成果。

（高玉倩）

【耕地保护】 年内，市规划自然资源委怀柔分局完成怀柔区各镇乡耕地保护责任目标履行情况自查，签订2020年度耕地保护目标管理暨永久基本农田保护责任书。完善全区耕地保护责任目标考核办法，探索建立耕地保护补偿奖励机制。截至年底，宝山镇郑栅子村等5个村土地开发项目完成工程验收。

（高玉倩）

【矿产资源开发管理】　年内，市规划自然资源委怀柔分局完成矿产资源开发利用统计及系统年报。对采矿证到期的乐百氏饮用水有限公司北京分公司下发停止开采通知。截至年底，全区矿产企业3家，其中铁矿企业1家、矿泉水企业1家、地热企业1家。

（高玉倩）

【美丽乡村村庄规划编制】　年内，市规划自然资源委怀柔分局推进第二批、第三批美丽乡村村庄规划编制。截至年底，150个村全部完成编制及区级各部门征求意见。其中149个村庄规划通过美丽乡村领导小组审查，20个村取得区政府批复。

（高玉倩）

【征地及农用地转用项目用地管理】　年内，怀柔区怀柔镇刘各长村、怀北镇怀北庄村（南区）、怀北镇怀北庄村（北区）等棚户区改造土地开发项目，08街区C地块土地一级开发项目，兴盛路、周各庄110千伏输变电站项目，杨宋镇安乐庄村集体土地租赁住房项目、怀北镇河防口村泥石流搬迁项目，雁栖镇大地村泥石流搬迁项目共9个项目获批，批准用地面积188.36公顷。

（高玉倩）

【年度土地入库与供应】　年内，怀柔区年度土地入库任务为28公顷，实现土地入库42公顷。年度商品住宅供地任务下限10公顷，商品住宅用地供应面积11.55公顷。实现土地供应52.16公顷，其中商服及多功能用地31.81公顷、工业用地4.60公顷、商品住宅用地供应15.75公顷。

（高玉倩）

【土地储备开发】　年内，怀柔区在施一级开发项目12个（22个地块）、国有土地收储项目2宗，面积956.17公顷，其中规划建设用地面积275.36公顷；在施棚户区改造项目3个，面积102.67公顷，其中规划建设用地面积52.86公顷。

（高玉倩）

【地质灾害防治】　年内，市规划自然资源委怀柔分局完成威胁居民点的235处隐患点排查，发放险户明白卡3000份；组织专业应急调查和排查工作16次；提交应急报告（表）16份，并针对应急调查报告向相关单位和属地政府报送建议函；发布地质灾害气象风险预警7次，其中蓝色预警4次、黄色预警2次、橙色预警1次。截至11月，怀柔区实施威胁居民点地质灾害治理7个项目全部完工并通过竣工验收。项目分别为：怀北镇、雁栖镇地质灾害治理项目；宝山镇、长哨营乡、喇叭沟门乡地质灾害治理项目；琉璃庙镇地质灾害治理项目；九渡河镇地质灾害治理项目；渤海镇地质灾害治理项目；琉璃庙镇白河湾地区地质灾害治理项目；渤海镇铁矿峪村等地质灾害治理项目。

（高玉倩）

【核查建设用地压覆重要矿产资源事项10件】　年内，市规划自然资源委怀柔分局办理完成建设用地压覆重要矿产资源核查事项10件。

（高玉倩）

【行政复议诉讼】　年内，市规划自然资源委怀柔分局收到行政复议案6件，其中维持案件2件、驳回申请案件1件，终止案件1件，败诉案件2件。收到行政诉讼案件16件，其中不动产登记案件14件、审批科案件1件、执法队案件1件。

（高玉倩）

【法治宣传】 年内，市规划自然资源委怀柔分局制定完成《2020年第51个世界地球日宣传活动方案》《2020年全国土地日宣传活动方案》《2020年信访条例宣传月活动方案》《做好禁止农村乱占耕地建房开展八不准宣传工作》《2020年“12·4国家宪法日”宣传活动方案》，发放书籍80余本、悬挂横幅60余幅、宣传海报及彩页10000余份。

（高玉倩）

【规范性文件合法性审查6件】 年内，市规划自然资源委怀柔分局申请规范性文件合法性审查6件。截至年底，办结1件，上报区司法局1件，在途4件。

（高玉倩）

【行政执法审理】 年内，市规划自然资源委怀柔分局审理案件6件，重大行政执法决定法制审核2件，组织举行执法案件听证1次。

（高玉倩）

【信访工作】 年内，市规划自然资源委怀柔分局通过网上信访系统、区长信箱、12345举报电话收到群众举报信访538件。截至年底，办结534件，正在办理4件。

（高玉倩）

【信息公开】 年内，市规划自然资源委怀柔分局收到信息公开申请159件，办结157件。

（高玉倩）

【划拨供地】 年内，市规划自然资源委怀柔分局审核划拨供地方案6项，办理《划拨决定书》5项，解除《国有土地使用权出让合同》2项。

（高玉倩）

【建设项目规划审批61项】 年内，市规划自然资源委怀柔分局完成建设项目规划审批61项。其中，下发《建设工程规划许可证》24项（含简易低风险工程项目4项），下发《乡村建设规划许可证》2项，下发《临时建设工程规划许可证》30项，《选址意见书及用地预审合并办理》5项。

（高玉倩）

【规划竣工验收16项】 年内，市规划自然资源委怀柔分局完成规划竣工验收16项，验收房屋建筑工程项目26.40万平方米，线性工程类地下管线长度33000米。

（高玉倩）

【不动产登记业务办理】 年内，市规划自然资源委怀柔分局受理各项登记业务9500件。主要有房屋所有权转移登记3657件、抵押权登记业务3043件、抵押权注销业务1833件、查封登记业务430件。发放不动产权证书3708本、不动产登记证明2545本，入库档案9093卷。

（高玉倩）

【土地权属审查与权籍调查】 年内，市规划自然资源委怀柔分局办理不动产权籍调查42件；办理权属审查30个项目，用地面积176.81公顷；完成19个项目多规合一平台权属情况初审意见；办理土地权属及地类认定各类复函34件，办理政府信息公开回复9件。

（高玉倩）

【乡镇域国土空间规划编制】 年内，市规划自然资源委怀柔分局完成《乡镇域国土空间规划工作方案》，经区政府常务会议审议通过。梳理完成乡镇国土空间规划编制需统一的基础数据和技术标准。

（高玉倩）

【《怀柔区责任规划师制度工作方案》印发】 年内，市规划自然资源委怀柔分局编制完成《怀柔区责任规划师制度工作方案》，经区政府常务会议通过并印发执行。

（高玉倩）

【违建别墅清查整治】 年内，怀柔区纳入清查整治范围的违建别墅51宗865栋。完成整改787栋，其中拆除761栋，没收26栋；挂账5宗78栋。

（高玉倩）

【卫片执法检查】 年内，市规划自然资源委怀柔分局完成市级月度卫片核查图斑352个、部级季度卫片核查图斑109个，核查结果初步通过市级审定。

（高玉倩）

平谷区

【洗得宝公司消毒制品防疫物资临时仓库规划许可核发】 3月3日，市规划自然资源委平谷分局启动新冠肺炎疫情防控快速审批绿色通道，采用容缺办理和建设单位承诺方式，2个小时内核发洗得宝公司消毒制品防疫物资临时仓库规划许可，助力防疫物资生产企业复工复产。

（李亚男）

【区委城市工作委重点工作】 3月，平谷区2020年城市工作委工作要点印发实施。年内，开展规划实施、街道工作、疏整促、用地减量、城市体检、城市更新和功能区建设等方面工作。

（李亚男）

【西凡各庄村土地开发项目竣工】 5月14日，峪口镇政府组织实施峪口镇西凡各庄村土地开发项目开工。10月20日，完成竣工验收，实施面积75.11公顷。

（李亚男）

【东高村石料场生态环境修复治理完成】 截至年底，市规划自然资源委平谷分局完成平谷区东高村镇东高村石料场治理项目生态环境修复治理，治理面积8.69公顷。

（李亚男）

【优化营商环境】 年内，市规划自然资源委平谷分局建立“零点对接”机制（即各部门全流程服务企业，及时跟进项目进展，主动协助企业沟通协调解决审批办理及建设过程中遇到的问题），全流程服务企业；办结15项企业“服务包”诉求；全流程审批环节由5个精简为4个，全流程审批时限压缩至11个工作日；4月20日，中国工商银行股份有限公司北京平谷支行营业及办公场所装修改造工程（外挂电梯间）通过网上申报并取得建设工程规划许可证，成为北京市首个网上受理简易低风险项目案例；会同区发展改革委印发《关于进一步优化平谷区建筑许可领域审批服务改革工作方案》；推行无打扰方式规划核验，减轻建设单位负担；落实区营商环境改革三年行动计划，制定分局2020年优化改革方案。1月1日，推行北京市不动产登记电子证照并推行不动产抵押登记同城通办服务；2月8日推出7个“区块链+不动产登记”应用场景，实现申请信息、共享数据和登记结果等内容的不可篡改和可追溯；3月，实现企业间存量非住宅房屋交易全程网办，通过“金融专网”实现不动产抵押权登记办理；4月，实现与市各级人民法院通过专网办理不动产查封登记。

（李亚男）

【河道蓝线划定】 年内，市规划自然资源委平谷分局、区水务局共同开展平谷区河道蓝线划定。8月18日，成果经区政府审议通过并报市规划自然资源委。

（李亚男）

【“基本无违法建设区”创建】 年内，市规划自然资源委平谷分局会同区查违办，在刘家店镇、镇罗营镇和熊儿寨乡开展“基本无违法建设乡镇”创建的基础上，启动全区“基本无违法建设区”创建。截至年底，梳理图斑40余万处，建设面积约4372万平方米。

（李亚男）

【城乡建设用地减量2.46平方千米】 年内，市规划自然资源委平谷分局编制平谷区2020年城乡建设用地减量实施方案，2020年度安排城乡建设用地减量计划规模为2.40平方千米。截至年底，通过区级验收的城乡建设用地减量地块面积为2.46平方千米，完成2020年度区级减量任务。

（李亚男）

【征地区片划定与征地手续办理】 年内，市规划自然资源委平谷分局完成划定征地区片工作，将初步成果上报市规划自然资源委。20余个建设项目办理完成征（占）地手续，13个建设项目发布土地征收启动公告，9个建设项目发布征地补偿安置公告。截至年底，14个建设项目获市政府用地批复，10个征地项目征后公告完成。

（李亚男）

【自然资源督察】 年内，市规划自然资源委平谷分局成立督察工作领导小组，建立规划和自然资源督察整改工作机制，建立请示报告、统计分析及系统填报制度。制定《平谷区2020年规划和自然资源督察工作方案》，明确主责单位、整改标准、整改时限。截至年底，土地违法违规问题1353宗。其中，限期整改类问题563宗，整改到位558宗，未到位5宗；持续整改类问题790宗，整改到位65宗，未到位725宗。

（李亚男）

【3个调研课题完成】 年内，市规划自然资源委平谷分局完成《平谷区十四五期间非建设生态空间分析与利用专项规划》《平谷区城乡景观风貌设计研究》《平谷区垃圾处理设施现状及发展情况分析》3个调研课题。

（李亚男）

【平谷新城控规编制】 年内，市规划自然资源委平谷分局编制完成《平谷区平谷新城详细规划街区指引》，通过区委、区政府审查并报市规划自然资源委备案。《平谷新城PG00-0102街区控制性详细规划》经区长办公会审查通过并报市规划自然资源委审查。

（李亚男）

【马坊镇、峪口镇国土空间规划通过审查】 年内，《马坊镇国土空间规划及集中建设区控规（2019年—2035年）》和《峪口镇国土空间规划及集中建设区控规（2019年—2035年）》经区政府常务会议审查通过。《马坊镇国土空间规划及集中建设区控规（2019年—2035年）》取得市规划自然资源委审查意见。

（李亚男）

【102个村庄建设发展规划获批】 年内，大兴庄镇、平谷镇等14个乡镇102个村村庄建设发展规划（2019年—2035年）获区政府批复。

（李亚男）

【市政交通工程管理】 年内，市规划自然资源委平谷分局审查通过市政、海绵城市、综合管廊、河道等专项规划。批复新平蓟路道路工程初步设计。研究京平物流枢纽、白各庄一级开发项目二期、兴谷开发区等重点功能区及重要项目配套市政交通方案。推进轨道交通平谷线、承平高速等重大项目前期工作。

（李亚男）

【完善地质灾害防治制度】 年内，市规划自然资源委平谷分局修订完善2020年平谷区地质灾害防治方案及突发性地质灾害应急预案。修订突发地质灾害隐患点统计表、分局2020年度汛期地质灾害群测群防网、汛期地质灾害防治值班制度、地质灾害防治责任制、地质灾害巡查检查制度、地质灾害防治信息报送制度、地质灾害报告制度、地灾风险预警发布管理办法等。

（李亚男）

【地质灾害防治】 年内，市规划自然资源委平谷分局完成88处险点地质灾害应急巡排查。完成防汛宣传、抢险物资采购，下发各乡镇相关物资18000余份。完成隐患点汛前排查、汛中巡查、汛后核查，对201个威胁居民点的隐患点进行多次巡查。完成地质灾害预报预警及应急响应，汛期转发市级预警4次。本年度无地质灾害发生，零人员伤亡。

（李亚男）

【消除地质灾害隐患点38个】 年内，平谷区地质灾害治理项目五年计划（2015—2019年）33个项目全部完成，消除地质灾害隐患点38个。

（李亚男）

【采矿许可证管理】 年内，平谷区持有采矿许可证的企业1家，注销采矿许可证的企业1家。

（李亚男）

【耕地保护与占补平衡】 年内，市规划自然资源委平谷分局制定《平谷区耕地保护空间调整优化工作方案及技术方案》，将调整优化结果上报市规划自然资源委。制定《北京市平谷区坚决制止耕地“非农化”行为工作方案》，明确耕地保护责任体系建立、严禁违规占用耕地绿化造林等工作任务。落实“占一补一、占优补优”耕地占补平衡制度。使用平谷区自有耕地指标办理世界休闲大会北路等4个建设项目耕地占补平衡，涉及占用耕地7.56公顷。

（李亚男）

【农业项目用地初审与备案】 年内，市规划自然资源委平谷分局、区农业农村局对7个畜禽种质项目、峪口禽业11宗畜禽养殖项目、6宗生猪养殖项目选址进行选址初审，提出初审意见。完成北京广顺程鹏种植有限公司种植业设施农业项目用地备案。

（李亚男）

【完成土地权属审查29宗】 年内，市规划自然资源委平谷分局完成土地权属审查29宗，其中金海湖镇5个、夏各庄镇3个、峪口镇2个、马坊镇4个、黄松峪乡3个、大兴庄镇2个、刘家店乡1个、东高村镇2个、滨河街道3个、兴谷街道1个、王辛庄镇3个。审查内容包括:土地登记发证、土地权利人、土地权属性质、市政代征用地、土地地类（用途）、土地面积、界线、产权纠纷、抵押登记、异议登记等情况。

（李亚男）

【不动产登记业务办理】 年内，平谷区不动产登记事务中心受理登记业务15305件，办理不动产权证书6130本、不动产登记证明4554份。其中办理网上抵押权首次登记1859件、抵押权注销登记1189件，通过“智能秒批”完成抵押权注销登记71件，通过“一网通办”办理转移登记7件，通过政务邮箱办理查封登记178件，专网查封67件，通过“区块链”信息共享办理登记555件。为老、弱、病、残、孕等特殊群体开通绿色通道191次、延时服务513次，为有特殊困难的申请人提供上门服务10次。解决历史遗留项目金乡西小区（29、36、37、甲24号楼）、园丁小区（11号楼）和夏各庄由谷嘉园项目的产权登记问题。

（李亚男）

【办理建设项目审批事项81件】 年内，市规划自然资源委平谷分局办理建设项类审批事项81件。其中，选址意见书与用地预审意见合并办理6件，核定用地面积4.47公顷；建设工程规划许可证39件，核定建筑规模62.28万平方米，道路总长度1.5万延米，市政管线长度5.95万延米；社会投资简易低风险工程15件，核定建筑面积31024.29平方米；临时建设工程规划许可证13件，核定建筑面积1.45万平方米；乡村建设工程规划许可证（含临时）7件，核定建设规模17.22万平方米；核准建筑物名称1件。

（李亚男）

【完成建设工程竣工验收23个】 年内，市规划自然资源委平谷分局完成建设工程竣工验收23个。其中，公函方式验收项目11个、全过程监督方式验收项目11个、联合验收方式验收项目1个。竣工建筑面积84.67万平方米。

（李亚男）

【国有建设用地使用权划拨4宗】 年内，市规划自然资源委平谷分局完成国有建设用地使用权划拨4宗，用地面积15.96公顷。其中，污水处理设施用地1宗，用地面积1.52公顷；机关团体用地1宗，用地面积0.93公顷；道路用地1宗，用地面积0.29公顷；交通运输用地1宗，用地面积13.21公顷。

（李亚男）

【行政复议诉讼】 年内，市规划自然资源委平谷分局受理行政诉讼复议案件14件。其中，行政复议案件10件（败诉1件），行政诉讼案件4件。民事案件2件。

（李亚男）

【信访事项办理】 年内，市规划自然资源委平谷分局办理信访投诉请求114件次。其中，来信33件次，来访41件次，网上信访17件次，局长信箱、微信举报平台受理23件次。办理信访积案4件。

（李亚男）

【12345市民热线办理】 年内，市规划自然资源委平谷分局受理市民诉求1035件，地方领导留言板23件，区长信箱51件。制定分局12345市民热线“接诉即办”工作管理办法，明确工作流程、工作机制和工作要求。利用会商会、晨例会，“书记抓、亲自办”“带单下沉一起办”等工作机制，推进群众疑难诉求的解决。

（李亚男）

【信息公开】 年内，市规划自然资源委平谷分局主动公开信息646条，受理依申请信息公开220件，答复230件。制定完成《政府信息公开工作管理办法》和《政府信息依申请公开实施细则》。

（李亚男）

【法治宣传】 年内，市规划自然资源委平谷分局制定法治宣传教育工作计划，利用“4·15国家安全教育日”“4·22世界地球日”“6·25全国土地日”“5·24国家信访日”“8·29测绘法宣传日”“12·4国家宪法日”等，通过张贴海报、悬挂条幅、发放宣传材料，利用高速路口显示屏播放宣传片、开展培训、“互联网+法治宣传”等形式开展法治宣传；组织开展新《土地管理法》《中华人民共和国民法典》《北京市禁止违法建设若干规定》的宣传贯彻活动；完成“七五普法”验收。

（李亚男）

【建设用地供应计划】 年内，市规划自然资源委平谷分局、区住房城乡建设委共同编制完成《平谷区2020年度国有建设用地供应计划建议方案》。2020年度平谷区国有建设用地计划供应项目12个，供应面积47.93公顷。

（李亚男）

【土地执法监督】 年内，市规划自然资源委平谷分局通过视频监控系统发现违法占地线索13条，全部完成举证。对违法行为立案调查222宗，已结案112宗，下达行政处罚决定书4宗（含3宗2019年立案）。

（李亚男）

【浅山区违法问题治理】 年内，市规划自然资源委平谷分局完成浅山区40221宗建筑物图斑排查，梳理一般违法问题2411宗，通过区重点督办整改，一般违法问题全部销账。结合创建“基本无违法建设区”专项工作，开展浅山区整改项目“回头看”，对复堆、复建等存在问题项目，会同平谷区查违办挂账督促整改。

（李亚男）

【违建别墅整治】 年内，市规划自然资源委平谷分局开展违建别墅问题排查整治，核查确认违法项目30宗872栋。其中，纳入重点清查整治范围内16宗547栋，全部拆除并通过市级验收；纳入日常执法14宗325栋，拆除2宗3栋。

（李亚男）

【卫片执法检查】 年内，市规划自然资源委平谷分局完成卫片核查508宗，面积5831.80亩（388.79公顷）。其中，北京市1—12月度卫片317宗，认定一般违法项目54宗，拆除整改47宗，剩余7宗为一般违法历史遗留项目；自然资源部第1至第4季度卫片（不含第4季度补充图斑）191宗，审核完成129宗，认定一般违法项目4宗，3宗完成拆除整改，1宗正在整改。第4季度第2批次62宗正在核查。

（李亚男）

【盗采易发区巡查监管】 年内，市规划自然资源委平谷分局会同各乡镇政府加强盗采易发区的巡查监管，巡查里程17090千米，出动执法人员730余次、车次290余次。

（李亚男）

【225份规划审批认证函核发】 年内，市规划自然资源委平谷分局完成建设工程全过程规划监督系统内58件建设项目的日常巡查录入，核发规划审批认证函225份。

（李亚男）

【乱占耕地建房问题核查】 年内，市规划自然资源委平谷分局完成市级分批次下发的9851宗单体建筑图斑核查分类，经汇总统计，纳入农村乱占耕地建房问题摸排整治的项目2001宗。

（李亚男）

【专项巡视巡察问题整改】 年内，市规划自然资源委平谷分局对市委市政府专项巡视巡察发现问题进行整改。其中，2016年以来行政处罚案件未到位问题罚拆罚没类案件共186宗，整改到位185宗，未到位1宗；占用耕地、基本农田类案件共38宗，全部整改到位。

（李亚男）

【第三次全国国土调查统一时点更新】 年内，市规划自然资源委平谷分局以2019年12月31日为标准时点，利用最新遥感影像数据，完成平谷区第三次全国国土调查时点更新，形成更新成果并通过国家核查。全区土地面积94825.08公顷。其中，农用地80434.36公顷，建设用地12248.47公顷，未利用地2142.25公顷。

（李亚男）

密云区

【第三次全国国土调查统一时点更新】 1月至7月，市规划自然资源委密云分局开展统一时点更新，更新初始调查过程中的地类变化。10月14日，将区第三次全国国土调查最终成果报市三调办审查。

（方天磊）

【生态保护红线调整评估】 4月，市规划自然资源委密云分局开展生态保护红线调整评估。6月，会同区园林绿化局、区生态环境局按照市规划自然资源委下发的技术要求，对区生态保护红线进行修改并向区政府汇报。8月，经市级部门审查并修改完善，形成初步成果，报市规划自然资源委审查。

（方天磊）

【2019年度城市体检】 年内，按市规划自然资源委密云分局委托第三方技术单位开展密云区2019年度城市体检，形成《密云区2019年度城市体检报告》。报告对密云区落实四个中心定位、空间布局调整情况、减量提质实施情况、生态空间优化、高质量发展、宜居空间、城乡统筹、历史文化保护、重点地区建设、城市韧性与安全等10个方面进行分析。截至年底，《密云区2019年度城市体检报告》通过区政府常务会议审议并报送区人大。

（方天磊）

【历史遗留项目不动产登记办理】 年内，市规划自然资源委密云分局办理完成阳光苑、梧桐苑、唐源云居、懿品府、檀州家园、宾阳新西里、涧桥山、税务家属楼8个历史遗留项目的初始登记，涉及2000余户业主。截至年底，有300多户业主办理转移登记。

（方天磊）

【城乡建设用地减量1.50平方千米】 年内，市规划自然资源委密云分局上报城乡建设用地减量地块109个，涉及9个镇32个村，面积为1.50平方千米，完成密云区年度城乡建设用地减量任务。

（方天磊）

【美丽乡村三年专项行动计划落实】 年内，市规划自然资源委密云分局落实美丽乡村三年专项行动计划，完成251个美丽乡村规划批复，完成穆家峪镇、溪翁庄镇、巨各庄镇、新城子和古北口镇五个试点镇的规划编制。制定《密云区“村地区管”管理办法》。

（方天磊）

【办理行政许可、行政服务类事项80件】 年内，市规划自然资源委密云分局办理行政许可、行政服务等事项80件。其中普通建设工程规划许可证13件，建筑面积72.20万平方米；简易低风险项目建设工程规划许可证3件，建筑面积1.78万平方米；临时乡村规划许可证7件，建筑面积72.15万平方米；施工暂设11件，建筑面积3.56万平方米；临时用地审批手续2件，用地面积0.84万平方米；选址和预审合并办理1件，用地面积1.20万平方米；划拨决定书3件，用地面积10.39万平方米；划拨批复3件；规划验收19件；联合验收12件；钉桩条件6件。

（方天磊）

【完成31个项目研究审查】 年内，市规划自然资源委密云分局利用区级“多规合一”协同平台，采取政府部门间统筹研究、集体决策、限时办理的工作方式，完成31个项目的研究审查，平均每个项目用时13个工作日。

（方天磊）

【开发区土地集约利用更新评价】 年内，市规划自然资源委密云分局组织开展开发区土地集约利用更新评价，包括开发区基本信息调查、用地状况调查、用地效益调查、管理绩效调查、土地供应状况调查。完成部分供地与建筑变化情况外业核实以及开发区土地集约利用评价要求调查的其他内容。

（方天磊）

【66件规划意见复函办理完成】 年内，市规划自然资源委密云分局办理各类规划意见复函66件。其中，出具“多规合一”协同意见函25件、出具建设工程规划用地测量条件11件、办理选址意见书及用地预审8件、核发建设工程规划许可证22件。

（方天磊）

【6个市政专项规划研究完成】 年内，市规划自然资源委密云分局编制完成《密云分区规划市政专项规划》《密云区综合管廊布局规划》《密云新城雨水排除工程规划》《新城周边产业功能区土地统筹开发项目交通承载力分析研究》《基于大数据的密云新城交通体系评估研究》《基于大数据模拟密云区人口、通勤与城市政策研究》，指导全区市政设施和交通体系建设。

（方天磊）

【京沈客专密云站及密云北站轨道交通一体化研究推进】 年内，市规划自然资源委密云分局推进京沈客专密云站及周边路网的规划实施，推进京沈客专密云站交通接驳及站前广场综合实施方案研究，完成京沈客专密云站基础设施配套工程规划审批；确定规划研究团队并完成密云北站一体化规划研究。

（方天磊）

【档案管理】 年内，市规划自然资源委密云分局接收专业档案791（卷）件。接待档案查阅450人次，提供利用档案1600多卷。出具档案证明130份。

（方天磊）

【商品住宅用地及工业土地供应】 年内，市规划自然资源委密云分局完成商品住宅用地入库任务18公顷，完成率100%；完成商品住宅用地供应12.16公顷，完成率101%。完成工业用地供应2宗，供地面积4.01公顷。

（方天磊）

【耕地保护】 年内，市规划自然资源委密云分局完成五大矿区土地开发复垦项目验收，新增耕地52.87公顷。完成新刘（新农村和刘林池）棚改回迁房增减挂用地手续办理。组织完成区、乡镇、村《耕地保护目标管理暨永久基本农田保护责任书》签订。

（方天磊）

【执法监察】 年内，市规划自然资源委密云分局核查各类卫片线索图斑567宗，立案查处违法案件529件，其中非法开采矿产资源立案查处11件。完成违建别墅清查整治，核销全部22宗213栋违建别墅项目。开展农村乱占耕地建房摸底排查。

（方天磊）

【“基本无违法建设区”创建】 年内，市规划自然资源委密云分局开展“基本无违法建设区”创建，对39万余个建筑图斑进行分类认定，对拆除的违法占地项目进行外业销账。建立分级闭环监管体系。

（方天磊）

【不动产登记业务办理】 年内，密云区不动产登记中心完成各类登记业务24182件，其中初始登记69件，转移登记10894件，抵押权登记11899件，查封登记581件，查封注销登记507件，更正登记28件，其他登记业务204件。颁发不动产权证书12901本，不动产权证明6811本。受理权籍调查61件，办理权属审查事项42件，协助查询权属信息64件，接待档案查询人员3458批次，查询房产信息7306件。

（方天磊）

【法治宣传】 年内，市规划自然资源委密云分局利用“4·22世界地球日”“6·25全国土地日”“12·4国家宪法日”，开展《北京市禁止违法建设若干规定》、新《土地管理法》等宣贯活动，向社区、镇村居民发放宣传册，通过设置宣传专栏、悬挂横幅、现场讲解政策等方式，宣传规划国土相关法律法规。

（方天磊）

【信访接待】 年内，市规划自然资源委密云分局受理各类信访事项1533件，其中“12345”工单1345件、来信举报154件、“12336”举报34件。接待来访群众570批。受理信息公开110件。

（方天磊）

【地质灾害防治】 年内，市规划自然资源委密云分局成立密云区地质灾害防汛专项分指挥部，制定密云区2020年地质灾害防治工作方案。组建应急调查队，设立群测群防员，树立警示牌。向地质灾害威胁群众发放地质灾害防治明白卡2880余张。与区气象局沟通研判降雨形势，发布地质灾害气象风险预警7次，其中，预警级别黄色1次、蓝色6次。对全区地质灾害隐患点和避险场所、避险路线开展全面排查，对11个镇114个行政村的430个隐患点、331个避险路线和避险点进行清查，组织应急调查队开展22次应急调查。

（方天磊）

【达岩村铁矿治理】　年内，市规划自然资源委密云分局开展穆家峪镇达岩村铁矿治理项目，绩效任务目标治理面积79.32公顷，项目最终恢复可利用土地面积约57.73公顷。

（方天磊）

延庆区

【第三次全国国土调查统一时点更新】　年内，市规划自然资源委延庆分局开展三调数据外业核查及互联网在线举证，核查图斑82832块，调查面积1994.90平方千米。完成区级全图斑核查、重点地类检查、数据流量分析。10月14日，区三调成果通过市级核查后报自然资源部。

（吴绛）

【核发规划核验意见20件】　年内，市规划自然资源委延庆分局核发规划核验意见20件，建筑面积99.87万平方米。其中，简易低风险工程2件，社会投资全过程监督6件，来函申请规划核验12件。截至年底，延庆区纳入全过程监督工程系统共计63件。其中，20项完成或终止全过程服务监督，43项正在服务监管中（年内新增17件）。

（吴绛）

【优化营商环境】　年内，市规划自然资源委延庆分局完成营商环境评价迎检。宣传优化营商环境条例、低风险工程等专题，开展线上线下培训，在全市率先发布《关于乡村建设项目审批流程的办理指南》，加强乡村建设项目监管。

（吴绛）

【行政事项审批】　年内，市规划自然资源委延庆分局共受理行政审批业务143件。核发建设工程规划许可证98件，其中城镇建筑工程类55件，市政交通基础设施工程类43件；核发乡村建设规划许可证3件；核发临时建设工程规划许可证1件；核发建设项目选址意见书16件，其中城镇建筑工程类8件，市政交通基础设施工程类8件；选址意见书与用地预审合并办理不予许可1件；核发国有建设用地划拨批准13件；核发建设项目用地预审意见6件；核发建筑物名称核准1件；核发地名命名3件；核发市政审改试点函1件。

（吴绛）

【规划编制与2019年度城市体检】　年内，市规划自然资源委延庆分局完成全部美丽乡村规划编制；启动6个乡镇国土空间规划编制；完成2019年度城市体检。截至年底，《延庆区综合交通规划（2017年—2035年）》《延庆区市政基础设施专项规划（2017年—2035年）》《延庆区海绵城市专项规划》完成终稿并按流程报区政府审查。

（吴绛）

【冬奥场馆及配套服务设施项目审批】 年内，市规划自然资源委延庆分局为冬奥A、B包场馆及配套设施核发23个建设工程规划许可证，并完成规划审批手续；为冬奥C包场馆核发安置房项目建设项目选址意见书、建设项目用地预审意见。推进冬奥配套服务设施项目，核发北京市冰上项目训练基地、北京延庆八达岭希尔顿逸林酒店、延庆综合交通服务中心（换乘中心）、冬奥会外部配套综合管廊及监控中心等冬奥配套项目的建设工程规划许可证。

（吴绛）

【棚改等项目建设工程规划许可证核发】 年内，市规划自然资源委延庆分局核发延庆镇小营石河营村棚改、康庄镇一二三街村棚改、大榆树镇下屯村棚改的安置房项目共11个建设工程规划许可证。核发八达岭法庭项目，第八中学和大榆树中学风雨操场，新华家园养老住区项目阳光花厅和暖廊低风险等项目建设工程规划许可证。

（吴绛）

【征地及农用地转用项目用地管理】 年内，市规划自然资源委延庆分局完成征地批准项目3个、征地前期工作项目2个，用地面积108.55公顷；完成农转用批准项目1个，总用地面积1.39公顷。

（吴绛）

【耕地保护与占补平衡】 年内，市规划自然资源委延庆分局完成2个项目立项，其中1个为社会投资土地整治项目，建设规模5.74公顷（86.08亩）；1个为增减挂钩对应土地复垦项目，建设规模0.845公顷（12.67亩）。完成2个区财政投资土地整治项目工程验收，建设规模7.07公顷（106.4亩）；3个社会投资的增减挂钩复垦项目基本完工；组织申报新增耕地验收项目6个；已实施完成正进行工程验收项目1个。

（吴绛）

【1个冬奥配套项目完成入市】 年内，冬奥配套项目延庆区张山营镇西大庄科村YQ06-0400-0016地块完成入市，用地面积为2.62公顷，建筑规模2.65万平方米。

（吴绛）

【土地储备开发】 年内，延庆区在施一级开发项目6个，在施面积237.86公顷。

（吴绛）

【63件项目纳入“多规合一”协同平台】 年内，延庆区纳入“多规合一”协同平台研究并出具意见的房建类项目28件，其中出具初审意见17件（包括世园会交通市政配套工程定向安置房项目、八达岭希尔顿逸林酒店项目等），会商意见9件（包括八达岭镇大浮坨村京张高铁安置房建设项目、刘斌堡乡马道梁村2017年文化室达标化建设项目和原武装部配房及室外改造项目等），供地审核意见2件（包括延庆区张山营镇西大庄科村土地一级开发项目YQ06-0400-0016地块建设项目和北京八达岭经济开发区光谷三街南侧工业用地土地一级开发项目YQ02-0102-6028-1、YQ02-0102-6028-2地块建设项目）。市政交通类项目35件，其中出具初审意见15件（包括延庆区环卫车辆综合管理中心、下屯棚户区改造和环境整治项目、康庄一二三街棚改、昌赤路隧道管理站等），会商意见20件（包括延庆站增容、三里河道路工程、八达岭中压线建设工程等）。

（吴绛）

【世园会交通市政配套工程定向安置房项目供应完成】 年内，市规划自然资源委延庆分局完成世园会交通市政配套工程定向安置房项目土地供应，面积3.56公顷，占定向安置房供地任务指标的50.86%。

（吴绛）

【城乡建设用地减量】 年内，延庆区完成1平方千米年度减量任务，实现“十三五”期间将城乡建设用地总规模控制在88平方千米以下的阶段性目标。

（吴绛）

【不动产登记业务办理】 年内，市规划自然资源委延庆分局受理各类不动产登记业务30156件，其中受理不动产登记业务8947件，受理查询21209件。办理12345市民热线投诉89件；完成权属审查36件，涉及宗地557宗，土地面积117.36万平方米；权籍调查47件，涉及宗地47宗，土地面积223.43万平方米。

（吴绛）

【执法监察】 年内，市规划自然资源委延庆分局为区城管部门及各乡镇政府出具规划违建认定的函289件，涉及建筑面积2.97万平方米。土地违法立案查处237宗，其中下达行政处罚决定书4宗，未实施处罚决定216宗，正在办理17宗，已办理的案件中结案219宗；矿产违法立案查处2宗，其中下达行政处罚决定书1宗、结案1宗。

（吴绛）

【地质灾害防治】 年内，延庆区突发地质灾害（山体崩塌）5起，累计方量约620立方米，无人员伤亡和财产损失，灾害地点主要集中在滦赤路、刘干路、四宝路等山区路段，发生时间均在汛期。实施地灾治理项目8个，其中7个项目竣工验收、1个项目处于施工阶段。完成2021—2023年度地质灾害治理工程计划的申报工作。完成奥运村东侧六条泥石流沟隐患治理工作竣工验收。

（吴绛）

【信访工作】 年内，市规划自然资源委延庆分局办理信访诉求340件次。其中，办理来信24件次，网信13件次，接待来访303批次/387人次（集体访5批次/181人次，重复访80批次/105人次）。

（吴绛）

【自然资源资产管理】 年内，市规划自然资源委延庆分局完成《自然资源资产负债表》及《2019年度国有自然资源专项报告》的编制。

（吴绛）

【城市建设档案管理】 年内，市规划自然资源委延庆分局接收并完成2019年建设工程、市政工程、市政用地、乡村工程、监督验收等规划审批及监督验收档案的组卷、整编、入库151件，407卷。办理竣工档案登记17件，出具竣工档案验收意见10件。完成14个建设项目共385卷建设工程竣工档案入馆。配合审批部门信息公开调阅档案35次，调卷近200卷次。

（吴绛）

经济技术开发区

【《亦庄新城工业用地先租后让实施办法（试行）》出台】 1月，经济技术开发区开发建设局印发实施《亦庄新城工业用地先租后让实施办法（试行）》，在开发区建立高效集约的供地模式。截至年底，18个项目按“先租后让、达产出让”方式落户开发区，面积62.6公顷，其中挂牌供应13个项目，面积37.2公顷。

（赵靖云）

【3个综合实施方案获批】 年内，国家信创园项目综合实施方案、中芯国际南区集成电路大项目综合实施方案、E16C-4地块综合实施方案分别于5月、6月、9月获经济技术开发区管委会批复。

（王陆通　张艾琳）

【道路模型建设】 年内，市规划自然资源委经济技术开发区分局完成亦庄新城道路模型建设工作。内容包括模型功能设计、模型输入输出设计、外业调研与资料收集和基于GIS的路网模型表达。截至年底，形成《亦庄新城道路模型建设》报告，涉及道路里程约1563千米。

（高赫）

【亦庄南500千伏变电站选址】 年内，市规划自然资源委经济技术开发区分局完成亦庄南500千伏变电站选址，选址位于京沪高速东侧、大兴区长子营镇域国土空间规划中，占地面积约5公顷，用地性质为建设用地。

（龙莹洁　马贺）

【2019年度城市体检】 年内，市规划自然资源委经济技术开发区分局开展亦庄新城2019年度城市体检，建立常态化的城市体检评估机制。在功能、产业、空间等十个板块形成面向常态化体检的分级分类工作方法。通过多源大数据分析、部门调研与市民反馈、专家评议等方式，系统梳理形成亦庄新城建设的六大成效及经验、存在的三大问题和“区”“城”建设的四大难题，提出解决策略。

（张颖帅）

【“亦城之心”地区控规编制完成】 年内，市规划自然资源委经济技术开发区分局编制完成《亦庄新城“亦城之心”地区控制性详细规划（街区层面）（2020年—2035年）》。控规围绕城市有机更新，从盘活存量空间资源、完善公共服务设施、提升城市空间品质三个方面，打造城市更新和产业升级发展示范区。“亦城之心”位于亦庄新城核心区，该规划东至京沪高速公路，南至凉水河南岸，西至凉水河西岸，北至荣昌东街，用地面积约为684.19公顷。

（王松）

【亦庄新城路南-2区域控规编制】 年内，市规划自然资源委经济技术开发区分局组织编制《亦庄新城路南-2区域控制性详细规划》。从产业构成、空间形态、景观视廊、公共服务、区域结构、用地功能及布局等方面，总结分析区域特点，提出区域定位、空间结构、保障策略等方面内容，并建立规划实施指标库。

（刘佳）

【亦庄新城台湖-4区域控规编制】 年内，市规划自然资源委经济技术开发区分局组织编制《亦庄新城台湖-4区域控制性详细规划（街区层面）（2020年—2035年）》。通过梳理上位规划要求、综合评估区域现状，提出区域发展目标与定位，从土地集约利用、区域产业联动、市政深化研究、轨道微中心构建、重大项目保障及蓄涝区景观价值提升等六方面开展工作，明确规划内容、管控体系和管控要求。

（王松）

【3个综合实施方案编制】 年内，市规划自然资源委经济技术开发区分局组织编制核心片区69M1地块（达涅利）城市更新综合实施方案、亦庄新城13C3地块亦城客厅项目综合实施方案（践行“城市客厅”的理念，在服务于企业的同时，利用周边资源，打造公共开敞空间，提供交流、娱乐、休憩的场所，打造服务于企业及居民的亦庄“城市客厅”综合体。）、“DRAM存储器”项目综合实施方案。其中，69M1地块（达涅利）城市更新为“工业上楼”试点项目。

（孙雨　刘佳）

【2个地区城市设计编制完成】 年内，市规划自然资源委经济技术开发区分局编制完成《南海子公园及周边地区城市设计》《亦庄新城路南-2区域城市设计》。

（张艾琳　刘佳）

【荣华中路重点地区交通一体化研究】 年内，市规划自然资源委经济技术开发区分局完成“北京经济技术开发区荣华中路重点地区交通一体化研究”。研究内容包括解读区域背景、对标契合案例、评估现状问题、提出完善策略、详列具体任务清单和建议建设实施时序。

（杜春兰）

【交通体系规划研究】 年内，市规划自然资源委经济技术开发区分局完成“亦庄新城轨道交通优化提升规划研究”“亦庄新城步行和自行车交通规划研究”“亦庄新城绿道体系规划研究”“亦庄新城225范围内道路方案研究”“三海子东路增设过街设施研究”。

（张建利　高琳）

【水电热资源相关规划编制研究】 年内，市规划自然资源委经济技术开发区分局组织编制《Ⅶ-2街区南部区域低压电网规划》《亦庄水厂至台湖高端总部基地供水管线规划》，完成“金桥产业基地二期供热方式研究”“亦庄新城污水再生水流域再造”“亦庄新域生态水系规划研究”。

（龙莹洁　王金燕　郭光伟　马贺　高琳）

【Ⅶ-2街区南部地块项目综合】 年内，市规划自然资源委经济技术开发区分局组织开展Ⅶ-2街区南部地块项目综合，规划用地的功能定位为汽车制造及产业发展用地，地块内分别布局供热设施用地和供电设施用地。

（龙莹洁　王金燕）

【东合盛街东段管线综合、融兴街管线设计综合】 年内，市规划自然资源委经济技术开发区组织开展东合盛街东段管线综合、融兴街管线设计综合。随道路规划新建管线包括：给水、雨水、污水、电力、电信、有线电视、天热气、中水、燃气管线。

（龙莹洁　王金燕）

【架空线杆与市政管线规划位置校核】 年内，市规划自然资源委经济技术开发区组织开展架空线杆与市政管线规划位置校核。通过测绘、调研等方法，掌握开发区市政道路红线范围内架空线杆布设和使用情况；结合架空线杆布局、架空线用户、地下空间使用及市政管线规划情况，提出架空线入地可行性和实施建议。

（郭光伟　王金燕）

【亦庄新城市政资源循环中心规划研究】 年内，市规划自然资源委经济技术开发区分局组织开展“亦庄新城市政资源循环利用中心规划研究”。通过引入新技术理念，创新再生水、再生资源与能源循环利用模式，打造可持续发展的智慧市政城市地标。其中再生水厂模块为亦庄新城提供再生水利用等潜在资源；资源回收模块包括垃圾转运、再生资源分拣、绿植处理及能源循环利用，提升可再生资源利用占比。

（郭光伟　王金燕）

【《河西区雨水排涝优化方案》编制完成】 年内，市规划自然资源委经济技术开发区分局编制完成《河西区雨水排涝优化方案》。基于建成区现状情况评估，提出城市网状蓄排水系统，使区域现状雨水管道的重现期从1年提高到3-5年的规划标准。

（杨海燕　龙莹洁　马贺）

【Ⅶ-2街区南部地区网状雨水系统研究】 年内，市规划自然资源委经济技术开发区分局开展“Ⅶ-2街区南部地区网状雨水系统研究”。规划建设区树状雨水管道按3-5年排水标准规划设计，最大能到26年一遇降雨不积水，网状雨水管道最大能到90年一遇降雨不积水。

（杨海燕　龙莹洁　马贺）

【街道空间风貌提升设计导则研究】 年内，市规划自然资源委经济技术开发区分局开展“经开区街道空间风貌提升设计导则研究”。通过对现状建设特点和空间提升需求的分析，从营造分区风貌、侧重分类引导、融入精细设计、塑造特色空间四个方面提出街道空间品质提升的规划实施建议。

（王松　陈凌晨）

【地下空间专项规划研究】 年内，市规划自然资源委经济技术开发区分局完成“亦庄新城地下空间专项规划研究”。该研究对亦庄新城225平方千米地下空间的规划、建设、利用情况进行梳理，提出分区域分重点的地下空间发展策略，以及专项规划编制、实施管理、信息化等方面的工作建议。

（杜春兰）

【年度交通流量调查完成】 年内，市规划自然资源委经济技术开发区分局完成2020年度交通流量调查。调查总计69个调查点位，190个道路断面，覆盖亦庄新城225平方千米范围的现状、对外联络通道和内部各组团之间的联络通道。

（张建利）

【“十四五”物流发展规划编制完成】 年内，市规划自然资源委经济技术开发区分局完成《北京经济技术开发区“十四五”物流发展规划》编制，提出“十四五”时期经开区物流发展的总体思路、基本原则、发展目标和主要任务、重点工作和保障措施等。

（张建利）

【83个建筑工程证获批】 年内，路南区N86M1、N87M1地块智能网联汽车制造业创新中心能力建设项目研发生产楼建筑工程等83个项目工程证获批。

（王婧　何航　刘美琪　陈庚）

【路乐区6个地块获供地意见函】 年内，市规划自然资源委经济技术开发区分局核发路东区G4F-4、G6F-1、G6F-5、G7F-1、G7F-2、G7F-3地块供地意见函，用地面积约26.53万平方米，用地性质为F3其他类多功能用地。

（陈庚）

【行政执法与信访】 年内，市规划自然资源委经济技术开发区分局联合城管、街道等相关部门巡查违法建设现场300余次，认定57处。通过巡查及群众举报发现并处理7处，其中违法建设3处。规劝督促违法建设相对人自拆违法建设87处，自拆面积1.2万平方米。根据市执法总队发送的卫星查违结果对185处涉嫌违建现场进行检查核实，将发现的22处违法建设依据职责移交区城市管理分局查处。完成4个信访案件回复，完成1个诉讼案件。

（鹿剑光）

【规划验收】 年内，市规划自然资源委经济技术开发区分局完成45个项目209个单体建筑的规划验收，验收面积167.07万平方米。

（鹿剑光）

【土地供应150.15公顷】 年内，经济技术开发区供应土地150.15公顷。其中，公共管理与公共设施用地5宗，面积2.54公顷；工矿用地20宗，面积107.54公顷；住宅用地2宗，面积13.54公顷，均为普通商品房用地。

（赵靖云）

【不动产登记业务办理】 年内，经济技术开发区开发建设局办理不动产登记业务22723件，发放不动产权证书17425本，接待咨询45362次。

（李国庆）

2021

机构与奖励

北京市规划和自然资源委员会职责与机构

【主要职责】

（一）履行本市全民所有土地、矿产、森林、湿地、水等自然资源资产所有者职责和所有国土空间用途管制职责。贯彻落实国家关于自然资源和国土空间规划及测绘、勘察设计管理等方面的法律法规、规章和政策，起草相关地方性法规、政府规章草案，制定相关管理规范和技术标准并监督检查执行情况。

（二）负责建立本市空间规划体系。推进主体功能区战略和制度，组织编制国土空间规划和北京历史文化名城保护、公共服务、公共安全设施、城市基础设施、城市地下空间等专项规划。组织划定生态保护红线、永久基本农田、城镇开发边界等控制线，构建节约资源和保护环境的生产、生活、生态空间布局。开展国土空间开发适宜性评价，建立国土空间规划实施监测、评估和预警体系及城市体检评估机制。负责城市设计工作。负责城市雕塑和公共空间景观风貌规划管理工作。

（三）负责本市国土空间用途管制。建立健全国土空间用途管制制度，研究拟订城乡规划政策并监督实施。组织拟订并实施土地等自然资源年度利用计划。负责工程建设项目规划和用地管理相关工作。负责国土空间用途转用工作。负责土地征收征用管理。

（四）负责本市自然资源调查监测评价。制定自然资源调查监测评价的指标体系和统计标准，建立统一规范的自然资源调查监测评价制度。实施自然资源基础调查、专项调查和监测。负责自然资源调查监测评价成果的监督管理和信息发布。

（五）负责本市自然资源统一确权登记工作。制定各类自然资源和不动产统一确权登记、权籍调查、不动产测绘、争议调处、成果应用的制度和规范。建立健全自然资源和不动产登记信息管理基础平台。负责自然资源和不动产登记资料收集、整理、共享、汇交管理等。依法调处相关权属纠纷。

（六）负责本市自然资源资产有偿使用工作。建立全民所有自然资源资产统计制度，负责全民所有自然资源资产核算。编制全民所有自然资源资产负债表，拟订考核标准。制定全民所有自然资源资产划拨、出让、租赁、作价出资和土地储备政策，合理配置全民所有自然资源资产。负责自然资源资产价值评估管理，依法收缴相关资产收益。

（七）负责本市自然资源的合理开发利用。组织拟订自然资源发展规划和战略，制定自然资源开发利用标准并组织实施，建立政府公示自然资源价格体系，组织开展自然资源分等定级价格评估，开展自然资源利用评价考核，指导节约集约利用。负责自然资源市场监管。组织研究自然资源管理涉及宏观调控、区域协调和城乡统筹的政策措施。

（八）负责统筹本市国土空间生态修复。牵头组织编制本市国土空间生态修复规划并实施有关生态修复工程。负责国土空间综合整治、土地整理复垦、矿山地质环境恢复治理等工作。牵头建立和实施生态保护补偿制度，制定合理利用社会资金进行生态修复的政策措施，提出备选项目。

（九）负责组织实施最严格的耕地保护制度。牵头拟订并实施本市耕地保护政策，负责耕地数量、质量、生态保护。组织实施耕地保护责任目标考核和永久基本农田特殊保护。完善耕地占补平衡制度，监督占用耕地补偿制度执行情况。

（十）负责本市地质灾害预防和治理。落实综合防灾减灾规划相关要求，组织编制地质灾害防治规划和防护标准并指导实施。组织指导协调和监督地质灾害调查评价及隐患的普查、详查、排查。指导开展群测群防、专业监测和预报预警等工作，指导开展地质灾害工程治理工作。承担地质灾害应急救援的技术支撑工作。

（十一）负责本市地质勘查和矿产资源管理工作。编制地质勘查规划并监督检查执行情况。管理地质勘查项目。监督管理地下水过量开采及引发的地面沉降等地质问题。负责古生物化石的监督管理。负责矿产资源储量管理。负责矿业权管理。监督矿产资源合理利用和保护。

（十二）负责本市勘察设计和测绘地理信息管理工作。负责勘察设计和基础测绘、测绘行业管理。负责勘察设计和测绘资质资格与信用管理，监督管理勘察设计科技促进、质量安全和市场秩序。监督管理测绘地理信息安全和市场秩序。负责地理信息公共服务管理。负责测量标志保护。负责地名管理。

（十三）推动本市自然资源领域科技发展。制定并实施自然资源领域科技创新发展规划和计划。推进自然资源信息化和信息资料的公共服务，统筹管理自然资源和国土空间规划相关数据。负责自然资源和国土空间规划相关档案的监督和管理工作。

（十四）承担首都规划建设委员会和北京历史文化名城保护委员会的具体工作。承担研究、论证本市城乡规划建设发展重大问题的基础工作。承担向党中央、国务院请示报告首都规划建设重大事项相关工作。

（十五）负责本市自然资源和国土空间规划管理的督察工作。依法承担工程建设项目的规划核验。查处自然资源开发利用和国土空间规划及勘察设计、测绘违法案件。

（十六）完成市委、市政府交办的其他任务。

（刘成伟）

【内设机构】

（一）办公室。负责机关日常运转工作。承担信息、应急、建议议案提案办理、保密等工作。统筹政务公开和网站管理工作。承担重要事项的组织，以及绩效管理和行政督查工作。

（二）研究室（宣传处）。组织开展本市自然资源和国土空间规划发展战略研究和重大问题的调查研究，承担重要文稿的起草工作。协调自然资源和国土空间规划领域改革有关工作，组织推进本系统全面深化改革工作。承担自然资源和国土空间规划管理方面的对外宣传、政策解读、新闻发布、舆情应对等工作。统筹本系统调查研究工作。承担有关地方志、年鉴的编纂工作。

（三）法制处。承担本系统推进依法行政综合工作。开展本市自然资源和国土空间规划方面法制建设研究，组织起草有关地方性法规和政府规章草案。承担本系统规范性文件合法性审查、备案和清理工作。组织开展法治宣传教育。承担行政复议、行政应诉有关工作。承担行政审批的督查督导统筹工作。

（四）首规委办秘书处。负责首规委办的日常运转工作。承担党中央、国务院对首都规划有关指示的督办落实工作。承担相关会议的组织安排和保障工作。承担信息报送工作。负责联系首都规划建设委员会各成员单位。

（五）首规委办综合规划处。负责首都规划建设发展重大问题的调查研究，提出相关政策意见建议。组织落实首都规划重大事项向党中央请示报告相关工作。承担组织重要规划及重点项目建筑设计方案审核上报工作。承担首都规划建设专家咨询的组织、联络、协调工作。承担首规委办重要文稿的起草工作。

（六）首规委办首都功能核心区规划处。承担东城区、西城区国土空间规划管理工作，负责控制性详细规划的编制、报批和维护，负责近期建设计划的编制工作及实施方案的审查工作。指导东城区、西城区规划和土地管理审批工作。统筹协调北京历史文化名城保护的规划管理工作。承担北京历史文化名城保护委员会办公室的具体工作，承担北京历史文化名城保护委员会专家咨询的组织、联络、协调工作。

（七）首规委办督查协调处。承担京津冀协同发展、疏解非首都功能的相关对接联络工作。负责中央在京单位、驻京部队重大工程建设项目规划协调服务。负责北京城市总体规划及区域规划实施中涉及中央在京单位和军队规划的统筹协调工作。督促落实首都规划建设委员会会议议定事项。对北京城市总体规划实施情况进行监督检查。

（八）总体规划处。拟订本市国土空间规划相关政策，承担建立空间规划体系工作。组织编制北京城市总体规划和相关专项规划并监督实施。开展国土空间开发适宜性评价，建立总体规划实时监测、评估和预警体系以及城市体检评估机制，承担城市体检评估、总体规划实施督察考评的相关工作。组织分区规划的审核、报批、维护工作。组织近期建设规划编制、审核、报批工作。

（九）详细规划处（城市更新处）。承担本市控制性详细规划管理的相关政策研究工作。承担中心城区（核心区以外）、平原多点及生态涵养区的新城和镇（乡）的街区层面控制性详细规划的审查、报批、评估、维护工作。承担或会同相关区政府组织重点功能区规划的编制、审查、报批和维护等工作。研究拟订城市更新相关政策并指导实施。

（十）乡村规划处。承担本市集中建设区以外的镇（乡）域空间规划管理的相关政策研究工作。承担镇（乡）域空间规划的审查、报批、评估、维护工作。指导相关区开展村庄规划的编制及相关报批工作。

（十一）城市设计处。承担本市城市特色景观风貌塑造和公共空间环境品质提升等城市设计工作，拟订相关政策。承担中轴线及其延长线、长安街及其延长线等重点地区、重要项目城市设计的编制、审查和报批。指导推动拟纳入土地入市交易项目的城市设计方案编制或条件拟定。承担城市雕塑的规划管理。参与组织无障碍设施建设和改造工作。

（十二）综合交通规划管理处。承担本市各类基础设施专项规划统筹和衔接工作。承担综合交通规划和交通专项规划的组织编制、审查、报批、备案和维护，以及规划实施的统筹协调和评估工作。承担交通、市政基础设施“多规合一”协同平台管理工作。承担跨区域、重点交通基础设施工程的规划和土地管理审批工作。指导、监督、协调各区交通基础设施工程的规划实施和审批工作。

（十三）轨道交通规划管理处。承担本市轨道交通线网规划、建设规划等专项规划的组织编制、审查、报批和维护，以及规划实施的统筹协调和评估工作。参与京津冀城际铁路网、北京铁路枢纽等国家层面专项规划的组织编制、审查、报批工作。统筹协调交通站点及场站周边一体化的规划实施。承担铁路、轨道交通工程的规划和土地管理审批工作。指导、监督、协调各区轨道交通工程的规划实施和审批工作。

（十四）市政设施规划管理处。承担本市相关市政专项规划的组织编制、审查、报批和维护，以及规划实施的统筹协调和评估工作。承担跨区域、重点市政基础设施工程的规划和土地管理审批工作。指导、监督、协调各区市政基础设施工程的规划实施和审批工作。

（十五）行政审批协调处（档案管理处）。承担本市自然资源和国土空间规划方面的有关行政许可等公共服务事项办理工作，规范服务窗口业务工作标准。统筹自然资源和国土空间规划相关档案、地质资料的监督和管理工作。组织协调本系统安全生产相关工作。承担综合统计分析工作。

（十六）规划实施一处。承担朝阳区、海淀区、丰台区、石景山区规划实施相关政策研究，统筹协调规划实施工作。组织研究制定重点建设项目的规划综合实施方案。承担地块层面控制性详细规划的实施和维护。承担重点建设项目的规划和土地管理审批工作。指导监督相关区规划实施和审批工作。

（十七）规划实施二处。承担房山

区、顺义区、大兴区、昌平区、北京经济技术开发区规划实施相关政策研究，统筹协调规划实施工作。组织研究制定重点建设项目的规划综合实施方案。承担地块层面控制性详细规划的实施和维护。承担重点建设项目的规划和土地管理审批工作。指导监督相关区规划实施和审批工作。

（十八）规划实施三处。承担门头沟区、平谷区、怀柔区、密云区、延庆区规划实施相关政策研究，统筹协调规划实施工作。组织研究制定重点建设项目的规划综合实施方案。承担地块层面控制性详细规划的实施和维护。承担重点建设项目的规划和土地管理审批工作。指导监督相关区规划实施和审批工作。

（十九）建设工程核验处。承担协调开展本市工程建设项目规划核验和土地核验相关工作。统筹推进项目建设的事中、事后服务和监管工作。指导监督各区工程建设项目的规划核验和土地核验工作。

（二十）自然资源调查监测处。拟订本市自然资源调查监测评价的指标体系和统计标准，建立自然资源定期调查监测评价制度。定期组织实施自然资源基础调查、变更调查、动态监测和分析评价。开展水、森林、湿地资源和地理国情等专项调查监测评价工作。承担自然资源调查监测评价成果的汇交、管理、维护、发布、共享和利用监督。指导监督各区自然资源调查监测工作。

（二十一）自然资源确权登记处。拟订本市各类自然资源和不动产统一确权登记、权籍调查、不动产测绘、争议调处、成果应用的制度规范。建立健全自然资源和不动产登记信息管理基础平台，指导登记资料管理工作。依法调处相关权属纠纷。指导监督各区自然资源和不动产确权登记工作。

（二十二）自然资源所有者权益处。拟订本市全民所有自然资源资产管理政策，建立全民所有自然资源资产统计制度，承担自然资源资产价值评估和资产核算工作。编制全民所有自然资源资产负债表，拟订相关考核标准。拟订全民所有自然资源资产划拨、出让、租赁、作价出资政策。承担改制企业的国有土地资产处置相关工作。指导监督各区自然资源所有者权益工作。

（二十三）自然资源开发利用处。拟订本市自然资源资产有偿使用制度并监督实施，建立自然资源市场交易规则和交易平台，组织开展自然资源市场调控。承担自然资源市场监督管理和动态监测，建立自然资源市场信用体系。建立政府公示自然资源价格体系，组织开展自然资源分等定级价格评估和基准地价监测更新。拟订自然资源开发利用标准，开展评价考核，指导节约集约利用。牵头拟订土地利用、建设用地供应等年度计划，并组织实施。拟订国土空间用途管制制度规范。组织拟订土地储备政策及耕地、林地、湿地等国土空间用途转用政策。

（二十四）自然资源保护处。拟订并实施本市耕地保护、基本农田保护等方面的监督管理政策，组织实施耕地保护责任目标考核和永久基本农田特殊保护，负责永久基本农田划定、占用和补划的监督管理。承担耕地占补平衡管理工作。承担土地征收征用管理和农用地转用的审核、报批工作。承担土地整理复垦工作。承担耕地保护政策与林地、湿地等土地资源保护政策的衔接。

（二十五）国土空间生态修复处（矿产资源管理处）。承担本市国土空间生态修复政策研究工作，拟订国土空间生态修复规划。承担国土空间综合整治、矿山地质环境恢复治理等工作。承担生态保护补偿相关工作。拟订矿业权管理政策并组织实施，管理职权范围内矿业权的出让及审批登记，依法调处权属纠纷。拟订矿产资源战略、政策和规划并组织实施，监督指导矿产资源合理利用和保护。承担矿产资源储量评审、备案、登记、统计和信息发布及矿产地战略储备工作。实施矿山储量动态管理，建立矿产资源安全监测预警体系。监督管理古生物化石。

（二十六）地质勘查管理处。承担本市地质勘查行业管理和地质工作，编制地质勘查规划并监督检查执行情况。管理地质勘查项目。承担地质灾害的预防和治理工作，监督管理地下水过量开采及引发的地面沉降等地质问题。

（二十七）国土测绘处。拟订本市基础测绘规划、计划并监督实施。组织和管理基础测绘等重大项目。承担测绘行业管理和相关行政审批工作。监督管理民用测绘航空摄影与卫星遥感。监督管理测绘活动、质量，管理测绘资质资格。

（二十八）地名与地理信息管理处。承担本市地名规划编制工作，承担地名命名、更名和建筑物名称核准工作。拟订地理信息安全保密政策并监督管理。承担地理信息成果管理和测量标志保护工作，审核并根据授权公布重要地理信息数据。负责地图管理，监督互联网地图服务。提供地理信息应急保障，承担地理信息公共服务。

（二十九）勘察设计管理处。承担本市勘察设计行业管理。拟订勘察设计市场管理和质量安全监督管理政策。承担施工图设计文件审查管理工作。承担绿色建筑、节能、抗震等勘察设计专项管理工作。承担勘察设计招投标备案和监督管理工作。监督勘察设计活动、质量安全，建立勘察设计行业信用体系，管理资质资格。指导勘察设计行业评优和技术标准创新工作。

（三十）建设工程消防设计审查处。依法承担本市建设工程消防设计审查工作；拟订消防设计地方性法规和政府规章草案及政策标准规范，并监督执行；组织建设工程特殊消防设计专家评审工作；参与建设工程重大火灾事故调查工作；指导、监督、协调各区建设工程消防设计审查工作。

（三十一）规划与自然资源督察处。承担本市自然资源和国土空间规划的督察工作。根据授权，承担对自然资源和国土空间规划等法律法规执行情况的监督检查工作。协调对接国家和本市涉及自然资源和国土空间规划的监督考核工作。推动建立自然资源和国土空间规划监察员监督制度。

（三十二）专项治理协调处。承担本市违法建设、违法占地专项治理协调联动工作。研究提出相关政策建议和计划安排。督促检查工作落实情况，协调解决联动工作中的问题。

（三十三）科技与信息化处。拟订本市自然资源领域科技创新发展规划和计划。组织实施重大科技项目、科学技术普及创新工作。承担自然资源和国土空间规划数据库平台建设管理工作，统筹管理、综合分析利用自然资源和国土空间规划相关数据，推进数据开放和共享。

（三十四）信访与信息公开处。承担本市自然资源和国土空间规划管理方面信访事项的受理、办理、复查和督办。负责机关政府信息公开工作。承担便民电话、市长信箱涉及的有关工作。负责自然资源和国土空间规划管理方面矛盾纠纷排查与调处、维护稳定工作。指导本系统信访和信息公开工作。

（三十五）财务处。组织本市自然资源专项收入征管和专项资金、基金的管理工作。拟订有关财务、资产管理制度，负责本系统财务和资产监管，负责本系统财务预决算，组织内部控制管理和政府采购等工作。依法组织有关非税收入的征收工作。指导本系统专项资金使用工作。

（三十六）审计处。承担本系统内部审计工作。负责对本系统重大项目和专项工作进行审计监督。负责本系统领导干部经济责任审计。

（三十七）人事处。承担本系统干部人事、机构编制、队伍建设、教育培训、外事管理等工作。拟订干部人才队伍发展规划并组织实施。

（三十八）机关党委（党建工作处）。负责机关及直属单位的党群工作。承担市规划自然委党组落实党要管党、从严治党责任和党风廉政建设主体责任的具体工作。承担本系统思想政治工作及基层相关建设工作。

（三十九）机关纪委（党组巡察工作办公室）。负责机关及直属单位的纪检工作。负责本系统党风廉政建设工作。负责拟订党组巡察工作规划计划和规章制度并组织实施。

（四十）工会。负责机关及直属单位的工会工作。

（四十一）离退休干部处。负责机关离退休干部工作，指导所属单位离退休干部工作。

（刘成伟）

分局机构设置

【北京市规划和自然资源委员会东城分局机构设置】 北京市规划和自然资源委员会东城分局（简称市规划自然资源委东城分局），为市规划自然资源委设在东城区负责本区域规划和自然资源管理的派出机构，同时作为东城区政府依法履行相关职责的工作部门。内设12个科室：办公室、法制科（信访与信息公开科）、规划编制与城市设计科、规划实施科（名城保护科）、市政交通科、综合审批科、规划土地核验科、自然资源调查监测科、自然资源所有者权益科、财务科、机关党委（党建工作科、人事科）、纪检办公室。下设1个行政执法机构：北京市东城区规划和自然资源执法队。下设4个事业单位：北京市东城区不动产登记事务中心、北京市东城区规划信息中心、北京市土地整理储备中心东城区分中心、北京市东城区土地利用事务中心。

（崔蕾）

【北京市规划和自然资源委员会西城分局机构设置】 北京市规划和自然资源委员会西城分局（简称市规划自然资源委西城分局），为市规划自然资源委设在西城区负责本区域规划和自然资源管理的派出机构，同时作为西城区政府依法履行相关职责的工作部门。内设12个科室：办公室、法制科（信访与信息公开科）、规划编制与城市设计科、规划实施科（名城保护科）、市政交通科、自然资源调查监测科、自然资源所有者权益科（自然资源开发利用科）、综合审批科、规划土地核验科、财务科、机关党委（党建工作科、人事科）、纪检办公室。下设1个行政执法机构：北京市西城区规划和自然资源执法队。下设6个事业单位：北京市西城区不动产登记事务中心、北京市西城区土地利用事务中心、北京市土地整理储备中心西城区分中心、北京市土地整理储备中心金融街分中心、北京市西城区历史文化名城保护促进中心、北京市西城区规划管理信息中心。

（邵巍）

【北京市规划和自然资源委员会朝阳分局机构设置】 北京市规划和自然资源委员会朝阳分局（简称市规划自然资源委朝阳分局），为市规划自然资源委设在朝阳区负责本区域规划和自然资源管理的派出机构，同时作为朝阳区政府依法履行相关职责的工作部门。内设13个科室：办公室、法制科（信访与信息公开科）、规划编制与城市设计科、市政交通科、规划实施科、综合审批科、规划土地核验科、自然资源调查监测科、自然资源所有者权益科（自然资源开发利用科）、自然资源保护科（国土空间生态修复科、矿产资源管理科）、财务科、机关党委（党建工作科、人事科）、纪检办公室。下设1个行政执法机构：北京市朝阳区规划和自然资源执法队。下设5个事业单位：北京市朝阳区不动产登记事务中心、北京市朝阳区规划设计服务中心、北京市朝阳区土地利用事务中心、北京市土地整理储备中心朝阳分中心、北京市土地整理储备中心商务区分中心。

（陈琳）

【北京市规划和自然资源委员会丰台分局机构设置】 北京市规划和自然资源委员会丰台分局（简称市规划自然资源委丰台分局），为市规划自然资源委设在丰台区负责本区域规划和自然资源管理的派出机构，同时作为丰台区政府依法履行相关职责的工作部门。内设14个科室：办公室、法制科（信访与信息公开科）、规划编制与城市设计科、规划实施科、市政交通科、自然资源调查监测科、自然资源所有者权益科（自然资源开发利用科）、财务科、机关党委（党建工作科、人事科）、纪检办公室、综合审批科、规划土地核验科、自然资源保护科、国土空间生态修复科（矿产资源管理科）。下设1个行政执法机构：北京市丰台区规划和自然资源执法队。下设5个事业单位：北京市丰台区不动产登记事务中心、北京市丰台区土地利用事务中心、北京市土地整理储备中心丰台区分中心、北京市丰台区规划信息中心、北京市丰台区规划研究中心。

（邓琳琳）

【北京市规划和自然资源委员会石景山分局机构设置】 北京市规划和自然资源委员会石景山分局（简称市规划自然资源委石景山分局），为市规划自然资源委设在石景山区负责本区域规划和自然资源管理的派出机构，同时作为石景山区政府依法履行相关职责的工作部门。内设12个科室：办公室、法制科（信访与信息公开科）、规划编制与城市设计科、规划实施科、市政交通科、综合审批科（规划土地核验科）、自然资源调查监测科、自然资源所有者权益科（自然资源开发利用科）、国土空间生态修复科（矿产资源管理科）、财务科、机关党委（党建工作科、人事科）、纪检办公室。下设1个行政执法机构：北京市石景山区规划和自然资源执法队，下设北京市石景山区规划和国土资源管理所（执法分队）。下设3个事业单位：北京市石景山区不动产登记事务中心、北京市土地整理储备中心石景山区分中心、石景山区城市建设档案信息中心。代区政府管理事业单位北京市石景山区土地一级开发管理中心。

（刘念　刘羽忱）

【北京市规划和自然资源委员会海淀分局机构设置】 北京市规划和自然资源委员会海淀分局（简称市规划自然资源委海淀分局），为市规划自然资源委设在海淀区负责本区域规划和自然资源管理的派出机构，同时作为海淀区政府依法履行相关职责的工作部门。内设14个科室：办公室、法制科（信访与信息公开科）、规划编制与城市设计科、市政交通科、规划实施科、综合审批科、规划土地核验科、自然资源调查监测科、自然资源所有者权益科（自然资源开发利用科）、自然资源保护科、国土空间生态修复科（矿产资源管理科）、财务科、机关党委（党建工作科、人事科）、纪检办公室。下设1个行政执法机构：北京市海淀区规划和自然资源执法队。下设4个事业单位：北京市海淀区不动产登记事务中心、北京市海淀区土地利用事务中心、北京市土地整理储备中心海淀区分中心、北京市规划委员会海淀分局机关服务中心。

（宋启晨　张烁）

【北京市规划和自然资源委员会门头沟分局机构设置】　北京市规划和自然资源委员会门头沟分局（简称市规划自然资源委门头沟分局），为市规划自然资源委设在门头沟区负责本区域规划和自然资源管理的派出机构，同时作为门头沟区政府依法履行相关职责的工作部门。内设13个科室：办公室、法制科（信访与信息公开科）、规划编制与城市设计科、市政交通科、规划实施科、综合审批科（规划土地核验科）、自然资源调查监测科、自然资源所有者权益科（自然资源开发利用科）、自然资源保护科、国土空间生态修复科（矿产资源管理科）、财务科、机关党委（党建工作科、人事科）、纪检办公室。下设5个执法机构：北京市门头沟区规划和自然资源执法队、4个规划和国土资源管理所。下设5个事业单位：北京市门头沟区不动产登记事务中心、北京市土地整理储备中心门头沟区分中心、北京市门头沟区土地利用事务中心、北京市门头沟区城市建设档案信息中心、北京市门头沟区规划研究中心。

（王静静）

【北京市规划和自然资源委员会房山分局机构设置】　北京市规划和自然资源委员会房山分局（简称市规划自然资源委房山分局），为市规划自然资源委设在房山区负责本区域规划和自然资源管理的派出机构，同时作为房山区政府依法履行相关职责的工作部门。内设14个科室：办公室、法制科（信访与信息公开科）、规划编制与城市设计科、规划实施科、市政交通科、自然资源调查监测科、自然资源所有者权益科（自然资源开发利用科）、财务科、机关党委（党建工作科、人事科）、纪检办公室、综合审批科、规划土地核验科、自然资源保护科、国土空间生态修复科（矿产资源管理科）。下设1个行政执法机构：北京市房山区规划和自然资源执法队，下设规划和国土资源管理所（执法分队）。下设5个事业单位：北京市房山区不动产登记事务中心、北京市房山区土地利用事务中心、北京市土地整理储备中心房山区分中心、北京市房山区规划信息中心、北京市房山区规划研究中心。

（刘梦娇）

【北京市规划和自然资源委员会通州分局机构设置】　北京市规划和自然资源委员会通州分局（简称市规划自然资源委通州分局），为北京市规划和自然资源委员会设在通州区负责本区域规划和自然资源管理的派出机构，同时作为通州区政府依法履行相关职责的工作部门。内设13个科室：办公室、法制科（信访与信息公开科）、规划编制与城市设计科、市政交通科、规划实施科、综合审批科、规划土地核验科、自然资源调查监测科、自然资源所有者权益科（自然资源开发利用科）、自然资源保护科（国土空间生态修复科、矿产资源管理科）、财务科、机关党委（党建工作科、人事科）、纪检办公室。下设5个行政执法机构：北京市通州区规划和自然资源执法队，4个规划和国土资源管理所（执法分队）。下设7个事业单位：北京市通州区不动产登记事务中心、北京市通州区城建档案馆、北京市通州区土地利用事务中心、北京市土地整理储备中心通州分中心、北京市通州区规划研究中心、北京市通州区规划信息中心、北京市怀柔区测绘所。

（申小丽）

【北京市规划和自然资源委员会顺义分局机构设置】 北京市规划和自然资源委员会顺义分局（简称市规划自然资源委顺义分局），为市规划自然资源委设在顺义区负责本区域规划和自然资源管理的派出机构，同时作为顺义区政府依法履行相关职责的工作部门。下设14个科室：办公室、法制科（信访与信息公开科）、规划编制与城市设计科、规划实施科、市政交通科、自然资源调查监测科、自然资源所有者权益科（自然资源开发利用科）、财务科、机关党委（党建工作科、人事科）、纪检办公室、综合审批科、规划土地核验科、自然资源保护科、国土空间生态修复科（矿产资源管理科）。下设5个执法机构：北京市顺义区规划和自然资源执法队，4个规划和自然资源管理所（执法分队）。下设事业单位4个：北京市顺义区不动产登记事务中心、北京市顺义区城建档案馆、北京市土地整理储备中心顺义区分中心、北京市顺义区土地利用事务中心。

（马大鹏）

【北京市规划和自然资源委员会昌平分局机构设置】 北京市规划和自然资源委员会昌平分局（简称市规划自然资源委昌平分局），为市规划自然资源委设在昌平区负责本区域规划和自然资源管理的派出机构，同时作为昌平区政府依法履行相关职责的工作部门。内设14个科室：办公室、法制科（信访与信息公开科）、规划编制与城市设计科、市政交通科、规划实施科、综合审批科、规划土地核验科、自然资源调查监测科、自然资源所有者权益科（自然资源开发利用科）、自然资源保护科、国土空间生态修复科（矿产资源管理科）、财务科、机关党委（党建工作科、人事科）、纪检办公室。下设6个行政执法单位：北京市昌平区规划和自然资源执法队、5个规划和国土资源管理所（执法分队）。下设6个事业单位：北京市昌平区不动产登记事务中心为参公单位、北京市昌平区土地利用事务中心、北京市土地整理储备中心昌平区分中心、北京市昌平区城建档案管理服务中心、北京市昌平区城乡规划与公共艺术事务中心、北京市昌平区城乡建设规划咨询服务中心。

（张铭伟）

【北京市规划和自然资源委员会大兴分局机构设置】 北京市规划和自然资源委员会大兴分局（简称市规划自然资源委

大兴分局），为市规划自然资源委设在大兴区负责本区域规划和自然资源管理的派出机构，同时作为大兴区政府依法履行相关职责的工作部门。内设 14 个科室：办公室、法制科（信访与信息公开科）、规划编制与城市设计科、规划实施科、自然资源所有者权益科（自然资源开发利用科）、市政交通科、综合审批科、规划土地核验科、自然资源保护科、自然资源调查监测科、国土空间生态修复科（矿产资源管理科）、财务科、机关党委（党建工作科、人事科）、纪检办公室。下设 5 个行政执法机构：北京市大兴区规划和自然资源执法队、4 个规划和国土资源管理（执法分队）。下设 5 个事业单位：北京市大兴区不动产登记事务中心、北京市大兴区土地利用事务中心、北京市土地整理储备中心大兴区分中心、北京市大兴区城建档案信息中心、北京市大兴区远大规划设计研究所。

（宛茹）

【北京市规划和自然资源委员会怀柔分局机构设置】 北京市规划和自然资源委员会怀柔分局（简称市规划自然资源委怀柔分局），为市规划自然资源委设在怀柔区负责本区域规划和自然资源管理的派出机构，同时作为怀柔区政府依法履行相关职责的工作部门。内设 13 个科室：办公室、法制科（信访与信息公开科）、规划编制与城市设计科、市政交通科、规划实施科、综合审批科（规划土地核验科）、自然资源调查监测科、自然资源所有者权益科（自然资源开发利用科）、自然资源保护科、国土空间生态修复科（矿产资源管理科）、财务科、机关党委（党建工作科、人事科）、纪检办公室。下设 7 个行政执法机构：北京市怀柔区规划和自然资源执法队、6 个规划和国土资源管理所。下设 5 个事业单位：北京市土地整理储备中心怀柔区分中心、北京市怀柔区不动产登记事务中心、北京市怀柔区城市建设档案馆、北京市怀柔区规划研究中心、北京市怀柔测绘所。

（高玉倩）

【北京市规划和自然资源委员会平谷分局机构设置】 北京市规划和自然资源委员会平谷分局（简称市规划自然资源委平谷分局），为市规划自然资源委设在平谷区负责本区域规划和自然资源管理的派出机构，同时作为平谷区政府依法履行相关职责的工作部门。内设 13 个科室：办公室、法制科（信访与信息公开科）、规划编制与城市设计科、规划实施科、市政交通科、自然资源调查监测科、自然资源所有者权益科、综合审批科（规划土地核验科）、自然资源保护科、国土空间生态修复科（矿产资源管理科）、财务科、机关党委（党建工作科、人事科）、纪检办公室。下设 5 个行政执法机构：北京市平谷区规划和自然资源执法队、4 个规划和国土资源管理所。下设 7 个事业单位：北京市平谷区不动产登记事务中心、北京市平谷区规划事务中心、北京市平谷区城建档案馆、北京市平谷区精益工程测绘队、北京市平谷区城乡规划设计所、北京市土地整理储备中心平谷区分中心、北京市平谷区土地利用事务中心。

（李亚男）

【北京市规划和自然资源委员会密云分局机构设置】 北京市规划和自然资源委员会密云分局（简称市规划自然资源委密云分局），为市规划自然资源委设在密云区负责本区域规划和自然资源管理的派出机构，同时作为密云区政府依法履行相关职责的工作部门。内设13个科室：办公室、法制科（信访与信息公开科）、规划编制与城市设计科、规划实施科、市政交通科、综合审批科（规划土地核验科）、自然资源调查监测科、自然资源所有者权益科（自然资源开发利用科）、自然资源保护科、国土空间生态修复科（矿产资源管理科）、财务科、机关党委（党建工作科、人事科）、纪检办公室等。下设7个行政执法机构：北京市密云区规划和自然资源执法队、6个规划和国土资源管理所（执法分局）。下设6个事业单位：北京市密云区不动产登记事务中心、北京市密云区土地利用事务中心、北京市土地整理储备中心密云区分中心、北京市密云区规划研究中心、北京市规划委员会密云分局综合档案室、北京市密云区测绘所。

（方天磊）

【北京市规划和自然资源委员会延庆分局机构设置】 北京市规划和自然资源委员会延庆分局（简称市规划自然资源委延庆分局），为市规划自然资源委设在延庆区负责本区域规划和自然资源管理的派出机构，同时作为延庆区政府依法履行相关职责的工作部门。内设12个科室：办公室、法制科（信访与信息公开科）、规划编制与城市设计科、市政交通科、规划实施科、综合审批科（规划土地核验科）、自然资源调查监测科、自然资源调所有者权益科（自然资源开发利用科）、自然资源保护科（国土空间生态修复科、矿产资源管理科）、财务科、机关党委（党建工作科、人事科）、纪检办公室。下设7个行政执法机构：北京市延庆区规划和自然资源执法队、6个规划和国土资源管理所。下设8个事业单位：北京市延庆区不动产登记事务中心、北京市延庆区规划信息中心、北京市延庆区规划展览中心、北京市延庆区城市建设档案馆、北京市延庆区土地利用事务中心、北京市土地整理储备中心延庆区分中心、北京市延庆区规划设计所、北京市延庆区测绘勘察所。

（吴绛）

【北京市规划和自然资源委员会经济技术开发区分局机构设置】 北京市规划和自然资源委员会经济技术开发区分局（简称市规划自然资源委经济技术开发区分局），为市规划自然资源委设在经济技术开发区负责本区域规划和自然资源管理的派出机构，同时作为经济技术开发区政府依法履行相关职责的工作部门。主要负责开发区规划编制、规划实施（管理）、监督执法等工作，下设北京经济技术开发区城市规划和环境设计研究中心。

（李金龙　江敏　马圆圆）

委属单位机构设置

【北京市城市规划设计研究院机构设置】北京市城市规划设计研究院（简称“市规划院”）成立于1986年，建院之初为差额拨款的局级事业单位。2002年，市政府对北京市规划工作管理体制进行调整，市规划院由市政府直属事业单位调整为市规划委所属事业单位，为公益二类事业单位，机构规格为副局级，核定编制326名。内设机构18个，分别为：规划研究室、总体规划所、详细规划所、市政规划所、交通规划所、城市设计所、工程综合所、区域规划所、生态规划所、规划信息中心、综合办公室（计划管理处）、总工程师办公室、安全保密处、人事处（离退休干部处）、党委办公室（团委）、纪检监察处、行政处、“北京规划建设”编辑部。主要职责：受市规划委委托负责本市城乡规划的组织编制和论证工作，承担市政府交办的有关规划编制任务。

（高保义）

【北京市测绘设计研究院机构设置】北京市测绘设计研究院（简称“市测绘院”）成立于1955年。成立之初，名为北京市地质地形勘测处。1979年5月，北京市地质地形勘测处分成北京市测绘处和北京市勘察处两个单位。1987年5月，经北京市机构编制委员会批准，北京市测绘处更名为北京市测绘院。1994年4月，市政府决定：将北京市测绘院更名为北京市测绘设计研究院，为副局级事业单位，隶属于北京市城市规划管理局。2000年1月，市测绘院调整为市规划委所属事业单位，为公益二类事业单位，机构规格为副局级。2020年核定编制856名。内设机构24个，分别为：党委办公室、院办公室、战略发展处、业务处、科技质量处、总工办公室、装备处、人事处、财务处、纪委办公室（监察处）、工会（与团委合署办公）、基础测绘一分院、基础测绘二分院、地理国情监测分院、专业测绘一分院、专业测绘二分院、专业测绘三分院、地理信息一分院、地理信息二分院、人文地理研究分院、测绘产品质量检验中心、资料档案馆、离退休人员服务中心、后勤服务中心。院属事业单位2个，分别为：北京市地理信息中心、测绘地理信息行业特有工种职业技能鉴定北京站。主要职责：承担测绘地理信息科学技术应用研究工作，为全市规划自然资源管理、经济社会发展提供测绘地理信息技术支撑。承担市委市政府、市规划自然资源委交办的各项工作任务。

（曹筱敏）

【北京市地质矿产勘查院机构设置】 北京市地质矿产勘查院（简称“市地勘院”）前身为北京市地质勘探局，于1958年8月成立，10月更名为北京市地质局，实行北京市和地质部双重领导。1983年4月，更名为北京市地质矿产局（简称“市地矿局”）。1990年3月，市政府授权市地矿局履行四项政府管理职能。1995年1月，地质矿产部北京地质矿产勘查开发局成立，为地质矿产部派驻北京市的正厅（局）级事业单位，实行地质矿产部和北京市双重领导。1995年4月，市地矿局由双重领导改为北京市领导，列入市政府行政序列。1999年9月，北京地质矿产勘查开发局划归北京市管理，更名为北京市地质矿产勘查开发局（简称“市地勘局”）。2000年1月，市地矿局撤销，其承担的政府管理职能划入北京市国土资源和房屋管理局。2001年3月，市地勘局明确为市政府直属事业单位。2015年9月，市地勘局明确为市政府直属公益一类事业单位。2018年12月，市地勘局调整为市规划自然资源委管理的公益一类事业单位，机构规格调整为相当副局级。2019年2月，市地勘局更名为北京市地质矿产勘查院。内设机构15个，分别为：综合业务处、地质勘查处、地质环境处、水文地质处、能源地质处、工程技术处、资产管理处、安全生产处、办公室（研究室）、计划财务处、人事处（地质行业特有工种职业技能鉴定站）、监察处（与纪委合署办公兼有内审职能）、离退休工作处、机关党委（宣传处、团委）、工会。直属单位10个。主要职责：（1）承担本市矿产和水文地质勘查，区域和环境地质调查，地质灾害调查、专项防治及地质环境保护、监测等有关工作；负责本市矿业开发和重大工程前期建设项目地质勘查工作。（2）负责引进推广地勘调查和矿产勘查的新技术、新方法、新工艺；组织矿产勘查方面的科学研究和技术攻关工作。（3）参与地质环境监测工作规范和技术标准的研究工作；负责本市地质环境监测数据和资料的汇总、分析和上报工作。（4）承担本市地下水资源勘查、评价、监测、分析等有关技术工作，负责地下水人工排水和回灌的技术性工作。（5）负责所属地质队伍的管理及国有资产的保值增值；负责地勘费和专项资金的使用和管理。（6）承担北京地区地质行业特种职业技能的认定工作。（7）负责本市地质勘查、矿业开发方面的对外技术交流与合作。（8）承办市政府交办的其他工作。

（王志成）

【北京市规划和自然资源执法总队机构设置】 北京市规划和自然资源执法总队于2018年2月成立，原名北京市规划和国土资源执法总队，核定行政执法专项编制109名，为正处级行政执法机构。2019年更名为北京市规划和自然资源执法总队，内设办公室、党群工作室、政策法规室、信息科技室、督查督办室、规划和自然资源执法一室、规划和自然资源执法二室、规划和自然资源执法三室、规划和自然资源执法四室、规划和自然资源执法五室、地质和矿产资源执法室、勘察设计和测绘地理信息执法室、市政交通执法室、信访和信息公开室14个室。主要职责：负责集中行使法律、法规、规章规定应由省级规划、自然资源管理部门行使的行政处罚职责以及执法检查职责，负责重大、复杂和跨区案件的查处工作，组织、指导、协调、考核各区规划自然资源管理部门的行政执法工作。

（陈学砧）

【北京市城市建设档案馆机构设置】 北京市城市建设档案馆于1981年经市政府批准成立，1990年正式开馆，编制173名。为全额拨款事业单位，内设机构包括：办公室、党群工作办公室（人事科）、总务科、财务科、研究室、信息室、工程室、声像室、档案征集室、档案管理一室、档案管理二室、档案管理三室（地质资料馆）、数字化工作室、缩微复印部。主要职责：负责收集、汇交、整理、保管本市有关城市建设和自然资源管理方面的档案资料，并提供利用；负责相关档案资料的编辑、研究和技术处理工作；承担相关档案资料事务性、辅助管理工作。

（张子玉）

【北京市规划展览中心（馆）机构设置】 北京市规划展览中心（馆）于2000年7月经市编办批准成立，挂北京市规划展览馆牌子，为北京市规划和自然资源委员所属差额拨款事业单位，编制20名。主要职责：负责展示首都规划建设的成就和发展概况，宣传城市规划方面的法律、法规和政策，开展规划业务交流、咨询；负责收集展品、布展、展品管理及对外接待、参观讲解等工作。

（王娜）

【北京市不动产登记事务中心机构设置】 北京市不动产登记事务中心于2015年6月成立，编制36名，为参公事业单位。设办公室、登记一科、登记二科、档案管理科、法制科、综合研究科、信息管理科、监督指导科8个科室。主要职责：承担在京中央单位、驻京部队、保密单位等不动产登记的事务性工作；承担不动产登记资料汇交管理和信息共享工作；承担不动产登记数据的管理和利用工作；承担重大不动产登记争议案件调查处理的事务性工作。

（王炳起）

【北京市土地权籍事务中心机构设置】 北京市土地权籍事务中心于2015年6月18日成立，加挂北京市矿产资源储量评审中心牌子。2020年6月，完成内设机构调整，设“一室、六部”，即办公室、调查一部、调查二部、调查三部、调查四部、调查五部和数据部。编制28名。主要职责：承担本市不动产权籍调查、土地调查的事务性工作；承担土地确权、土地权属纠纷调处的事务性工作；承担土地调查数据和不动产权籍数据的管理工作；承担矿产储量评审的事务性工作。

（逄晓）

【北京市国土资源勘测规划中心机构设置】 北京市国土资源勘测规划中心于2007年5月11日成立，是北京市规划和自然资源委员会直属的正处级全额拨款事业单位。编制15名，设综合办公室、土地规划管理科、土地信息管理科。

（张宇）

【北京市土地利用事务中心机构设置】 北京市土地利用事务中心于2001年1月21日经市政府批准成立，为北京市规划和自然资源委员会直属公益一类事业单位。编制60人，内设综合办公室、业务一科、业务二科、综合业务科、法制科、地价科、全生命周期管理科、数据档案科、督察科、政工科10个科室。主要职责：为市政府统一征地提供服务保障。受市规划自然资源委委托，负责按规定催缴土地有偿使用费用；承办本市征地及国有土地使用权划拨、出让、转让、出租、抵押以及地价评审的技术性、事务性、服务性工作。

（苏薇）

【北京市土地整理储备中心机构设置】 北京市土地整理储备中心于2001年4月28日成立，编制100名，设综合办公室、法律事务部（党群纪检办）、财务管理部、规划发展部、资源整理部、储备管理部、项目管理一部、项目管理二部、项目管理三部、经济管理部、供地验收部、市场交易部12个部门。主要职责：承担全市土地储备开发、建立政府土地储备库和土地市场交易相关工作。

（张晓宇）

【北京市城乡规划标准化办公室机构设置】 北京市城乡规划标准化办公室（简称“市标办”）于1970年成立，原名北京市建筑设计标准化办公室，1994年6月列编，编制15名，为自收自支事业单位。2010年6月，更名为北京市城乡规划标准化办公室，改为全额拨款事业单位，设办公室、编制科、管理科和研究室四个科室。2013年11月，经市人力社保局批准，列入参照公务员管理范围。主要职责：承担本市城乡规划、勘察行业、测绘行业、市政工程和建筑设计等标准的立项、编制、审查、发布、报备、复审、修订等方面的事务性工作；承担建设工程勘察设计企业标准的指导和服务工作；承担标准设计文件编制的指导和服务工作；组织开展相关标准的基础性研究；承担相关标准的宣传和培训工作。

（陈一唱）

【北京城市雕塑建设管理办公室机构设置】 经市编办批准，1996年12月在首都规划建设委员会办公室成立北京城市雕塑建设管理办公室，编制8人。2005年接收军队转业干部，增加1个编制，现编制9人。从2018年1月1日起，经费补助形式由差额拨款转为全额拨款。主要职责：负责落实《北京城市雕塑建设规划纲要》；制定北京城市雕塑远期、近期发展计划；参与组织大型工程的城市雕塑招标、投标工作；开展城市雕塑建设方面的研究工作；负责全市城市雕塑设计、制作加工单位的资质审查。

（张旖妮）

【北京市规划和自然资源数据管理中心机构设置】 北京市规划和自然资源数据管理中心于2019年2月经市委编办批准，在原北京市规划信息中心、北京市国土资源局信息中心的基础上合并成立，为纳入工资规范管理事业单位，编制52名，设办公室、业务规划协调科、数据建设管理科、数据应用服务科、数据发展创新科、软件系统运维科、基础设施运维科7个科室。主要职责：负责本市规划和自然资源数据的归集整理、分析利用等工作；负责本系统信息化建设的辅助性、事务性工作。

（程辉）

【北京市规划和自然资源委员会宣传教育中心机构设置】 北京市规划和自然资源委员会宣传教育中心（简称“宣教中心”）于2019年2月设立，编制30名，为全额拨款纳入工资规范管理的事业单位，内设办公室、新闻科、舆情科、新媒体科、党员教育科、干部教育科6个科室。主要职责：承担本系统新闻宣传、信息发布、舆情分析以及党员干部教育培训等方面的辅助性、事务性工作。

（李建林）

北京市规划和自然资源委员会领导任职一览表

姓名	籍贯	职务	任职时间
张维	上海市	党组书记	2018年10月—
		主任	2018年11月—
刘轩	河南许昌	党组副书记	2018年11月—2019年12月
		党组副书记、一级巡视员	2019年12月—
周楠森	江苏无锡	副主任	2018年11月—2019年12月
		副主任、一级巡视员	2019年12月—
王玮	江苏吴县	副主任	2018年11月—2020年1月
施卫良	江苏如东	总规划师	2019年5月—2020年1月
		副主任	2020年1月—
何凤英	山东平原	市纪委、市监察委驻市规划自然资源委纪检监察组组长	2018年12月—
师宏亚	河南长葛	副主任	2018年11月—2020年11月
肖平	湖南慈利	副主任	2019年5月—
郑皓	吉林德惠	副主任	2019年1月—2020年7月
杨浚	河北秦皇岛	副主任	2020年5月—
李晋	山东龙口	副主任	2020年11月—
石晓冬	天津市	党组成员	2020年9月—
丁晓	河南永城	总工程师	2019年2月—
秦铭键	山东济南	副总督察	2020年5月—
谢俊奇	河北望都	保留副局级	2020年4月—
陶志红	广西南宁	副巡视员	2018年11月—2019年8月
		二级巡视员	2019年8月—
周旭峰	江西余干	副巡视员	2018年11月—2019年8月
		二级巡视员	2019年8月—
张亚芹	河北廊坊	副巡视员	2018年11月—2019年8月
		二级巡视员	2019年8月—

2020年北京市规划和自然资源委员会获奖情况

集体奖励

◆ **获北京市抗击新冠肺炎疫情先进集体：**

北京市规划和自然资源委员会规划实施二处党支部

◆ **获北京市“应急先锋·北京榜样”“应急先锋号”集体：**

北京市地质研究所（北京市突发地质灾害应急调查队）

◆ **获北京市“应急先锋·北京榜样”“青年安全生产示范岗”：**

北京市地质工程设计研究院测试中心

◆ **获北京市三八红旗集体：**

北京市丰台区不动产登记事务中心

◆ **获2018—2020年度首都文明单位标兵：**

北京市规划和自然资源委员会东城分局、海淀分局、石景山分局、房山分局，北京市城市建设档案馆，北京市城市规划设计研究院，北京市测绘设计研究院，北京市地质调查研究院，北京市地质研究所

◆ **获2018—2020年度首都文明单位：**

北京市规划和自然资源委员会（机关），北京市规划和自然资源委员会朝阳分局、怀柔分局、密云分局、延庆分局，北京市规划展览馆，北京市不动产登记事务中心，北京市西城区规划管理信息中心，北京市丰台区不动产登记事务中心，北京市地质勘察技术院，北京市地热研究院，北京市地质矿产勘查开发总公司，北京市水文地质工程地质大队（北京市地质环境监测总站），北京市地质矿产勘查院信息中心，北京市地质矿产勘查院综合服务中心

个人奖励

◆ 2月17日，被市委、市政府授予“首都拥军优属拥政爱民模范个人”称号：

刘静（女）　北京市规划和自然资源委员会乡村规划处一级调研员

◆ 2月，获中共北京市委全面深化改革委员会“接诉即办”改革专项小组“2019—2020年度‘接诉即办’改革工作先进个人”称号：

崔福佳　大兴区不动产登记事务中心法制监察科科长

◆ 5月18日，被自然资源部授予全国自然资源系统“宣传工作业绩突出的个人”称号：

刘俊兰（女）　北京市规划和自然资源委员会宣传教育中心主任

◆ 8月，入选2020年国家百千万人才工程，并被人力资源和社会保障部授予“有突出贡献中青年专家”称号：

石晓冬　北京市城市规划设计研究院院长

◆ 10月，获党中央、国务院、中央军委颁发“中国人民志愿军抗美援朝出国作战70周年”纪念章：

浦朝明（已故）　北京市城市规划设计研究院退休干部

◆ 10月，获中国测绘学会2020年青年测绘地理信息科技创新人才奖：

黄迎春（女）　北京市测绘设计研究院地理国情监测分院高级工程师

◆ 11月24日，被党中央、国务院授予“2020年全国先进工作者”称号：

廖正昕（女）　北京市城市规划设计研究院城市设计所所长、党支部书记

◆ 11月，获北京市人力资源和社会保障局、北京市科学技术协会“第二十四届北京优秀青年工程师”称号：

王森　北京市测绘设计研究院地理国情监测分院高级工程师

◆ 12月22日，被市委、市政府授予“2020年北京市先进工作者”称号：

陈少琼（女）　北京市规划和自然资源委员会法制处处长

成路平（女）　北京市规划和自然资源委员会丰台分局不动产登记事务中心副主任

周颖（女，满族）　北京市规划和自然资源委员会通州分局规划编制与城市设计

科科长

◆ 12月22日，被市委、市政府授予北京市“人民满意的公务员”称号：

魏书萍（女） 北京市规划和自然资源委员会房山分局第六规划和国土所一级主任科员

◆ 获评2020年北京市“应急先锋·北京榜样”周榜人物：

张凯北 北京市规划和自然资源委员会地质勘查管理处

◆ 获2020年国务院表彰，获政府特殊津贴奖励：

陈品祥 北京市测绘设计研究院副院长

2021 学术社团

北京城市规划学会

【概况】　北京城市规划学会（英文名称Beijing Urban Planning Society，简称规划学会）成立于1994年8月，是北京地区从事城市科学、城乡规划设计、规划管理的工作者及相关从业人员自愿联合的组织，经北京市社会团体登记管理机关核准登记的非营利性社会团体，业务主管单位是北京市规划和自然资源委员会。

（周乔欣）

【基本建设】　年内，4家单位申请加入规划学会会员，变更、增补理事共3人。截至年底，规划学会团体会员103家，理事会82人（含常务理事31人，正副理事长10人），监事会3人，专家委员会34人；分支机构24个（含13个专/学委会，8个研究中心，2个分会，1个工作室）。

（周乔欣）

【规范公众号运营】　年内，规划学会采用公众号、线上会议、微信群、视频会议等形式开展宣传和对外联络。发送260余篇微信文章，报道日常工作、发布会员成就、展现会员风采。

（周乔欣）

【制定发布《首都国际人才社区建设标准》】　年内，规划学会首次开展团体标准研究制定。经报市规划自然资源委批准同意，制定并发布《首都国际人才社区建设标准》。

（周乔欣）

【研究拟定《北京市规划编制单位自律公约（一稿）》】　年内，规划学会研究拟定《北京市规划编制单位自律公约（一稿）》，以号召行业单位共同遵守行业约定，维护规划编制工作秩序，提升规划编制水平。

（周乔欣）

【组织调研成果评审】　年内，规划学会受市规划自然资源委委托，组织完成2019年调研成果评审。收到86项成果资料，经整理、编号、分类，组织专家评审，评出一等奖18项，二等奖26项，三等奖40项。

（周乔欣）

【完成2019年度北京市优秀城乡规划奖评选后续工作】　年内，规划学会完成2019年度北京市优秀城乡规划奖评选后续工作。向中国城市规划协会推荐全国城市规划设计奖参评项目，共推荐2019年度北京市优秀城乡规划奖二等奖以上项目81项，公示获奖52项，其中一等奖获奖数量10项。编辑完成《2019年度北京市优秀城乡规划获奖图集》，收录30家获奖单位的198个获奖项目，编辑成册，供业内单位交流学习。

（周乔欣）

【组织完成北京青年第十六届演讲比赛】　年内，规划学会组织完成北京青年第十六届演讲比赛。主题是“为深入落实城市总体规划全面提升首都规划建设管理水平，勇于担当，奉献青春韶华”，由市规划自然资源委主办，勘察设计管理处主持，人事处、机关团委及宣教中心等相关部门支持，规划学会、勘察协会、土建学会、测绘学会、女建协和土地学会6家学协会承办。此次比赛共12家单位85名选手报名参赛。评出一等奖6名，二等奖12名，三等奖13名，优秀奖1名；优秀组织奖11家单位。比赛结束推荐18名获奖选手参加市科协“第二十一届北京青年学术演讲比赛”，9名选手获奖，其中二等奖1名，三等奖5名，优秀奖3名。6家学/协会同获优秀组织奖。

（周乔欣）

【教育培训】 年内，规划学会开展北京市注册规划师管理和继续教育培训。办理初始注册612人、延续注册538人、变更注册188人。截至年底，北京市注册人员3327人。因疫情影响，仅举办一期继续教育培训，主题为“首都功能核心区控制性详细规划”,邀请9位老师全方位解读了“核心区”详细规划。

（周乔欣）

【参与责任规划师相关工作】 年内，规划学会参与《北京市责任规划师制度实施办法(试行)》《北京市责任规划师工作指南》等编制，协助各区开展责任规划师的启动工作；组织线上和线下责师培训8期15场，共邀请34位专家、受众3000多人次。

（周乔欣）

【课题调研】 年内，规划学会完成市规划自然资源委委托的《北京城乡规划参与基层街区治理的现状调查研究》；完成市规划院委托的《责任规划师专家库、人才库体系搭建》；完成2019年度延续课题，即京投公司委托的《北京轨道交通TOD开发强度（性质、规模、功能）研究》；完成昆明市呈贡区发展改革局委托的《呈贡区创建国家自主创新示范区发展战略研究及编制发展规划》等。

（周乔欣）

【学术交流】 年内，规划学会采取线上会议或直播的方式开展学术交流10余次。举办中国城市规划学会学术季活动——“高起点、善思辨、精耕细作话实施”线上交流会、2020国际大师对谈系列直播，召开轨道交通一体化线上专家会等活动。参与协办市规划自然资源委、市住房城乡建设委举办的《住有所居——构建具有北京特色的租购并举住房体系》网上专题展览。与北京土地学会共同组织第十二届“北京土地”青年学术论文交流活动。协办“北京城市建筑双年展2020先导展”。协办北京土木建筑学会学术年会。

（周乔欣）

【学委会工作】 年内，住宅与居住区规划学委会组织北京城市副中心项目参观及线上讲座研讨学习，对城市规划、建筑设计的进行调研、提出对策建议，组织中国建筑学会建筑设计奖住宅建筑专项奖初评等；城市更新与规划实施学委会组织“共建·共治·共享：综合实施视角下的规划创新”分论坛暨学委会年会，举办清华同衡20周年院庆——大师讲堂：“城市更新三人行”系列讲座等共计20余项活动。

（周乔欣）

【专委会工作】 年内，街区治理与责任规划师专委会协助规划学会开展街区治理相关课题研究，参与市级责任规划师工作专班制度优化、培训与交流组织等，搭建专家库，组织“对话责任规划师”论坛等，支持“微空间·向阳而生”

朝阳区小微空间再生试点征集活动形成落地成果；城市生态环境规划专委会承接北京市财政课题《北京市国土空间生态修复规划（2021—2035年）》编制，完成北京市生态保护红线评估调整、北京市矿山生态修复“十四五”规划，开展生态环境相关调查评估和研究，组织关于国土空间生态修复专题讲座和学术沙龙，参加中法环境月开幕式圆桌论坛；公共空间与城市雕塑专委会参与冬奥会雕塑征集工作设计动员，举办“潮动——2020当代艺术展”和“艺术对话空间”论坛，协办“2020北京国际雕塑公园非遗文化体验周”，策划“金融与科技公共空间雕塑艺术展”。

（周乔欣）

【分支机构工作】 年内，会展宣传中心协助组织规划学会的年会和演讲比赛等会务工作，针对疫情设计制作《展馆卫生防疫措施说明》及防疫海报，创建全国首个规划领域线上线下评审系统，完成怀柔科学城、京张铁路遗址公园、丽泽城市航站楼、雄安新区等相关展览布设、方案征集及评审等；国土空间规划研究中心开展北京市“十四五”时期土地资源保护利用规划、北京市国土空间规划前期研究“双评价”，组织4期“国土政策对话”论坛，就高质量发展下存量工业仓储用地利用政策、新土地管理法下城乡统一的建设用地市场建设、地理国情监测、土地资源整理的法规政策解读；三山五园研究中心依托清城睿现汇集整理三山五园基础资料库，编写《三山五园保护与发展研究1.0》（暨三山五园白皮书及附录），为全市争创第一批第一个国家文物保护利用示范区，为《北京历史文化名城保护条例》修订研提意见，开展进京“赶考”之路、五园历史范围研究等，开展科普和其他公众传播活动；视觉和色彩研究中心依托中央美术学院视觉艺术高精尖创新中心开展《北京城市副中心城市色彩实施指导意见》研究，从城市色彩角度参与中轴线课题研究；工业遗产保护利用研究中心依托朝阳规划艺术馆筹建中心首届专家委员会，举办“工业遗存，文化富矿，城市更新”主题论坛，建立并运营工业遗产保护利用研究中心微信公众号，制作网页及宣传折页，组织“首都长安街沿线的工业遗产保护与利用”专题调研活动；中关村分会支持亦庄区域发展，参加“亦企开放日区域发展论坛”，及“发挥中国科学院综合优势，助力北京科创中心城市建设研讨会”，安排专家组成员为聊城、大同等京外科技创新输出经验；轨道交通公共空间文化艺术中心参与组织地铁17号线和地铁19号线等公共艺术品的设计创作和评审评议，组织地铁房山线北延公共艺术品的监制并完成，开展国内外地铁公共艺术发展的调研。

（周乔欣）

北京土地学会

【概况】 北京土地学会（英文名称Beijing Land Association，简称土地学会）成立于2002年7月31日，是北京地区从事土地管理、土地科技、土地经济理论研究的具有社会公益性质的非营利性社会团体。内设机构“四部一室”：综合办公室、学术部、培训部、编辑部、咨询部。下设8个专业委员会，即土地经济和土地市场专业委员会、土地科普和学科教育专业委员会、耕地保护与土地整理专业委员会、地籍管理和处理信息技术专业委员会、土地利用规划专业委员会、土地价格和土地估价专业委员会、土地法学专业委员会、土地储备开发专业委员会。截至年底，土地学会会员增至313个。

（韩学语）

【《2019年“接诉即办”典型案例汇编》编辑完成】 年内，土地学会受市规划自然资源委西城分局委托承担了《2019年“接诉即办”典型案例汇编》专项任务。。汇编包括市级、区级、局级三级层面发布的关于“接诉即办”的工作文件，以及不动产登记、规划核验、综合审批、交通规划、违法建设5个类型的52个典型案例。截至6月中旬，《2019年“接诉即办”典型案例汇编》印刷、分发完成，受到西城区政务服务局的表扬。

（韩学语）

【规划机构评选推荐】 年内，土地学会依据《北京市土地规划乙级机构管理办法》组织开展4次土地规划乙级机构评选推荐。经材料初审、机构调查、专家会评审、公示颁证等程序，推荐中国建筑科学研究院有限公司、北规院弘都规划建筑设计研究院有限公司、北京北工大规划设计院有限公司等50家符合条件的单位纳入北京市土地规划乙级机构名录。对推荐名录内的所有单位及其技术人员综合情况摸底备案，对不符合评选推荐条件的机构给予警告并记录在案。截至年底，北京市土地规划乙级机构推荐名录227家。

（韩学语）

【《北京规划和自然资源年鉴（2020）》出版】 年内，受市规划自然资源委委托，土地学会协助委研究室承担《北京规划和自然资源年鉴（2020）》编纂。截至年底，《北京规划和自然资源年鉴（2020）》编纂任务完成，已分发至委各处室、各分局、各直属事业单位。

（韩学语）

【《北京规划和自然资源年鉴（2019）》获奖】 年内，《北京规划和自然资源年鉴（2019）》在北京市第三届年鉴综合质量评比中荣获一等奖，在第七届全国地方志优秀成果（年鉴类）评审中被评为专业年鉴三等奖。

（韩学语）

【《北京市规划自然资源法规汇编（2020）》编辑完成】 年内，市规划自然资源委委托土地学会开展2019年北京市规划自然资源法规汇编的编辑出版。截至年底，《北京市规划自然资源法规汇编（2020）》编辑完成。包含年度国家和北京市有关规划和自然资源的法律、行政法规、地方性法规、政府规章及相关文件，涉及综合管理、规划管理、自然资源管理、地质矿产管理四个部分内容。

（韩学语）

【北京市国有建设用地使用权招标拍卖挂牌出让主持人考试及培训】 年内，北京市土地整理储备中心委托土地学会组织开展北京市国有建设用地使用权出让招标拍卖挂牌主持人资格考试及培训工作。截至年底，完成《北京市国有土地使用权出让招标拍卖挂牌主持人管理规定》《北京市国有土地使用权出让招标拍卖挂牌主持人工作守则》的编写。

（韩学语）

【成立土地政策研究中心】　年内，土地学会成立土地政策研究中心。依托会员单位城投智汇公司长期深耕土地政策、关注国家重大制度改革、拥有土地制度与政策研究的优势开展相关工作。

（韩学语）

【开展线上学术讲座】　年内，土地学会邀请市规划自然资源委副主任杨浚，中国国土勘测规划院博士蔡玉梅，中国农业大学教授、土地学会会长朱道林分别以市委、市政府《关于建立国土空间规划体系并监督实施的实施意见解读》《发达国家国家空间规划的特点和启示》《学术论文撰写规范与技巧》为题，开展三期线上学术讲座。

（韩学语）

【举办线上研讨会】　年内，土地学会联合北京市房地产法学会举办2020年北京市土地和房地产形势分析线上研讨会，邀请北京市土地整理储备中心主任吕振库、首都经济贸易大学教授赵秀池围绕近几年北京市的土地储备与土地供应情况、当前国家与北京市的房地产调控政策等热点进行深入研讨，在线与2000余名听众互动交流。

（韩学语）

【举办第十四届北京土地科学学术论坛】　年内，土地学会举办《构建生态安全格局 推进自然资源健康发展》第十四届北京土地科学学术论坛，邀请市规划和自然资源委总规划师牛锐、北京大学城市与环境学院教授林坚、北京市国土资源勘测规划中心主任陈景分别围绕主题发表演讲。

（韩学语）

【开展“北京土地”青年学术论文交流活动】　年内，土地学会开展年度“北京土地”青年学术论文交流活动。活动期间，共收到论文107篇，经专家打分，评出一等奖论文9篇，二等奖论文16篇，三等奖论文27篇。组织召开第十二届“北京土地”青年学术论文交流会，邀请业内专家对交流论文进行专业点评，为获奖单位和个人颁发获奖证书。其中，由市规划自然资源委督察处刘静撰写的论文《“三圈理论”视角下的北京市自然资源和国土空间规划督察工作的开展》荣获年度中国土地学会城市分会“十大优秀调研成果”奖。

（韩学语）

【横向单位交流】　年内，土地学会在线参加中国土地学会城市分会秘书长会议，研讨城市土地分会年度重点调研课题，就疫情防控期间如何做好“云学术”进行交流探讨；组织成都土地学会赴大兴考察调研，学习大兴集体经营性建设用地入市试点经验，参观旧宫镇中科电商谷、西红门镇鸿坤金融谷项目案例，同市规划自然资源委大兴分局、大兴区农村土地制度改革试点领导小组专家座谈交流，并赴房山新城投公司考察公司智库建设情况。

（韩学语）

【组织继续教育培训】　年内，土地学会

免费组织“北京市村庄规划和乡镇规划编制”线上继续教育培训2期；组织“国土空间生态保护修复”继续教育培训班1期；组织“市级国土空间规划及新土地管理法”继续教育培训班1期。邀请中国国土勘测规划院、自然资源部国土整治中心、市规划自然资源委、市规划设计研究院等单位的专家学者授课，线上线下培训2500人次。

（韩学语）

【举办会员日交流活动】 年内，土地学会举办“走进泛华集团”会员日学术交流活动。泛华集团有关负责人以“产城融合下的EOD模式实践”“美丽健康产业育城中心发展计划”为题向与会代表介绍泛华集团构建产业育城中心线上平台与线下生态产品体系及泛华集团对城市运营理念；北京舜土规划顾问有限公司以“国土空间规划的认知与实践”为题，围绕编制国土空间规划的意义作用、主要问题、完善建议以及规划实践等作交流发言；土地学会以“对城市更新若干问题的思考”为题，对城市更新的发展过程、土地政策、困难问题、原则以及开展城市更新的关键节点等全面阐述。

（韩学语）

【《北京土地》杂志编辑工作】 年内，土地学会发行《北京土地》杂志6期，共计6600册。发表理论研究和学术交流文章40余篇，其中2期分别与市规划自然资源委科技信息处和城投智汇（北京）管理咨询有限责任公司联合办刊。

（韩学语）

【组织优秀项目推荐】 年内，土地学会组织开展年度国土资源科学技术奖推荐，推荐北京规划自然资源行业有关单位完成的《面向公众的首都土地利用服务关键技术研究与应用》《自然资源专题调查监测关键技术研究与应用》2个项目参加部科学技术奖评奖；组织会员参加由市科协举办的以“礼赞伟大祖国，抒写科技担当”为主题的第二十一届北京青年学术演讲比赛活动，经过初赛、复赛、决赛和层层选拔，由土地学会推荐的市规划院夏梦晨、李明扬两位同志，荣获演讲比赛三等奖和优秀奖，土地学会获优秀组织单位荣誉称号。

（韩学语）

【线上科普宣传】 年内，土地学会利用微信公众号、微信群等新媒体开展科普知识传播。重点完成首都生态安全格局构建、浅山区保护、国土空间规划体系建设等方面的宣传解读；开展简易低风险工程建设项目审批服务意见及配套文件线上学习和办理建筑许可改革政策解读；发布《世界地球日科普宣传》《耕地是什么》《耕地，宝贵的自然资源》《践行两山理论，守护自然资源》等多条科普视频和宣传文章。

（韩学语）

【《注册城乡规划师制度研究》课题研究】 年内，土地学会承担由中国国土勘测规划院委托的《注册城乡规划师制度研究》课题研究任务，负责编制行业研究分析报告、起草制定国土空间规划行业管理办法、对接行业管理系统平台建设等各项支撑工作。通过调研、座谈、数据分析，形成一系列课题研究成果。

（韩学语）

北京房地产估价师和土地估价师与不动产登记代理人协会

【概况】 北京房地产估价师和土地估价师与不动产登记代理人协会（简称估价师协会）是经北京市民政局批准成立的房地产估价、土地估价和不动产登记的行业自律性组织。截至年底，估价师协会会员单位134家；北京市具有房地产估价资质的机构142家，备案土地估价机构103家，土地登记代理机构94家；注册房地产估价师2363人，注册土地估价师1352人，注册土地登记代理人165人。

（董海舰）

【北京市地价动态监测】 年内，估价师协会受市规划自然资源委委托，组织59家估价机构、211名土地估价师监测北京市地价，并按季度报中国土地勘测规划院备案。召开地价动态监测专家讨论会、技术负责人讨论会10余次。

（董海舰）

【配合完成北京市自然资源（土地）评估机构专项检查】 年内，估价师协会配合完成市自然资源（土地）评估机构专项检查。本次检查主要从估价机构备案情况、专业人员注册情况、承接业务情况、估价报告质量、服务质量等方面进行检查。

（董海舰）

【土地估价机构备案】 年内，全市土地估价备案机构103家。6家机构申请土地估价机构备案；土地估价机构申请变更79次；土地估价师执业登记（变更）、注销204人次。

（董海舰）

【不动产登记代理】 年内，全市土地登记代理机构94家，2家机构申请不动产登记代理资质，完成初始登记的土地登记代理人3人、转移登记的土地登记代理人3人。

（董海舰）

【北京市房屋征收成本监测与分析】 年内，估价师协会接受市住房城乡建设委委托，开展房屋征收成本监测。组织47家房地产估价机构完成年度4个季度的房屋征收成本及房屋重置成新价格监测，出具全年分析报告并通过专家验收。

（董海舰）

【房屋征收评估专家鉴定】 年内，估价师协会完成征收拆迁评估鉴定（论证）项目4件，所有项目均出具正式意见反馈委托方。

（董海舰）

【配合开展房地产估价报告抽查】 年内，估价师协会配合市住房城乡建设委开展房地产估价报告抽查。全市129家机构，111家在京执业机构参与报告抽查。受新冠肺炎疫情影响，14家机构于2019年11月1日至2020年10月31日期间无业绩。

（董海舰）

【配合完成房地产估价机构备案会审】 年内，估价师协会配合市住房城乡建设委对需要进行延续、升级备案的29家房地产估价机构会审。经审核，在规定时间内该29家房地产估价机构无违规违纪情况。对1家新申请和2家升级的房地产估价机构进行实地检查，确定有实际足够的办公场所和注册房地产估价师，并组织专家评审升级的2家机构的报告。对未按时延期备案的2家机构进行实地检查，审查其房地产估价师的注册证书、用章记录、社保缴纳等情况，各抽取房地产估价报告1份。

（董海舰）

【配合开展保障房专家评审】　年内，估价师协会配合市住房保障办公室完成共有产权房估价报告专家评审80人次，参加专家会16人次。配合完成公共租赁住房租金评审3次，报告23个，参与专家12人次。

（董海舰）

【处理投诉信访案件】　年内，估价师协会配合市住房城乡建设委房屋市场管理处、征收拆迁管理处等部门处理对北京市房地产估价机构信访投诉12件。信访投诉内容主要集中在征收拆迁评估、司法鉴定评估等方面。组织相关专家对信访内容与被投诉机构和相关部门进行了解沟通，形成回复意见，供相关部门参考。

（董海舰）

【配合完成相关机构库、专家库推荐】　年内，估价师协会配合中国土地估价师与土地登记代理人协会完成北京市土地评估行业专家候选人推荐；完成第十二批资深土地估价师申报审核；完成行业青年专家选聘推荐；完成年度人民法院涉执财产处置司法评估机构名单库（土地方向）推选。配合中国房地产估价师与房地产经纪人学会完成年度人民法院涉执财产处置司法评估机构名单库（房地产方向）推选。

（董海舰）

【协助会员单位进行拆迁评估欠款的清收】　年内，估价师协会开展协助会员单位对拆迁评估欠款清收的工作。根据各会员单位欠款情况，汇总形成《逾期账款汇总统计表》，并向相关部门进行反映。截至年底，部分项目的欠款已结清。

（董海舰）

【教育培训】　年内，估价师协会开办网络继续教育培训，内容涉及《土地管理法》的修正对土地估价的影响、执业风险防范机制、自然资源资产相关政策解读等十项内容。参加本次网络教育人数900余人。

（董海舰）

【课题研究】　年内，估价师协会受北京市文物局委托，完成《北京城市核心区不可移动文物腾退政策梳理与路径研究》课题研究。组织课题组成员赴西安、重庆、南京实地调研及学术交流，了解三地对文物腾退相关的政策和解决路径。

（董海舰）

【发布行业文件】　年内，估价师协会发布《北京市土地评估机构资信评定办法》《北京市新冠疫情期间房地产土地估价远程在线实地查勘工作指引》。

（董海舰）

北京测绘学会

【概况】　北京测绘学会（简称测绘学会）成立于1959年11月，是由北京地区测绘地理信息科技工作者和测绘地理信息行业单位以及相关学科科技工作者自愿联合发起，经北京市社会团体登记管理机关核准登记的非营利性社会团体。下设大地测量与导航、摄影测量与遥感、地图学与地理信息、工程测量、测绘装备、测绘咨询与评价、青年工作、测绘教育、不动产测量、测绘科学普及、学术11个专业委员会和学会办公室、北京测绘学会培训学校、学术刊物《北京测绘》编辑部。学会现任第十二届理事会，截至年底，理事78人，常务理事32人，团体会员单位110家，会员1800余人。

（于恬恬）

【承办第十七届京台青年科学家论坛测绘分论坛】 年内，测绘学会承办第十七届京台青年科学家论坛测绘分论坛。此次分论坛有两项内容：第二届京台青年学子测绘技能竞赛和测绘新技术与应用平行论坛。北京建筑大学、北京工业职业技术学院、台湾宜兰大学30名师生参加测绘技能竞赛；来自京津冀台四地的7位专家在测绘新技术与应用平行论坛上做专题报告。

（于恬恬）

【举办学术年会】 年内，测绘学会举办主题为“新基建 新测绘 新发展”的2020年学术年会，邀请中国工程院陈军院士做题为《测绘往何处去——新时代的双重使命》的特邀报告。

（于恬恬）

【线上学术交流】 年内，测绘学会联合各专业委员会和各会员单位举办年度测绘地理信息行业新技术新产品应用在线研讨会等线上学术交流、技术分享活动8次，近50万人次参加线上活动。“2020新型测绘技术研讨会（全球实战直播）”活动获市科协2020年度十佳影响力学术会议称号。

（于恬恬）

【承办线下活动】 年内，测绘学会与北京工程师学会、北京科技咨询中心承办“新型基础测绘成果转化探索——以怀柔科学城为例”沙龙；主办“无人机航测技术交流会”“空间地理信息新装备及解决方案交流会”等线下活动，300余名科技工作者参会。

（于恬恬）

【人才培养】 年内，测绘学会组织开展2020年北京市“职工技协杯”测绘地理信息职业技能竞赛。14家单位，200余名选手报名参赛。举办测绘地理信息青年学术演讲比赛，推荐优秀选手参加第二十一届北京青年学术演讲比赛，2名选手获优秀奖，测绘学会获优秀组织奖。召开青年人才托举工作专题会，督促2019至2021年度、2020至2022年度5名人选完成托举工作计划。遴选3名2021至2023年度优秀青年人才。完成2020年度北京测绘学会青年领军人才评选，11人获奖。

（于恬恬）

【测绘专业中级、初级职称评审】 年内，测绘学会承担北京市工程技术系列测绘专业中级、初级职称评审，完成测绘初级职称初审1088人、复审896人，最终评审832人；完成测绘中级职称初审1566人、复审1371人。

（于恬恬）

【开展《北京市测绘条例》修订】 年内，测绘学会受市规划自然资源委委托，与中国政法大学合作开展《北京市测绘条例》修订立项论证报告和修订初稿编制。申报《新型基础测绘成果转化探索——以怀柔科学城为例》等3项科技研究项目，提交4个政协提案。组织开展“智慧城市地下管线三维智能服务技术体系研究及应用”等10余项科技评价。

（于恬恬）

【开展奖项评选】 年内，测绘学会开展“北京测绘学会测绘地理信息科技进步奖”和“优秀测绘地理信息工程奖”评选。评选出科技进步奖特等奖6项、一等奖8项、二等奖10项。测绘学会推荐的5个项目获评省部级奖。优秀测绘工程奖一等奖15项、二等奖20项、三等奖37项。

（于恬恬）

【《北京测绘》杂志编辑工作】 年内，《北京测绘》编辑部按期出刊12期，收稿数量954篇，出版论文399篇，期刊影响因子稳步提高，期刊网站访问量突破37万。

（于恬恬）

【教育培训】 年内，测绘学会面向北京市测绘地理信息行业从业人员开展专业技术及技能培训。举办线上、线下测绘中级职称申报材料及论文撰写培训和初、中、高级工程测量员、工程测量技师、高级技师培训10余班次，参加人员500余人。

（于恬恬）

【开展线上科普活动】 年内，测绘学会通过专业团队开展线上科普活动。以“那些你见过，却不知道的事儿——测绘篇”为主题，发表公众号文章近30篇，完成科普小视频4个，通过“科协频道”推广科普作品11个。

（于恬恬）

【面向会员、社会公众等出版科普读物】 年内，测绘学会面向会员、社会公众等出版科普读物。开展《带你去看北京城》科普读物的编辑制作。

（于恬恬）

【宣传活动】 年内，测绘学会主办“线上五四精神之旅”；举办“鼎鸿杯”测绘科技工作者摄影作品比赛，选拔优秀作品参加中国测绘学会摄影比赛，获个人二等奖和优秀组织奖。

（于恬恬）

北京地质学会

【概况】 北京地质学会（英文名称Geological Society of Beijing，简称地质学会）成立于1936年3月27日，原名中国地质学会北平分会，是由北京地区地质界具有一定水平和经验的地质科技工作者联合发起成立，是经北京市民政局核准注册的北京地区地质科学学术性的社团组织。学会的挂靠单位是北京市地质矿产勘查院，业务主管单位是北京市科学技术协会。

（郭亚杉）

【举办“珍爱地球，人与自然和谐共生”世界地球日活动】 4月22日，地质学会在西郊雨洪蓄洪工程开展主题为“珍爱地球，人与自然和谐共生”世界地球日活动，本次活动介绍了北京城市河湖现状及保护管理。

（郭亚杉）

【开展地球日线上科普讲座】 4月25日，地质学会开展“2020世界地球日——走进地下水 认识地下水”的线上科普讲座。此次科普讲座主要面向中小学生。科普讲师用通俗易懂、风趣幽默的话语，为大家讲解了水与地球、看不见的地下水、看得见的地下水、珍爱地球、节约用水等相关知识。来自网络各地的同学和家长100余人观看了本次科普讲座。

（郭亚杉）

【举办全国科技工作者日主题活动】 6月1日，地质学会联合多个学会共同举办全国科技工作者日主题活动，本次活动精心准备了地质灾害、水资源、环境、垃圾分类、科学防疫等方面的宣传材料，提供了健康饮水的专业咨询服务，设置了地质灾害、水资源保护、地质资源有奖问答题，同时开展了以“关注健康饮水”“垃圾分类从我做起”为主题的两场科普讲座。

（郭亚杉）

【举办“突发地质灾害预防和避险”主题科普培训】 6月12日上午，地质学会走进北京公共交通控股（集团）有限公司第七客运分公司，针对夏季山区地质灾害易发多发的特点，为公司安全管理人员和客车司机作了一堂以“突发地质灾害预防和避险”为主题的科普培训。

（郭亚杉）

【举办第三届“地质与人”天竺论坛活动】 10月，地质学会在北京市地面沉降监测研究中心（天竺）举办第三届“地质与人”天竺论坛活动，论坛以“科技扶贫与城市安全”为主题。50多位地质科技工作者、中国科普作家协会会员、北京科学技术普及创作协会会员以及科技扶贫第一书记等参加。与会者分享了地质公园政策及助力脱贫攻坚、地质成果服务于低收入帮扶工作等工作经验，交流了北京市地下水资源、地面沉降、山区地质灾害状况及相关地质环境问题，探讨了地质科学普及与城市安全的关系，参观了北京地面沉降展览馆以及认识地下水、珍惜水资源、保护地球环境科普展示。

（郭亚杉）

【举办学术交流活动】 11月25日，地质学会举办以“传承历史文化遗产，推动地质考古工作”为主题的学术交流活动。会上,地质科技工作者与志愿者解读交流古代中国地理学巨作《水经注》。

（郭亚杉）

【开展第35个国际志愿者日主题活动】 12月4日，地质学会组织开展“第35个国际志愿者日主题活动——2020年科普志愿培训与经验交流分享”活动。主要内容有对当前有害垃圾分类以及废旧电池的回收现状的详细讲解、北京生态修复学会基于本年度举办三项科普活动的经验分享、对垃圾分类的科学普及等活动。

（郭亚杉）

【专项调查】 年内，地质学会组织会员单位完成“北京市科技工作者状况调查”“北京市科技工作者状况调查”专项任务，完成科技工作者网上调研2次，提交《调查站点中的建议》3篇，向北京市科学技术协会反映地质科技工作者建议和意见。

（郭亚杉）

【人才举荐】 年内，地质学会组织开展“金罗盘奖”“黄汲清候选人”“典赞2020

科普中国”“优秀青年人才”“地质文化村评审专家”“天然富硒土地评审专家”“国土资源科学技术奖”“第二届科普奖”的推荐工作。

（郭亚杉）

【职称评审】 年内，受新冠肺炎疫情影响，年度职称评审申报人数增加，地质学会增加初级职称评审工作，评审任务增多。截至年底，完成职称评审的网上申报、资格复审、专家评审、公示等。

（郭亚杉）

【科技帮扶】 年内，地质学会组织专家对北京市低收入村——怀柔区汤河口镇连石沟村实施精准对接和地质科技帮扶，在连石沟村开展土壤地质环境调查、地下水环境调查等，采集水样、土样，测试土壤养分、土壤重金属含量、地下水无机物含量，评价土壤质量，评价地下水资源和地下水质量，编写完成土壤与地下水环境质量调查报告。

（郭亚杉）

2021 统计资料

2020年规划管理主要统计指标分析

一、规划许可及服务事项核发情况

全委共核发规划许可及服务事项4999件。其中，委机关核发146件，各分局核发4853件；核发许可4837件，不予许可、补正等其他情况162件。下文仅记述核发许可情况。

二、房屋建筑工程核发许可情况

1.核发建设项目选址意见书179件，核定总用地面积919.02公顷。

2.核发建设工程规划许可证（含外装修）824件，核定建筑规模5726.91万平方米，其中居住类建筑规模3893.29万平方米、非居住类建筑规模1833.62万平方米。

从空间分布上看，“一核”建筑规模为104.53万平方米，“一主”建筑规模为2423.48万平方米，“一副”建筑规模为714.4万平方米，“多点”建筑规模为2117.32万平方米，“一区”建筑规模为471.71万平方米。

3.核发规划条件等其他事项639件，其中城镇居民建房17件、临时建设工程证622件。

三、市政基础设施工程核发许可情况

1.核发建设项目选址意见书312件，核定总用地面积2902.86公顷。

2.核发建设工程规划许可证1412件。其中，市政建筑工程105件，核定建筑规模90.44万平方米；市政线性工程1307件，核定线性工程长度207.27万延米。

市政建筑工程从空间分布上看，“一核”建筑规模为7.69万平方米，“一主”建筑规模为35.60万平方米，“一副”建筑规模为18.57万平方米，“多点”建筑规模为29.56万平方米，“一区”规模为6.71万平方米。

市政线性工程从空间分布上看，“一核”规模为7471.98延米，“一主”规模为449097.83延米，“一副”规模为486416.65延米，“多点”规模为491531.28延米，“一区”规模为630725.8延米。

四、乡村建设项目核发许可情况

1.核发乡村建设规划许可（一般建设项目）62件，核定建筑规模400.27万平方米。

2.核发临时乡村建设规划许可（一般建设项目）18件，核定建筑规模149.22万平方米。

五、规划监督项目核发许可情况

1.核发规划监督914件，其中城镇居

民建房规划核验合格50件、建设工程规划核验合格864件。

2.规划验收合格规模3485.27万平方米，其中城镇居民建房1.67万平方米、建设工程3483.6万平方米。

3.市政线性工程（地下管线）规划核验备案115件，备案总规模13.81万延米。

六、“一会三函”项目核发许可情况

核发“一会三函”项目101件，其中房屋建筑工程46件、市政基础设施工程55件。核定房屋建筑工程总用地面积707.59公顷、总建筑规模551.72万平方米，市政基础设施工程总用地面积263.42公顷、市政线性工程规模22.27万延米、市政建筑规模2.65万平方米。

七、简易低风险建设项目核发许可情况

简易低风险建设项目审批许可261件，总建筑规模31.7万平方米。其中，办公类建筑规模2.4万平方米、商业类建筑规模5.87万平方米、公共服务设施类建筑规模4.10万平方米、仓库类建筑规模1.71万平方米、厂房类建筑规模14.72万平方米、住宅类建筑规模0.06万平方米、其他类建筑规模2.83万平方米。

注：

一核：首都功能核心区（东城区、西城区）；

一主：中心城区（东城区、西城区、朝阳区、丰台区、石景山区、海淀区）；

一副：城市副中心（通州区）；

多点：平原区新城（顺义区、大兴区、亦庄开发区、昌平区、房山区）；

一区：生态涵养区（门头沟区、平谷区、怀柔区、密云区、延庆区）。

2020年自然资源主要统计指标分析

一、建设项目土地预审情况

全市共批复建设用地预审项目395个，拟用地总面积5647.72公顷。其中，建设用地面积2782.46公顷、农用地面积2682.42公顷、未利用地面积182.84公顷。

从项目用途结构看，工矿仓储用地48.08公顷，公共管理与公共服务用地1009.24公顷，交通运输用地2034.01公顷，水域及水利设施797.80公顷，住宅用地504.37公顷，储备用地1233.45公顷，绿隔产业地20.77公顷。

二、批准建设用地情况

全市共批准建设用地总面积1569.01公顷。其中，国务院批准建设用地面积334.06公顷，北京市政府批准建设用地面积1234.96公顷；新增建设用地447.41公顷，其中农用地转用438.49公顷（含耕地127.83公顷）、未利用地转用8.91公顷。

三、国有建设用地供应情况

全市国有建设用地供应638宗、土地面积1732.84公顷。其中，出让方式（签订合同、不含现状补办）供应118宗、土地面积545.90公顷；现状补办协议出让251宗、土地面积40.16公顷；划拨方式（不含以征代划）供应196宗、土地面积498.80公顷；以征代划方式供应73宗、土地面积647.99公顷。

1.出让方式（签订合同、不含现状补办）供应情况

出让（签订合同、不含现状补办）土地面积545.90公顷，成交价款1994.28亿元。其中，通过招拍挂方式出让土地84宗、面积433.98公顷；通过协议方式出让土地34宗、面积111.91公顷。

从用地类型结构看，商服用地88.05公顷，工矿仓储用地88.30公顷，住宅用地353.55公顷，公共管理与公共服务用地16.00公顷。

土地收益上缴金额2348.57亿元，扣除土地储备的前期成本1308.44亿元，净收益为1040.13亿元。

2.划拨方式（不含以征代划）供应情况

划拨（不含以征代划）土地面积498.80公顷。按用地类型分，公共管理与公共服务用地327.95公顷，交通运输用地49.56公顷，住宅用地面积121.29公顷。

3.以征代划方式供应情况

以征代划土地面积647.99公顷。按用地类型分，交通运输用地78.97公顷，

代征道路用地307.46公顷，代征绿地241.08公顷，其他代征用地20.48公顷。

4.现状补办项目协议出让情况

现状补办协议出让项目251宗,出让面积40.16公顷，成交价款15.10亿元。按用地类型划分，商服用地12.94公顷，工矿仓储用地8.37公顷，住宅用地1.02公顷，公共管理与公共服务用地17.83公顷。

四、国有土地入市交易成交情况

全市国有土地入市交易87宗、面积488.10公顷。按供地方式分，招标出让29.22公顷，挂牌出让458.87公顷。按供地结构分，商服用地52.23公顷，工矿仓储用地137.00公顷，住宅用地298.86公顷。土地入市交易成交价款1931.53亿元。

五、矿产资源勘察、开采许可情况

矿产资源勘查有效许可证0个。主要矿种采矿有效许可证128个。

六、地质灾害情况

全市确定地质灾害16起，造成直接经济损失123万元。

表13-1　2020年建设项目预审批复情况统计表（按区分列）

	项目个数（个）	建设用地规模（公顷）					
			农用地			建设用地	未利用地
				耕地	基本农田		
甲	1	2	3	4	5	6	7
合计	395	5647.715	2682.4181	777.8259	6.7272	2782.4576	182.8397
东城区							
西城区	14	9.9989				9.9989	
朝阳区	58	1166.774	229.591	63.24		932.7387	4.4443
丰台区	21	116.7385	7.2826	0.1527		109.2939	0.162
石景山区	17	107.6356	9.8592	0.9526		97.563	0.2134
海淀区	21	266.9718	102.8695	23.3069		161.4982	2.6042
门头沟区	9	31.3103	0.6853			30.2512	0.3738
房山区	15	135.5269	71.6994	23.4385		60.566	3.2615
通州区	137	2302.6021	1189.9319	400.1725		962.0789	150.5913
顺义区	23	125.1015	51.8646	10.825		72.5832	0.6537
昌平区	7	59.8227	18.546	4.1234		39.0823	2.1945
大兴区	32	459.8318	267.185	213.648	6.7272	184.8423	7.8045
怀柔区	10	103.0023	43.5198	31.9054		58.6119	0.8706
平谷区	2	2.4887	1.4768			0.9453	0.0667
密云区	10	7.6549	3.9376	2.0057		3.151	0.5663
延庆区	14	750.172	683.9694	4.0552		57.1698	9.0329
跨区项目	5	2.083				2.083	

备注：涉及经济技术开发区项目情况

表 13-2　2020 年建设项目预审批复情况统计表（按用途分列）

	项目个数（个）	建设用地规模(公顷)					
			农用地			建设用地	未利用地
				耕地	基本农田		
甲	1	2	3	4	5	6	7
合计	395	5647.7153	2682.418	777.8259	6.7272	2782.4575	182.8396
商服用地							
工矿仓储用地	2	48.0763	20.5847	1.8993		27.4915	
公共管理与公共服务用地	90	1009.2394	807.5706	71.0794		192.6998	8.969
交通运输用地	222	2034.0063	563.7924	233.9811	6.7272	1451.6438	18.5701
水域及水利设施	11	797.8013	585.1077	187.7399		121.2421	91.4515
特殊用地							
住宅用地	45	504.3723	153.7693	71.0294		346.7493	3.8537
储备用地	22	1233.4453	550.3953	212.0968		623.0546	59.9953
绿隔产业地	3	20.7744	1.198			19.5764	

表13-3　2020年审批建设用地情况统计表（一）

单位：公顷

	批准建设用地					其中：国务院批准建设用地					其中：省级政府审批				
		新增建设用地					新增建设用地					新增建设用地			
			农用地转用		未利用地转用			农用地转用		未利用地转用			农用地转用		未利用地转用
				耕地					耕地					耕地	
甲	1	2	3	4	5	7	8	9	10	11	13	14	15	16	17
合计	1569.0144	447.4064	438.4924	127.8257	8.914	334.059	83.2581	80.2006	22.2878	3.0575	1234.9554	364.1483	358.2918	105.5379	5.8565
东城区															
西城区															
朝阳区	161.6973	32.5412	32.4539	9.6459	0.0873	161.6973	32.5412	32.4539	9.6459	0.0873					
丰台区	134.4401	31.162	28.1918	12.6419	2.9702	134.4401	31.162	28.1918	12.6419	2.9702					
石景山区	39.4845	11.2807	11.2807	6.3371		5.3755					34.109	11.2807	11.2807	6.3371	
海淀区	32.5461	19.5549	19.5549			32.5461	19.5549	19.5549							
门头沟区	236.1857	62.2601	61.3288	4.5615	0.9313						236.1857	62.2601	61.3288	4.5615	0.9313
房山区	162.3494	33.6315	30.7758	13.359	2.8557						162.3494	33.6315	30.7758	13.359	2.8557
通州区	263.8553	90.6748	90.6748	37.0403							263.8553	90.6748	90.6748	37.0403	
顺义区	20.5922	0.9	0.9	0.5665							20.5922	0.9	0.9	0.5665	
昌平区	0.7573	0.7573	0.7573								0.7573	0.7573	0.7573		
大兴区	270.3285	37.4583	37.4583	24.8341							270.3285	37.4583	37.4583	24.8341	
怀柔区	188.361	79.9978	78.2922	5.3321	1.7056						188.361	79.9978	78.2922	5.3321	1.7056
平谷区	52.6607	45.7858	45.568	13.4524	0.2178						52.6607	45.7858	45.568	13.4524	0.2178
密云区	0.6087										0.6087				
延庆区	5.1476	1.402	1.2559	0.0549	0.1461						5.1476	1.402	1.2559	0.0549	0.1461
经济技术开发区															

表 13-4　2020 年审批建设用地情况统计表（二）

单位：公顷

	合计	城镇村建设用地							单独选址建设用地				
			商服用地	工矿仓储	住宅用地	公共管理	交通运输用地	其他		交通运输	水利设施	能源用地	其他
合计	1569.0144	1554.3713	57.6519	163.2102	504.0384	371.7835	457.6621	0.0252	14.6431	14.6431			
东城区													
西城区													
朝阳区	161.6973	161.6973	7.3563		45.7566	43.4006	65.1838						
丰台区	134.4401	134.4401	17.0158		40.1373	26.5147	50.7723						
石景山区	39.4845	39.4845			15.805	10.5269	13.1526						
海淀区	32.5461	32.5461		11.7455	5.82	4.2821	10.6985						
门头沟区	236.1857	236.1857	22.0123		98.1245	50.9082	65.1407						
房山区	162.3494	162.3494		6.3923	82.7229	36.0113	37.2229						
通州区	263.8553	263.8553	2.2121	95.3448	53.3861	51.8524	61.0599						
顺义区	20.5922	20.5922	9.0554		5.8568	3.9151	1.7397	0.0252					
昌平区	0.7573	0.7573		0.7573									
大兴区	270.3285	270.3285		48.3616	88.7757	61.3459	71.8453						
怀柔区	188.361	188.361			64.0537	51.5385	72.7688						
平谷区	52.6607	38.0176				31.2629	6.7547		14.6431	14.6431			
密云区	0.6087	0.6087		0.6087									
延庆区	5.1476	5.1476			3.5998	0.2249	1.3229						
经济技术开发区													

表13–5　2020年国有土地供应总量情况统计表（按区分列）

	建设用地供应总量				出让				
	宗地数（个）	面积（公顷）		规划建筑面积（万平方米）	宗地数（个）	面积（公顷）		规划建筑面积（万平方米）	成交价款（万元）
			新增				新增		
合计	638	1732.8375	774.553	1986.9492	369	586.0538	443.7624	1254.5222	2009.371
东城区	84	40.5242		130.5092	59	37.2649		125.9811	64.3588
西城区	171	6.8476		10.6886	171	6.8476		10.6886	8.443
朝阳区	38	193.4651	50.1297	304.5	15	33.3198	22.7542	140.5948	123.5725
丰台区	28	139.2874	51.7725	184.1411	9	23.7321	17.7704	67.9315	301.2833
石景山区	32	77.4973	18.441	145.3941	17	33.6134	15.3915	83.5038	177.5332
海淀区	30	91.6246	71.5375	173.8565	11	59.8702	50.3602	111.2187	359.416
门头沟区	17	91.0267	5.9836	32.407	4	20.5215	5.1211	29.1025	52.1878
房山区	24	156.7497	82.155	109.9622	6	30.2388	24.1648	46.8229	92.5361
通州区	33	134.1886	43.1398	77.2206	5	21.6184	20.7265	48.7757	85.8699
顺义区	29	120.9965	98.9651	253.916	10	76.6818	74.7514	146.7469	170.7566
昌平区	12	28.0591	24.1749	69.1038	10	23.7034	20.2394	60.6074	153.2746
大兴区	43	198.2933	72.4975	160.0993	16	56.8982	56.8982	116.8612	165.659
怀柔区	27	200.7038	99.7733	62.761	5	20.1956	20.1956	29.9128	47.701
平谷区	17	72.2601	12.9267	16.9283	4	10.2986	10.1309	15.1353	13.9142
密云区	9	34.5694	13.4024	40.2931	4	21.2363	10.4637	36.1143	36.6885
延庆区	18	49.0088	32.8072	27.9084	2	14.8148		0.0656	0.9273
经济技术开发区	26	97.7353	96.8468	187.26	21	95.1984	94.7945	184.4591	155.2492

表 13–5　2020年国有土地供应总量情况统计表（按区分列）（续）

	土地划拨										租赁		其它供地方式	
	宗地数（个）	面积(公顷)		规划建筑面积（万平方米）	其中:划拨				其中:以征代划		宗地数（个）	面积（公顷）	宗地数（个）	面积（公顷）
			新增		宗地数（个）	面积(公顷)		规划建筑面积（万平方米）	宗地数（个）	面积（公顷）				
							新增							
合计	269	1146.7837	330.7906	732.427	196	498.7953	330.7906	732.427	73	647.9884				
东城区	25	3.2593		4.5281	25	3.2593		4.5281						
西城区														
朝阳区	23	160.1453	27.3755	163.9052	19	103.1619	27.3755	163.9052	4	56.9834				
丰台区	19	115.5553	34.0021	116.2096	15	39.2381	34.0021	116.2096	4	76.3172				
石景山区	15	43.8839	3.0495	61.8903	12	23.9629	3.0495	61.8903	3	19.921				
海淀区	19	31.7544	21.1773	62.6378	18	26.3333	21.1773	62.6378	1	5.4211				
门头沟区	13	70.5052	0.8625	3.3045	4	4.097	0.8625	3.3045	9	66.4082				
房山区	18	126.5109	57.9902	63.1393	10	58.7475	57.9902	63.1393	8	67.7634				
通州区	28	112.5702	22.4133	28.4449	17	29.9688	22.4133	28.4449	11	82.6014				
顺义区	19	44.3147	24.2137	107.1691	16	38.6599	24.2137	107.1691	3	5.6548				
昌平区	2	4.3557	3.9355	8.4964	2	4.3557	3.9355	8.4964						
大兴区	27	141.3951	15.5993	43.2381	16	20.6581	15.5993	43.2381	11	120.737				
怀柔区	22	180.5082	79.5777	32.8482	13	80.507	79.5777	32.8482	9	100.0012				
平谷区	13	61.9615	2.7958	1.793	5	16.0067	2.7958	1.793	8	45.9548				
密云区	5	13.3331	2.9387	4.1788	5	13.3331	2.9387	4.1788						
延庆区	16	34.194	32.8072	27.8428	14	33.9691	32.8072	27.8428	2	0.2249				
经济技术开发区	5	2.5369	2.0523	2.8009	5	2.5369	2.0523	2.8009						

表13–6　2020年国有土地供应总量情况统计表（按用地类型分列）

	建设用地供应总量				出　让				
	宗地数（个）	面　积（公顷）		规划建筑面积（万平方米）	宗地数（个）	面　积（公顷）		规划建筑面积（万平方米）	成交价款（万元）
			新增				新增		
合　计	638	1732.8376	774.5531	1986.9492	369	586.0538	443.7624	1254.5221	2009.3708
商服用地	51	100.9889	82.3852	271.3887	51	100.9889	82.3852	271.3887	198.0787
工矿仓储用地	32	96.6716	89.6547	143.0629	32	96.6716	89.6547	143.0629	10.138
住宅用地	309	475.8572	354.2005	1294.4472	277	354.5701	267.9092	813.4383	1791.4509
其中：高档住宅									
其中：普通商品房	279	352.2205	268.7324	794.4170	274	340.2385	259.8376	754.1047	1740.1668
其中：中低价位									
其中：经济适用房	20	75.7053	53.7966	304.9730					
其中：廉租房	5	15.2272	5.2273	65.4706					
其中：其他住房	5	32.7042	26.4442	129.5867	3	14.3316	8.0716	59.3337	51.2841
公共管理与公共	127	361.7748	224.6932	267.6197	9	33.8232	3.8133	26.6322	9.7032
特殊用地									
交通运输用地	62	128.5275	23.6195	10.4307					
水利设施用地									
代征道路	57	307.4558							
代征绿化		241.0796							
其他代征用地		20.4822							

表 13-6　2020 年国有土地供应总量情况统计表（按用地类型分列）（续）

	土地划拨										租赁		其它供地方式	
	宗地数（个）	面积（公顷）		规划建筑面积（万平方米）	划拨				以征代划					
			新增		宗地数（个）	面积（公顷）	新增	规划建筑面积（万平方米）	宗地数（个）	面积（公顷）	宗地数（个）	面积（公顷）	宗地数（个）	面积（公顷）
合　计	269	1146.7838	330.7907	732.4271	196	498.7954	330.7907	732.4271	73	647.9884				
商服用地														
工矿仓储用地														
住宅用地	32	121.2871	86.2913	481.0089	32	121.2871	86.2913	481.0089						
其中 高档住宅														
其中 普通商品房	5	11.9820	8.8948	40.3123	5	11.982	8.8948	40.3123						
其中 中低价位														
其中 经济适用房	20	75.7053	53.7966	304.9730	20	75.7053	53.7966	304.973						
其中 廉租房	5	15.2272	5.2273	65.4706	5	15.2272	5.2273	65.4706						
其中 其他住房	2	18.3726	18.3726	70.2530	2	18.3726	18.3726	70.253						
公共管理与公共	118	327.9516	220.8799	240.9875	118	327.9516	220.8799	240.9875						
特殊用地														
交通运输用地	62	128.5275	23.6195	10.4307	46	49.5567	23.6195	10.4307	16	78.9708				
水利设施用地														
代征道路	57	307.4558							57	307.4558				
代征绿化		241.0796								241.0796				
其他代征用地		20.4822								20.4822				

表13-7 2020年国有土地供应总量情况统计表（各区分地类）

单位：公顷

	合计	商服用地	工矿仓储用地	公共管理与公共服务用地	住宅用地							交通运输用地	水利设施用地	特殊用地	代征道路	代征绿化	其他代征用地
						高档住宅	普通商品房		经济适用房	廉租房	其他住房						
								中低价位中小套型									
合计	1732.8375	100.9888	96.6717	361.7748	475.8571		352.2205		75.7053	15.2272	32.7041	128.5276			307.4558	241.0796	20.4822
东城区	40.5241	0.0341		0.8326	37.5503		37.5503					2.1071					
西城区	6.8476	5.7284		0.6800	0.4392		0.4392										
朝阳区	193.4651	16.9517		74.8872	44.6428		13.0470		3.3315	7.1902	21.0741				43.4006	13.5828	
丰台区	139.2875	0.0037		16.8803	46.0863		23.1263		17.7327	5.2273					26.5147	49.7814	0.0211
石景山区	77.4973	5.1924		17.6577	27.9393		16.2362		11.7031			6.7870			10.5269	9.3941	
海淀区	91.6247	27.9792		8.9583	46.2464		40.6145		5.6319			3.0197			4.2821	1.1390	
门头沟区	91.0267	0.1426		1.5501	20.3789		20.3789					11.9257			41.5294	4.4559	11.0441
房山区	156.7497		6.0740	51.3761	28.1595		24.1648		3.9947			3.3767			36.0113	31.1139	0.6382
通州区	134.1886	0.8919		27.1591	23.5362		12.6549			2.8097	8.0716				51.8524	27.0313	3.7177
顺义区	120.9965		4.2295	9.0500	100.8183		72.4523		28.3660			2.9442			2.2148	1.7397	
昌平区	28.0590	2.3838		5.9616	19.7136		15.7781		3.9355								
大兴区	198.2933	4.4461	16.4381	18.3745	37.0239		36.0140		1.0099			11.5538			51.0658	59.3794	0.0117
怀柔区	200.7038	10.5402		80.5070	9.6554		9.6554					12.4411			39.0974	43.4133	5.0494
平谷区	72.2601	0.1677	6.4848	2.5019	3.6461		3.6461					58.6753			0.7355	0.0488	
密云区	34.5694		2.6192	13.3331	18.6171		18.6171										
延庆区	49.0087			29.5284	3.5584						3.5584	15.6970			0.2249		
经济技术开发区	97.7354	26.5270	60.8261	2.5369	7.8454		7.8454										

表 13-8　2020 年国有土地供应出让方式签订合同情况统计表（一）（按区分列）

	出让小计						协议出让					
	宗地数（宗）	面积（公顷）		规划建筑面积（万平方米）	成交价款（万元）	纯收益（万元）	宗地数（宗）	面积（公顷）		规划建筑面积（万平方米）	成交价款（万元）	纯收益（万元）
			新增						新增			
	1	2	3	4	5	6	7	8	9	10	11	12
合计	118	545.8952	443.7624	1231.7947	19942751.75	7803696.891	34	111.9124	88.5342	334.9946	1405867.855	1405867.855
东城区	1	36.6475		125.4039	633200.2254	633200.2254						
西城区												
朝阳区	8	32.2731	22.7542	135.5466	1207483.699	650189.3492	5	21.436	12.646	119.2012	506783.6992	506783.6992
丰台区	7	23.7284	17.7704	67.8426	3011875.222	1255758.352	1	0.6022	0.6022	2.9724	5075.2224	5075.2224
石景山区	16	33.3932	15.3915	83.0063	1773595.597	480780.7744	12	17.1571	4.1651	30.9436	73295.5974	73295.5974
海淀区	8	54.559	50.3602	109.8563	3584887.299	1027321.662	1	17.4892	17.4892	29.1606	86487.299	86487.299
门头沟区	4	20.5215	5.1211	29.1025	521878.0434	110252.3234	1	0.1426	0.1426	0.6178	1428.0434	1428.0434
房山区	5	24.1648	24.1648	46.2192	924060.8057	549192.2657	2	5.0215	5.0215	7.5138	74060.8057	74060.8057
通州区	5	21.6184	20.7265	48.7757	858698.7019	490127.9219	2	5.1821	4.2901	15.105	132898.7019	132898.7019
顺义区	9	74.3863	74.7514	145.7278	1707209.217	789199.547	3	27.385	27.385	73.3784	412244.347	412244.347
昌平区	6	20.9436	20.2394	57.9133	1527860.8	733861.8502	3	5.1904	4.4862	16.7704	47860.8002	47860.8002
大兴区	16	56.8982	56.8982	116.8612	1656589.522	786906.7487	4	12.3063	12.3063	39.3314	65733.3387	65733.3387
怀柔区	5	20.1956	20.1956	29.9128	477010	61492.59						
平谷区	3	10.1309	10.1309	15.0531	139025.27	21390						
密云区	4	21.2363	10.4637	36.1143	366885.33	214023.28						
延庆区												
经济技术开发区	21	95.1984	94.7945	184.4591	1552492.015							

表 13-8　2020年国有土地供应出让方式签订合同情况统计表（一）（按区分列）（续）

	招标出让						拍卖出让						挂牌出让					
	宗地数（宗）	面积（公顷）	新增	规划建筑面积（万平方米）	成交价款（万元）	纯收益（万元）	宗地数（宗）	面积（公顷）	新增	规划建筑面积（万平方米）	成交价款（万元）	纯收益（万元）	宗地数（宗）	面积（公顷）	新增	规划建筑面积（万平方米）	成交价款（万元）	纯收益（万元）
	13	14	15	16	17	18	19	20	21	22	23	24	25	26	27	28	29	30
合计	3	47.063		153.5964	1346800.225	1153512.115							81	386.92	355.2282	743.204	17190083.67	5244316.92
东城区	1	36.6475		125.4039	633200.2254	633200.2254												
西城区																		
朝阳区													3	10.8371	10.1082	16.3454	700700	143405.65
丰台区	1	6.2168		18.6162	434800	319280.51							5	16.9094	17.1682	46.254	2572000	931402.62
石景山区													4	16.2362	11.2264	52.0628	1700300	407485.177
海淀区	1	4.1987		9.5763	278800	201031.38							6	32.8711	32.8711	71.1194	3219600	739802.9833
门头沟区													3	20.3789	4.9785	28.4847	520450	108824.28
房山区													3	19.1433	19.1433	38.7054	850000	475131.46
通州区													3	16.4364	16.4364	33.6708	725800	357229.22
顺义区													6	47.0013	47.3663	72.3495	1294964.87	376955.2
昌平区													3	15.7532	15.7532	41.1429	1480000	686001.05
大兴区													12	44.5919	44.5919	77.5298	1590856.183	721173.41
怀柔区													5	20.1956	20.1956	29.9128	477010	61492.59
平谷区													3	10.1309	10.1309	15.0531	139025.27	21390
密云区													4	21.2363	10.4637	36.1143	366885.33	214023.28
延庆区																		
经济技术开发区													21	95.1984	94.7945	184.4591	1552492.015	

表 13–9　2020 年国有土地供应出让方式签订合同情况统计表（一）（按用地类型分列）

	出让小计						协议出让					
	宗地数（宗）	面积（公顷）		规划建筑面积（万平方米）	成交价款（万元）	纯收益（万元）	宗地数（宗）	面积（公顷）		规划建筑面积（万平方米）	成交价款（万元）	纯收益（万元）
			新增						新增			
	1	2	3	4	5	6	7	8	9	10	11	12
合计	118	545.8954	443.7624	1231.7948	19942751.75	7803696.891	34	111.9123	88.5342	334.9944	1405867.855	1405867.855
商服用地	29	88.0474	82.3852	258.0065	1883398.306	554359.4263	22	43.8223	38.8891	152.8136	394488.3063	394488.3063
工矿仓储用地	30	88.3022	89.6547	141.4402	99723.6682							
住宅用地	56	353.5476	267.9092	812.6164	17898521.3	7188228.994	9	52.0918	45.8318	162.4491	950271.078	950271.078
其中：高档住宅用地												
其中：普通商品住房用地	53	339.216	259.8376	753.2827	17385679.94	6727768.634	7	41.5417	41.5417	110.4887	561429.7184	561429.7184
其中：中低价位、中小套型用地												
其中：经济适用住房用地												
其中：廉租住房用地												
其中：其他住房用地	3	14.3316	8.0716	59.3337	512841.3596	460460.3596	2	10.5501	4.2901	51.9605	388841.3596	388841.3596
公共管理与	3	15.9982	3.8133	19.7317	61108.4706	61108.4706	3	15.9982	3.8133	19.7317	61108.4706	61108.4706
特殊用地												
交通运输用地												
水利设施用地												

表13-9　2020年国有土地供应出让方式签订合同情况统计表（一）（按用地类型分列）（续）

	招标出让						拍卖出让						挂牌出让					
	宗地数（宗）	面积（公顷）		规划建筑面积（万平方米）	成交价款（万元）	纯收益（万元）	宗地数（宗）	面积（公顷）		规划建筑面积（万平方米）	成交价款（万元）	纯收益（万元）	宗地数（宗）	面积（公顷）		规划建筑面积（万平方米）	成交价款（万元）	纯收益（万元）
			新增						新增						新增			
	13	14	15	16	17	18	19	20	21	22	23	24	25	26	27	28	29	30
合计	3	47.063		153.5964	1346800.225	1153512.115							81	386.9199	355.2282	743.2039	17190083.67	5244316.92
商服用地													7	44.225	43.4961	105.1928	1488910	159871.12
工矿仓储用地													30	88.3022	89.6547	141.4402	99723.6682	
住宅用地	3	47.063		153.5964	1346800.225	1153512.115							44	254.3927	222.0774	496.5709	15601450	5084445.8
其中：高档住宅用地																		
其中：普通商品住房用地	3	47.063		153.5964	1346800.225	1153512.115							43	250.6112	218.2959	489.1976	15477450	5012826.8
其中：中低价位、中小套型用地																		
其中：经济适用住房用地																		
其中：廉租住房用地																		
其中：其他住房用地													1	3.7815	3.7815	7.3732	124000	71619
公共管理与																		
特殊用地																		
交通运输用地																		
水利设施用地																		

表 13-10　2020 年国有土地供应划拨、租赁、其他方式签订合同情况统计表（二）（按区分列）

	划拨				租赁					其他供地方式				
	宗地数（宗）	面积（公顷）		规划建筑面积（万平方米）	宗地数（宗）	面积（公顷）		规划建筑面积（万平方米）	租金（万元）	宗地数（宗）	面积（公顷）		规划建筑面积（万平方米）	收入（万元）
			新增				新增					新增		
	1	2	3	4	5	6	7	8	9	10	11	12	13	14
合计	196	498.7953	330.7906	732.4270										
东城区	25	3.2593		4.5281										
西城区														
朝阳区	19	103.1619	27.3755	163.9052										
丰台区	15	39.2381	34.0021	116.2096										
石景山区	12	23.9629	3.0495	61.8903										
海淀区	18	26.3333	21.1773	62.6378										
门头沟区	4	4.0970	0.8625	3.3045										
房山区	10	58.7475	57.9902	63.1393										
通州区	17	29.9688	22.4133	28.4449										
顺义区	16	38.6599	24.2137	107.1691										
昌平区	2	4.3557	3.9355	8.4964										
大兴区	16	20.6581	15.5993	43.2381										
怀柔区	13	80.5070	79.5777	32.8482										
平谷区	5	16.0067	2.7958	1.7930										
密云区	5	13.3331	2.9387	4.1788										
延庆区	14	33.9691	32.8072	27.8428										
经济技术开发区	5	2.5369	2.0523	2.8009										

表13-11　2020年国有土地供应划拨、租赁、其他方式签订合同情况统计表（二）（按用地类型分列）

	划拨				租赁					其他供地方式				
	宗地数（宗）	面积（公顷）		规划建筑面积（万平方米）	宗地数（宗）	面积（公顷）		规划建筑面积（万平方米）	租金（万元）	宗地数（宗）	面积（公顷）		规划建筑面积（万平方米）	收入（万元）
			新增				新增					新增		
	1	2	3	4	5	6	7	8	9	10	11	12	13	14
合计	196	498.7954	330.7907	732.4271										
商服用地														
工矿仓储用地														
住宅用地	32	121.2871	86.2913	481.0089										
其中：高档住宅用地														
其中：普通商品住房用地	5	11.9820	8.8948	40.3123										
其中：中低价位、中小套用型用地														
其中：经济适用住房用地	20	75.7053	53.7966	304.9730										
其中：廉租住房用地	5	15.2272	5.2273	65.4706										
其中：其他住房用地	2	18.3726	18.3726	70.2530										
公共管理与公共服务用地	118	327.9516	220.8799	240.9875										
特殊用地														
交通运输用地	46	49.5567	23.6195	10.4307										
水域及水利设施用地														

表13-12　2020年国有土地协议出让（现状补办）情况统计表（按区分列）

	宗地数（宗）	面积（公顷）		规划建筑面积（万平方米）	成交价款（万元）	纯收益（万元）
			新增			
甲	1	2	3	4	5	6
合计	251	40.1585		22.7274	150956.3975	136524.5411
东城区	58	0.6174		0.5772	10387.3099	2687.0894
西城区	171	6.8476		10.6886	84429.7802	77698.1443
朝阳区	7	1.0467		5.0482	28241.2495	28241.2495
丰台区	2	0.0037		0.0889	957.4778	957.4778
石景山区	1	0.2202		0.4975	1736.0948	1736.0948
海淀区	3	5.3112		1.3623	9272.5638	9272.5638
门头沟区						
房山区	1	6.074		0.6036	1299.8296	1299.8296
通州区						
顺义区	1	2.2955		1.0191	356.6749	356.6749
昌平区	4	2.7597		2.6941	4884.8917	4884.8917
大兴区						
怀柔区						
平谷区	1	0.1677		0.0823	117.1667	117.1667
密云区						
延庆区	2	14.8148		0.0656	9273.3586	9273.3586
经济技术开发区						

表13-13　2020年国有土地协议出让（现状补办）情况统计表（按用地类型分列）

	宗地数（宗）	面积(公顷)		规划建筑面积（万平方米）	成交价款（万元）	纯收益（万元）
			新增			
甲	1	2	3	4	5	6
合计	251	40.1585		22.7274	150956.3975	136524.5411
商服用地	22	12.9415		13.3822	97388.5464	97388.5464
工矿仓储用地	2	8.3695		1.6227	1656.5045	1656.5045
住宅用地	221	1.0225		0.8220	15988.0303	1556.1739
其中：高档住宅用地						
其中：普通商品住房用地	221	1.0225		0.8220	15988.0303	1556.1739
其中：中低价位、中小套型用地						
其中：经济适用住房用地						
其中：廉租住房用地						
其中：其他住房用地						
公共管理与公共服务用地	6	17.8250		6.9005	35923.3163	35923.3163
特殊用地						
交通运输用地						
水利设施用地						

表 13-14　2020 年国有土地入市交易情况统计表（按区分列）

	出让小计						招标出让					
	宗地数（宗）	面积（公顷）		规划建筑面积（万平方米）	成交价款（万元）	政府收益（万元）	宗地数（宗）	面积（公顷）		规划建筑面积（万平方米）	成交价款（万元）	政府收益（万元）
			建设用地						建设用地			
	1	2	3	4	5	6	7	8	9	10	11	12
合计	87	488.0955	477.9800	958.8856	19315290.60	6237583.44	3	29.2211	22.7316	33.5731	569236.80	267802.33
东城区												
西城区												
朝阳区	4	13.4981	13.4981	25.6945	1050944.00	219939.63						
丰台区	5	17.1682	16.9094	47.3950	2572000.00	931402.62						
石景山区	6	29.2167	29.2167	79.5883	2431400.00	514124.21						
海淀区	7	43.0077	37.5825	83.1198	3498400.00	940834.36	1	10.1367	4.7115	9.9864	278800.00	201031.38
门头沟区	3	21.4432	20.3789	29.2134	520450.00	108824.28	1	16.4647	15.4004	20.9367	269450.00	64739.50
房山区	6	32.8180	32.8180	62.2122	935586.70	496296.97						
通州区	3	16.4364	16.4364	34.7608	725800.00	357229.22						
顺义区	6	47.3663	47.0013	76.2515	1294964.87	381661.74						
昌平区	4	19.4978	19.4978	55.6789	1780500.00	738001.05						
大兴区	11	42.6960	42.6960	76.1913	1587737.22	728217.17						
怀柔区	6	42.2219	40.6111	80.4661	775123.09	130657.71						
平谷区	2	6.6692	6.6692	11.5914	135617.03	21786.03						
密云区	4	22.6277	21.2363	34.8734	366885.33	214450.01						
延庆区	1	2.6197	2.6197	2.6500	20986.80	2031.45	1	2.6197	2.6197	2.6500	20986.80	2031.45
经济技术开发区	19	130.8086	130.8086	259.1990	1618895.56	452126.99						

表13-14 2020年国有土地入市交易情况统计表（按区分列）（续）

	拍卖出让						挂牌出让					
	宗地数（宗）	面积(公顷)		规划建筑面积（万平方米）	成交价款（万元）	政府收益（万元）	宗地数（宗）	面积(公顷)		规划建筑面积（万平方米）	成交价款（万元）	政府收益（万元）
			建设用地						建设用地			
	13	14	15	16	17	18	19	20	21	22	23	24
合计							84	458.8744	455.2484	925.3125	18746053.80	5969781.11
东城区												
西城区												
朝阳区							4	13.4981	13.4981	25.6945	1050944.00	219939.63
丰台区							5	17.1682	16.9094	47.3950	2572000.00	931402.62
石景山区							6	29.2167	29.2167	79.5883	2431400.00	514124.21
海淀区							6	32.8710	32.8710	73.1334	3219600.00	739802.98
门头沟区							2	4.9785	4.9785	8.2767	251000.00	44084.78
房山区							6	32.8180	32.8180	62.2122	935586.70	496296.97
通州区							3	16.4364	16.4364	34.7608	725800.00	357229.22
顺义区							6	47.3663	47.0013	76.2515	1294964.87	381661.74
昌平区							4	19.4978	19.4978	55.6789	1780500.00	738001.05
大兴区							11	42.6960	42.6960	76.1913	1587737.22	728217.17
怀柔区							6	42.2219	40.6111	80.4661	775123.09	130657.71
平谷区							2	6.6692	6.6692	11.5914	135617.03	21786.03
密云区							4	22.6277	21.2363	34.8734	366885.33	214450.01
延庆区												
经济技术开发区							19	130.8086	130.8086	259.1990	1618895.56	452126.99

表 13-15　2020 年国有土地入市交易情况统计表（按用地类型分列）

	出让小计						招标出让					
	宗地数（宗）	面积（公顷）		规划建筑面积（万平方米）	成交价款（万元）	政府收益（万元）	宗地数（宗）	面积（公顷）		规划建筑面积（万平方米）	成交价款（万元）	政府收益（万元）
			建设用地						建设用地			
	1	2	3	4	5	6	7	8	9	10	11	12
合计	87	488.0955	477.9800	958.8856	19315290.60	6237583.44	3	29.2211	22.7316	33.5731	569236.80	267802.33
商服用地	10	52.2349	52.2349	127.3258	1746196.80	381671.30	1	2.6197	2.6197	2.6500	20986.80	2031.45
工矿仓储用地	29	137.0022	133.6350	228.6990	193599.80	38404.03						
住宅用地	48	298.8584	292.1101	602.8608	17375494.00	5817508.11	2	26.6014	20.1119	30.9231	548250.00	265770.88
其中：高档住宅用地												
普通商品住房用地	48	298.8584	292.1101	602.8608	17375494.00	5817508.11	2	26.6014	20.1119	30.9231	548250.00	265770.88
其中：中低价位、中小套型用地												
配建廉租房用地												
配建两限房用地												
配建经济适用房用地												
配建定向安置房用地	1	3.7815	3.7815	5.0000	124000.00	71619.00						
配建回迁安置房用地												
配建公共租赁住房用地												
其他住房												
公共管理与公共服务用地												

表13-15 2020年国有土地入市交易情况统计表（按用地类型分列）（续）

	拍卖出让						挂牌出让					
	宗地数（宗）	面积（公顷）		规划建筑面积（万平方米）	成交价款（万元）	政府收益（万元）	宗地数（宗）	面积（公顷）		规划建筑面积（万平方米）	成交价款（万元）	政府收益（万元）
			建设用地						建设用地			
	13	14	15	16	17	18	19	20	21	22	23	24
合计							84	458.8744	455.2484	925.3125	18746053.80	5969781.11
商服用地							9	49.6152	49.6152	124.6758	1725210.00	379639.85
工矿仓储用地							29	137.0022	133.6350	228.6990	193599.80	38404.03
住宅用地							46	272.2570	271.9982	571.9377	16827244.00	5551737.23
其中：高档住宅用地												
其中：普通商品住房用地							46	272.2570	271.9982	571.9377	16827244.00	5551737.23
其中：中低价位、中小套型用地												
其中：配建廉租房用地												
其中：配建两限房用地												
其中：配建经济适用房用地												
其中：配建定向安置房用地							1	3.7815	3.7815	5.0000	124000.00	71619.00
其中：配建回迁安置房用地												
其中：配建公共租赁住房用地												
其中：其他住房												
公共管理与公共服务用地												

表13-16　2020年国有建设用地使用权及房屋所有权登记数据统计表

项目	国有建设用地使用权及房屋所有权登记													
	1.国有建设用地使用权及房屋所有权初始登记					2.国有建设用地使用权及房屋所有权变更登记			3.国有建设用地使用权及房屋所有权转移登记			4.国有建设用地使用权及房屋所有权注销登记		
	(1)国有建设用地使用权初始登记		(2)房屋(建筑物、构筑物)											
	业务数(件)	宗地面积(公顷)	业务数(件)	宗地面积(公顷)	房屋(建筑物、构筑物)建筑面积(万平方米)	业务数(件)	宗地面积(公顷)	房屋(建筑物、构筑物)建筑面积(万平方米)	业务数(件)	宗地面积(公顷)	房屋(建筑物、构筑物)建筑面积(万平方米)	业务数(件)	宗地面积(公顷)	房屋(建筑物、构筑物)建筑面积(万平方米)
东城区	22	1.862275	56	254.278168	5.535	731	3370.650928	92.681853	10688	24188.66875	108.459982	484	265.8635635	1.676551
西城区	1	0.444347	215	123.538674	22.201	1204	3547.960038	38.738746	19309	39342.58264	146.651219	288	432.737394	2.112978
朝阳区	33	84.795844	293	108186.4719	338.256	6782	54997.27622	373.295967	80875	350328.6025	815.60112	208	573.243144	9.116873
海淀区	53	122.7688152	157	96906.54942	298.531	3277	69614.5205	147.058387	42371	238851.0166	406.655357	242	724.096524	5.31159
丰台区	22	60.84576	256	94534.76214	235.286	2955	129035.4171	78.851391	49378	307531.6506	453.576606	135	263.638516	2.063281
石景山区	29	51.6415721	81	56412.07704	111.758	758	4836.104352	18.595035	16236	93743.99639	160.858177	17	50.860898	0.460806
通州区	21	103.809812	222	97209.67281	216.526	2917	23850.66423	93.050624	27345	164236.7025	278.473657	243	28.5571252	3.836973
房山区	23	52.5463741	209	246393.9777	143.405	583	5436.176428	28.214029	26037	252501.0165	242.388931	21	598.047036	2.807571
顺义区	45	118.319536	90	136090.3423	243.969	380	18914.21301	65.37889	23432	181915.2801	253.415366	11	815.516817	18.160976
门头沟区	4	7.525378	54	61579.21659	118.065	235	18000.29574	30.336276	13667	55086.52168	121.348054	11	11.481043	0.410216
大兴区	25	73.1021042	242	116313.7086	286.417	624	4314.00249	73.268465	34219	213947.2491	353.039937	107	1830.679034	7.427324
怀柔区	18	30.960626	33	8247.094085	33.851	116	515.8691407	13.887386	4604	17274.72584	68.784763	182	840.495992	8.38497
密云区	12	27.667511	69	63311.14064	90.292	284	22459.74138	63.71166	10850	68247.52458	108.531363	4	6.455806	0.144097
昌平区	13	39.303704	196	136022.1304	147.165	1837	18174.4571	58.633462	35747	257817.6964	371.412465	25	145.434931	0.240667
延庆区	4	15.1359	17	11451.82212	41.308	186	1269.028594	12.393187	3762	22639.28502	46.633485	16	191.362706	2.983777
平谷区	9	25.16705	58	12207.88118	48.851	362	17429.38694	62.820268	6098	19924.90445	65.174026	133	29.787371	1.212016
经济技术开发区	40	112.433033	60	52477.4047	189.105	278	8365.961894	142.625701	10996	68290.6846	130.428998	3	9.70579	0.794812
合计	374	928.3296416	2308	1297722.068	2570.5206	23509	404131.7261	1393.541327	415614	2375868.108	4131.433506	2130	6817.963691	67.145478

表 13–17 2020 年抵押权设立登记（含最高额抵押权设立登记）数据统计表

	抵押权设立登记(含最高额抵押权设立登记)										
	(1)国有建设用地使用权抵押权设立登记			(2)国有建设用地房屋在建工程抵押权设立登记				(3)国有建设用地房屋抵押权设立登记			
	业务数(件)	宗地面积(公顷)	被担保的主债权数额(亿元)	业务数(件)	宗地面积(公顷)	房屋(建筑物、构筑物)建筑面积(万平方米)	被担保的主债权数额(亿元)	业务数(件)	宗地面积(公顷)	房屋(建筑物、构筑物)建筑面积(万平方米)	被担保的主债权数额(亿元)
东城区	2	0.528418	16	0	0	0	0	6745	17749.99587	187.061597	2043.310621
西城区	0	0	0	3	2.642712	0	0	10044	25029.96746	192.935777	1630.778351
朝阳区	11	52.965942	421.6	20	10422.10314	18.989034	80.3299505	51326	249292.4861	1387.424864	19906.26873
海淀区	9	48.830163	334.6	1	23.077589	0	0	23695	128437.9732	590.010733	3325.812952
丰台区	13	42.240084	225.92	6	4265.614089	6.576566	74	23042	108339.1962	480.445805	7016.62601
石景山区	8	16524.45948	110.2	6	26252.99678	35.344132	112.5	7235	42562.18218	139.368758	2862.121434
通州区	11	47.61543	98.79	16	50020.65897	56.821689	149.0463	18670	161840.8439	338.258747	1315.286435
房山区	29	60.348106	191.292	6	4227.029609	7.865706	5.968	15963	98684.02107	422.686734	749.7703526
顺义区	15	32983.06543	172.5018	11	13271.11334	14.275266	115.905	12417	128545.0303	433.817748	767.0082016
门头沟区	7	939.961417	91.7176	5	2781.591919	6.381764	22.5	7908	45747.9403	125.656701	710.3310199
大兴区	15	16023.10483	170.790787	9	22915.03207	32.520593	28.9	19607	151961.0203	628.581525	1974.885232
怀柔区	18	30.056808	360.266	1	5612.841234	4.691695	10	3076	10898.96278	127.849966	267.1039733
密云区	16	42.033777	66.3	3	15.750606	0	0	6551	39383.07074	131.219137	332.5013808
昌平区	14	68.003635	174.7	7	22137.61607	14.964791	13.305	21413	174708.1109	346.896422	866.0676402
延庆区	11	14.715696	96.466	3	4824.651291	7.061055	35	2236	10403.30225	74.656652	145.8327365
平谷区	11	7785.70215	95.1771	5	12708.46902	19.026872	31.7936	4635	36779.76901	128.192714	504.9759747
经济技术开发区	11	27.07148	158.621	23	21027.32991	33.066396	82	4176	31330.90605	371.488818	525.516684
合计	201	74690.702847	2784.942287	125	200508.5184	257.585559	761.2478505	238739	1461694.779	6106.552698	44944.19773

2021 附录

2020年北京市规划和自然资源委员会政府信息公开工作年度报告

根据《中华人民共和国政府信息公开条例》（以下简称《条例》）第五十条之规定，制作本报告。

一、总体情况

2020年，市规划自然资源委认真落实《条例》和《北京市2020年政务公开工作要点》相关工作要求，重视抓好平台建设，在不断扩大信息公开范围的同时，努力抓好依申请公开服务质量，全面提高本系统政府信息公开工作整体水平。

1.网站栏目设置更加合理

按照政府网站页面设计统一规范开展网站设计，建立行政执法公示、普法和依法治理、住有所居、我们的城市、数字科普平台等7个专题栏目。新增企业间存量非住宅不动产交易登记公示(公告)、分区规划、测绘成果审批公告、地图审核公告、拆迁永久性测量标志审批公告5个业务栏目。调整不动产登记办事服务、不动产登记数据统计、社会投资简易低风险工程、地质灾害防治、优化营商环境办理建筑许可、国有建设用地供应计划、测绘地理信息—行政许可事项、测绘地理信息—其他办理事项等9个栏目。调整设置后，查询信息更加便捷。

2.主动公开信息更加全面

充分利用门户网站，主动公开国土空间规划和自然资源相关信息，及时发布政策解读信息，做好重大舆情回应处置。全年发布政务信息81651条，网站总访问量8752229次。围绕国土空间规划体系、首都功能核心区控规、老城整体保护、违法建筑处置等重点工作，网上发布政策解读33篇。按照重大事件有声音、重要工作有报道、行业热点有关注的新媒体宣传框架，及时更新“北京规划自然资源”微博、微信、头条号，成为对外宣传的有力工具和政民互动的有效渠道。制订并公开《北京市进一步深化工程建设项目审批制度改革实施方案》等规范性文件，印发《北京市规划和自然资源委员会规划管理全过程公开目录》。

3、依申请公开更加规范完善

总结《条例》实施及修订以来的经验做法，逐步规范办理流程、提高工作效率。

加强窗口硬件设施建设，加大与申请人的沟通力度，依申请公开服务质量明显提升。全年新收到政府信息公开申请9746件，办结9508件，结转下年办理491件。围绕市民群众对国土空间规划和自然资源管理关注度高的实际，牢固树立服务意识，认真做好依申请公开工作，做到受理、办理、答复规范，有效降低了信息公开行政诉讼和行政复议败诉率。收到申请单位和个人赠送锦旗9面，牌匾2块。

二、主动公开政府信息情况

单位：个

<table>
<tr><th colspan="5">第二十条第（一）项</th></tr>
<tr><td colspan="2">信息内容</td><td>本年新制作数量</td><td>本年新公开数量</td><td>对外公开总数量</td></tr>
<tr><td colspan="2">规章</td><td>1</td><td>1</td><td>1</td></tr>
<tr><td colspan="2">规范性文件</td><td>16</td><td>16</td><td>336</td></tr>
<tr><th colspan="5">第二十条第（五）项</th></tr>
<tr><td colspan="2">信息内容</td><td>上一年项目数量</td><td>本年增/减</td><td>处理决定数量</td></tr>
<tr><td colspan="2">行政许可</td><td>82</td><td>-8</td><td>5620</td></tr>
<tr><td rowspan="2">其他对外管理服务事项</td><td>行政检查</td><td>22</td><td>-1</td><td>23</td></tr>
<tr><td>行政确认</td><td>73</td><td>-2</td><td>7393</td></tr>
<tr><th colspan="5">第二十条第（六）项</th></tr>
<tr><td colspan="2">信息内容</td><td>上一年项目数量</td><td>本年增/减</td><td>处理决定数量</td></tr>
<tr><td colspan="2">行政处罚</td><td>307</td><td>-61</td><td>45</td></tr>
<tr><td colspan="2">行政强制</td><td>0</td><td>0</td><td>0</td></tr>
<tr><th colspan="5">第二十条第（八）项</th></tr>
<tr><td colspan="2">信息内容</td><td>上一年项目数量</td><td colspan="2">本年增/减</td></tr>
<tr><td colspan="2">行政事业性收费</td><td>3</td><td colspan="2">0</td></tr>
<tr><th colspan="5">第二十条第（九）项</th></tr>
<tr><td colspan="2">信息内容</td><td>采购项目数量</td><td colspan="2">采购总金额（万元，保留四位小数）</td></tr>
<tr><td colspan="2">政府集中采购</td><td>502</td><td colspan="2">5360.9765</td></tr>
</table>

三、收到和处理政府信息公开申请情况

单位：件

<table>
<tr><td rowspan="3" colspan="3">（本列数据的勾稽关系为：第一项加第二项之和，等于第三项加第四项之和）</td><td colspan="7">申请人情况</td></tr>
<tr><td rowspan="2">自然人</td><td colspan="5">法人或其他组织</td><td rowspan="2">总计</td></tr>
<tr><td>商业企业</td><td>科研机构</td><td>社会公益组织</td><td>法律服务机构</td><td>其他</td></tr>
<tr><td colspan="3">一、本年新收政府信息公开申请数量</td><td>7377</td><td>2369</td><td>0</td><td>0</td><td>0</td><td>0</td><td>9746</td></tr>
<tr><td colspan="3">二、上年结转政府信息公开申请数量</td><td>199</td><td>54</td><td>0</td><td>0</td><td>0</td><td>0</td><td>253</td></tr>
<tr><td rowspan="22">三、本年度办理结果</td><td colspan="2">（一）予以公开</td><td>5105</td><td>2029</td><td>0</td><td>0</td><td>0</td><td>0</td><td>7134</td></tr>
<tr><td colspan="2">（二）部分公开（区分处理的，只计这一情形，不计其他情形）</td><td>117</td><td>9</td><td>0</td><td>0</td><td>0</td><td>0</td><td>126</td></tr>
<tr><td rowspan="8">（三）不予公开</td><td>1.属于国家秘密</td><td>27</td><td>1</td><td>0</td><td>0</td><td>0</td><td>0</td><td>28</td></tr>
<tr><td>2.其他法律行政法规禁止公开</td><td>39</td><td>2</td><td>0</td><td>0</td><td>0</td><td>0</td><td>41</td></tr>
<tr><td>3.危及“三安全一稳定”</td><td>16</td><td>0</td><td>0</td><td>0</td><td>0</td><td>0</td><td>16</td></tr>
<tr><td>4.保护第三方合法权益</td><td>0</td><td>0</td><td>0</td><td>0</td><td>0</td><td>0</td><td>0</td></tr>
<tr><td>5.属于三类内部事务信息</td><td>2</td><td>0</td><td>0</td><td>0</td><td>0</td><td>0</td><td>2</td></tr>
<tr><td>6.属于四类过程性信息</td><td>34</td><td>0</td><td>0</td><td>0</td><td>0</td><td>0</td><td>34</td></tr>
<tr><td>7.属于行政执法案卷</td><td>0</td><td>0</td><td>0</td><td>0</td><td>0</td><td>0</td><td>0</td></tr>
<tr><td>8.属于行政查询事项</td><td>8</td><td>1</td><td>0</td><td>0</td><td>0</td><td>0</td><td>9</td></tr>
<tr><td rowspan="3">（四）无法提供</td><td>1.本机关不掌握相关政府信息</td><td>1821</td><td>183</td><td>0</td><td>0</td><td>0</td><td>0</td><td>2004</td></tr>
<tr><td>2.没有现成信息需要另行制作</td><td>0</td><td>0</td><td>0</td><td>0</td><td>0</td><td>0</td><td>0</td></tr>
<tr><td>3.补正后申请内容仍不明确</td><td>0</td><td>0</td><td>0</td><td>0</td><td>0</td><td>0</td><td>0</td></tr>
<tr><td rowspan="5">（五）不予处理</td><td>1.信访举报投诉类申请</td><td>51</td><td>0</td><td>0</td><td>0</td><td>0</td><td>0</td><td>51</td></tr>
<tr><td>2.重复申请</td><td>25</td><td>1</td><td>0</td><td>0</td><td>0</td><td>0</td><td>26</td></tr>
<tr><td>3.要求提供公开出版物</td><td>0</td><td>0</td><td>0</td><td>0</td><td>0</td><td>0</td><td>0</td></tr>
<tr><td>4.无正当理由大量反复申请</td><td>0</td><td>0</td><td>0</td><td>0</td><td>0</td><td>0</td><td>0</td></tr>
<tr><td>5.要求行政机关确认或重新出具已获取信息</td><td>0</td><td>0</td><td>0</td><td>0</td><td>0</td><td>0</td><td>0</td></tr>
<tr><td colspan="2">（六）其他处理</td><td>35</td><td>2</td><td>0</td><td>0</td><td>0</td><td>0</td><td>37</td></tr>
<tr><td colspan="2">（七）总计</td><td>7280</td><td>2228</td><td>0</td><td>0</td><td>0</td><td>0</td><td>9508</td></tr>
<tr><td colspan="3">四、结转下年度继续办理</td><td>296</td><td>195</td><td></td><td></td><td></td><td></td><td>491</td></tr>
</table>

四、政府信息公开行政复议、行政诉讼情况

单位：件

行政复议					行政诉讼									
结果维持	结果纠正	其他结果	尚未审结	总计	未经复议直接起诉					复议后起诉				
					结果维持	结果纠正	其他结果	尚未审结	总计	结果维持	结果纠正	其他结果	尚未审结	总计
47	18	8	12	85	0	0	8	19	27	0	0	10	32	42

五、存在的主要问题及改进情况

针对网页申请受理或补正后，申请人不能及时收到提示问题，近期正在调试增加给申请人发送信息提示功能，进一步提高网页申请的办理效率。

待改进工作：关于主动公开规划许可审批完整信息还需继续推进，特别新增行政许可事项人结果类信息，从收件之初的源头做起建立电子扫描文件，力争在审批完成的同时及时主动公开相关信息。针对信息公开类行政复议案件相对较多的实际，结合落实《国务院办公厅关于印发<政府信息公开信息处理费管理办法>的通知》，在保障相关企业和公民信息知情权的同时，对滥用信息公开申请权行为加以限制，以降低行政成本过高问题。

六、其他需要报告的事项

无。

2020年北京市规划和自然资源法律法规规章和规范性文件一览表

序号	文件名称	发布单位	文号
1	北京市禁止违法建设若干规定	北京市人民政府	北京市人民政府令第295号
2	关于印发《北京市工程建设项目"清单制+告知承诺制"审批改革试点实施方案》的通知	北京市深化工程建设项目审批制度改革领导小组办公室	京工改办〔2020〕1号
3	关于印发《北京市没收违法建筑物处置办法(试行)》的通知	北京市规划和自然资源委员会	京规自发〔2020〕349号
4	关于进一步优化不动产登记信息查询服务的通知	北京市规划和自然资源委员会	京规自发〔2020〕132号
5	关于印发《低风险工程勘察设计质量信用管理办法(试行)》的通知	北京市规划和自然资源委员会	京规自发〔2020〕157号
6	关于印发《社会投资简易低风险工程建设项目规划许可施工许可合并办理的意见》的通知	北京市规划和自然资源委员会	京规自发〔2020〕242号
7	关于落实北京城市总体规划深化控制性详细规划管理工作的若干意见	北京市人民政府	京政字〔2020〕17号
8	关于明确城镇建设项目工程规划许可环节使用土地证明文件掌握标准的通知	北京市规划和自然资源委员会	京规自发〔2020〕391号
9	关于印发《规划综合实施方案编制暂行办法》的函	北京市规划和自然资源委员会	京规自函〔2020〕2126号
10	关于印发《建设单位施工现场对外公示规划审批证件监督办法》的通知	北京市规划和自然资源委员会	京规自发〔2020〕88号
11	北京市规划和自然资源委员会关于规划编制单位技术责任追究办法	北京市规划和自然资源委员会	京规自发〔2020〕378号
12	北京市城市设计管理办法	北京市规划和自然资源委员会	京规自发〔2020〕434号
13	北京市分区规划实施管理办法	北京市人民政府	京政字〔2020〕30号

序号	文件名称	发布单位	文号
14	北京智能汽车基础地图应用试点暂行规定	北京市规划和自然资源委员会	京规自发〔2020〕430号
15	关于规范和加强临时用地管理的意见	北京市规划和自然资源委员会	京规自发〔2020〕370号
16	北京市优化营商环境条例不动产登记领域实施细则	北京市规划和自然资源委员会	京规自发〔2020〕172号
17	北京市建筑规模管控指导意见(试行)	北京市规划和自然资源委员会	京规自发〔2020〕448号
18	关于印发《北京市建筑师负责制试点指导意见》的通知	北京市规划和自然资源委员会	京规自发〔2021〕28号

2020年北京市规划和自然资源委员会系统优秀调研成果一览表

序号	报送单位	单位类型	课题名称	奖项
1	首规委办首都功能核心区规划处	机关	北京历史文化名城保护条例编制	一等奖
2	详细规划处（城市更新处）	机关	北京城市更新工作机制研究	一等奖
3	城市设计处	机关	《北京市城市设计管理办法》编制研究	一等奖
4	研究室（宣传处）	机关	北京城乡规划参与基层街区治理的现状调查研究	一等奖
5	房山分局	分局	“十四五”时期房山区推进城市有机更新研究报告	一等奖
6	经济技术开发区分局	分局	北京经济技术开发区产业用地更新规划策略研究——以“亦城之心”地区为例	一等奖
7	法制处	机关	北京市工程建设项目审批制度改革情况调研报告	一等奖
8	首规委办综合规划处	机关	首都城市安全规划专题调查研究	一等奖
9	自然资源调查监测处	机关	北京市地理国情监测成果应用评估研究	一等奖
10	建设工程消防设计审查处	机关	北京市既有建筑改造消防设计研究	一等奖
11	西城分局	分局	“十四五”时期西城区落实城市总体规划与核心区控制性详细规划的总体思路、机制路径研究	一等奖
12	海淀分局	分局	“十四五”时期海淀区落实新总规优化空间布局研究	一等奖
13	首规委办综合规划处	机关	首都城市存量空间更新利用政策瓶颈问题调查研究	一等奖
14	乡村规划处	机关	乡村地区非建设用地生态要素指引和空间管控机制	一等奖
15	轨道交通规划管理处	机关	北京市郊铁路线网规划（2020年—2035年）	一等奖
16	行政审批协调处（档案管理处）	机关	城市重点功能区用地审批情况分析	一等奖

续表

序号	报送单位	单位类型	课题名称	奖项
17	市标办	委属单位	城市综合管廊国外标准研究	一等奖
18	大兴分局	分局	大兴区道路及市政基础设施规划建设实施评估及对策研究	一等奖
19	通州分局	分局	通州区乡镇集体产业用地统筹利用土地资源整理研究	一等奖
20	总体规划处	机关	北京市生态保护红线评估调整	二等奖
21	乡村规划处	机关	建立面向实施的乡镇国土空间区域统筹机制	二等奖
22	城市设计处	机关	小空间 大生活——百姓身边微空间改造行动计划研究	二等奖
23	市规划院	委属单位	芍药居北里社区更新改造研究	二等奖
24	市雕塑办	委属单位	北京城市副中心公共艺术政策运行机制研究	二等奖
25	东城分局	分局	关于前三门大街城市设计的实践与思考	二等奖
26	西城分局	分局	西城区“十四五”时期加强历史文化名城保护思路与措施研究	二等奖
27	朝阳分局	分局	朝阳区“十四五”时期推进城市有机更新路径措施研究	二等奖
28	经济技术 开发区分局	分局	亦庄新城绿道体系规划研究	二等奖
29	怀柔分局	分局	怀柔区历史文脉梳理与分区规划历史文化保护与发展研究	二等奖
30	通州分局	分局	通州区村庄布局规划及实施管控研究(2016—2035年)	二等奖
31	首规委办首都功能 核心区规划处	机关	核心区低效楼宇改造提升规划实施指导意见	二等奖
32	乡村规划处	机关	乡村营造实践试点与乡村责任规划师机制研究	二等奖
33	地名与地理信息 管理处	机关	北京市地方标准建筑物名称使用标准研究	二等奖
34	市测绘院	委属单位	测绘地理信息干部人才队伍建设调研	二等奖
35	市城建档案馆	委属单位	北京市重点建设工程声像电子档案接收现状分析与对策研究	二等奖
36	市土地权籍 事务中心	委属单位	第三次全国国土调查后北京市年度国土变更调查技术路线研究报告	二等奖
37	市土地整理 储备中心	委属单位	关于新形势下使用财政性资金推动企业为主体项目实施的报告	二等奖
38	丰台分局	分局	完善规章制度 强化内控管理——探索研究新时代背景下分局内部控制制度建立与执行的几点思考	二等奖
39	门头沟分局	分局	关于公共公益类图斑规范手续处理的调研报告	二等奖
40	研究室(宣传处)	机关	促进人人健康的城市开放空间规划策略	二等奖
41	详细规划处 (城市更新处)	机关	对接控制性详细规划的北京市建设用地功能混合使用研究	二等奖

续表

序号	报送单位	单位类型	课题名称	奖项
42	自然资源所有者权益处	机关	北京市关于使用自然资源资产(土地)作价出资(入股)支持社会经济发展研究报告	二等奖
43	城市副中心自然资源管理处	机关	通州区集体建设用地减量研究——通州区宅基地减量机制研究	二等奖
44	市规划院	委属单位	北京西站南广场交通整治方案研究	二等奖
45	市地勘院	委属单位	浅层地温能利用关键问题研究与重点实验室建设调研	二等奖
46	市土地整理储备中心	委属单位	坚持规划引领,全市土地储备开发存在问题与政策建议研究	二等奖
47	市标办	委属单位	北京市地方标准《市域(郊)轨道交通设计规范》调研报告	二等奖
48	平谷分局	分局	平谷区“十四五”时期非建设用地生态空间分析与利用研究	二等奖
49	经济技术开发区分局	分局	亦庄新城市政资源循环利用中心规划研究	二等奖
50	顺义分局	分局	顺义区城镇低效用地调查评价分析报告	二等奖
51	首规委办首都功能核心区规划处	机关	北京市历史文化街区和历史建筑保护政策研究	三等奖
52	详细规划处(城市更新处)	机关	重点地区城市更新实施引导(2020年—2025年)	三等奖
53	总体规划处	机关	全市田林空间布局优化规划引导实施研究	三等奖
54	城市设计处	机关	长安街西延长线及永定河两岸城市设计研究	三等奖
55	市国土资源勘测规划中心	委属单位	新一轮百万亩造林绿化选址工作调研报告	三等奖
56	市雕塑办	委属单位	北京城市副中心公共空间艺术品规划研究	三等奖
57	东城分局	分局	“十四五”时期东城区落实城市总体规划与核心区控制性详细规划的总体思路、机制路径和重大项目研究	三等奖
58	东城分局	分局	街区责任规划师推进基层治理工作的探索与思考——以东城区为例	三等奖
59	西城分局	分局	关于法源寺周边地区民居建筑翻改建图例研究	三等奖
60	石景山分局	分局	2019年度石景山区城市体检调研报告	三等奖
61	石景山分局	分局	石景山区2020年度规划自然资源审批及核验情况调研报告	三等奖
62	大兴分局	分局	大兴区永定河生态文化创意产业带发展战略及空间规划	三等奖
63	昌平分局	分局	未来科学城实施统筹规划区域现状综合评估专题	三等奖
64	平谷分局	分局	平谷区城乡景观风貌发展建设问题的对策研究	三等奖

续表

序号	报送单位	单位类型	课题名称	奖项
65	密云分局	分局	密云新城建筑高度控制分析研究	三等奖
66	顺义分局	分局	顺义区地下管线及信息化系统建设应用的实践与思考	三等奖
67	委办公室	机关	办公室保密管理工作研究	三等奖
68	自然资源调查监测处	机关	北京市地理国情常态化监测2020年重点监测内容与方向调查研究	三等奖
69	市测绘院	委属单位	中国大运河(北京段)的历史、现状和未来	三等奖
70	市测绘院	委属单位	无障碍创新管理模式研究——以首都功能核心区为例调研报告	三等奖
71	市城建档案馆	委属单位	工程档案数字胶片打印流程管理研究	三等奖
72	市城建档案馆	委属单位	北京历史文化名城保护工作档案资料梳理与研究	三等奖
73	市规划展览馆	委属单位	融合首都功能核心区理念的规划展览馆发展路径研究	三等奖
74	市不动产登记事务中心	委属单位	北京市不动产登记窗口政风行风测评	三等奖
75	市标办	委属单位	北京市地方标准《装配式剪力墙结构设计规程(修编)》调研报告	三等奖
76	市规划和自然资源数据管理中心	委属单位	基于遥感AI技术与大数据的城市空间监测分析与应用研究	三等奖
77	宣传教育中心	委属单位	加强青年干部理想信念宗旨教育关键问题研究	三等奖
78	门头沟分局	分局	关于社会投资简易低风险工程建设项目审批的初步研究	三等奖
79	房山分局	分局	发挥党建引领作用 全面推进规自委房山分局党的工作再上新台阶	三等奖
80	房山分局	分局	北京市规划和自然资源委员会信息公开发展现状调研报告	三等奖
81	延庆分局	分局	“责师联盟”助力城市精细化治理——以延庆责任规划师工作实践为例	三等奖
82	怀柔分局	分局	浅析远郊区不动产登记综合窗口税务与不动产部门业务高效衔接与办理	三等奖
83	自然资源确权登记处 市土地权籍事务中心	合作	北京市农村不动产权籍调查技术路线探索与研究	三等奖
84	专项治理协调处	机关	关于规划引领拆违腾地工作的调研报告	三等奖
85	市规划院	委属单位	居住区城市道路使用现状调研与规划对策研究	三等奖
86	市地勘院	委属单位	突发地质灾害应急队伍建设情况调研	三等奖

续表

序号	报送单位	单位类型	课题名称	奖项
87	市国土资源勘测规划中心	委属单位	北京市耕地和永久基本农田保护管理调研报告	三等奖
88	海淀分局	分局	国有自然资源资产报告编制调研报告(海淀区)	三等奖
89	丰台分局	分局	关于丰台区棚户区改造工作的几点思考	三等奖
90	石景山分局	分局	石景山区八角街道及古城街道无障碍环境建设调研分析报告	三等奖
91	门头沟分局	分局	关于推进门头沟中关村科技园五期街道空间高质量、精细化规划设计管理的思考	三等奖
92	昌平分局	分局	低效产业用地盘活利用路径探索及工作建议	三等奖
93	昌平分局	分局	昌平区耕地与基本农田利用情况分析	三等奖
94	平谷分局	分局	平谷区垃圾处理设施现状及发展情况分析	三等奖
95	延庆分局	分局	关于城乡建设用地减量规划引导机制的思考	三等奖
96	顺义分局	分局	顺义区镇国土空间规划中非建设用地管控机制研究	三等奖
97	通州分局	分局	通州梨园站周边交通与空间环境综合改善	三等奖

2020年第十一届北京土地青年学术论文交流活动优秀成果一览表

序号	报送单位	作者姓名	论文名称	奖项
1	西城分局	周铭	浅议不动产登记之居住权	一等奖
2	市土地整理储备中心	孙明慧	基于北京市土地储备开发项目实施分区评价的问题分析以及政策建议研究	一等奖
3	通州分局	王辉	城市针灸视角下北京四合院"迭代更新"保护研究	一等奖
4	法制处	聂菲	北京市办理建筑许可指标改革趋势探析	一等奖
5	督察处	刘静	"三圈理论"视角下的北京市自然资源和国土空间规划督察工作的开展	一等奖
6	丰台分局	吴冠南	浅析不动产权预告登记制度	一等奖
7	市地勘院	孟美杉	服务于城市规划的水土环境调查研究探讨——以北京城市副中心为例	一等奖
8	市地勘院	吕梦涵	一种沉默的土地危机	一等奖
9	市国土资源勘测规划中心	郑姗姗	关于北京市耕地保护工作中存在的主要问题和原因分析以及政策建议	二等奖
10	通州分局	付野	通州区土地违法的空间特征分析与建议	二等奖
11	西城分局	周新宇	北京西城区城市区域体检关键技术研究与实践	二等奖
12	丰台分局	李佼	关于优化北京市营商环境的路径探索及建议	二等奖
13	乡村规划处	刘洁	筑牢生态本底 强化非建设空间规划引导——北京市乡镇国土空间生态要素规划的探索与实践	二等奖

续表

序号	报送单位	作者姓名	论文名称	奖项
14	房山分局	许哲友	房山区土地供应结构分析	二等奖
15	地名与地理信息管理处	李绮	地名规划纳入乡镇建成区控规涉及的问题及对策研究——以北京市为例	二等奖
16	昌平分局	黄芃文	论违法建筑司法拍卖的实践问题及完善路径	二等奖
17	东城分局	文卷	历史街区保护复兴之"共生院"模式研究	二等奖
18	市地勘院	周圆心	浅谈城市地下空间资源开发利用地质适宜性评价方法	二等奖
19	市地勘院	孟冬青	北京市突发地质灾害应急避险工作探析	二等奖
20	市地勘院	刘宗明	土地质量综合评价—地质资源环境定量化指标体系研究	二等奖
21	市地勘院	张群	基于GIS的北京市大清河流域生态涵养区地质灾害易发性评价及其应用	二等奖
22	海淀分局	王佳琳	疫情防控常态化下的韧性城市规划策略研究	三等奖
23	昌平分局	王艳君	论北京市违法建设的认定	三等奖
24	房山分局	林晓晶	对土地二级市场在建工程开发投资总额未达25%的转让问题解决路径的探究	三等奖
25	乡村规划处	白琦艳	关于加强农村产业融合发展用地保障的研究和建议	三等奖
26	西城分局	于长艺	责任规划师制度初步探索——以北京西城为例	三等奖
27	乡村规划处	张舵	精明收缩视角下北京市乡村地区规划路径探索研究	三等奖
28	海淀分局	宋启晨	城市视角下高校校园建筑色彩规划设计方法初探	三等奖
29	东城分局	王子凌	优化营商环境 深化便民服务——打造不动产登记"最多跑一次东城样板"	三等奖
30	执法总队	郭佳奇	规划与自然资源领域行政执法中法律竞合问题的情形分析及对策研究	三等奖

续表

序号	报送单位	作者姓名	论文名称	奖项
31	丰台分局	沈明娟	北京市设施农业发展政策分析——以北京市“大棚房”问题清查整治专项行动为例	三等奖
32	海淀分局	吴燕芹	浅析土地利用变更调查对实现建设用地减量的作用——以北京市海淀区为例	三等奖
33	通州分局	胡平	关于对北京城市副中心开发利用现状浅析和对城市地下空间的一点思考	三等奖
34	市地勘院	何晗晗	通州区浅部沉积层三维地质建模及其应用	三等奖
35	市地勘院	胡昱欣	某搬迁企业原址用地土壤中Pb污染评价及风险分析研究	三等奖
36	市地勘院	李欢	北京平原区土壤地球化学元素的空间分布特征及影响因素分析	三等奖
37	市地勘院	雷晓东	北京平原区断裂构造重力异常识别与活动危害性分析—北京市勘技院	三等奖
38	市地勘院	肖景泽	北京城市副中心行政办公区地下空间资源多因子监测研究	三等奖
39	市地勘院	杨云峰、王海波、程金华	地质工作如何服务北京特色小镇规划建设	三等奖

说　明

·本索引采用主题索引也称内容分析索引法编纂。主题词（标目）以《北京规划和自然资源年鉴（2021）》正文中出现的专业名词、名词词组、地名、机构名为主。

·本索引按汉语拼音音序排列，汉字开头的主题词按首字的音序音调依次排列，首字相同，则以第二字排序，依此类推；以阿拉伯数字开头的主题词，排在最前面。

·主题词后的阿拉伯数字表示内容所在页码，数字后的英文字母（a、b）表示正文中的栏别（左、右）。

·同一主题的内容在文中多次出现的，在索引中按页码顺序依次列出。

·本索引在部分主题词后设置限定词；在个别主题词后有二级主题词，二级主题词缩进两个字符起排。

·《特载》《大事记》《统计资料》《附录》4个栏目内容不在索引范围内。

C

D

E

F

H

J

K

L

Q

R

S

T

W

X

Y

Z